全国商业职业教育教学指导委员会推荐教材

工业和信息化高职高专“十三五”规划教材

高等职业教育财经类**名师精品**规划教材

APPLICATION OF EXCEL 2010 IN ACCOUNTING AND FINANCIAL MANAGEMENT

Excel 2010在会计与财务管理中的应用

（附微课视频 第5版）

黄新荣 主编

刘翠芹 顾学玲 石小兵 副主编

人民邮电出版社

北 京

图书在版编目（CIP）数据

Excel 2010在会计与财务管理中的应用 ： 附微课视频 / 黄新荣主编. -- 5版. -- 北京 ： 人民邮电出版社, 2018.8（2020.12重印）
高等职业教育财经类名师精品规划教材
ISBN 978-7-115-48656-1

Ⅰ. ①E… Ⅱ. ①黄… Ⅲ. ①表处理软件－应用－会计－高等职业教育－教材②表处理软件－应用－财务管理－高等职业教育－教材 Ⅳ. ①F232②F275-39

中国版本图书馆CIP数据核字(2018)第125519号

内容提要

本书是一本适合高职高专学生以及会计岗位工作人员使用的教材，遵照最新《企业会计准则》编写，对 Excel 2010 在会计核算、财务管理和管理会计中的应用进行了详细讲述。

本书详细介绍了如何应用 Excel 2010 电子表格软件解决企业会计核算、财务管理和管理会计中的问题，内容涵盖 Excel 2010 电子表格软件在账务处理、报表编制、工资管理、固定资产管理、进销存管理、财务分析、筹资管理、投资管理及本量利分析等方面的应用。

本书可作为本科院校经管类专业学生的教材，也可供相关技术人员、财会人员参考、学习、培训使用。

◆ 主　　编　黄新荣
　副 主 编　刘翠芹　顾学玲　石小兵
　责任编辑　李育民
　责任印制　马振武

◆ 人民邮电出版社出版发行　　北京市丰台区成寿寺路 11 号
　邮编　100164　　电子邮件　315@ptpress.com.cn
　网址　http://www.ptpress.com.cn
　山东华立印务有限公司印刷

◆ 开本：787×1092　1/16
　印张：14.25　　　　2018 年 8 月第 5 版
　字数：381 千字　　　2020 年 12 月山东第 10 次印刷

定价：39.80 元

读者服务热线：(010)81055256　印装质量热线：(010)81055316
反盗版热线：(010)81055315
广告经营许可证：京东市监广登字 20170147 号

前言

Excel 是美国微软公司基于 Windows 操作系统开发的电子表格软件，利用计算机制表并进行数据处理。Excel 自问世以来就受到了财务人员的青睐。应用 Excel 电子表格软件制作会计凭证、会计账簿、会计报表以及管理职工薪酬、固定资产、进销存等，不仅可以减少烦琐的重复计算，而且在建立好一个工作底稿之后，如果数据清单中的任意数据发生了变化，Excel 都可以轻松地自动重新计算出结果。使用 Excel 进行会计核算，一方面可以减少会计核算的工作量，另一方面可以降低财务成本，特别是可以满足中小型企业不购置大型财务软件便可实现会计电算化的需求。

本书在第 4 版的基础上，增加了 Excel 在本量利分析中的应用，希望能更好地满足广大高职高专院校学生对 Excel 在财务中应用的学习需要。

在本书修订过程中，作者始终贯彻以工作流程为导向，以一个高职财经类专业实习生在丰源公司的实习经历为主线，采用项目教学的方式，循序渐进地安排教学内容，每个项目均分为几个典型任务来实施。全书共分为 11 个项目，每个项目的内容构成为：知识目标、能力目标、工作情境与分析、任务项目实训。在工作情境与分析部分，给学生创造一个真实的企业工作环境，引导学生进入财务人员角色，为其主动学习相关知识和技能做好心理准备，使学生认识到这个项目在企业核算中的重要性，明确该项目包括哪些核算内容，应分为哪几个任务来完成；在各任务环节，带领学生逐步实施任务，教给学生完成相关任务最直接、最简单的方式；在项目实训部分，精心设计了贯穿整个项目的综合实训，让学生把各个任务衔接起来，真正做到融会贯通，实现 Excel 2010 和财务技能的完美结合。

本书教学参考学时为 60 学时，建议采用理论实践一体化教学模式。各项目的学时分配如下表所示。

项　目	学　时
项目一　认识电子表格软件 Excel 2010	4
项目二　Excel 2010 在账务处理中的应用	8
项目三　Excel 2010 在报表编制中的应用	4
项目四　Excel 2010 在工资管理中的应用	6
项目五　Excel 2010 在固定资产管理中的应用	6
项目六　Excel 2010 在进销存管理中的应用	6
项目七　Excel 2010 在财务分析中的应用	4
项目八　Excel 2010 在资金筹集管理中的应用	6
项目九　Excel 2010 在投资管理中的应用	6
项目十　Excel 2010 在本量利分析中的应用	4
项目十一　综合实训	6
总计	60

本书由淄博职业学院黄新荣担任主编；由山东省淄博市工业学校刘翠芹、江苏财会职业学院顾学玲和安徽工业经济职业技术学院石小兵担任副主编；由泰山职业技术学院于运会，山东省淄博市工业学校张凤，淄博职业学院杨华、梅研、张瑞珍，东营职业学院赵海霞参编。其中，项目一和项目二由黄新荣编写，项目三由顾学玲编写，项目四由张凤编写、项目五由石小兵编写，项目六由杨华编写，项目七由梅研编写，项目八由赵海霞编写，项目九由于运会编写，项目十由刘翠芹编写，项目十一由张瑞珍编写。全书由黄新荣统稿和定稿。

限于编者水平，书中不妥之处敬请读者批评指正。来信请发送至 hxr501@163.com。

编 者

2018 年 7 月

目 录

项目一 认识电子表格软件Excel 2010

知识目标

1. 了解 Excel 2010 的工作界面，掌握各工具的功能和使用方法。
2. 了解工作簿、工作表、数据清单、公式和函数的概念。
3. 认识图表的基本样式，掌握公式输入的方法。

能力目标

1. 学会使用 Excel 2010 创建和编辑表格，对数据进行输入、编辑、计算、复制、移动以及设置格式、打印等操作。
2. 掌握 Excel 2010 处理数据和分析数据的功能，可以运用公式和函数处理数据，能对工作表中的数据进行排序、筛选、分类汇总、统计和查询等操作。
3. 能够根据工作表中的数据快速生成图表，学会编辑和修改常用图表。

工作情境与分析

一、情境

李娜是某职业学院会计专业三年级学生，即将到山东丰源有限公司财务岗位实习。该公司未购买专用财务软件，计划从 2018 年 9 月开始使用 Excel 2010 软件进行会计核算工作。李娜为了适应岗位要求，开始学习 Excel 2010 的基础操作知识及技能。

二、分析

要学好 Excel 2010 基础知识和技能，需分成以下几个步骤。认识 Excel 2010 窗口→认识工作簿和工作表→编辑数据→数据管理与分析→使用图表→使用公式和函数。

任务一　认识 Excel 2010 窗口

Excel 2010 是美国微软公司推出的办公自动化系列软件—— Office 中用于电子表格处理的应用软件，目前在数据处理方面有着广泛的应用。

Excel 2010 的基本功能是创建和编辑电子表格。电子表格是由若干行和若干列构成的二维表格。应用 Excel 2010，可以方便地创建工作表，输入和编辑工作表数据，对数据进行各种运算，对表格进行各种格式设置；可以利用工作表中的数据方便地生成各种图表，即用图形直观、形象地将工作表中的数据表示出来，这就是 Excel 2010 提供的一个十分实用的功能——数据图表化。Excel 2010 还提供了强大的数据管理功能，可以方便地对工作表中的数据进行排序、筛选和分类汇总等操作，从而实现数据的管理与分析，并获取有用的信息。

微课 1-1 认识 Excel 2010 窗口

一、Excel 2010 的启动与退出

1．Excel 2010 的启动

Excel 2010 有 3 种启动方法。

方法一：单击“开始”菜单，选择“程序”菜单中的“Microsoft Office”，然后单击“Microsoft Excel 2010”。

方法二：双击“桌面”上的 Excel 快捷方式。

方法三：鼠标右键单击“桌面”空白处，在弹出的快捷菜单中选择“新建”，新建 Microsoft Excel 工作表。

2．Excel 2010 的退出

Excel 2010 有 4 种退出方法。

方法一：单击“文件”菜单中的“退出”命令。

方法二：单击窗口右上角的关闭按钮☒。

方法三：按“Alt + F4”组合键。

方法四：双击 Excel 2010 标题栏最左边的控制菜单按钮。

二、Excel 2010 的窗口界面

Excel 2010 和 Excel 2003 相比，各方面都有不小的改变，界面功能有了很大的提升。Excel 2010 工作界面是由标题栏、快速访问工具栏、“文件”菜单、功能区选项卡、编辑栏、工作表编辑区、滚动条、滚动框、分割框、状态栏、缩放滑块和视图切换按钮等组成的，如图 1-1 所示。

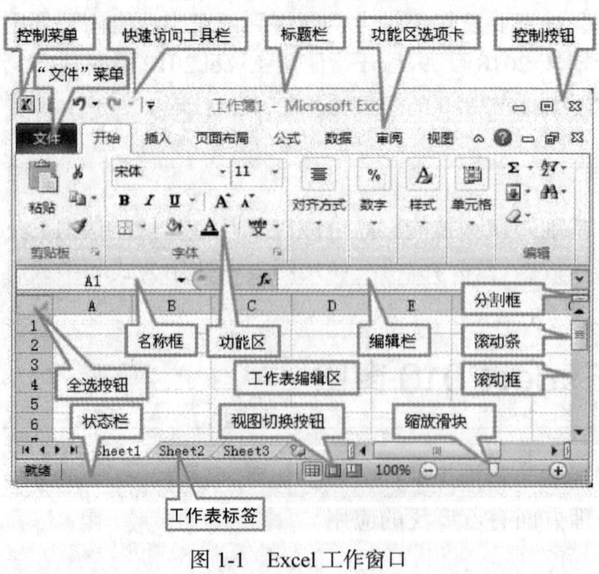

图 1-1 Excel 工作窗口

1．标题栏

标题栏显示出当前窗口所属程序和文件的名字。如图 1-1 所示，“工作簿 1-Microsoft Excel”所在栏就是 Excel 2010 的标题栏。

其中，“Microsoft Excel”是窗口所属程序的名字，“工作簿 1”是 Excel 2010 打开的一个空工作簿的系统暂定名。

2．快速访问工具栏

常用命令（如“保存”和“撤销”等）均位于此处，你也可以根据需要添加自己的常用命令。

3．“文件”菜单

使用基本命令（如“新建”“打开”“另存为”“打印”和“关闭”）时单击此按钮。

4．功能区选项卡

工作时需要用到的命令位于此处。命令通过选项卡或分组方式进行列示，具有可视性，操作很便利。它与其他软件中的“菜单”或“工具栏”相同。

“开始”选项卡中的各组命令按钮及其功能如下。

（1）剪贴板分组。

① 剪切：将选定区域中的内容移到剪贴板中暂存，以便通过它将选定内容转移到工作表的其他选定区域或其他文档中，进行剪切操作后原区域中的内容会消失。

② 复制：将选定区域中的内容在剪贴板中暂存，以便通过它将选定内容转移到工作表的其他选定区域或其他文档中，进行复制操作后原区域中的内容保持不变。

③ 粘贴：将剪贴板中的内容移动或复制到当前选中区域或文档中。

④ 格式刷：从某一选中单元格或区域复制格式到下一选中单元格或区域。

（2）字体分组。

① 字体 宋体：为选定区域内的文字设定字体。

② 字号 12：为选定区域内的文字设定字号。

③ 增大字号：增大选定区域内文字的字号。

④ 减小字号：减小选定区域内文字的字号。

⑤ 加粗 B：将选定区域内的文字设定为粗体风格。

⑥ 倾斜 I：将选定区域内的文字设定为斜体风格。

⑦ 下划线 U：在选定区域内的文字下面加下划线。

⑧ 边框：对选中区域加边框线。

⑨ 填充颜色：为选中区域指定背景颜色。

⑩ 字体颜色 A：为选中区域内的文字指定颜色。

⑪ 显示或隐藏拼音字段：编辑所选字词拼音的显示方式。

（3）对齐方式分组。

① 顶端对齐：沿单元格顶端对齐文字。

② 垂直对齐：使文本在单元格中上下居中。

③ 底端对齐：沿单元格底部对齐文字。

④ 方向：沿对角或垂直方向旋转文字。

⑤ 左对齐：使选中区域内各单元格中的数据靠左对齐。

⑥ 中对齐：使选中区域内各单元格中的数据居中对齐。

⑦ 右对齐：使选中区域内各单元格中的数据靠右对齐。

⑧ 减少缩进量：减少边框与单元格文字间的边距。

⑨ 增加缩进量：增加边框与单元格文字间的边距。

⑩ 自动换行：如果希望文本在单元格内以多行形式显示，可以设置为自动换行，也可以输入手动换行符。

⑪ 合并后居中：将选择的多个单元格合并成一个较大的单元格，并将新单元格中的内容居中。

（4）数字分组。

① 会计数字格式：在选中区域内各单元格中的数值型数据前加上货币符号。

② 百分比样式：将选中区域内各单元格中的数值型数据变为百分比形式。

③ 千位分隔样式：为选中区域内各单元格中的数值型数据加上千分位号。

④ 增加小数位：使选中区域内各单元格中的数值型数据的小数位数增加。

⑤ 减少小数位：使选中区域内各单元格中的数值型数据的小数位数减少。

（5）样式分组。

① 条件格式：根据条件使用数据条、色阶和图标集，以突出显示相关单元格、强调异常值及实现数据的可视化效果。

② 套用表格格式：通过选择预定义表样式，快速设置一组单元格的格式，并将其转化为表。

③ 单元格样式：通过选择预定义样式，快速设置单元格格式。

（6）单元格分组。

① 插入：在工作表或表格中插入单元格、行或列，或者在工作簿中添加工作表。

② 删除：删除工作表或表格中的单元格、行或列。

③ 格式：更改行高或列宽，组织工作表，或者保护、隐藏单元格。

（7）编辑分组。

① 自动求和Σ：对选中的若干单元格自动求和。

② 填充：将模式扩充到一个或多个相邻的单元格。

③ 清除：删除单元格中的所有内容，或者有选择地删除格式、内容或批注。

④ 排序和筛选：排列数据，以方便对其进行分析。

⑤ 查找和选择：查找并选择文档中信息的特定文本、格式或类型。

5．编辑栏

编辑栏从左到右依次是名称框、工具按钮和编辑区，用于显示或编辑单元格的内容。名称框中可显示当前单元格的地址（也称单元格的名称），或者在输入公式时用于从下拉列表中选择常用函数。当在单元格中编辑数据或者公式时，名称框右侧的工具按钮区就会出现“取消”按钮、“输入”按钮和“插入函数”按钮，分别用于撤销和确认在当前单元格中的操作。编辑区也称为公式框区，用于显示当前单元格中的内容，可以直接在此对当前单元格进行输入和编辑操作。

6．工作表编辑区

工作表编辑区就是Excel 2010窗口中由暗灰线组成的表格区域，位于编辑栏的下方。表格中行与列的交叉部分叫作单元格，是组成表格的最小单位，单个数据的输入和修改都是在单元格中进行的。

7．滚动条与滚动框

利用滚动条，可以很方便地在窗口中查看整个工作表的内容。滚动条与滚动框的使用方法如下。

（1）用鼠标单击上、下、左、右箭头，往上、下、左、右各移动一个单位。

（2）拖曳滚动条，移到想要的位置上。

（3）用鼠标单击滚动框，如单击位置在滚动框上区域，则往上移动一个屏幕；如单击位置在滚动框下区域，则往下移动一个屏幕。左右移动方式与之类似。

8．分割框

由于整个工作表是一张非常大的表，所以分割框的水平分割和垂直分割功能很有用。

（1）水平分割。将鼠标光标移到垂直滚动条顶部的水平分割框拖曳条处，当鼠标光标变成双向箭头时，拖曳水平分割框到表中任意一行，将表分成上下两部分。同时滚动条也分为上下两个，表的上下两部分可以独立滚动。

（2）垂直分割。将鼠标光标移到水平滚动条右侧的垂直分割框拖曳条处，当鼠标光标变成双向箭头时，拖曳垂直分割框到表中任意一列，将表分成左右两部分。同时滚动条也分为左右两个，表的左右两部分可以独立滚动。

恢复分割时，只需双击分割框或将分割框拖回原处即可。

9．状态栏

状态栏位于窗口的底部。鼠标右键单击状态栏可更改所显示的信息。

10．缩放滑块

拖曳缩放滑块可以缩放工作表编辑区内容。

11．视图切换按钮

位于状态栏右侧，有普通、页面布局和分页预览 3 个按钮。

任务二 认识工作簿和工作表

在 Excel 2010 中，工作表是一个由行和列组成的表格，工作簿是工作表的集合。工作簿是存储并处理数据、数据运算公式、数据格式等信息的文件。用户在 Excel 2010 中处理的各种数据最终都会以工作簿文件的形式存储在磁盘上，其扩展名为“.xlsx”，文件名就是工作簿名。工作表是用来存储和处理数据的最主要文档，所有对数据进行的操作都是在工作表上进行的。工作表是不能单独存盘的，只有工作簿才能以文件的形式存盘。一个工作簿可以包含多张工作表，因此，可以在一个工作簿中管理各种类型的相关信息。工作表名称显示于工作簿窗口底部的工作表标签上（见图 1-1）。

微课 1-2 工作簿管理和工作表管理

Excel 软件向下兼容，如果要在 Excel 2003 中打开扩展名为“.xlsx”的文件，则必须安装兼容软件。

一、工作簿管理

1．新建工作簿

在 Excel 2010 中新建工作簿的方法有以下 4 种。

方法一：启动 Excel 2010 后，将自动建立一个全新的工作簿——工作簿 1。

方法二：选择“文件”菜单中的“新建”命令来创建。

方法三：按“Ctrl + N”组合键来创建。

方法四：通过快速访问工具栏中的“新建”命令来创建。

2．打开工作簿

打开一个已经保存过的工作簿，可以用下面任意一种方法。

方法一：使用快速访问工具栏中的“打开”命令。

方法二：使用“文件”菜单中的“打开”命令。

方法三：在“文件”菜单中单击最近使用过的文件，即可打开相应的工作簿。

方法四：在“我的电脑”或者资源管理器中找到需要打开的工作簿，双击即可将其打开。

Excel 2010 允许同时打开多个工作簿，可以在不关闭当前工作簿的情况下打开其他工作簿；可以在不同工作簿之间进行切换，同时对多个工作簿进行操作。

3．保存工作簿

（1）保存未命名的新工作簿。单击“文件”菜单中的“保存”或“另存为”命令（或按快捷键“Ctrl + S”），在弹出的“另存为”对话框中，确定保存位置和文件名后，单击“保存”按钮。

（2）保存已有的工作簿。单击“文件”菜单中的“保存”或“另存为”命令（或按快捷键“Ctrl + S”）即可。

4．隐藏和取消隐藏工作簿

打开“视图”选项卡，在“窗口”功能区单击“隐藏”图标即可隐藏该工作簿。

在“视图”选项卡“窗口”功能区，单击“取消隐藏”图标，在出现的“取消隐藏”对话框的“取消隐藏工作簿”列表框中，选中需要显示的被隐藏工作簿的名称，单击按“确定”按钮即可重新显示该工作簿。

5．保护工作簿

打开“审阅”选项卡，在“窗口”功能区单击“保护工作簿”图标，为工作簿设置密码，对其进行保护。

二、工作表管理

1．选择工作表

单击某个工作表标签，可以选择该工作表为当前工作表；按住“Ctrl”键后分别单击工作表标签，可同时选择多个工作表。

2．插入新工作表

方法一：单击工作表标签区的“插入工作表”按钮，即可在当前位置插入一张新的工作表。

方法二：鼠标右键单击插入位置右边的工作表标签，再选择快捷菜单中的“插入”命令，将出现“插入”对话框，如图 1-2 所示，选定“工作表”后单击“确定”按钮。

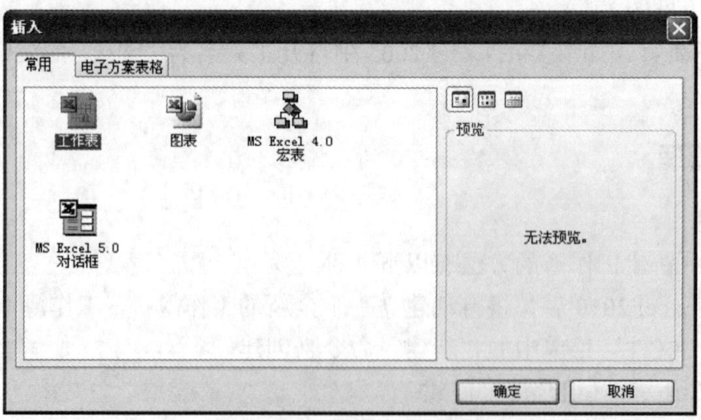

图 1-2 “插入”对话框

如果要添加多张工作表，则先按住“Shift”键，同时选中与待添加工作表相同数目的工作表标签，然后右键单击打开快捷菜单，选择“插入”命令。

3．删除工作表

方法一：选择要删除的工作表，单击“开始”选项卡，选择“单元格”功能区中的“删除工作表”命令。

方法二：鼠标右键单击要删除的工作表，选择快捷菜单中的“删除”命令。

4．重命名工作表

方法一：双击要重命名的工作表标签，输入新的工作表名称即可。

方法二：鼠标右键单击要重命名的工作表标签，选择快捷菜单中的“重命名”命令，输入新的工作表名称即可。

5．移动或复制工作表

移动工作表的方法是：单击工作表标签，选定工作表，然后按住鼠标左键拖曳光标到目标位置。如果要复制工作表，则应在按住鼠标左键拖曳光标到目标位置的同时按住“Ctrl”键。

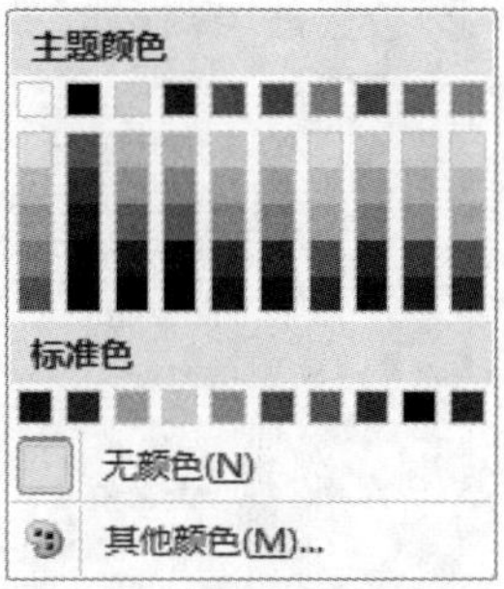

图 1-3 “主题颜色”面板

6．给工作表标签添加颜色

给工作表标签添加颜色的步骤如下。

（1）鼠标右键单击想要改变颜色的工作表标签。

（2）从弹出的快捷菜单中选择“工作表标签颜色”命令。

（3）打开“主题颜色”面板，如图 1-3 所示，选择颜色后，即为工作表标签添加上了颜色。

三、编辑工作表

微课 1-3 编辑工作表

1．选定工作区域

Excel 2010 在编辑工作表或执行命令之前，首先要选择相应的单元格或单元格区域。表 1-1 所示为常用的选定工作区域的操作。

表 1-1 常用的选定工作区域的操作

选择内容	具体操作
选定单个单元格	单击相应的单元格，或用光标键移动到相应的单元格处
选定某个单元格区域	单击选定该区域的第一个单元格，然后拖曳鼠标光标直至选定最后一个单元格
选定工作表中的所有单元格	单击全选按钮
选定不相邻的单元格或单元格区域	先选定第一个单元格或单元格区域，然后按住“Ctrl”键选定其他的单元格或单元格区域
选定较大的单元格区域	单击选定该区域的第一个单元格，然后按住“Shift”键，单击该区域的最后一个单元格，通过滚动条可以使要选择的所有单元格可见
选定整行	单击行号
选定整列	单击列标
选定相邻的行或列	沿行号或列标拖曳鼠标光标；或者先选定第一行或第一列，然后按住“Shift”键选定其他行或列
选定不相邻的行或列	先选定第一行或第一列，然后按住“Ctrl”键选定其他的行或列
选定增加或减少活动区域中的单元格	按住“Shift”键并单击新选定区域的最后一个单元格，在活动单元格和所单击单元格之间的矩形区域将成为新的选定区域

2．插入与删除单元格

选择想要插入与删除单元格的位置，单击鼠标右键，选择“插入”可以插入一个单元格，选择“删除”可以删除一个单元格，如图 1-4～图 1-6 所示；也可以通过选择“开始”选项卡下“单元格”分组里的“插入”→“插入单元格”命令完成。

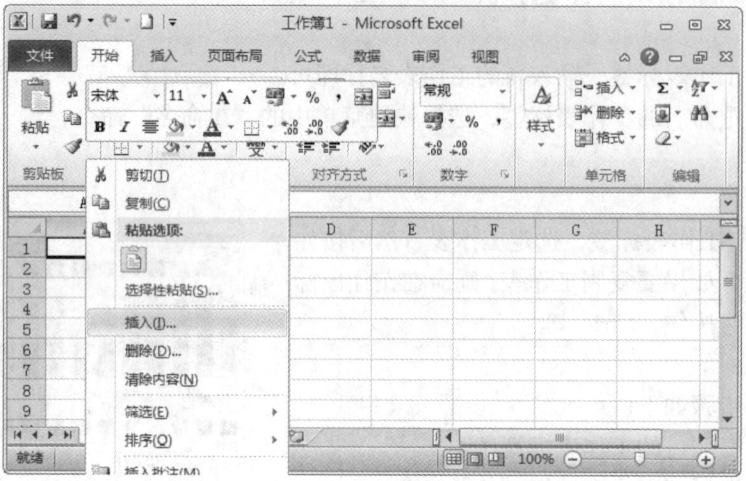

图 1-4　插入与删除单元格

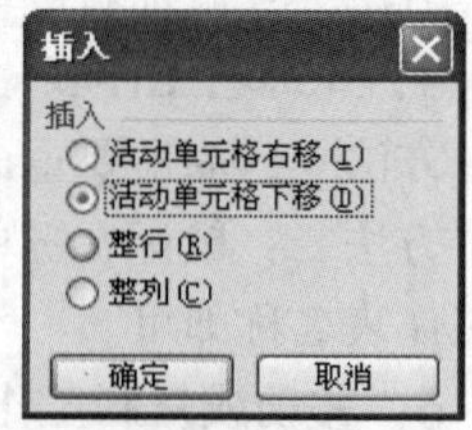

图 1-5　插入单元格

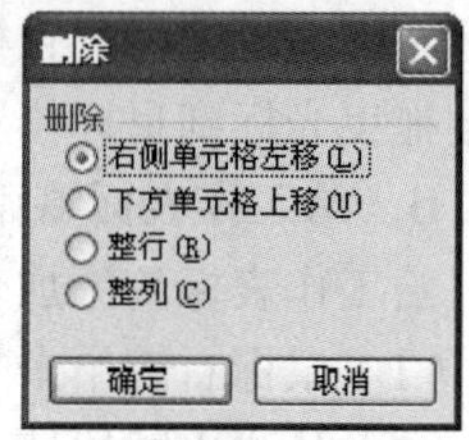

图 1-6　删除单元格

3．插入与删除行和列

选定想要插入行或列的位置，单击鼠标右键，可以在该行的前面或该列的左边插入一行或一列。

选定想要删除行或列的位置，单击鼠标右键，可以删除一行或一列，如图 1-7 所示。

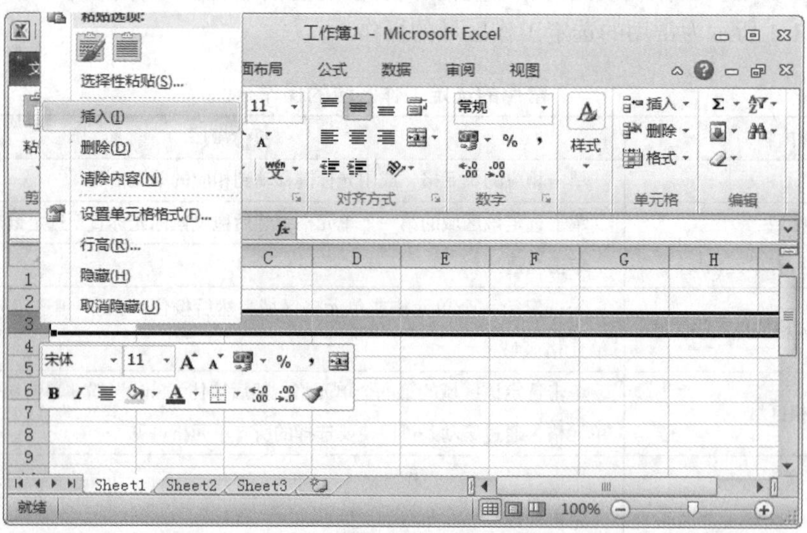

图 1-7　插入与删除行和列

4．合并单元格

选定区域，单击鼠标右键，选择“设置单元格格式”，如图 1-8 所示，打开“设置单元格格式”对话框，选择“对齐”中的“合并单元格”来合并单元格，如图 1-9 所示。

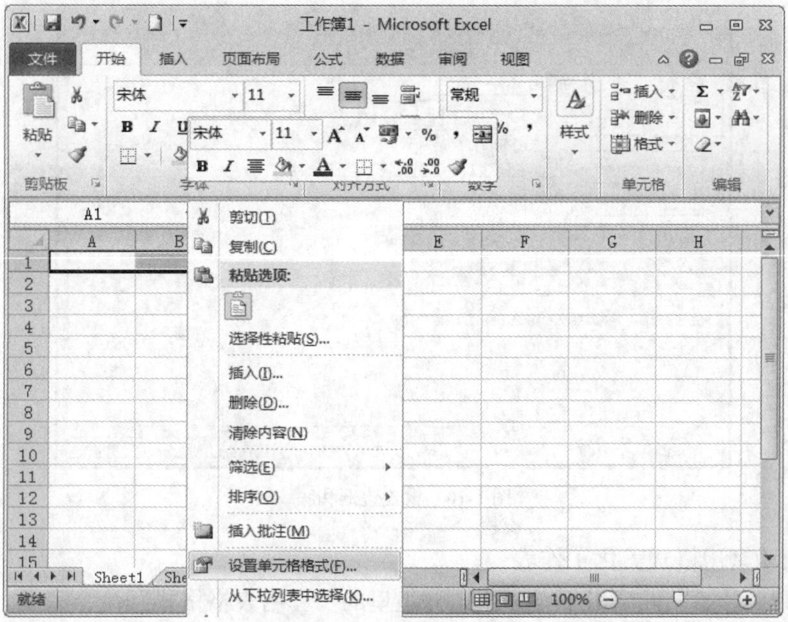

图 1-8　合并单元格（1）

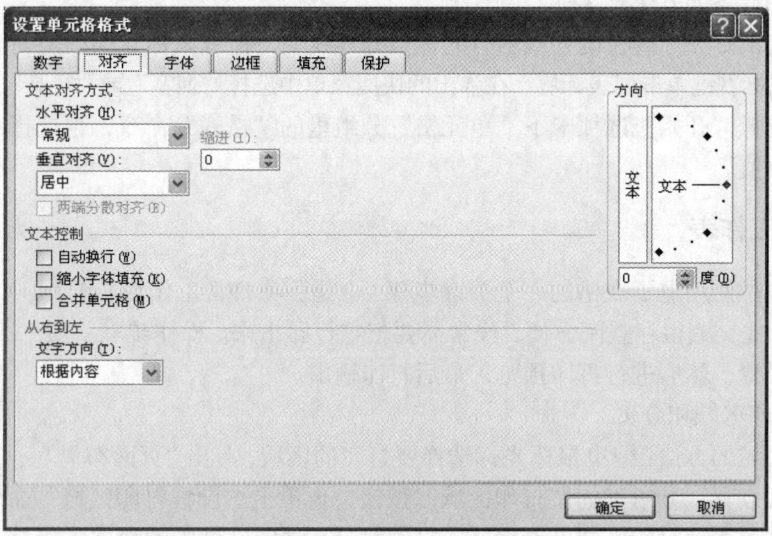

图 1-9　合并单元格（2）

四、美化工作表

1．设置数据格式与对齐方式

（1）选中表格中需要设置格式的单元格后单击鼠标右键，在弹出的快捷菜单中选择“设置单元格格式”选项。

（2）在此选项中，可改变数据在垂直和水平方向上的对齐方式，如图 1-9 所示。

微课 1-4　美化工作表

2．设置边框和底纹

选中表格中需要设置边框和底纹的单元格后单击鼠标右键，在弹出的快捷菜单中选择“设置单元格格式”选项，即可设置表格的边框和底纹，如图 1-10 所示。

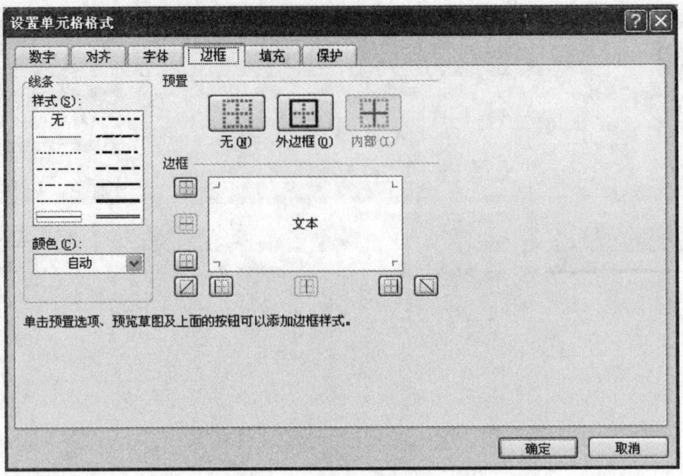

图 1-10　设置边框和底纹

3．使用自动套用格式美化工作表

其可以选择“开始”选项卡下“样式”分组里的“套用表格格式”命令完成。

4．设置列宽和行高

设置列宽和行高的方法有 3 种。

方法一：将鼠标光标放在两列或两行的标签分界线上，拖曳鼠标光标调整列宽或行高。

方法二：鼠标右键单击列表标签，在弹出的快捷菜单中选择“列宽”或“行高”，并调整其数值。

方法三：选择“开始”选项卡下“单元格”分组里的“格式”命令，再选择“列宽”或“行高”并调整其数值。

五、打印工作表

打印工作表是使用电子表格的一个关键步骤，也是一项日常工作。工作表创建好后，为了提交或留存查阅方便，经常需要把它打印出来。操作步骤一般是先进行页面设置，然后进行打印预览，最后打印输出。

微课 1-5　打印工作表

1．设置打印区域和分页

选择打印区域的方法：拖曳鼠标光标选择要打印的区域，单击“页面布局”选项卡下“页面设置”分组里的“打印区域”按钮，再单击“设置打印区域”命令，选定区域的边框上出现虚线，表示打印区域已设置好。打印时只有选定区域中的数据才能打印。

当工作表较大时，Excel 2010 一般会自动为工作表分页。如果用户不满意这种分页方式，可以根据自己的需要对工作表进行人工分页。

分页包括水平分页和垂直分页。水平分页的操作步骤如下：单击要另起一页的起始行行号，单击“页面布局”选项卡下“页面设置”分组里的“分隔符”按钮，选择“插入分页符”命令，在起始行上会出现一条水平虚线，表示分页成功。

垂直分页时，必须单击另起一页的起始列列标或选择该列最上端的单元格，分页成功后将在该列左边出现一条垂直分页虚线。如果选择的不是最左或最上的单元格，插入分页符后将在单元格上方和左侧各产生一条分页虚线。

删除分页符时，可先选择分页虚线的下一行或右一列的任一单元格，然后单击“页面布局”选项卡下“页面设置”分组里的“分隔符”按钮，选择“删除分页符”命令；也可以先选中整个工作表或选中任一单元格，然后选择“分隔符”按钮下的“重设所有分页符”命令，即可删除工作表中的所有人工分页符。

分页后，单击状态栏右侧视图切换按钮中的“分页预览”按钮，可进入分页预览视图。单击“普通”按钮，可以结束分页预览，回到普通视图中。

2．页面设置

Excel 2010 具有默认页面设置功能，因此用户可以直接打印工作表。如有特殊要求，使用页面设置可以设置工作表的打印方向、缩放比例、纸张大小、页边距、页眉、页脚等。单击“页面布局”选项卡下“页面设置”分组右侧的按钮，打开如图 1-11 所示的“页面设置”对话框。该对话框共有 4 个选项卡：页面、页边距、页眉/页脚和工作表。

（1）“页面”选项卡。在图 1-11 所示的“页面”选项卡中可以设置纸张方向、缩放比例、纸张大小、打印质量、起始页码等。

（2）“页边距”选项卡。在图 1-12 所示的“页边距”选项卡中可设置版心与页面 4 个边界间的距离、页眉和页脚的上下边距等。

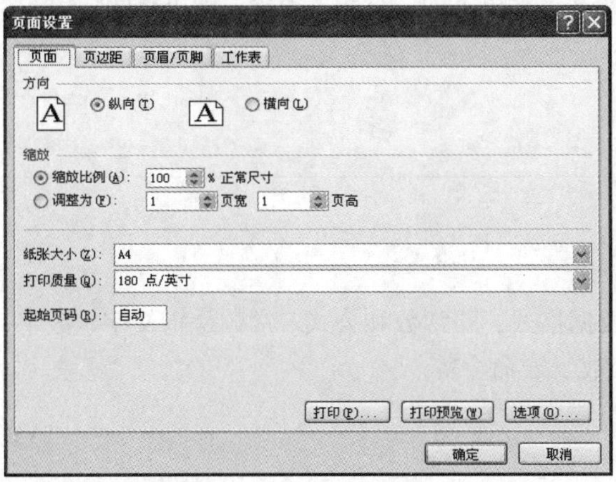

图 1-11 “页面”选项卡

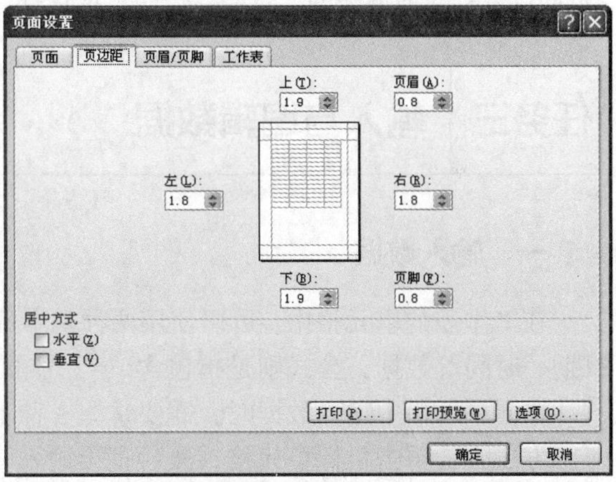

图 1-12 “页边距”选项卡

（3）“页眉/页脚”选项卡。如果要设置页眉和页脚，可单击“页眉”和“页脚”的下拉列表，选择内置的页眉和页脚格式，也可分别单击“自定义页眉”“自定义页脚”按钮，在相应的对话框中进行自定义。设置好后单击“确定”按钮即可，如图 1-13 所示。

（4）“工作表”选项卡。“工作表”选项卡如图 1-14 所示。

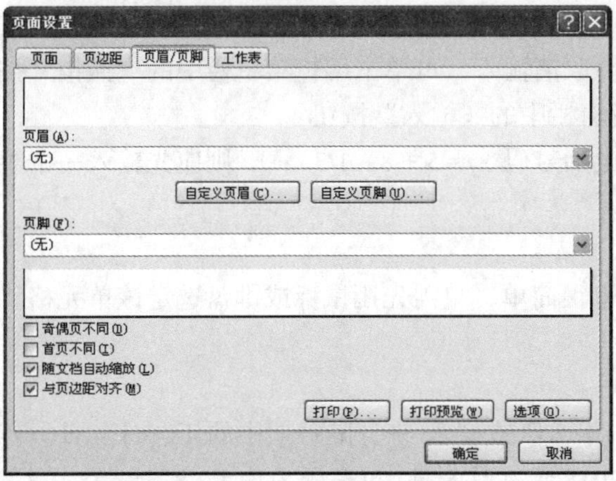

图 1-13 “页眉/页脚”选项卡

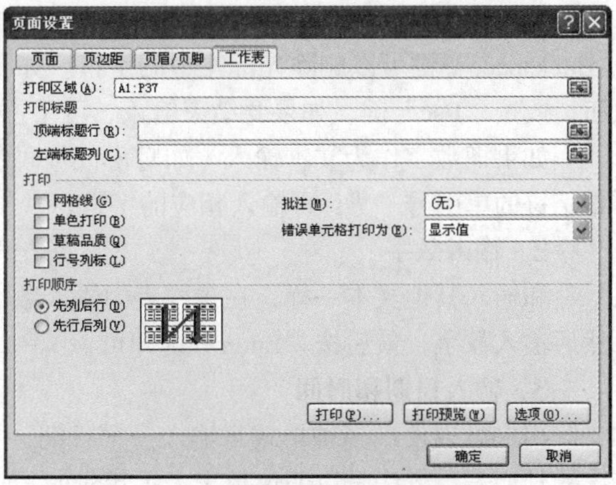

图 1-14 “工作表”选项卡

打印区域：若不设置，则打印当前整个工作表；若需设置，则单击“打印区域”右侧的折叠按钮，在工作表中拖曳选定打印区域后，再单击“打印区域”右侧的折叠按钮返回对话框，单击“确定”按钮。

打印标题：如果要使每一页上都重复打印列标志，则单击图1-14中的“顶端标题行”编辑框，然后输入列标志所在行的行号即可；如果要使每一页上都重复打印行标志，则单击图1-15中的“左端标题列”编辑框，然后输入行标志所在列的列标即可。

每页都打印行号和列标：选中图1-14中的“行号列标”复选框即可。

3．打印预览

单击视图切换按钮中的“分页预览”按钮，进入“分页预览”视图，用鼠标光标拖曳分页虚线可直接改变分页的位置。

4．打印输出

经过设置打印区域、页面设置、打印预览后，工作表就可以正式打印了。打印方法如下：单击“页面设置”对话框中的“打印”按钮，或选择“文件”菜单下的“打印”命令，即可打印输出。

任务三　输入与编辑数据

一、输入数据

在工作表的单元格中，可以使用两种基本的数据格式，即常数和公式。常数是指文字、数字、日期、时间等数据，公式则是指包含“=”号的函数、宏命令等。

在向单元格中输入数据时，需要掌握3种基本输入方法。

方法一：单击目标单元格，然后直接输入。

方法二：双击目标单元格，单元格中会出现光标，即可输入数据。这种方法多用于修改单元格中的数据。

方法三：单击目标单元格，再单击编辑栏，然后在编辑栏中编辑或修改数据。

1．输入文本

文本包括汉字、外文字母、特殊符号、数字、空格及其他能通过键盘输入的符号。

在向单元格中输入文本时，如果相邻的单元格中没有数据，则Excel 2010允许长文本覆盖在其右边相邻的单元格；如果相邻单元格中有数据，则当前单元格中只显示该文本的开头部分。按“Backspace”键可以删除光标左边的字符。如果要取消输入，可单击编辑菜单栏中的“撤销”按钮，或按“Esc”键。如果要结束输入，可单击编辑栏中的“输入”按钮。

如果把数字作为文本输入（如身份证号码、电话号码、=5+8、1/3等），则应先输入一个半角字符的单引号“'”，再输入相应的字符。

2．输入数字

和输入其他文本一样，在工作表中输入数字也很简单，只需先用鼠标或键盘选定该单元格，然后输入数字，最后按“Enter”键即可。

3．输入日期和时间

用户可以使用多种格式来输入一个日期，如用“/”或“-”来分隔日期中的年、月、日。传统的日期表示方法是以两位数来表示年份的，如2018年9月8日，可表示为“18/9/8”或“18-9-8”。

在单元格中输入时间的方法有两种，即按12小时制和按24小时制输入。如果按12小时制输入时间，则要在时间数字后加一空格，然后输入“a”（AM）或“p”（PM），字母“a”表示上午，“p”表示下午。

二、编辑数据

在单元格中输入数据后，可以对数据进行修改、删除、复制和移动。

1．修改数据

（1）在编辑栏中修改时，只需先选中要修改的单元格，然后在编辑栏中进行相应的修改，按✓按钮确认修改。按✕按钮或“Esc”键放弃修改。此种方法适合内容较多的情况或者对公式的修改。

（2）直接在单元格内修改。此时需双击单元格，然后进入单元格修改，此种方法适合内容较少的情况。

微课 1-6　编辑数据

如果以新数据替代原来的数据，则只需单击单元格，然后输入新的数据。

2．删除数据

在 Excel 2010 中，数据删除有两个概念：数据清除和数据删除。

数据清除的对象是数据，单元格本身不受影响。在选取单元格或一个区域后，选择“开始”选项卡下“编辑”分组里的“清除”命令，此时会弹出一个级联菜单。选择“清除格式”“清除内容”“清除批注”或“清除超链接”命令将分别只取消单元格的格式、内容、批注或超链接，选择“全部清除”命令则会将单元格的格式、内容、批注、超链接统统取消。数据清除后单元格仍保留在原位置。

选定单元格后按“Delete”键，相当于选择“清除内容”命令。

而数据删除的对象是单元格，删除后选取的单元格连同里面的数据都将从工作表中消失。

3．复制和移动数据

Excel 2010 中复制数据的方法多种多样，可以利用剪贴板，也可以用鼠标拖曳操作。

利用剪贴板复制数据与 Word 中的操作相似，稍有不同的是在源区域执行复制命令后，区域周围会出现闪烁的虚线。只要闪烁的虚线不消失，粘贴就可以进行多次；一旦消失，粘贴则无法进行。如果只需粘贴一次，那么有一种简单的粘贴方法，即在目标区域直接按“Enter”键。

鼠标拖曳复制数据的操作方法与 Word 不同：选择源区域和按下“Ctrl”键后，鼠标光标应指向源区域的四周边界而不是源区域内部，此时鼠标光标变成右上角带有一个小十字的实心箭头，可以通过拖曳进行数据复制。

一个单元格含有多种特性时，如内容、格式、批注等，可以使用选择性粘贴复制它的部分特性。操作步骤：先将数据复制到剪贴板，再选择待粘贴目标区域中的第 1 个单元格，单击“编辑”→“选择性粘贴”命令，弹出图 1-15 所示的对话框。选择相应选项后，单击“确定”按钮可完成选择性粘贴。

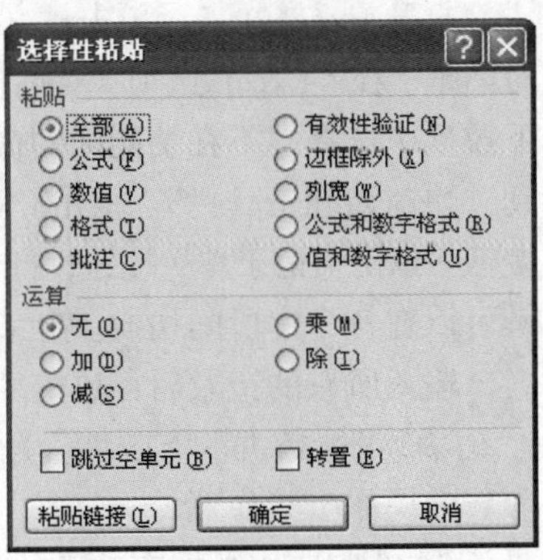

图 1-15　“选择性粘贴”对话框

任务四　数据管理与分析

一、创建数据清单

数据清单即常说的表格，它用一行文字作为区分数据类型的表头标志。在标志下是连续的数据区。数据清单的第 1 行必须为文本类型，为相应列的名称。用户只要执行了数据库命令，Excel 2010 会自动将数据清单默认为一个数据库。数据清单中的列是数据库中的字段，数据清单中的列标志是数据库中的字段名，数据清单中的一行则对应数据库中的一条记录。

微课 1-7 创建数据清单

1．创建数据清单时应遵循的原则

（1）一个数据清单最好占用一个工作表。

（2）数据清单是一片连续的数据区域，不允许出现空行和空列。

（3）每一列包含相同类型的数据。

（4）将关键数据置于清单的顶部或底部，避免将关键数据放到数据清单的左右两侧，因为这些数据在筛选数据记录时可能会被隐藏。

（5）显示行和列：在修改数据清单之前，要确保隐藏的行和列已经被显示。如果清单中的行和列未被显示，那么数据有可能会被删除。

（6）使用带格式的列标。在输入列标前，将单元格设置为文本格式。对于列标，请使用与清单中数据不同的字体、对齐方式、格式、填充色等。

（7）使数据清单独立：工作表中的数据清单与其他数据间至少应留出一个空行和一个空列。在执行排序、筛选和自动汇总等操作时，这将有利于 Excel 2010 检测和选定数据清单。

（8）不要在单元格前面或后面输入空格，不然将影响排序和搜索。

2．创建数据清单

（1）创建字段名。创建字段名的步骤：选定某行的第 1 个单元格并在其中输入文本，在与该单元格相邻的右侧单元格中输入其他作为字段名的文字。创建字段名后，即可在各字段名下直接输入数据。

（2）输入数据。在输入数据时，除了可以直接在数据清单中输入数据外，还可以使用“记录单”命令来输入或追加数据。使用记录单功能可以减少在行与列之间的不断切换，从而提高输入的速度和准确性。

打开 Excel 2010，单击“文件”菜单，然后在下拉菜单中单击“选项”，打开“Excel 选项”对话框。在“Excel 选项”对话框中单击“快速访问工具栏”，然后在右侧“从下列位置选择命令”下拉框中选择“不在功能区的命令”。下拉滑块，找到“记录单”功能，然后单击“添加”，添加到“快速访问工具栏”。单击“确定”按钮，这时，我们看到快速访问工具栏上添加了“记录单”按钮。单击“记录单”按钮，打开“记录单”窗口，在每个字段后的文本框中输入数据。按“Tab”键可以在各个字段间切换。输完一条记录的内容后，单击“新建”按钮，可以继续添加新的记录。

输入所有的记录后，单击“关闭”按钮返回到工作表中，新加入的记录将列在清单的底部。

（3）设置数据的有效性。为数据有效性设置数值和参数的操作步骤如下。

① 选定应用数据有效性的字段所在的列。

② 选择“数据”选项卡下“数据工具”分组里的“数据有效性”命令，弹出一个级联菜单，选择“数据有效性”命令。

③ 在“数据有效性”对话框中有 4 个选项卡：设置、输入信息、出错警告和输入法模式。如果没有选定“设置”选项卡，则单击选定它，如图 1-16 所示。

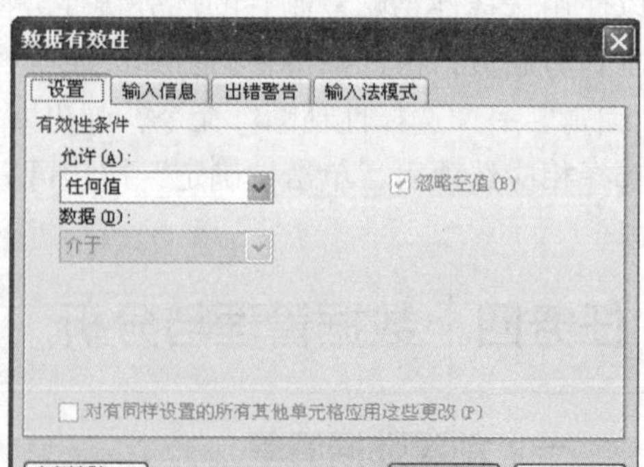

图 1-16 数据有效性设置

④ 从“允许”下拉列表中选择一个数值。

⑤ 从“数据”下拉列表中选择一个选项。

⑥ 显示的参数依赖于“允许”和“数据”中的选项。输入限制参数，很多情况下，仅仅是最小值和最大值，比如最小数字和最大数字，或者是允许的最早日期和最晚日期。

⑦ 单击“确定”按钮完成操作。

3．删除或编辑记录

删除记录的步骤是：选择数据清单中的任意一个单元格；单击“快速访问工具栏”中的“记录单”按钮；在打开的对话框中，单击“上一条”或“下一条”按钮来查找所要删除的记录，也可以用对话框中间的滚动条移到要删除的记录处，然后单击“删除”按钮将其删除。

编辑记录通常指的是对数据进行修改。在记录单中编辑记录的具体操作步骤与删除记录基本一致，在找到所要修改的记录后，直接在相应的文本框中进行编辑修改即可。

二、数据排序和筛选

微课 1-8 数据排序和筛选

1．排序

排序是将数字或文字按一定顺序进行排列。其中，数字是按照数字本身大小进行排序，文字是按照汉字拼音字母的先后顺序进行排序，并且可以将相同的内容放在一起，从而达到分类的目的。

例如，某班学生成绩情况如表 1-2 所示。

表 1-2　某班学生成绩情况表

学号	姓名	语文	数学	英语	信息技术	体育	总分
1	钱梅	98	82	85	89	88	442
2	张光	98	100	97	100	100	495
3	许明	87	87	85	92	89	440
4	唐琳	96	89	99	96	98	478
5	宋强	79	87	97	88	91	442
6	罗松	78	77	69	80	78	382
7	郭峰	94	89	90	90	97	460

若要将表 1-2 中的总分按从小到大的顺序排列，应首先选中总分列的任意一个单元格，然后单击“开始”选项卡下“编辑”分组里的“排序和筛选”按钮，在弹出的级联菜单中选择“升序”即可。如果要进行多个关键字排序，则选择“自定义排序”按钮，在“排序”对话框中进行设置。勾选“有标题行”，在“主要关键字”项中确定排序的第 1 依据，以及排序的标准是递增还是递减，如“列 H”“升序”；若通过主要关键字排不出顺序，则单击“添加条件”按钮，在“次要关键字”项中确定排序的第 2 依据以及排序的标准是递增还是递减，如“列 E”“降序”等，最后单击“确定”按钮即可。

2．筛选

筛选是根据给定的条件从数据清单中找出并显示满足条件的记录，不满足条件的记录将被隐藏。数据筛选包括自动筛选和高级筛选。与排序不同，筛选并不重排清单，只是暂时隐藏不必显示的行。

（1）自动筛选。进行自动筛选时，首先选中数据清单中的任一单元格，单击“数据”选项卡下“排序和筛选”分组里的“筛选”按钮后，在每个字段名的右下方会出现“筛选控制”按钮，如图 1-17 所示，单击按钮可显示筛选的条件。如对表格中的数据进行筛选，筛选一类记录，则单击此类记录对应的关键字即可。

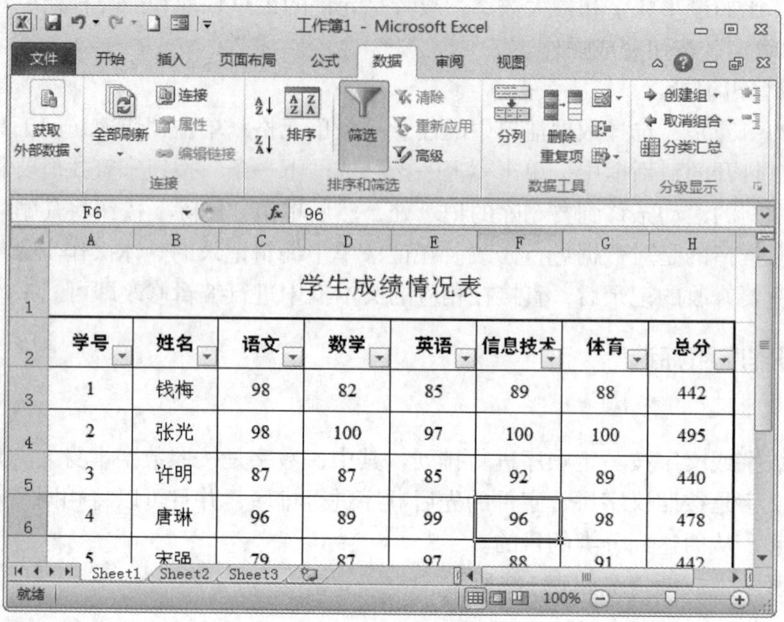

图 1-17　自动筛选

如果要取消对某一列的筛选，则单击该列首单元格右下方的“筛选控制”按钮，再单击“全选”；如果要在数据清单中取消对所有列进行的筛选，则再次单击“筛选”按钮即可。

（2）高级筛选。高级筛选能快速将满足多重条件的信息筛选并显示出来。

当数据管理过程中遇到一些复杂的筛选条件时，使用前述“自动筛选”功能将不能满足要求，必须使用“高级筛选”来实现，即建立筛选条件区域，并在该区域中设置相应的筛选条件。高级筛选的步骤如下。

选中表格后，单击“数据”选项卡下“排序和筛选”分组里的“高级”按钮，弹出对话框。在“数据区域”框中会显示被选中的数据区域单元格地址范围，在“条件区域”框中单击，选中条件区域，在“方式”选项区选中“在原有区域显示筛选结果”单选框，单击“确定”按钮，即可将筛选结果在原位置处显示出来（即隐藏不符合筛选条件的记录）。

取消高级筛选，单击“数据”选项卡下“排序和筛选”分组里的“清除”按钮即可。

三、数据的分类汇总

对数据进行分析和统计时，分类汇总是对数据进行分析的一个非常有力的工具。例如，对一个包含上千条商品信息的数据清单，有产品名称、地区、销售量等字段信息，用户可以根据需要使用分类汇总功能，产生按产品名称、地区和销售量分类的数据清单。

微课 1-9　数据的分类汇总

分类汇总可以对数据清单中的某一个字段进行如求和、平均值这样的汇总，对分类汇总值进行计算，并且能将计算的结果分级显示出来。在执行分类汇总命令前，必须先对数据清单进行排序，数据清单的第 1 行里必须有列标记。具体操作方法如下。

1．创建分类汇总

（1）打开 Excel 文件。

（2）在数据清单中选择任意一个单元格。

（3）选择“数据”选项卡下“分组显示”分组里的“分类汇总”命令，打开“分类汇总”对话框。

（4）单击“分类字段”下拉列表框右边的按钮，在弹出的下拉列表中选择要进行分类汇总的列。

（5）单击“汇总方式”下拉列表框右边的按钮，在弹出的下拉列表中选择分类汇总的函数。

（6）在“选定汇总项”列表框中选择相应的列。

（7）单击“确定”按钮，就会产生分类汇总的结果。

2．删除分类汇总

对数据清单进行了分类汇总后，如果对结果不满意，可以删除分类汇总，回到数据清单的初始状态。其具体操作步骤如下。

（1）在数据清单中任意选择一个单元格。

（2）单击“分类汇总”命令，在弹出的“分类汇总”对话框中单击“全部删除”按钮即可。

另外，也可以直接单击“撤销”按钮，或选择“编辑”菜单中的“撤销”命令来删除分类汇总，但是这两种方法都要求分类汇总后没有进行过其他操作。

四、数据透视表

数据透视表是一种对大量数据进行快速汇总和建立交互列表的交叉式表格，用于对多种来源的数据进行汇总。建立表格后，可以对其进行重排，深入分析数值数据，并且可以回答一些预料之外的数据问题，以便从不同的透视角度观察数据。数据透视表是专门针对以下用途设计的。

微课 1-10 数据透视表

（1）以多种用户友好方式查询大量数据。

（2）对数值数据进行分类汇总和聚合，按分类和子分类对数据进行汇总，创建自定义计算和公式。

（3）展开和折叠要关注结果的数据级别，查看感兴趣区域汇总数据的明细。

（4）将行移动到列或将列移动到行（或“透视”），以查看源数据的不同汇总。

（5）对最有用和最关注的数据子集进行筛选、排序、分组和有条件地设置格式，使用户能够关注所需的信息。

（6）提供简明、有吸引力并且带有批注的联机报表或打印报表。

例如，某公司加班情况统计表如表 1-3 所示。

表 1-3 某公司加班情况统计表

日期	星期	姓名	小时
2018 年 3 月 1 日	星期三	黄京	1.5
2018 年 3 月 1 日	星期三	王平	0.5
2018 年 3 月 1 日	星期三	张晓晨	0.5
2018 年 3 月 2 日	星期四	黄京	0.8
2018 年 3 月 2 日	星期四	王平	0.6
2018 年 3 月 2 日	星期四	张晓晨	0.8

续表

日期	星期	姓名	小时
2018 年 3 月 3 日	星期五	王平	0.5
2018 年 3 月 3 日	星期五	张晓晨	0.8
2018 年 3 月 4 日	星期六	黄京	1
2018 年 3 月 5 日	星期日	王平	0.5
2018 年 3 月 6 日	星期一	黄京	1
2018 年 3 月 7 日	星期二	黄京	0.5
2018 年 3 月 7 日	星期二	王平	0.5
2018 年 3 月 7 日	星期二	张晓晨	0.6
2018 年 3 月 8 日	星期三	张晓晨	0.8

利用表 1-3 中的数据创建数据透视表的步骤如下。

（1）选中数据列表中的任意一个单元格，单击“插入”选项卡下“表格”分组里的“数据透视表”按钮，进入“创建数据透视表”对话框。

（2）被选中数据区域的地址显示在“选择一个表或区域”框内。

（3）确认数据区域正确后，选择数据透视表建立的位置，单击对话框的“确定”按钮即可。

（4）完成数据透视表创建过程后，自动在当前工作表标签左侧添加新工作表标签，同时显示“数据透视表”工具栏。

在新工作表中，左上角提供了新表格重组的设置区，右上角提供了“数据透视表字段列表”区，如图 1-18 所示。

（5）进入透视工作区后，系统将自动显示“数据透视表”工具栏。该工具栏罗列了一组工具图标，可以很方便地进行数据透视表的设置。例如，如果不小心关闭了“数据透视表字段列表”窗口，可以单击“选项”选项卡下“显示”分组里的“字段列表”按钮，重新打开窗口，如图 1-19 所示。

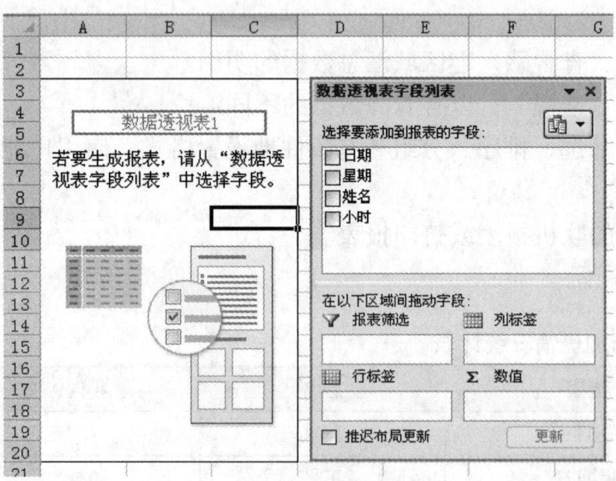

图 1-18　设置数据透视表

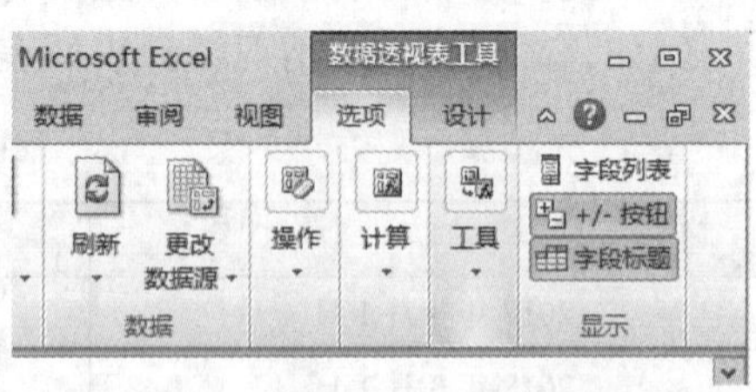

图 1-19　“数据透视表工具”按钮

（6）将“数据透视表字段列表”中的字段名依次拖曳至对应的区域中，此时交叉统计的结果显示于新表格中，如图 1-20 所示。

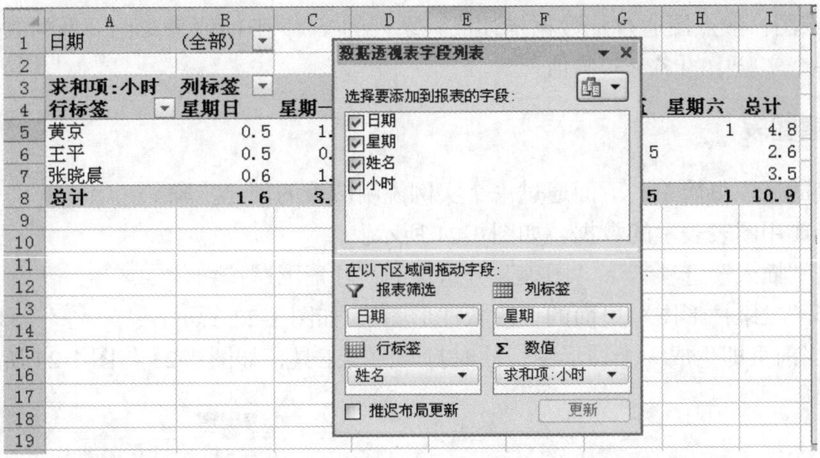

图 1-20　完成设置

任务五　使用图表

一、认识图表

数据图表就是将单元格中的数据以各种统计图表的形式显示，使得数据更直观。Excel 2010 中有 14 种标准图表类型，每一种类型又有 2～7 种子类型。同时，还有 20 种自定义图表类型，它们可以是标准类型的变异，也可以是标准类型的组合，各种类型主要是在颜色和外观上有所区别。下面对每种标准图表类型加以描述。

（1）面积图：面积图表现了数据在一段时间内或者一个类型中的相对关系。一个值所占的面积越大，那么它在整体关系中所占的比重就越大。

（2）条形图：条形图使用水平条的长度表示它所代表值的大小。

（3）气泡图：气泡图对 3 个系列的数据进行比较。x 轴和 y 轴共同表示两个值，但是气泡的大小由第 3 个值确定。

（4）柱形图：柱形图是条形图的变体。在 Excel 2010 中，柱形图是默认图表类型。

（5）圆锥图：圆锥图是条形图或柱形图的变体，唯一不同之处是它使用圆锥体表示数据。

（6）圆柱图：圆柱图是条形图或柱形图的变体，唯一不同之处是它使用圆柱体表示数据。

（7）圆环图：圆环图和饼图相似，只是不局限于单一的数据系列。每一个数据系列使用圆环中的一个环表示，而不是饼图中的片。

（8）折线图：在折线图中，对于每一个 x 值，都有一个 y 值与其对应，像一个数学函数一样。折线图常用于表示一段时期内的数据变化。

（9）饼图：饼图的绘制局限于一个单一的数据系列，不能显示更复杂的数据系列。但是，饼图通常非常生动，容易理解。

（10）棱锥图：棱锥图是条形图或柱形图的变体，唯一不同之处是它使用棱锥表示数据。

（11）雷达图：雷达图表示由一个中心点向外辐射的数据。中心是零，各种轴线由中心向外扩展开来。

（12）股价图：股价图常用于绘制股票的价值。

（13）曲面图：曲面图可以用二维空间的连续曲线表示数据的走向。

（14）散点图：散点图通过把数据描述成一系列的 x、y 坐标值来对比一系列数据。散点图可以用来表示一个实验中的多个实验值。

二、创建图表

创建图表的过程很简单，下面通过一个实例说明图表的创建步骤。

（1）选择要用图表表示的数据，如图 1-21 所示。

（2）单击“插入”选项卡下“图表”分组里的“柱形图”按钮。

（3）选择“二维柱形图”里面的“簇状柱形图”，如图 1-22 所示。

（4） 在当前页即生成一个柱形图，同时打开图表工具，如图 1-23 与图 1-24 所示。

微课 1-11 创建图表

	A	B	C	D
1	产品销售表			
2		产品一	产品二	产品三
3	一季度	8900	5780	2320
4	二季度	15612	4870	5210
5	三季度	11055	8250	4860
6	四季度	9099	3550	6500

图 1-21 图表基础数据

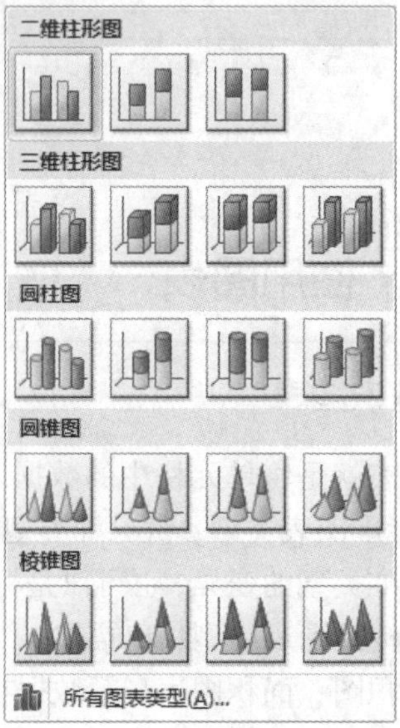

图 1-22 选择图表

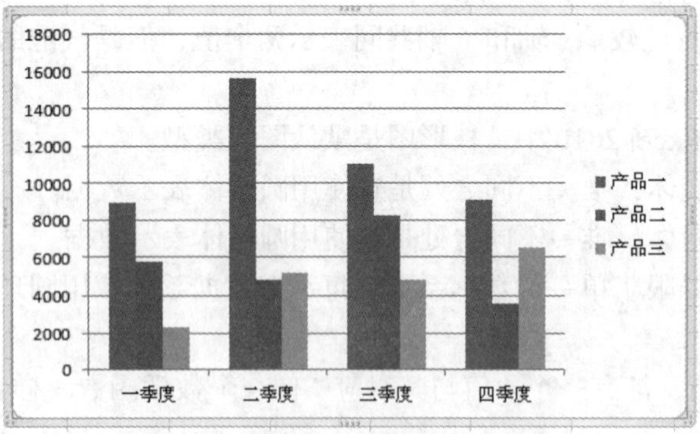

图 1-23 生成图表

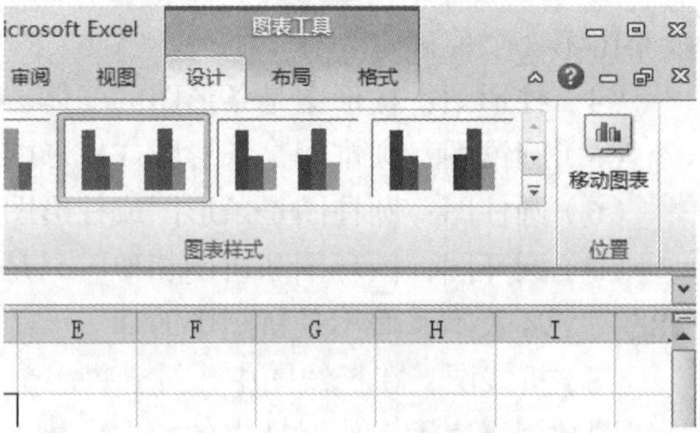

图 1-24 图表工具

三、图表的编辑与修改

1．图表的编辑

（1）增加标题。单击图表工具“设计”选项卡下“图表布局”分组的第一个按钮，即可增加图表标题，如图 1-25 所示。在图表区选中“图表标题”，改成“产品销售表”。

（2）设置格式。双击图表标题文字，将 “字体”分组中的各项设置为隶书、粗体、14 号字、红色；双击 x 坐标轴，在弹出的对话框中设置字体为黑体、10 号字、蓝色，如图 1-26 所示。

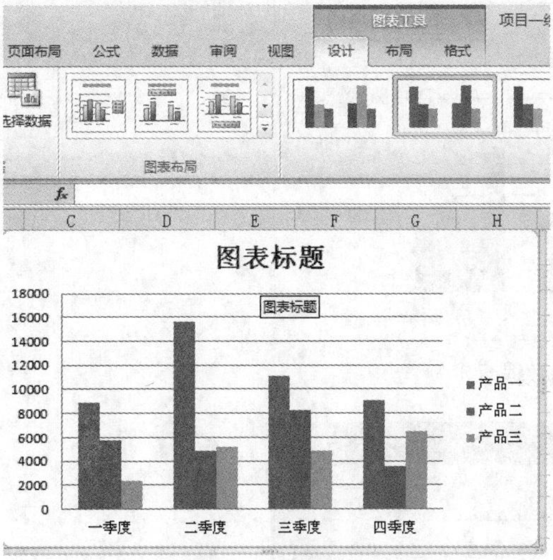

图 1-25　增加标题

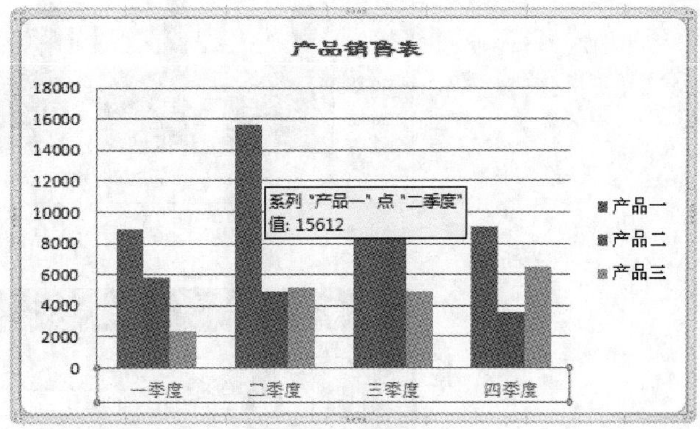

图 1-26　设置字体

（3）在数据源中增加一列，如图 1-27 所示。右击图表区，选择“选择数据”选项，打开“选择数据源”对话框，如图 1-28 所示。在“图表数据区域”中，重新选择数据源，即可在图表中添加产品四的数据系列，如图 1-29 所示。

	A	B	C	D	E
1	产品销售表				
2		产品一	产品二	产品三	产品四
3	一季度	8900	5780	2320	3400
4	二季度	15612	4870	5210	4000
5	三季度	11055	8250	4860	4250
6	四季度	9099	3550	6500	3800

图 1-27　增加 E 列

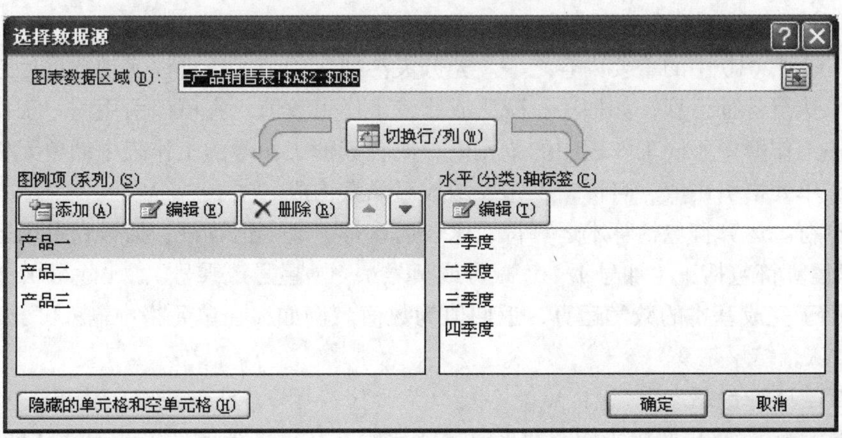

图 1-28　“选择数据源”对话框

（4）移动图表。选择图表所在的位置，单击“设计”选项卡下“位置”分组中的“移动图表”图标，可以设置图表的位置，如图 1-30 所示。

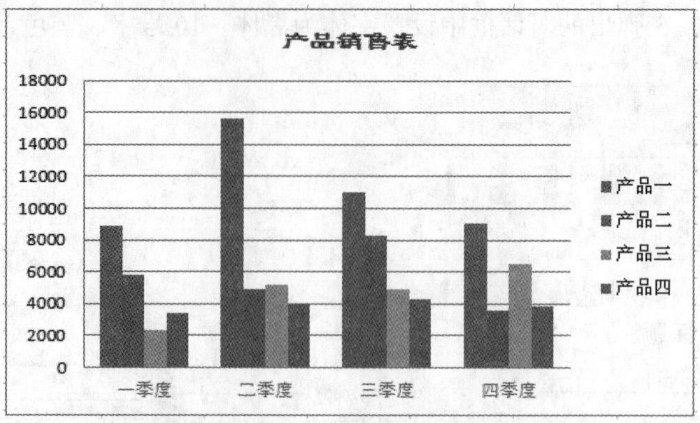

图 1-29 添加产品四的数据系列

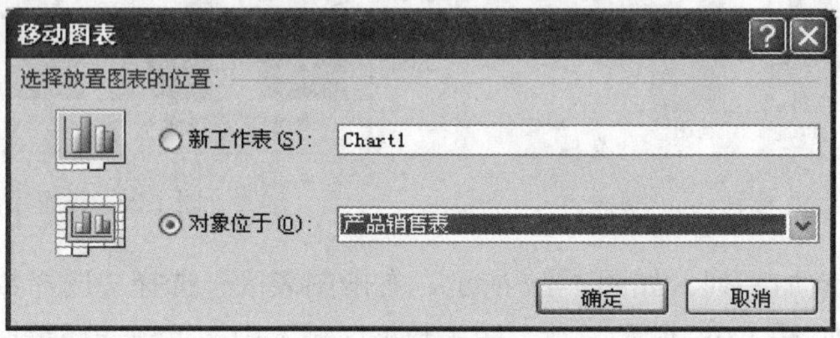

图 1-30 “移动图表”对话框

2．图表的修改

图表的修改方法与图表的编辑方法一致，在需要修改处双击鼠标左键或单击鼠标右键，即可进行编辑修改。

任务六 使用公式和函数

一、公式及其应用

1．公式的概念

公式是 Excel 2010 中的重要内容之一。充分灵活地运用公式，可以实现数据处理的自动化。公式可以用来执行各种运算，如加法、减法或比较工作表数值。它可以引用同一工作表中的其他单元格、同一工作簿中不同工作表中的单元格，或者其他工作簿的工作表中的单元格。公式由运算符、常量、单元格引用值、名称、工作表函数等元素构成。

（1）运算符。运算符包括算术运算符、比较运算符、文本运算符、括号和引用运算符。

① 算术运算符包括 +（加号）、-（减号或负号）、*（星号或乘号）、/（除号）、%（百分号）、^（乘方），用于完成基本的数学运算，返回值为数值。例如，在单元格中输入“=5 + 2^2”后按“Enter”键确认，结果是 9。

② 比较运算符包括 =（等于）、>（大于）、<（小于）、> =（大于等于）、< =（小于等于）、<>（不等于）。符号两边为同类数据时才能比较，其运算结果是 True 或 False。例如，在单元格中输入“=5<6”，结果是 True。

③ 文本运算符是&（连接），符号两边均为文本型数据才能连接，连接的结果仍是文本型数据。例如，在单元格中输入“="职业"&"学院"”（注意文本输入时需加英文半角引号）后按“Enter”

键，结果是“职业学院”。

④ 括号“( )”用于表示优先运算。

⑤ 引用运算符包括空格、逗号和冒号。空格为交叉运算符，逗号（,）为联合运算符，冒号（:）为区域运算符。

（2）运算符的优先级。按运算类别，以比较运算符、文本运算符、算术运算符、引用运算符和括号为序，优先级越来越高。

对于同类运算符，如上所列，顿号分隔的运算符为相同优先级，以分号为界时为不同优先级，分号右边的运算符比左边的运算符优先。

2．编辑公式

（1）选定需要输入公式的单元格。

（2）输入公式。输入公式时应以等号（=）或加号（+）开头，然后输入公式名或表达式。输入运算符时，注意优先级和前后数据类型，公式中不能有多余的空格。

（3）按“Enter”键或单击“输入”按钮，即完成输入，单击“取消”按钮则取消输入。

3．求和公式的使用

求和计算是一种最常用的公式计算，如图 1-31 所示。操作方法：选中 G3，输入“=D3 + E3 + F3”后按“Enter”键，得到结果为 277。

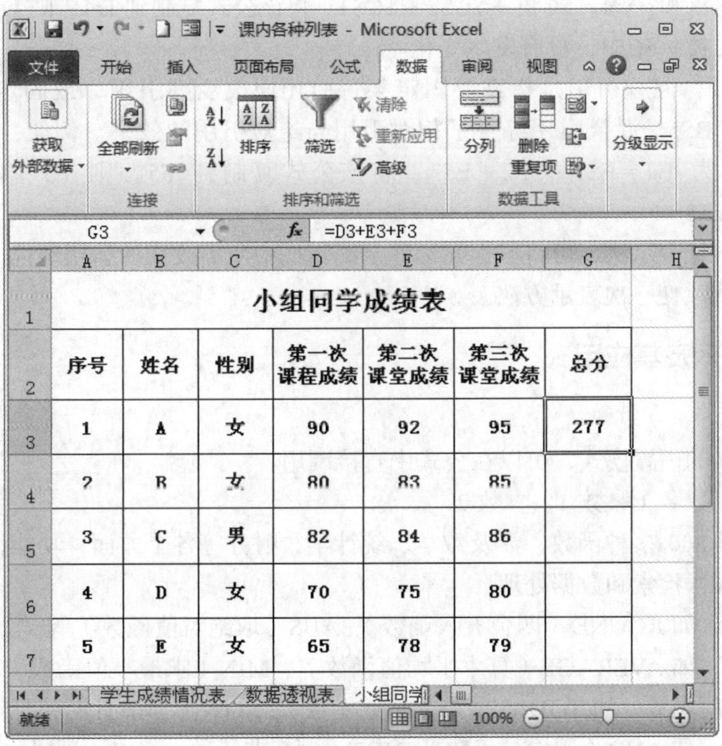

图 1-31　求和公式

在输入公式时应注意：第一，运算符必须在英文半角状态下输入；第二，公式的运算尽量使用单元格地址，以便于复制引用公式。公式中单元格的地址可以用键盘输入，也可以单击单元格得到相应的单元格地址。在图 1-31 中，若要继续求其他学生的总分，可使用“自动填充”的方法实现。

如果需要修改某公式，则先单击包含该公式的单元格，再在编辑栏中修改即可；也可以双击该单元格，直接在单元格中修改。

4．相对引用和绝对引用

单元格的引用是为了把单元格中的数据和公式联系起来，标识工作表中的单元格或单元格区域，指明公式中使用数据的位置。单元格的引用有两种基本方式：相对引用和绝对引用。默认方式是相对引用。

（1）相对引用。相对地址是以某一特定单元格为基准来对其他单元格进行定位。相对地址的表示方法为“A5”“C8”等，用行、列地址作为它的名字。第 3 列第 8 行单元格的相对地址为 C8，第 2 列第 2 行到第 8 列第 12 行单元格区域的相对地址为 B2:H12。

相对引用是指公式中的参数以单元格的相对地址表示，如复制或移动含公式的单元格时，单元格的引用会随着公式所在单元格位置的变更而改变。例如，A4 单元格中用了相对引用，公式为 A1 至 A3 求和：A4 = A1 + A2 + A3。将公式复制到 B4，则 B4 单元格中的公式为 B4 = B1 + B2 + B3。

（2）绝对引用。绝对地址则为 Excel 某些单元格在工作表中的确切位置。绝对地址的表示方法为“$A$5”“$C$8”等，用行、列地址加$作为名字。第 3 列第 8 行单元格的绝对地址为$C$8。第 2 列第 2 行到第 8 列第 12 行单元格区域的绝对地址为$B$2:$H$12。

绝对引用是指公式中的参数以单元格的绝对地址表示，复制或移动含公式的单元格时，公式中的绝对引用不会随着公式所在单元格位置的变更而改变。例如，C4 单元格中用了绝对引用，公式为$C$1 至$C$3 求和：C4 = $C$1 + $C$2 + $C$3。将该公式复制到 D4，则 D4 单元格中的公式为 D4 = $C$1 + $C$2 + $C$3，没有发生变化。

（3）混合引用。混合引用是指需要固定某行引用而改变列引用，或固定某列引用而改变行引用，如$B5、B$5。混合引用综合了相对引用与绝对引用的效果。例如，E4 单元格中用了混合引用，公式为 E4 = E$1 + $E2 + E$3，将该公式复制到 F5，则 F5 单元格中的公式为 F5 = F$1 + $E3 + F$3。

欲改变引用地址表示法，可将鼠标光标移至编辑栏中所需改变的引用地址，按“F4”键，每按一次“F4”键即改变一次表示方法。

二、常用函数及其应用

1．函数概念

函数是预定义的内置模式，可以在公式中直接调用。

其格式如：函数名（参数 1，参数 2，…）。

Excel 提供了 300 多种函数，涉及数学、统计学、财务等各个方面，功能比较齐全，可以进行各种复杂的计算、检索和数据处理。

① 数学函数，如 ROUND（四舍五入函数）、ABS（取绝对值函数）等。

② 统计函数，如 AVERAGE（算术平均值函数）、MIN（求最小值函数）。

③ 日期与时间函数，如 TODAY（当前日期函数）、NOW（当前日期和时间函数）等。

④ 逻辑函数，如 AND（逻辑与函数）、NOT（逻辑非函数）、OR（逻辑或函数）等。

2．函数输入

方法一：直接输入。直接键入的方法是指选中单元格，输入“=”，然后按照函数的语法直接输入。

例如，要求在 A6 单元格中输入 A1 到 A5 的求和函数，操作步骤为选择 A6 单元格，输入“=SUM（A1:A5）”即可。

方法二：使用工具按钮“*fx*”。例如，要在 B6 单元格中输入求 B1 至 B5 的平均值函数，操作步骤为：选择 B6 单元格后，在名称框右侧的工具栏中选择“fx”；在粘贴函数对话框中选中相应的函数 AVERAGE；可用鼠标将需求平均值的单元格区域 B1:B5 选中，单击“确定”按钮即可。

方法三：使用“公式选项卡”下的“插入函数”按钮。例如，要在 B6 单元格中输入求 B1 至 B5 的平均值函数，操作步骤为：选择 B6 单元格，单击“公式选项卡”下的“插入函数”按钮，打开“插入函数”对话框，其余步骤同上。

3．常用函数简介

（1）逻辑类函数。常用的逻辑类函数是条件检测函数 IF，其格式和功能如下。

IF 格式：IF（logical_test,value_if_true,value_if_false）

IF 的功能是执行真假值判断，根据逻辑测试的真假值，返回不同的结果。可以用函数 IF 对数值和公式进行条件检测。

（2）数学与三角类函数。常用的数学与三角类函数是 SUM 函数。

利用 SUM 函数可以计算出指定区域中数据的总和。使用这个函数时，要在函数名 SUM 后面的括号中输入用冒号隔开的地址，如 SUM（B4:E4）。冒号前的地址指定区域的起点单元格的地址，冒号后面的地址指定区域的终点单元格的地址。

（3）统计类函数。常用的统计类函数是 AVERAGE 函数。

利用 AVERAGE 函数，可以计算指定区域中数据的平均值。输入这个函数时，要在函数名 AVERAGE 后面的括号中输入用冒号隔开的两个单元格地址，如同求和函数。

项目小结

本项目介绍了 Excel 2010 的常用操作，包括单元格和工作表编辑的各种操作方法，以及 Excel 中的计算功能、图表、公式和函数。通过对本项目的学习，你应学会用 Excel 2010 创建和编辑表格，对数据进行输入、编辑、计算、复制、移动以及设置格式、打印等操作；掌握 Excel 2010 处理数据和分析数据的功能，可以运用公式和函数处理数据，能对工作表中的数据进行排序、筛选、分类汇总、统计和查询等操作；能够根据工作表中的数据快速生成图表，学会编辑和修改常用图表。

项目实训

1．实训目的

（1）掌握 Excel 2010 启动及退出等基本操作。

（2）学会 Excel 2010 工作表建立及编辑的基本操作方法。

（3）掌握数据填充、筛选、排序等基本操作。

（4）学会图表的创建，掌握常用图表的编辑、修改。

（5）掌握公式输入的格式，能够运用公式进行常规的数据计算。

（6）掌握函数输入的 3 种基本方法，能熟练使用函数进行数据的统计与分析。

（7）掌握公式输入的方法，能够运用公式进行数据的计算，能运用函数进行数据的统计及分析操作。

（8）掌握打印过程中页面设置、打印区域设置及打印预览的方法。

2．实训资料

（1）Microsoft Office 中的 Excel 2010 软件。

（2）自行设计的一个班的期末考试成绩统计表，如图 1-32 所示。

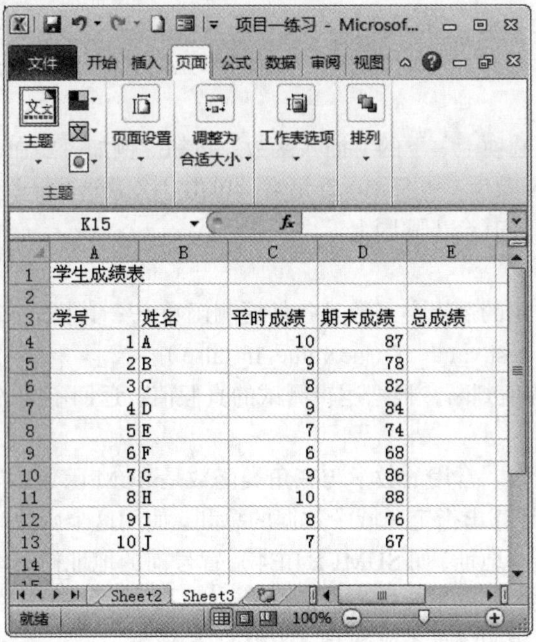

图 1-32　成绩统计表

3. 实训要求

（1）启动 Excel 2010，建立一个工作簿文件，命名为“成绩统计表”。

（2）把 Sheet1 更名为“学生成绩表”，输入标题和表头之后输入 10 条记录。

（3）将第 1 行的内容作为表格标题居中。

（4）将第 3 行第 A 列至第 13 行第 E 列区域设置行高为 20，列宽为 12，字体为“楷体_GB2312”，字号为 16。

（5）将自第 4 行至第 13 行的第 E 列以公式“= C4 + D4”填充。

（6）将自第 4 行至第 13 行以第 E 列为关键字按升序方式进行排序。

（7）将 A3:E13 单元格区域中的内容设为水平居中。

（8）显示学生成绩表中总成绩大于等于 80 且小于 90 的记录，然后恢复原状。

（9）在学生成绩表的最后添加一行，利用公式计算各成绩的平均分。

（10）为工作表设置页边距、页眉和页脚。

（11）在工作表上设置打印网格线和行号。

（12）在工作表中插入水平分页符和垂直分页符，并进行分页预览。

项目二
Excel 2010 在账务处理中的应用

知识目标

1. 了解使用 Excel 2010 实现账务电算化的步骤和方法。
2. 掌握 SUMIF 函数、IF 函数、VLOOKUP 函数和 LEFT 函数的格式。

能力目标

1. 学会使用 Excel 2010 进行账务处理的操作。
2. 学会使用 Excel 2010 生成总账、明细账等操作。

工作情境与分析

一、情境

李娜在熟练掌握 Excel 的基础操作之后，开始尝试用 Excel 建账。

山东丰源有限责任公司为增值税一般纳税人，增值税税率为 16%，所得税税率为 25%。材料核算采用先进先出法。2018 年 9 月的账户期初余额如表 2-1 所示。

表 2-1　　丰源公司 2018 年 9 月的账户期初余额　　单位：元

科目编码	科目名称	期初借方余额	期初贷方余额
1001	库存现金	5 000	
1002	银行存款	2 660 000	
100201	工行	1 560 000	
100202	建行	1 100 000	
1012	其他货币资金	128 000	
101201	外埠存款	11 000	
101203	银行汇票	117 000	
1101	交易性金融资产	25 000	
1121	应收票据	246 000	
1122	应收账款	400 000	
112201	龙华公司	151 000	
112202	华东计算机厂	149 000	

续表

科目编码	科目名称	期初借方余额	期初贷方余额
112203	华成公司	100 000	
1231	坏账准备		1 200
1123	预付账款	100 000	
1221	其他应收款	4 000	
122101	李强	3 000	
122102	张明	1 000	
1402	在途物资	245 000	
1403	原材料	550 000	
1411	周转材料	98 050	
141101	包装物	38 050	
141102	低值易耗品	60 000	
1405	库存商品	1 700 000	
1511	长期股权投资	250 000	
151101	股票投资	250 000	
1601	固定资产	2 000 000	
1602	累计折旧		400 000
1604	在建工程	1 500 000	
1606	固定资产清理		
1701	无形资产	600 000	
1702	累计摊销		
1801	长期待摊费用	200 000	
2001	短期借款		240 000
2201	应付票据		300 000
2202	应付账款		916 850
2211	应付职工薪酬		110 000
221101	工资		100 000
221102	福利费		10 000
2221	应交税费		30 000
222101	应交增值税		
22210101	销项税额		
22210102	进项税额		
22210103	已交税金		
222102	未交增值税		
222103	应交所得税		30 000
222110	应交教育费附加		
2231	应付利息		
2241	其他应付款		57 600

续表

科目编码	科目名称	期初借方余额	期初贷方余额
2501	长期借款		1 600 000
250101	本金		1 600 000
250102	应付利息		
4001	实收资本		6 000 000
4002	资本公积		593 000
400201	资本溢价		593 000
4101	盈余公积		250 000
410101	法定盈余公积		250 000
4103	本年利润		
4104	利润分配		212 400
410401	未分配利润		212 400
5001	生产成本		
500101	基本生产成本		
500102	辅助生产成本		
5101	制造费用		
6001	主营业务收入		
6111	投资收益		
6401	主营业务成本		
6402	其他业务成本		
6403	税金及附加		
6601	销售费用		
6602	管理费用		
6603	财务费用		
6711	营业外支出		
6801	所得税费用		
	合计	10 711 050	10 711 050

该公司原材料月初库存量为 500 吨，2018 年 9 月发生的具体业务如下。

（1）9 月 1 日，收到银行通知，用工行存款支付到期的商业承兑汇票 100 000 元。

（2）9 月 2 日，购入原材料 160 吨，用工行存款支付货款 160 000 元，以及购入材料应付的增值税额 25 600 元，款项已付，材料未到。

（3）9 月 3 日，收到原材料一批，数量 110 吨，材料成本 110 000 元，材料已验收入库，货款已于上月支付。

（4）9 月 4 日，用银行汇票支付采购材料价款，公司收到开户银行转来的银行汇票多余款收账通知，通知上填写的多余款为 232 元，材料为 100 吨，购入材料为 99 800 元，支付的增值税税额为 15 968 元，原材料已验收入库。

（5）9 月 5 日，基本生产领用原材料 600 吨，车间领用计入产品成本的低值易耗品 50 000 元。

（6）9 月 6 日，向龙华公司销售产品一批，销售价款 300 000 元（不含应收取的增值税），该批产品实际成本 180 000 元（月末结转），产品已发出，价款未收到。

（7）9 月 7 日，公司将交易性金融资产（全部为股票投资）25 000 元卖出，收到本金 25 000 元，投资收益 5 000 元，均存入工行。

（8）9 月 8 日，购入不需安装设备 1 台，价款 85 470 元，支付增值税 13 675.2 元，支付包装费、运费 1 000 元。价款及包装费、运费均以建行存款支付。设备已交付使用。

（9）9 月 9 日，一项工程完工，交付生产使用，已办理竣工手续，固定资产价值 1 400 000 元。

（10）9 月 10 日，基本生产车间的 1 台机床报废，原价 200 000 元，已计提折旧 180 000 元，清理费用 500 元，残值收入 1 800 元，均通过工行存款收支。该项固定资产清理完毕。

（11）9 月 11 日，归还短期借款本金 150 000 元，当月利息 2 500 元，由工行存款支付。

（12）9 月 13 日，用工行存款支付工资 500 000 元，其中包括支付给在建工程人员工资 200 000 元。

（13）9 月 14 日，分配应支付的职工工资 300 000 元（不包括在建工程应负担的工资），其中生产人员工资 275 000 元，车间管理人员工资 10 000 元，行政管理部门人员工资 15 000 元。

（14）9 月 14 日，提取职工福利费 42 000 元（不包括在建工程应负担的福利费 28 000 元），其中生产工人福利费 38 500 元，车间管理人员福利费 1 400 元，行政管理部门福利费 2 100 元。

（15）9 月 15 日，提取应计入本期损益的借款利息共 21 500 元。其中，短期借款利息 11 500 元，长期借款利息共 10 000 元。

（16）9 月 16 日，销售产品一批，销售价款 700 000 元，应收的增值税税额为 112 000 元，销售产品的实际成本为 420 000 元（月末结转），货款工行已妥收。

（17）9 月 17 日，摊销无形资产 10 000 元。

（18）9 月 18 日，计提固定资产折旧 100 000 元，其中记入制造费用 80 000 元，管理费用 20 000 元。

（19）9 月 19 日，收到龙华公司应收账款 151 000 元，存入工行，并计提坏账准备 600 元。

（20）9 月 20 日，用工行存款支付产品展览费 10 000 元。

（21）9 月 30 日，将制造费用结转记入生产成本。

（22）9 月 30 日，计算并结转本期完工产品成本 1 104 900 元。

（23）9 月 30 日，广告费 10 000 元，已用工行存款支付。

（24）9 月 30 日，公司本期产品销售应缴纳的教育费附加为 2 000 元。

（25）9 月 30 日，用工行存款缴纳增值税 100 000 元，教育费附加 2 000 元。

（26）9 月 30 日，结转本期产品销售成本 600 000 元。

（27）9 月 30 日，将各损益类科目结转记入本年利润。

（28）9 月 30 日，计算并结转应交所得税（不考虑纳税调整事项，税率为 25%）。

二、分析

若要完成丰源公司 2018 年 9 月的账务处理流程，需分为以下步骤：建账→设置账户→输入期初余额→输入记账凭证→生成总账→生成明细账。

1．建账

用 Excel 2010 建立一个工作簿，并建立若干张工作表，分别用以存放会计科目及其期初余额、记账凭证，以及根据记账凭证自动生成的总账和明细账。

2．设置账户

设置账户即建立一个“会计科目及余额表”。

3．输入期初余额

在“会计科目及余额表”中输入期初数据，并实现试算平衡。

4．输入记账凭证

输入记账凭证即建立一个“1809 凭证”工作表，在此表中输入所有业务凭证。

5．生成总账

建立一个总账表，在此表中汇总所有凭证数据，并根据记账凭证自动生成总账。

6．生成明细账

建立一个明细账表，在此表中利用 Excel 2010 的透视表功能自动生成明细账。

任务一 建账

所谓建账，是指用 Excel 2010 建立一个工作簿，并建立若干张工作表，分别用以存放会计科目及其期初余额、记账凭证，以及根据记账凭证自动生成的总账和明细账等。

在本任务中，需要明确工作簿与工作表的关系，用到的操作技能是新建工作簿与工作表、对工作表进行重命名。

微课 2-1 建账

一、建立文件夹

操作步骤如下。

在工作盘 E 盘中建立“丰源公司”文件夹，在该文件夹下建立“总账”文件夹。

二、建立工作簿和工作表

操作步骤如下。

（1）启动 Excel 2010，在“总账”文件夹下建立总账工作簿“1809 总账.xlsx”。

（2）双击工作表 Sheet 1 标签，输入一个新工作表名字“封面”。

（3）在“封面”工作表中输入以下信息，如图 2-1 所示。

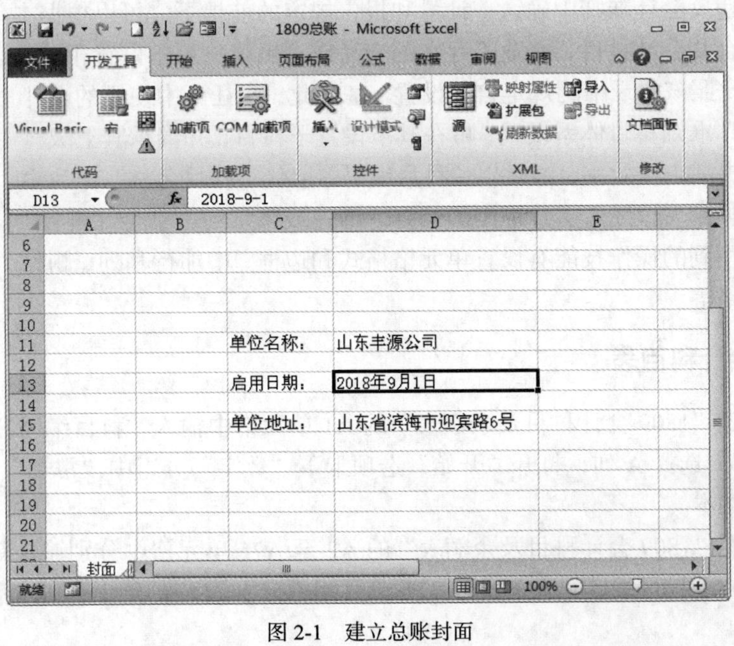

图 2-1 建立总账封面

（4）将 Sheet 2 命名为“1809 会计科目及余额表”。

（5）将 Sheet 3 命名为“凭证模板”。

（6）增加工作表 Sheet 4、Sheet 5、Sheet 6，分别命名为“1809 凭证”“1809 总账及试算平衡表”和“1809 明细账”。

以上操作的结果如图 2-2 所示。

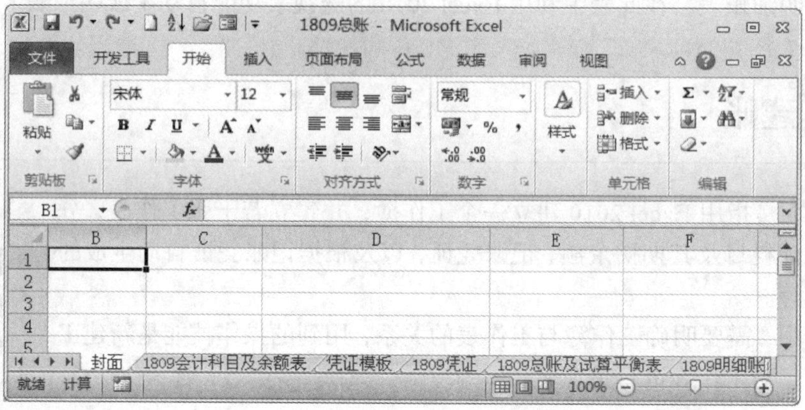

图 2-2　建账

任务二　设置账户

设置账户即建立一个“会计科目及余额表”。会计科目是会计记账的核心，它主要有三个功能：一是作为会计分录的对象，二是作为记账的标准，三是作为制表的纲目。在日常的会计核算中，会计科目一般分为一级科目、二级科目及明细科目，其中一级科目国家财政部统一规定。

2006 年 10 月 30 日，财政部制定了《企业会计准则——应用指南》，在附录中依据企业会计准则中确认和计量的规定，制定了涵盖各类企业的主要交易或事项的会计科目和主要账务处理，要求各企业在不违反会计准则中确认、计量和报告规定的前提下，可以根据本单位的实际情况自行增设、分拆、合并会计科目。企业不存在的交易或者事项，可不设置相关会计科目。对于明细科目，企业可以比照该附录中的规定自行设置。基于此，本任务中使用的会计科目也按照新会计准则科目体系设置，可在其下设置子科目，并继承其上级科目的编码。为了提高工作效率，通常以“科目编码”取代“科目名称”作为输入会计科目的依据。后续随着会计准则的修订，增加或修订了个别会计科目。

微课 2-2　设置账户

在本任务中用到的操作技能有设置单元格格式和边框、增加行和列、删除行和列、冻结窗格等。

一、建立会计科目表

（1）在工作表“1809 会计科目及余额表”的 A1 单元格中输入“科目编码”，在 B1 单元格中输入“科目名称”。选择 A 列，打开“开始”选项卡下“数字”分组中“常规”旁边的下拉按钮，设置数字类型为文本。

（2）在工作表“1809 会计科目及余额表”的 A2 至 A75 单元格中分别输入新会计准则体系的科目编码及相应的子科目编码，在 B2 至 B75 单元格中分别输入新会计准则体系的科目名称及相应的子科目名称。

二、修改和删除会计科目

根据管理的需要，如果需要增加一个会计科目，则选中增加行，右键单击打开快捷菜单，选择“插入”选项，即插入一新行，在新行中增加新的会计科目。

如果需要删除一个会计科目，则右键单击要删除的行打开快捷菜单，选择“删除”选项即可。

三、美化会计科目表

（1）选择 A1 和 B1 单元格，单击“开始”选项卡下“字体”分组中的“填充颜色”按钮，填上青绿色。

（2）选择 A1:B75 单元格区域，单击“开始”选项卡下“字体”分组中“边框”按钮右侧的下拉按钮，从中选择“所有框线”，加上“田”字形边框。

（3）选择 C2 单元格，选择“视图”选项卡下“窗口”分组中的“冻结窗格”按钮，选择“冻结拆分窗格”选项，将 A1 和 B1 单元格及其内容固定在现有位置，不随行列的翻动而隐藏。

以上操作的结果如图 2-3 所示。

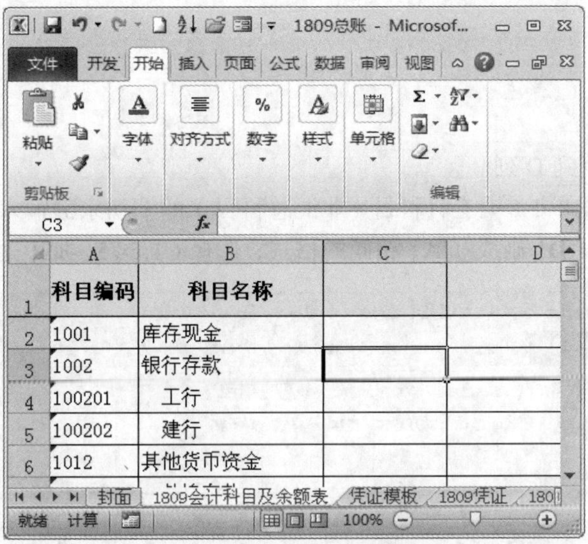

图 2-3　1809 会计科目及余额表

任务三　输入期初余额并进行试算平衡

输入期初余额，即在“1809 会计科目及余额表”中输入 2018 年 9 月各账户期初数据，并实现试算平衡。在输入期初数据时，需注意总账科目余额与下级科目余额之间的关系：总账科目余额=下级科目余额之和。在进行试算平衡时，要设置试算平衡公式：借方总账科目余额之和=贷方总账科目余额之和。

本任务中用到的操作技能：设置单元格格式和边框、单元格合并及居中、增加行和列、删除行和列、冻结窗格、利用 SUM 函数及 SUMIF 函数求和、按“F9”功能键重算工作表等。

微课 2-3　输入期初余额并进行试算平衡

一、输入期初余额

（1）选择 C1 单元格，输入“期初借方余额”；选择 D1 单元格，输入“期初贷方余额”。

（2）定义有明细科目的汇总科目的计算公式。在输入时因为只要求输入最低级科目的余额，上级科目的余额要根据设置的公式自动进行计算，所以汇总科目的单元格数值是通过其他单元格数据加总得出的。

C3=C4+C5

C6=C7+C8

C11=C12+C13+C14

C17=C18+C19

C22=C23+C24

C26=C27

C38=C39+C40

C41=C42+C46+C47+C48

C51=C52+C53

C55=C56

C57=C58

C62=C63+C64

把 C 列的公式复制到 D 列。

（3）将丰源公司 2018 年 9 月会计科目（非汇总科目）的期初余额输入到该工作表中。

（4）用格式刷把 C1:D1 刷成和 A1 相同的格式；选择 C1:D75，加上边框。结果如图 2-4 所示。

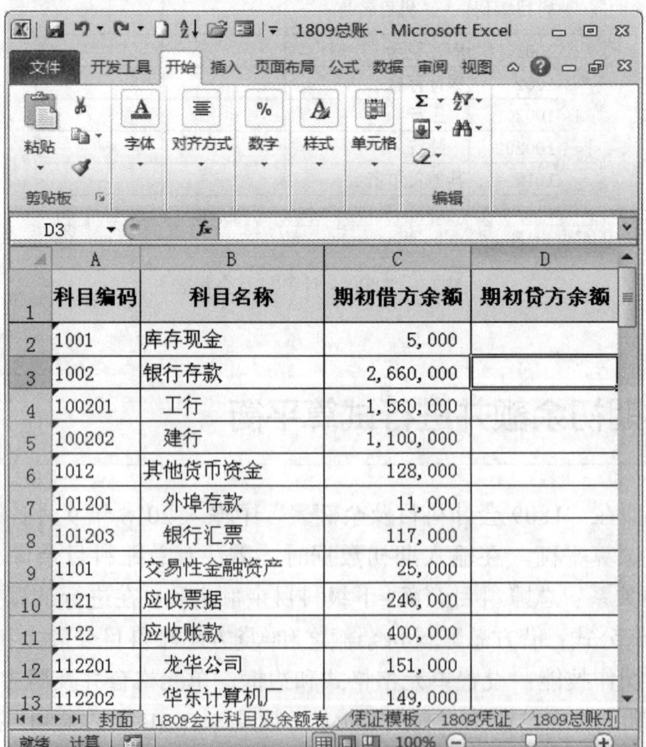

图 2-4 科目余额表

二、进行试算平衡

（1）选择 A76 单元格，输入“合计”二字。

（2）在 C76 单元格中输入“=”，打开名称框旁边的下拉按钮，选择 SUMIF 函数，打开编辑函数参数的窗口。如图 2-5 所示，输入参数后按“确定”按钮，得出借方余额之和为 10 711 050。

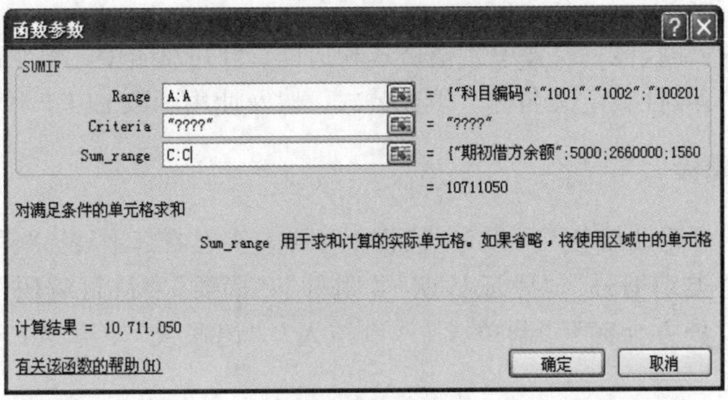

图 2-5　编辑函数参数

- SUMIF 函数是条件求和函数。

【类型】逻辑函数。

【格式】SUMIF（搜索范围，搜索条件，求和范围）。

【功能】可以根据其他区域中的值，通过使用 SUMIF 工作表函数对区域进行求和。

例如，“C76= SUMIF（A:A，"????"，C:C）”含义如下。

搜索范围：A:A，即所有科目。

搜索条件：编码为 4 位的所有科目，即一级科目。

求和范围：C:C，即 C 列。

这里用到了通配符，通配符是一类键盘字符，有星号（*）和问号（?）。当查找文件或文件夹时，可以使用它来代替一个或多个字符。星号（*）可以代替 0 个或多个字符。如果正在查找以“AE”开头的一个文件，但不记得文件名其余部分，可以输入“AE*”，则可以查找以“AE”开头的所有文件类型的文件，如 AE.txt、AEWU.exe、AEWI.dll 等。要缩小范围，可以输入“AE*.txt”，查找以“AE”开头的并且扩展名为“.txt”的所有文件，如 AEWIP.txt、AEWDF.txt。问号（?）可以代替任意一个字符，输入“love?”，表示查找以“love”开头的、一个字符结尾的所有文件类型的文件，如 lovey、lovei 等。要缩小范围，可以输入“love?.doc”，表示查找以“love”开头的、一个字符结尾的并且扩展名为“.doc”的文件，如 lovey.doc、loveh.doc。

（3）选择 C76 单元格，在编辑栏中单击 A:A，按 F4 键，把相对地址切换为绝对地址，回车确认。

（4）用填充柄把 C76 单元格中的公式复制到 D76 单元格中，得到贷方余额之和也为 10 711 050。

任务四　输入、审核记账凭证及记账

输入记账凭证即建立一个“1809 凭证”工作表，在此表中输入所有业务凭证。记账凭证清单应具有记账凭证的所有信息，应设置类别编号、凭证日期、附件、摘要、科目编码、总账科目、明细科目、借方金额、贷方金额、制单人、审核人、记账人等字段。此外，在输入过程中要设置一定的数据校验功能，如日期格式、金额格式、科目编码和科目名称的有效性等。

借贷记账法规则：有借必有贷，借贷必相等。

为了体现会计电算化的优势，输入科目编码后由系统自动给出总账科目名称和明细科目名称。

本任务中用到的操作技能：设置单元格格式和边框、合并及居中、增加行和列、删除行和列、冻结窗格、设置数据有效性、定义名称、填充公式，以及使用函数 LEFT 和 VLOOKUP。

一、制作凭证模板

（1）打开工作表“凭证模板”，设计凭证输入的表头：在工作表“凭证模板”A1 至 L1 单元格中分别输入“类别编号”“凭证日期”“附件”“摘要”“科目编码”“总账科目”“明细科目”“借方金额”“贷方金额”“制单人”“审核人”“记账人”。将 A1 至 L1 单元格填充为青绿色。

（2）设置 A1:L3 单元格区域的边框为“田”字形，中线为蓝虚线，边线为蓝实线。操作的结果如图 2-6 所示。

（3）设置“类别编号”“凭证日期”“附件”“摘要”“科目编码”等列的数据有效性。现以“凭证日期”列为例，设置其数据有效性：选择 B2 单元格（即“凭证日期”下的第一个单元格），再选择“数据”选项卡下“数据工具”分组中的“数据有效性”命令，在“设置”选项卡中设置日期的范围，如图 2-7 所示。最后使用自动填充法设置本列的其他单元格。

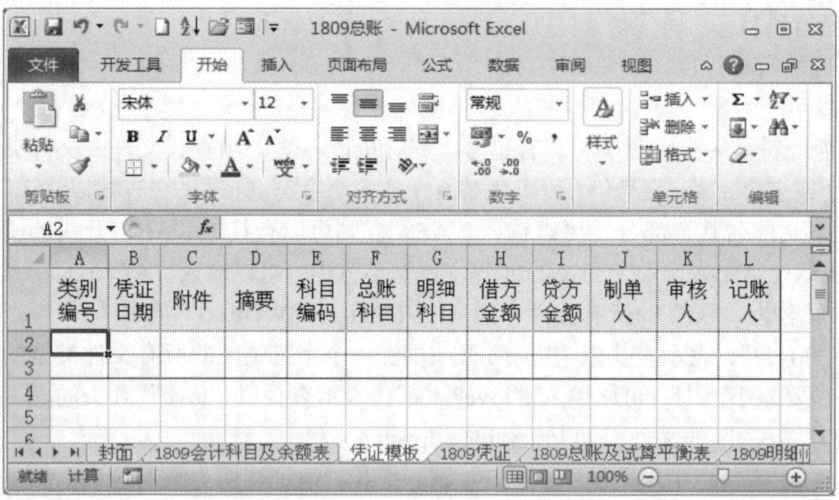

图 2-6 凭证模板

微课 2-4 制作凭证模板

选择“输入信息”选项卡，设置“日期”列的输入提示信息为“请输入日期，格式为 YYYY-MM-DD”，如图 2-8 所示。

按照“凭证日期”列的数据有效性设置方法，分别为“附件”“摘要”“科目编码”等列设置数据有效性。“附件”列只允许输入整数，范围为 0～1 000，“输入信息”文本框中设置为“请输入 0～1 000 的整数!”；“摘要”列只允许输入文本，范围为 1～50 个字，“输入信息”文本框中设置为“请输入 50 个字以内的摘要!”。

“科目编码”列的数据有效性区别于以上各列的数据有效性，选择“序列”选项进行设置。

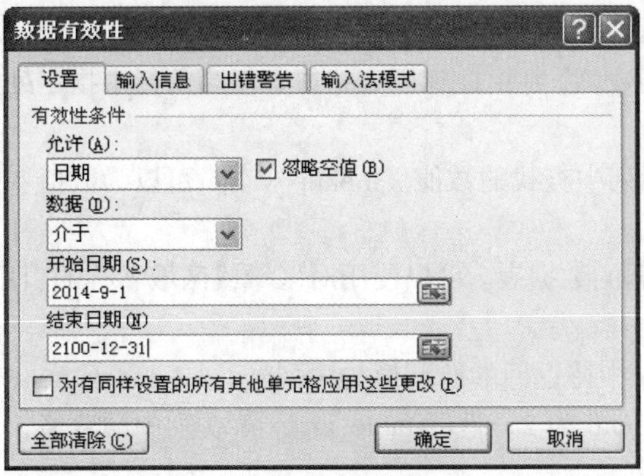

图 2-7　设置日期的范围

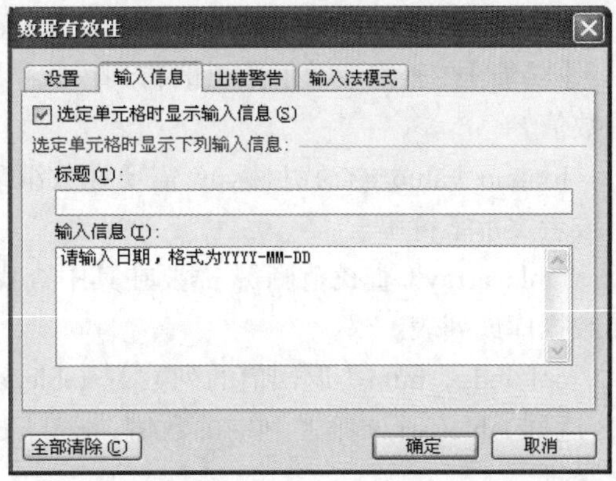

图 2-8　设置日期的输入提示信息

设置“科目编码”列数据有效性的操作如下：选择“公式”选项卡下“定义名称”按钮，再单击“定义名称”命令，定义一个名为“科目编码”的名称，这个名称指定“科目编码”列的取数区域为工作表“1809 会计科目及余额表”的 A 列区域，“引用位置”为“1809 会计科目及余额表! $A:$A”，如图 2-9 所示。这样设置的原因是 A 列中存放的数据就是预设的会计科目。选择“数据”选项卡下“数据工具”分组中的“数据有效性”命令，在“设置”选项卡中，“允许”下拉列表框中选择“序列”选项，数据来源就是刚才设置的名称“科目编码”(在“来源”文本框中输入“=科目编码”)，同时要选择“忽略空值”和“提供下拉箭头”复选框，如图 2-10 所示；在“输入信息”文本框中输入信息“输入一级科目左对齐，输入下级科目右对齐!”，这样可以在输入会计科目时清晰地区分一级科目和下级科目。设置好后，当输入凭证时，只需单击右侧的下拉按钮就可以轻松选择会计科目编码，同时可以直接输入会计科目编码，这对于不熟悉科目编码的用户来说，确实方便很多。如果直接输入会计科目，则需设置 2 列为文本。

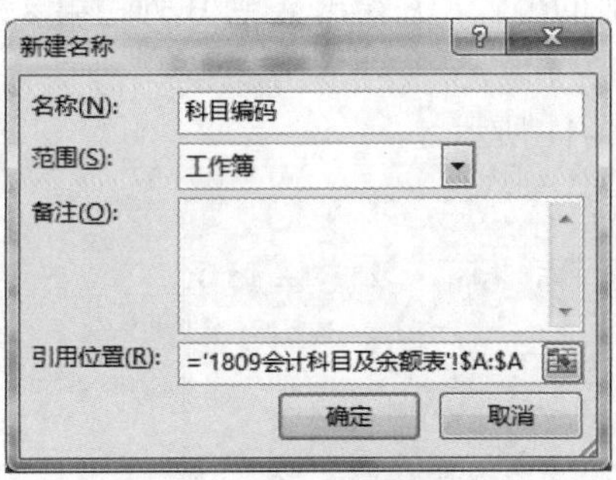

图 2-9　定义科目编码名称

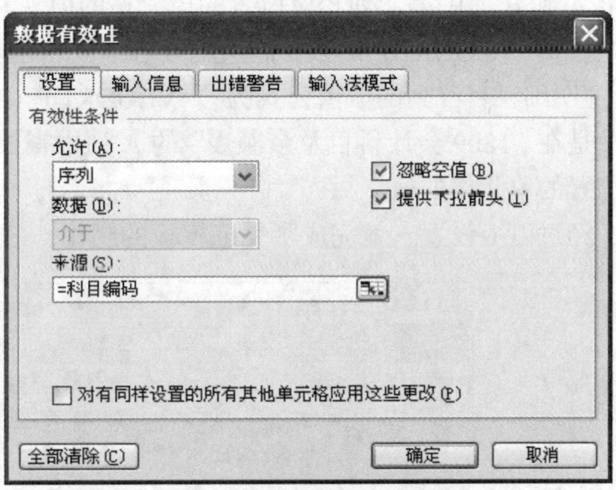

图 2-10　设置科目编码的数据有效性

(4) 设置“总账科目”列和“明细科目”列的取值公式。为了简化凭证输入时的汉字输入工作，可以设置“总账科目”列和“明细科目”列的取值公式，只要输入会计科目编码，系统即可自动填入相应总账科目和明细科目的名称。在本步骤的操作中，要用到两个函数：V（H）LOOKUP 和 LEFT。先对这两个函数做如下简单介绍。

- VLOOKUP 函数。

【类型】查找与引用函数。

【格式】VLOOKUP（lookup_value，table_array，col_index_num，range_lookup）。

【功能】在表格或数值数组的首列查找指定的数值，并由此返回表格或数组当前行中指定列处的数值。

lookup_value（查找目标）：需要在数组第 1 列中查找的数值。lookup_value 可以为数值、引用或者文本字符串。

table_array（查找范围）：需要在其中查找数据的数据表。可以使用对区域或区域名称的引用，如数据库或列表。

col_index_num（返回值的列数）：table_array 中待返回的匹配值的序列号。col_index_num 为 1，返回 table_array 第 1 列中的数值；col_index_num 为 2，返回 table_array 第 2 列中的数值，以此类推。

range_lookup（精确或模糊查找）：一个逻辑值，指明函数 VLOOKUP 返回时是精确匹配还是近似匹配。

V（H）LOOKUP 中的 V 表示竖向，H 表示横向。当比较值位于需要查找的数据左边的一列时，使用 VLOOKUP。

- LEFT 函数。

【类型】文本函数

【格式】LEFT（text，num_chars）

【功能】基于所指定的子字符数返回其母字符串中从左边数的第 1 个或前几个字符。

text：包含要提取字符的文本字符串。

num_chars：指定要由 LEFT 函数提取的字符数。num_chars 必须大于或等于 0，默认值为 1。

“总账科目”列的取值公式为“=VLOOKUP（LEFT（E2，4），'1809 会计科目及余额表'!A:B，2，0）”。其含义是在“1809 会计科目及余额表”的 A 列中查找 LEFT（E2，4）的值的位置，并给出 A 到 B 列中第 2 列相应位置的单元格的值。其中，LEFT（E2，4）是指从 E2 单元格左边取 4 个字符。VLOOKUP 函数中右边的 0 表示要求函数给出精确的值。

“明细科目”列的取值公式为“=VLOOKUP（E2，1809 会计科目及余额表!A:B，2，0）”。其含义是在“1809 会计科目及余额表”的 A 列中查找 E2 的值的位置，并给出 A 到 B 列中第 2 列相应位置的单元格的值。

经过以上设置，就完成了凭证模板的制作，效果如图 2-11 所示。

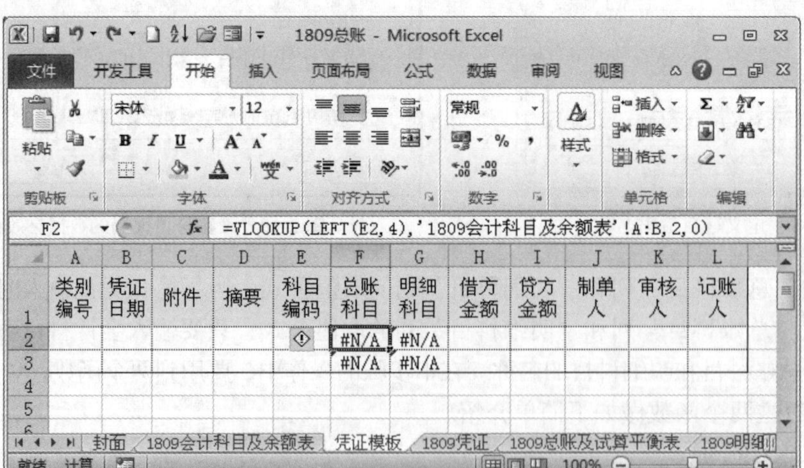

图 2-11　凭证模板

选中 E 列，打开“开始”选项卡下“数学”分组中“常规”右侧的下拉按钮，选择“文本”，即设置单元格类型为文本。

（5）设置“借方金额”“贷方金额”的格式。选择 H:I 列，打开“格式”菜单，选择“单元格”命令项，打开“单元格格式”对话框，设置“数字”选项卡中“分类”列表为“数值”，保留 2 位小数，勾选“使用千位分隔符”。

二、输入记账凭证

（1）选择“凭证模板”工作表，将凭证模板复制到“1809 凭证”中。根据业务需要，如果是一借一贷，可直接使用模板；如果是多借多贷，可直接在模板中插入所需的行数，再输入分录即可。

微课 2-5　输入记账凭证

（2）根据公司发生的业务，输入会计分录。

选择 A2 单元格，输入“记 001”；选择 B2 单元格，输入“2018-09-01”；选择 C2 单元格，输入“1”；选择 D2 单元格，输入“支付汇票”；选择 E2 单元格，输入或选择“2201”；选择 H2 单元格，输入“100 000”；选择 J2 单元格，输入“李娜”。采用同样方式输入分录贷方项目，如图 2-12 所示。

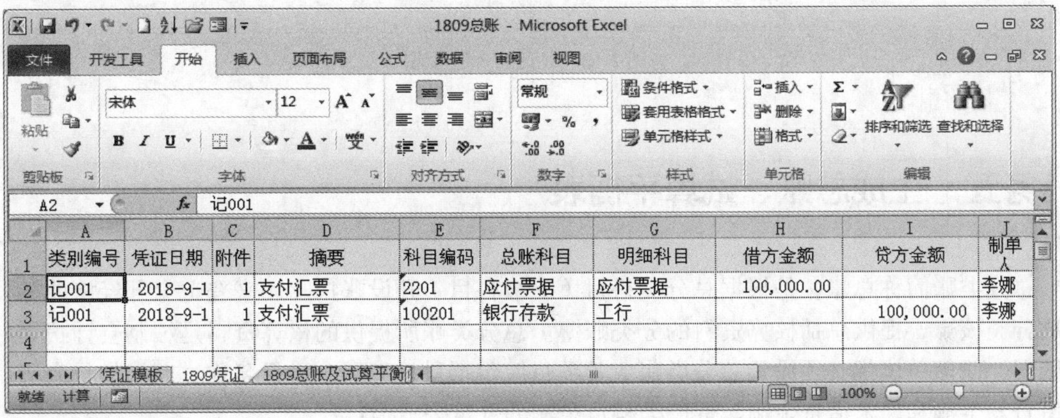

图 2-12　输入凭证

（3）定义平衡检查公式。

选择 N2 单元格，输入“借方金额合计数”；选择 O2 单元格，输入“=SUM（H:H）”。

选择 N3 单元格，输入“贷方金额合计数”；选择 O3 单元格，输入“=SUM（I:I）”。

三、审核凭证与过账

在进行手工账务处理时，必须根据手工记账凭证登记账簿，用 Excel 输入凭证的过程其实就是登记电子账簿的过程。为了确保输入无误，在处理过程中，凭证的审核和记账显得尤为重要。

审核是指由具有审核权限的操作员按照会计制度规定，对制单人填制的记账凭证进行检查。审核凭证的目的是防止错弊，凭证审核后才能进行记账处理。审核凭证时，可直接根据原始凭证对屏幕上显示的记账凭证进行审核，对正确的记账凭证可通过填充颜色表示已经审核，并在凭证上的审核栏中填入审核人的名字或代码。

Excel 2010 本身是一个电子表格软件，凭证都放在数据清单里面，为了清晰地表明凭证是否审核或是否记账，可以灵活地使用为单元格填充颜色的方法来表示是否审核或是记账。例如，无填充颜色表示未审核，蓝色填充表示已经审核，黄色填充表示已经记账。当然，颜色可以根据个人喜好自由选择，目的就是为了区分是否审核或是否记账。如图2-13所示，工作表中分别标识了凭证输入、审核和记账3种状态。

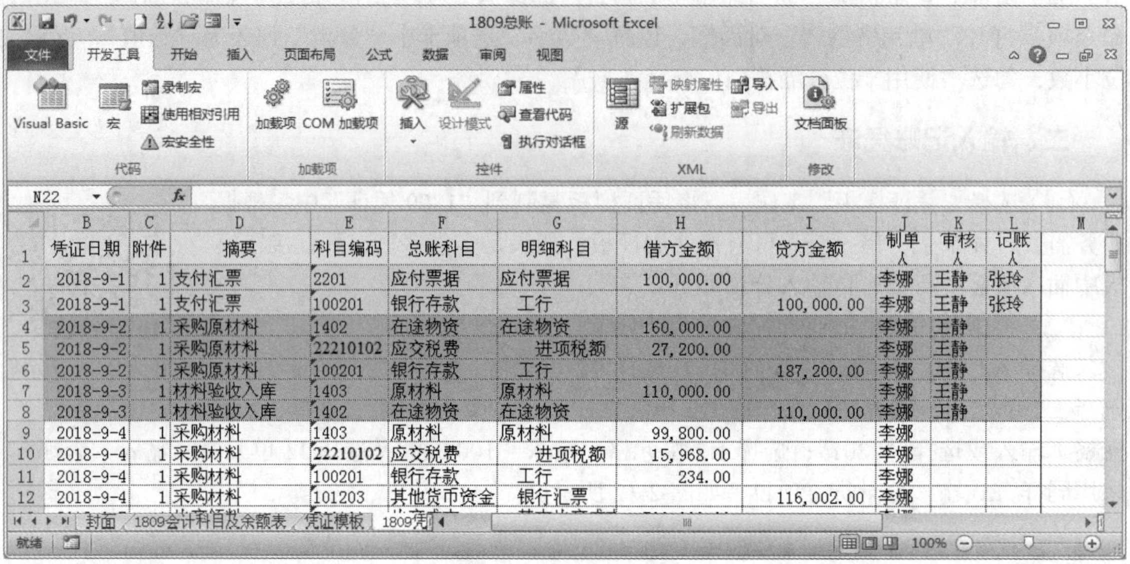

图2-13　凭证的3种状态

任务五 生成总账、试算平衡表

总分类账简称总账，是根据总分类科目（一级科目）开设账户，用来登记全部经济业务，进行总分类核算，提供总括核算资料的分类账簿。总分类账所提供的核算资料是编制会计报表的主要依据，任何单位都必须设置总分类账。其项目应包括科目编码、科目名称、期初借贷余额、本期借贷发生额和期末借贷余额。资产类科目余额的计算公式为：

期末借方余额=期初借方余额+本期借方发生额−本期贷方发生额

负债及所有者权益类科目的余额计算公式为：

期末贷方余额=期初贷方余额+本期贷方发生额−本期借方发生额

试算平衡表是列有总分类账中所有账户及余额的简单表格。这份表格有助于检查记录的准确性和编制财务报表。试算平衡的基本公式为：

全部账户的借方期初余额合计数=全部账户的贷方期初余额合计数

全部账户的借方发生额合计=全部账户的贷方发生额合计

全部账户的借方期末余额合计=全部账户的贷方期末余额合计

本任务中用到的操作技能：设置单元格格式和边框，合并及居中，增加行和列，删除行和列，冻结窗格，行间计算，列间计算，填充公式，以及函数ABS、SUM、SUMIF和IF的使用。

一、制作总账及试算平衡表

（1）复制“1809会计科目及余额表”的A1:D76单元格区域。

（2）选中“1809总账及试算平衡表”的A1单元格，右击打开快捷菜单，选择“选择性粘贴”，打开“选择性粘贴”对话框，选择单选项“值和数字格式”后单击“确定”按钮。

微课 2-6　制作总账及试算平衡表

（3）删除二级以下科目所在的行，因为此表的科目均为总账科目。

（4）选择 E1 单元格，输入“本期借方发生额合计”；选择 F1 单元格，输入“本期贷方发生额合计”；选择 G1 单元格，输入“期末借方余额”；选择 H1 单元格，输入“期末贷方余额”。

（5）选择 A1:H1 单元格区域，将其填充为青绿色。

（6）选择 A1:H48 单元格区域，设置边框类型为“所有框线”。

（7）设置 E2 单元格的公式为“=SUMIF（'1809 凭证'!F:F，B2，'1809 凭证'!H:H）”。其含义是：在“1809 凭证!F:F”范围内查找出科目名称为“库存现金”的行，并对所在行的 H 列（即借方发生额）进行求和。

（8）设置 F2 单元格的公式为“=SUMIF（'1809 凭证'!F:F，B2，'1809 凭证'!I:I）”。其含义是：在“1809 凭证!F:F”范围内查找出科目名称为“库存现金”的行，并对所在行的 I 列（即贷方发生额）进行求和。

（9）设置 G2 单元格的公式为“=IF（（C2−D2）+（E2−F2）>=0，（C2−D2）+（E2−F2），0）”。其含义是：如果科目“库存现金”的借方期初余额减去贷方期初余额与科目“库存现金”的本期借方发生额减去贷方发生额之和大于或等于 0，G2 单元格的值等于“库存现金”的借方期初余额减去贷方期初余额与“库存现金”的本期借方发生额减去贷方发生额之和，否则等于 0。

- IF 函数。

【类型】逻辑函数。

【格式】IF（logical_test，value_if_true，value_if_false）。

【功能】执行真假值判断，根据逻辑计算的真假值，返回不同的结果。

“logical_test”表示计算值为“真”或“假”的任意值或表达式；

“value_if_true”表示当“logical_test”为“真”时返回的值；

“value_if_false”表示当“logical_test”为“假”时返回的值。

（10）设置 H2 单元格的公式为“=IF（（C2−D2）+（E2−F2）<0，ABS（（C2−D2）+（E2−F2）），0）”。其含义是：如果科目“库存现金”的借方期初余额减去贷方期初余额与科目“库存现金”的本期借方发生额减去贷方发生额之和小于 0，则 H2 单元格的值等于科目“库存现金”的借方期初余额减去贷方期初余额与科目“库存现金”的本期借方发生额减去贷方发生额之和的绝对值，否则等于 0。这里的 ABS 函数的作用是求绝对值。

（11）将 E2 单元格的公式纵向填充至 E47 单元格。

（12）将 F2 单元格的公式纵向填充至 F47 单元格。

（13）将 G2 单元格的公式纵向填充至 G47 单元格。

（14）将 H2 单元格的公式纵向填充至 H47 单元格。

（15）选择 E48，输入“=SUM（E2:E47）”，并将公式横向向右填充至 H48 单元格。

（16）选择 I2 单元格，选择“窗口”菜单中的“冻结窗格”命令，将 A1:H1 单元格区域及内容固定在原来位置，不随行列的翻动而隐藏。

通过以上（16）步操作，即完成了“1809 总账及试算平衡表”的制作，其最终结果如图 2-14 所示。

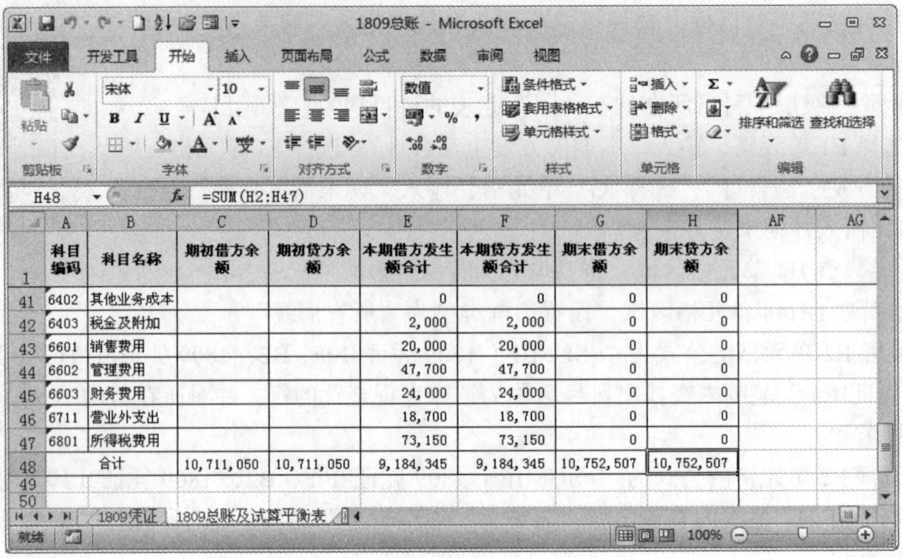

图 2-14　1809 总账及试算平衡表

二、重算总账及试算平衡表

根据试算平衡的基本公式可知，全部账户的借方期初余额合计数等于全部账户的贷方期初余额合计数，即 C48=D48；全部账户的本期借方发生额合计数等于全部账户的本期贷方发生额合计数，即 E48=F48；全部账户的借方期末余额合计数等于全部账户的贷方期末余额合计数，即 G48=H48。

“1809 总账及试算平衡表”的结果与“1809 会计科目及余额表”和“1809 凭证”的数据密不可分，为了让所有表重算，可设置 Excel 的手动重算功能。

操作步骤如下。

选择“文件”菜单中的“选项”命令，选择“公式”选项卡，在“计算选项”组中选择“手动重算”单选按钮和“保存工作簿前重新计算”复选框，如图 2-15 所示。

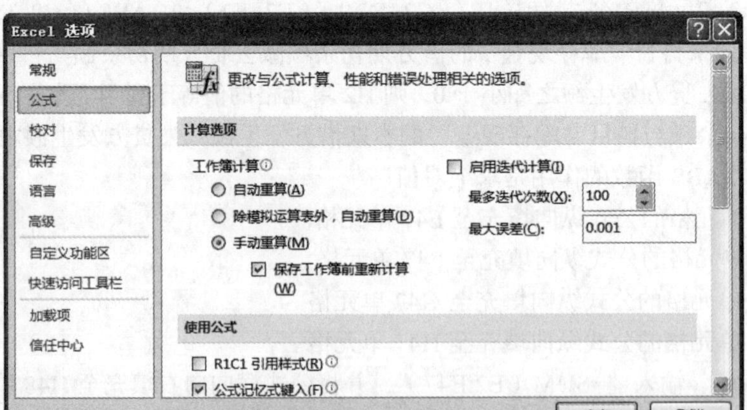

图 2-15　手动重算的设置

设置结束后，可直接按功能键 F9 重算所有工作表或重算活动工作表。从图 2-14 中可以看出，试算平衡是成功的。

任务六 生成各类明细账

明细分类账简称明细账，是指根据总分类科目设置的，由其所属的明细分类科目开设的明细分类账户组成，用于记录某一类经济业务明细核算资料的分类账簿，能提供有关经济业务的详细资料。明细分类账应根据经济业务的种类和经营管理的要求分别设置。按其外表形式，明细账可分为活页式账簿和订本式账簿；按其账页格式，明细账一般分为三栏式明细分类账簿、数量金额式明细分类账簿和多栏式明细分类账簿 3 种。

本任务中用到的操作技能：单元格的绝对引用、数据透视表的制作。

一、生成明细账

（1）选择“1809 明细账”工作表的 A3 单元格。

（2）单击“插入”选项卡下“表格”分组里的“数据透视表”按钮，进入“创建数据透视表”对话框，如图 2-16 所示。

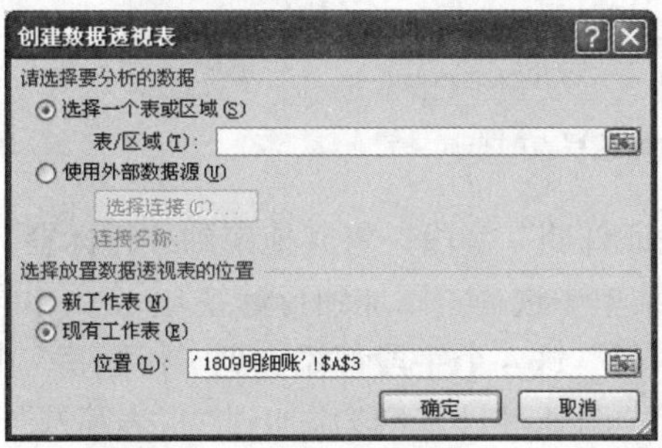

图 2-16 “创建数据透视表”对话框

微课 2-7 生成明细账

（3）在“选定一个表或区域”文本框中选择输入要汇总的数据区域“'1809 凭证'!$A$1:$L$200”，如图 2-17 所示。这里的“$”表示绝对单元格地址的引用，行号设置到 200 的目的是保证以后输入的数据也能使用。

（4）在“选择放置数据透视表的位置”选项中选择“现有工作表”单选按钮，具体单元格地址显示为“'1809 明细账'!$A$3”，如图 2-18 所示。

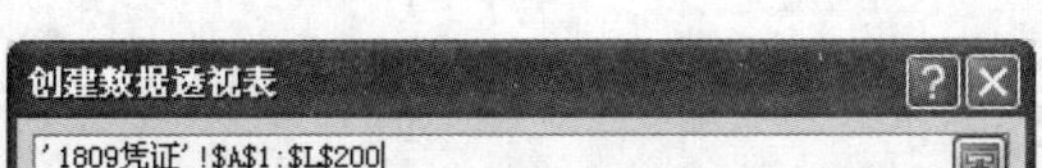

图 2-17 设置数据透视表数据区域

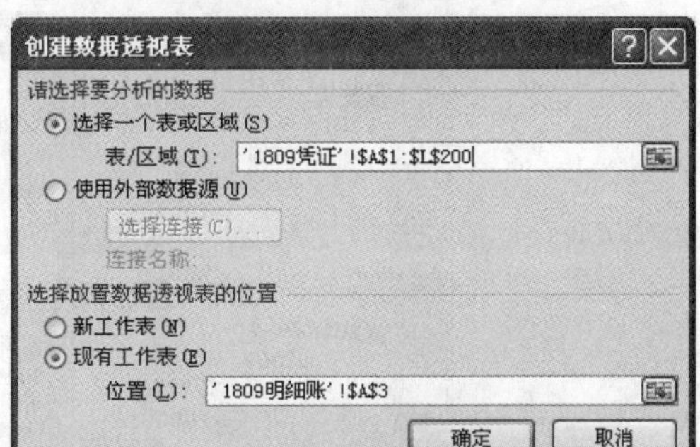

图 2-18 设置数据透视表的存放位置

（5）单击图 2-18 中的“确定”按钮，进行数据透视表的布局设置。数据透视表的布局包括“报表筛选”区域、“行标签”区域、“列标签”区域和“Σ 数值”区域。数据透视表是一个交互式二维报表，“报表筛选”是本页报表的过滤条件，“行标签”是本页报表的行记录信息，“列标签”是本页报表的列记录信息，“Σ 数值”是本页报表汇总和统计的数据源。“数据透视表字段列表”中的字段来源于工作表“1809凭证”，如图2-19所示。

图2-19 设置数据透视表的布局

（6）选择“数据透视表字段列表”中的“凭证日期”字段，将其拖曳到“行标签”选项处，或者右键单击“凭证日期”字段，在弹出的快捷菜单中选择“添加到行标签”。使用相同的操作方法，将“类别编号”“摘要”“科目编码”“总账科目”这4个字段都添加到“行标签”中（可通过单击各项目名称后面的倒三角符号调整顺序），将“明细科目”字段添加到“报表筛选”中，将“借方金额”和“贷方金额”两个字段都添加到“Σ 数值”区域中，如图2-20所示。

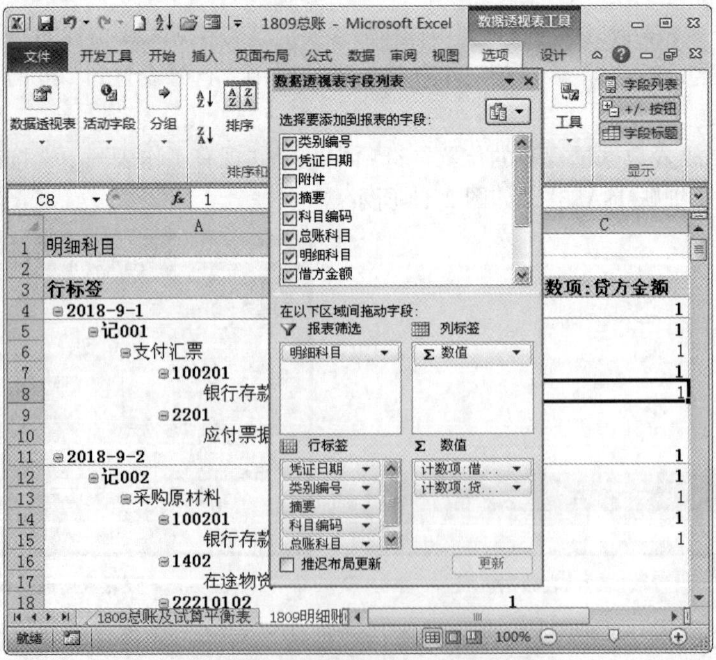

图2-20 设置数据透视表的各区域字段

（7）选中数据透视表中任意一个单元格，单击鼠标右键，找到数据透视表选项。单击“显示”选项卡，勾选“经典数据透视表布局（启用网格中的字段拖放）”，如图 2-21 所示。单击“确定”按钮，布局结果如图 2-22 所示。

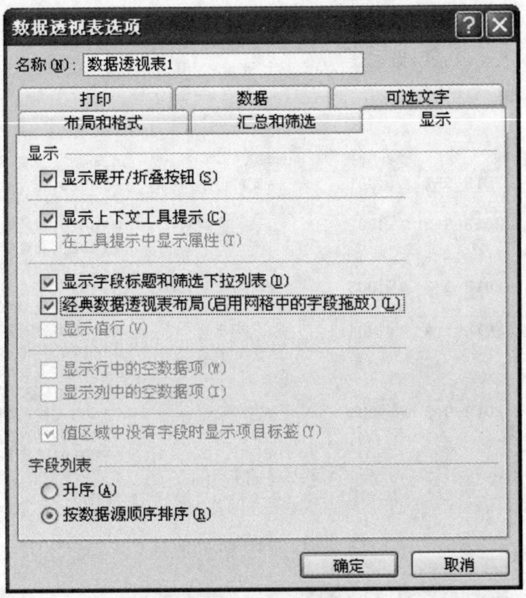

图 2-21　显示页签

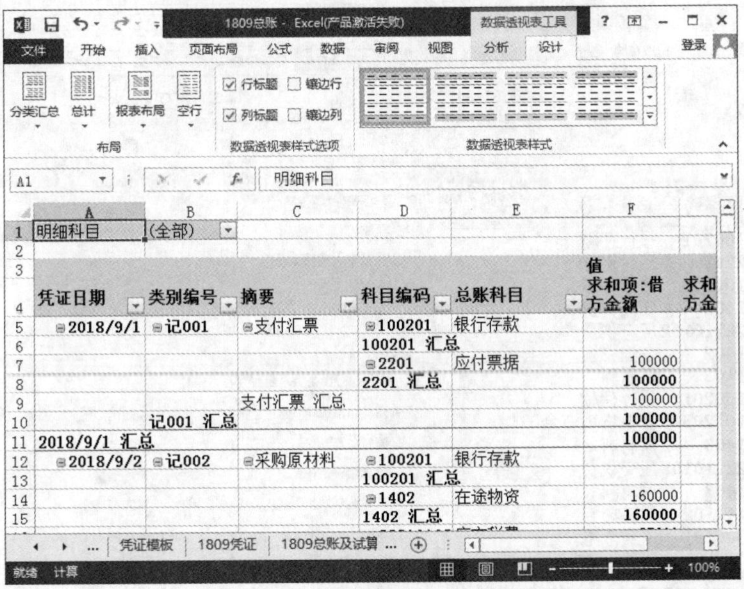

图 2-22　经典数据透视表布局

（8）整理透视出来的结果，让其看起来更直观整洁。需要把分类汇总去掉。

在数据透视表里单击任意单元格，在菜单列中会出现“设计”选项卡，单击“设计”选项卡下“布局”分组里的“分类汇总”按钮下的倒三角标，选择“不显示分类汇总”，结果如图 2-23 所示。

（9）选择 F4 单元格，右键单击打开快捷菜单，选择“值汇总依据”命令下的“求和”命令，如图 2-24 所示。用同样方法更改 G4 单元格的汇总方式。

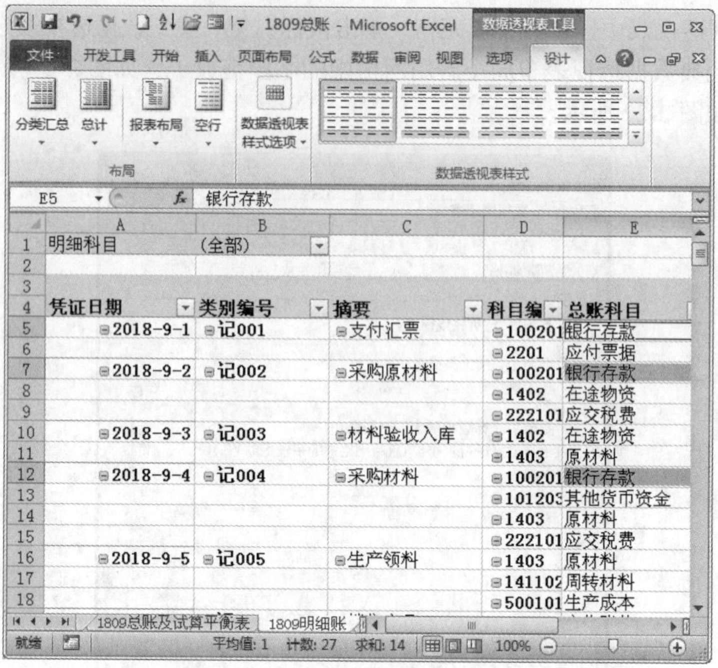

图 2-23 隐藏统计信息

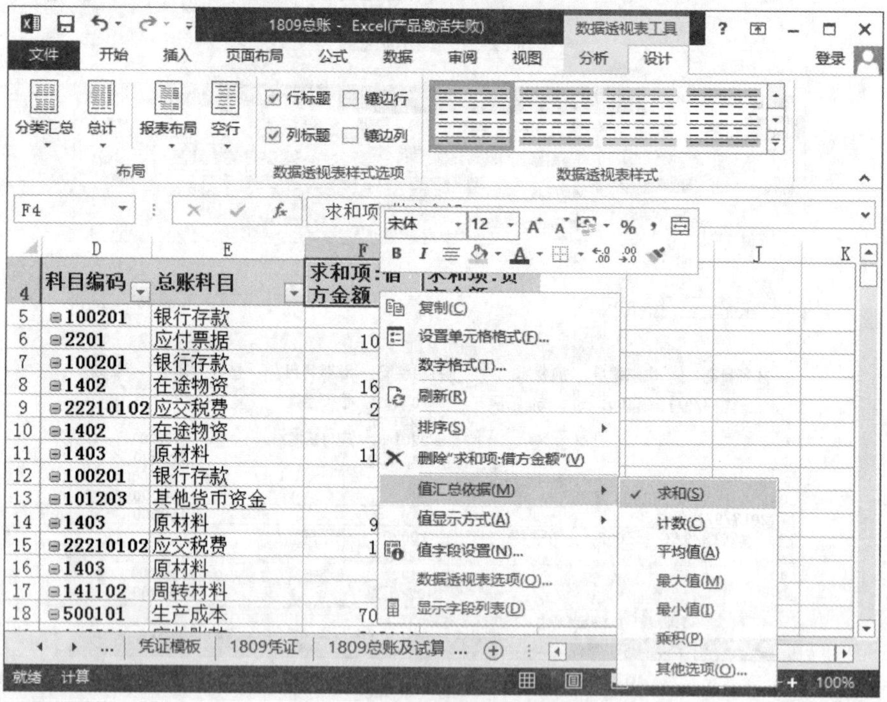

图 2-24 更改汇总方式

二、美化明细账

适当调整各行高和列宽。对于行高和列宽，我们可以根据自己的需要进行调整。

经过以上各步操作，就可以做出各类明细账了。只要在 B1 单元格中选择不同的明细科目，系统就会自动给出各类明细账，如图 2-25 所示。

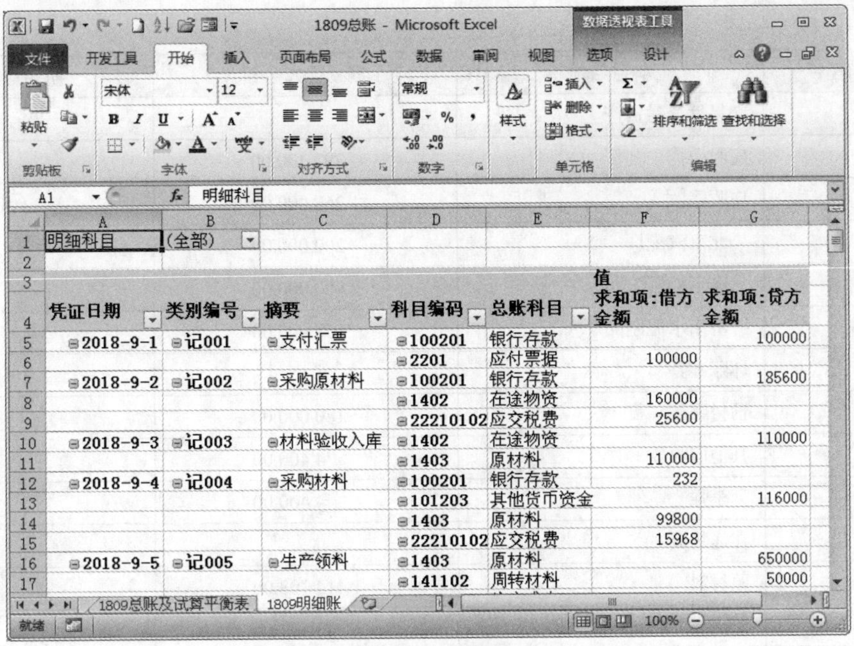

图 2-25　生成的明细账

本任务是日常会计工作中最常见的账务工作任务。利用 Excel 2010 函数和数据透视功能，可以简化会计账务处理过程，对于重复性强的工作，如生成总账和明细账等，有明显提高效率的作用。

项目小结

本项目介绍了使用 Excel 实现账务电算化的过程，对于不想购买专用财务软件的企业，可以通过运用 Excel 中的公式和函数功能完成建账、设置账户、输入期初余额、输入记账凭证、生成总账和明细账的工作，实现企业会计电算化。

项目实训

1．实训目的

掌握 Excel 2010 的账务处理流程。

2．实训资料

青岛宏发公司为增值税一般纳税人，增值税税率为 16%，所得税税率为 25%。材料核算采用先进先出法，原材料月初库存量为 500 吨。公司 2018 年 12 月的具体业务如下。

（1）设置的账户及期初余额如表 2-2 所示。

表 2-2　　青岛宏发公司 2018 年 12 月账户期初余额　　单位：元

科目编码	科目名称	期初借方余额	期初贷方余额
1001	库存现金	4 038.00	
1002	银行存款	672 038.10	
100201	工行	469 668.10	
100202	建行	202 370.00	
1012	其他货币资金	1 000 000.00	

续表

科目编码	科目名称	期初借方余额	期初贷方余额
1101	交易性金融资产		
1121	应收票据	292 300.00	
1122	应收账款	1 268 000.00	
112201	北京汽配厂	200 000.00	
112202	南京物资公司	400 000.00	
112203	济南水泥制品厂	668 000.00	
1231	坏账准备		6 340.00
1123	预付账款	180 000.00	
1221	其他应收款	4 400.00	
122101	李强	4 400.00	
1402	在途物资		
1403	原材料	1 414 708.00	
1411	周转材料	43 797.00	
141101	包装物	43 797.00	
1405	库存商品	372 040.00	
1511	长期股权投资	250 000.00	
151101	股票投资	250 000.00	
1601	固定资产	6 686 000.00	
1602	累计折旧		1 952 514.00
1604	在建工程		
1606	固定资产清理		
1701	无形资产	143 000.00	
1702	累计摊销		
1801	长期待摊费用		
2001	短期借款		500 000.00
2201	应付票据		204 750.00
2202	应付账款		1 058 756.00
220201	烟台铁合金厂		45 810.00
220202	北京汽配厂		45 946.00
220203	滨海煤炭公司		26 700.00
220204	北京工具厂		940 300.00
2211	应付职工薪酬		173 323.40
221101	工资		25 000.00
221102	福利费		148 323.40
2221	应交税费		150 387.40
222101	应交增值税		
22210101	销项税额		

续表

科目编码	科目名称	期初借方余额	期初贷方余额
22210102	进项税额		
22210103	已交税金		
222102	未交增值税		53 466.00
222103	应交所得税		90 808.21
222104	应交城建税		3 742.00
222105	应交个人所得税		2 371.19
222110	应交教育费附加		
2231	应付利息		
2241	其他应付款		86 454.00
2501	长期借款		860 400.00
250101	本金		700 000.00
250102	应付利息		160 400.00
2502	应付债券		100 000.00
2701	长期应付款		68 695.30
4001	实收资本		6 200 000.00
4002	资本公积		582 701.00
4101	盈余公积		300 000.00
410101	法定盈余公积		300 000.00
4103	本年利润		
4104	利润分配		126 000.00
410401	未分配利润		126 000.00
5001	生产成本	40 000.00	
500101	基本生产成本	40 000.00	
500102	辅助生产成本		
5101	制造费用		
6001	主营业务收入		
6111	投资收益		
6401	主营业务成本		
6402	其他业务成本		
6403	税金及附加		
6601	销售费用		
6602	管理费用		
6603	财务费用		
6711	营业外支出		
6801	所得税费用		
合计		12 370 321.10	12 370 321.10

（2）2018 年 12 月发生如下经济业务。

① 12月2日从工行提取备用金2 000元。

借：库存现金　　2 000
　　贷：银行存款——工行　　2 000

② 12月5日购入材料价款5 000元，增值税800元。

借：原材料　　5 000
　　应交税费——应交增值税——进项税额　　800
　　贷：银行存款——工行　　5 800

③ 6日销售部李强预借差旅费1 000元。

借：其他应收款——李强　　1 000
　　贷：库存现金　　1 000

④ 本月10日计提工人工资16 000元，管理人员工资9 000元。

借：生产成本——基本生产成本　　16 000
　　管理费用　　9 000
　　贷：应付职工薪酬——工资　　25 000

⑤ 11日车间领用材料2 100元。

借：生产成本　　2 100
　　贷：原材料　　2 100

⑥ 12日销售部销售产品收到74 240元。

借：银行存款——建行　　74 240
　　贷：主营业务收入　　64 000
　　　　应交税费——应交增值税——销项税额　　10 240

⑦ 31日用工行存款支付本月电话费400元。

借：管理费用——其他　　400
　　贷：银行存款——工行　　400

⑧ 31日支付建行本月银行借款利息120元。

借：财务费用　　120
　　贷：银行存款——建行　　120

⑨ 31日计提本月固定资产折旧3 000元。

借：生产成本　　2 000
　　管理费用　　1 000
　　贷：累计折旧　　3 000

⑩ 31日结转本月完工产品成本。

借：库存商品　　30 100
　　贷：生产成本　　30 100

⑪ 31日结转本月销售产品成本。

借：主营业务成本　　20 100
　　贷：库存商品　　20 100

⑫ 31日结转本月损益。

借：主营业务收入　　64 000
　　贷：本年利润　　64 000

借：本年利润　　30 620

贷：主营业务成本 20 100

管理费用 10 400

财务费用 120

⑬ 31 日计算并结转应交所得税（不考虑纳税调整事项，税率为 25%）。

借：所得税费用 8 345

贷：应交税费—— 应交所得税 8 345

借：本年利润 8 345

贷：所得税费用 8 345

⑭ 31 日计算本年利润。

借：本年利润 25 035

贷：利润分配—— 未分配利润 25 035

3．实训要求

（1）建账：用 Excel 2010 建立一个工作簿，并建立若干张工作表，用以分别存放会计科目及其期初余额、记账凭证，以及根据记账凭证自动生成的总账和明细账。

（2）设置账户：设置账户即建立一个“会计科目及余额表”。

（3）输入期初余额：在“会计科目及余额表”中输入期初数据，并实现试算平衡。

（4）输入记账凭证：输入记账凭证即建立一个“1812 凭证”工作表，在此表中输入所有业务凭证。

（5）生成总账：建立一个总账表，在此表中汇总所有凭证数据，并根据记账凭证自动生成总账。

（6）生成明细账：建立一个明细账表，在此表中利用 Excel 2010 的数据透视表功能自动生成明细账。

项目三

Excel 2010 在报表编制中的应用

知识目标

① 掌握会计报表的概念、内容和格式。

② 掌握编制会计报表的方法。

能力目标

① 学会使用 Excel 2010 编制资产负债表的操作。

② 学会使用 Excel 2010 编制利润表的操作。

工作情境与分析

一、情境

李娜完成了用 Excel 2010 建账的工作后，开始着手练习用 Excel 2010 编制会计报表。

在项目二中已经生成了丰源公司 2018 年 9 月的总账及试算平衡表，如表 3-1 所示。

表 3-1　　丰源公司 2018 年 9 月的总账及试算平衡表　　单位：元

科目编码	科目名称	期初借方余额	期初贷方余额	本期借方发生额合计	本期贷方发生额合计	期末借方余额	期末贷方余额
1001	库存现金	5 000				5 000	
1002	银行存款	2 660 000		995 032	1 160 745.2	2 494 286.8	
1012	其他货币资金	128 000			116 000	12 000	
1101	交易性金融资产	25 000			25 000		
1121	应收票据	246 000				246 000	
1122	应收账款	400 000		348 000	151 000	597 000	
1231	坏账准备		1 200		600		1 800
1123	预付账款	100 000				100 000	
1221	其他应收款	4 000				4 000	
1402	在途物资	245 000		160 000	110 000	295 000	
1403	原材料	550 000		209 800	650 000	109 800	
1411	周转材料	98 050			50 000	48 050	
1405	库存商品	1 700 000		1 104 900	600 000	2 204 900	

续表

科目编码	科目名称	期初借方余额	期初贷方余额	本期借方发生额合计	本期贷方发生额合计	期末借方余额	期末贷方余额
1511	长期股权投资	250 000				250 000	
1601	固定资产	2 000 000		1 486 470	200 000	3 286 470	
1602	累计折旧		400 000	180 000	100 000		320 000
1604	在建工程	1 500 000		200 000	1 400 000	300 000	
1606	固定资产清理			20 500	20 500		
1701	无形资产	600 000				600 000	
1702	累计摊销				10 000		10 000
1801	长期待摊费用	200 000				200 000	
2001	短期借款		240 000	150 000			90 000
2201	应付票据		300 000	100 000			200 000
2202	应付账款		916 850				916 850
2211	应付职工薪酬		110 000	300 000	342 000		152 000
2221	应交税费		30 000	157 243.2	235 150		107 906.8
2231	应付利息				11 500		11 500
2241	其他应付款		57 600				57 600
2501	长期借款		1 600 000		10 000		1 610 000
4001	实收资本		6 000 000				6 000 000
4002	资本公积		593 000				593 000
4101	盈余公积		250 000				250 000
4103	本年利润			785 550	1 005 000		219 450
4104	利润分配		212 400				212 400
5001	生产成本			1 104 900	1 104 900		
5101	制造费用			91 400	91 400		
6001	主营业务收入			1 000 000	1 000 000		
6111	投资收益			5 000	5 000		
6401	主营业务成本			600 000	600 000		
6402	其他业务成本						
6403	税金及附加			2 000	2 000		
6601	销售费用			20 000	20 000		
6602	管理费用			47 700	47 700		
6603	财务费用			24 000	24 000		
6711	营业外支出			18 700	18 700		
6801	所得税费用			73 150	73 150		
合计		10 711 050	10 711 050	9 184 345.2	9 184 345.2	10 752 506.8	10 752 506.8

二、分析

财务报告包括会计报表和其他应当在财务报告中披露的相关信息和资料。会计报表是对企业财务状况、经营成果和现金流量的结构性表述。会计报表至少应当包括下列组成部分：①资产负债表；②利润表；③现金流量表；④所有者权益（或股东权益，下同）变动表；⑤附注。

编制会计报表的目的是向会计报表的使用者提供其在经济决策中的有用信息,包括企业的财务状况、经营成果及现金流量的资料。在本项目中，仅限于介绍 Excel 在狭义会计报表（资产负债表和利润表）编制中的应用。

用 Excel 2010 编制资产负债表和利润表，可以分成以下几项工作任务：编制资产负债表→编制利润表→编排会计报表。

1．编制资产负债表

（1）资产负债表的概念。资产负债表是反映企业在某一特定日期财务状况的会计报表。它反映企业在某一特定日期内所拥有或控制的经济资源、所承担的现时义务和所有者对净资产的要求权。

（2）资产负债表项目的列示。资产和负债应当分别分为流动资产和非流动资产、流动负债和非流动负债列示。

2．编制利润表

（1）利润表的概念。利润表是反映企业在一定会计期间经营成果的会计报表。

（2）利润表的列报格式。会计报表列报准则规定，企业应当采用多步式列报利润表，对不同性质的收入和费用类别进行对比，从而可以得出一些中间性的利润数据，以便于使用者了解企业经营成果的不同来源。

3．编排会计报表

编制完会计报表之后，为了使报表的外形更加美观，数据格式更加符合财务人员的习惯，还应该通过调整列宽、行高、数字格式等对报表进行编排。

任务一 编制资产负债表

一、资产负债表的基本格式和内容

资产负债表分为表头和表体两部分。

表头部分包括报表的标题、报表的编号、编制单位、编制日期及计量单位等，编制日期应为某年某月某日。

表体部分一般为账户式，资产负债表的左部为资产类科目，右部为负债及所有者权益科目。编制资产负债表时，项目主要按项目流动性排列。

资产负债表的具体格式如表 3-2 所示。

表 3-2　　　　资产负债表的具体格式

资产负债表

会企 01 表

编制单位：　　　　年　　月　　日　　　　单位：元

行次	资产类科目	年初数	期末数	行次	负债及所有者权益科目	年初数	期末数
001	流动资产：			001	流动负债：		
002	货币资金			002	短期借款		
003	以公允价值计量且其变动计入当期损益的金融资产			003	以公允价值计量且其变动计入当期损益的金融负债		
004	衍生金融资产			004	衍生金融负债		
005	应收票据			005	应付票据		
006	应收账款			006	应付账款		
007	预付款项			007	预收款项		
008	应收利息			008	应付职工薪酬		
009	应收股利			009	应交税费		
010	其他应收款			010	应付利息		
011	存货			011	应付股利		
012	持有待售资产			012	其他应付款		
013	一年内到期的非流动资产			013	持有待售负债		
014	其他流动资产			014	一年内到期的非流动负债		
015	流动资产合计			015	其他流动负债		
016	非流动资产：			016	流动负债合计		
017	可供出售金融资产			017	非流动负债：		
018	持有至到期投资			018	长期借款		
019	长期应收款			019	应付债券		
020	长期股权投资			020	其中：优先股		
021	投资性房地产			021	永续债		
022	固定资产			022	长期应付款		
023	在建工程			023	专项应付款		
024	工程物资			024	预计负债		
025	固定资产清理			025	递延所得税负债		
026	生产性生物资产			026	其他非流动负债		
027	油气资产			027	非流动负债合计		
028	无形资产			028	负债合计		
029	开发支出			029	所有者权益（或股东权益）：		
030	商誉			030	实收资本（或股本）		
031	长期待摊费用			031	其他权益工具		
032	递延所得税资产			032	其中：优先股		
033	其他非流动资产			033	永续债		
034	非流动资产合计			034	资本公积		
035				035	减：库存股		
036				036	其他综合收益		
037				037	盈余公积		
038				038	未分配利润		
039				039	所有者权益（或股东权益）合计		
040	资产总计			040	负债和所有者权益（或股东权益）总计		

二、资产负债表的编制方法

资产负债表主要根据资产账户和负债、所有者权益账户的期末余额和其他有关资料编制而成，具体编制方法如下。

（1）直接根据总账科目的余额填列，如“短期借款”“应付票据”“应付职工薪酬”等项目。有些项目则需根据几个总账科目的余额计算填列，如“货币资金”项目需根据“库存现金”“银行存款”和“其他货币资金”3 个总账科目的余额合计填列。

（2）根据有关明细科目的余额计算填列。如“应付账款”项目，需要分别根据“应付账款”和“预付账款”两科目所属明细科目的期末贷方余额计算填列。

（3）根据总账科目和明细科目的余额分析计算填列。如“长期借款”项目，应根据“长期借款”总账科目余额，扣除“长期借款”科目所属的明细科目中将在资产负债表日起一年内到期，且企业不能自主地将清偿义务展期的长期借款后的金额计算填列。

（4）根据总账科目与其备抵科目抵消后的净额填列。如资产负债表中的“长期股权投资”项目，应根据“长期股权投资”科目的期末余额减去“长期股权投资减值准备”科目余额后的净额填列；“固定资产”项目，应根据“固定资产”科目期末余额减去“累计折旧”“固定资产减值准备”科目余额后的净额填列；“无形资产”项目，应根据“无形资产”科目期末余额减去“累计摊销”“无形资产减值准备”科目余额后的净额填列。

（5）综合运用上述填列方法分析填列。如“应收账款”科目，应根据“应收账款”和“预收账款”科目所属各明细科目的期末借方余额合计数，减去“坏账准备”科目中有关应收账款计提的坏账准备期末余额后的金额填列；“存货”项目，应根据“材料采购”“在途物资”“原材料”“发出商品”“库存商品”“周转材料”“委托加工物资”“生产成本”“受托代销商品”等科目的期末余额合计，减去“受托代销商品款”“存货跌价准备”科目期末余额后的金额填列。

三、编制资产负债表

微课 3-1　编制资产负债表

丰源公司 2018 年 9 月 30 日编制的 1809 总账及试算平衡表如表 3-1 所示。

下面我们为该公司编制资产负债表。

1．建立表头

（1）复制“1809”总账工作簿，把新工作簿重命名为“1809 总账报表”，打开“1809 总账报表”工作簿，打开“1809 总账及试算平衡表”选中第一行，插入一行，设置标题为“丰源公司 2018 年 9 月总账及试算平衡表”，选择 A1:H1 单元区域，设置“合并及居中”。

（2）打开“1809 总账报表”工作簿，在“1809 总账及试算平衡表”后面插入一张新工作表，并将其命名为“1809 资产负债表”，在工作表的 A1 单元格中输入表头“资产负债表”。选中 A1 至 H1，设置合并及居中。

（3）选择 A3:B3，设置“合并及居中”，再设置“左对齐”，在 A3 单元格中输入“编制单位：山东丰源公司”；选择 D3:F3，设置“合并及居中”，在 D3 单元格中输入“2018 年 9 月 30 日”；选择 G2:H2，设置“合并及居中”，在 G2 单元格中输入“会企 01 表”；选择 G3:H3，设置“合并及居中”，在 G3 单元格中输入“单位：元”，如图 3-1 所示。

2．“项目”名称栏及“行次”栏的输入

在 A4 至 H37 单元格中分别输入项目名称及行次。

3．数据的填充

完成表格文字输入和格式设置后，下一步的工作就是填充表格中的其他数据。其中，“年初数”

可以按上月资产负债表中的数据进行填充，“期末数”可以以数据链接的方式引用“1809 总账及试算平衡表”中的相关数据。

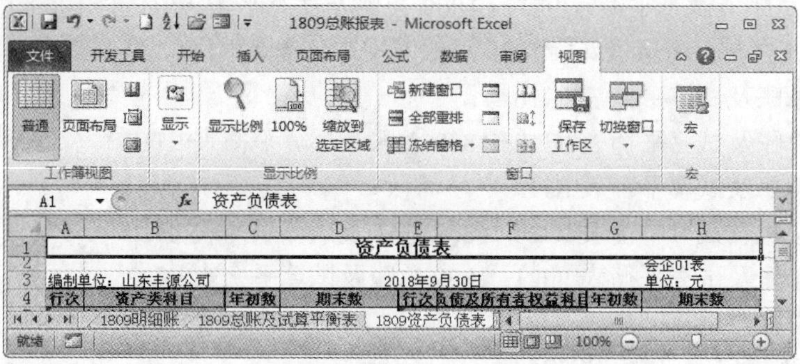

图 3-1 建立资产负债表表头

例如，“货币资金”项目需根据“库存现金”“银行存款”“其他货币资金”这 3 个总账科目期末余额的合计数填列，而这几项的数据分别存放在“1809 总账及试算平衡表”中的 G3、G4、G5 单元格处。此时，可在“1809 资产负债表”中存放“货币资金”期末数的单元格 D6 中输入相应的数据计算公式。具体的操作步骤如下。

（1）选中单元格 D6 后，直接输入“=”符号。

（2）单击“1809 总账及试算平衡表”标签，将界面切换至“1809 总账及试算平衡表”。

（3）单击“1809 总账及试算平衡表”中的单元格 G3，键入“+”符号；再单击该表中的单元格 G4，键入“+”符号；最后单击该表中的单元格 G5；按回车键后，会自动切换至“1809 资产负债表”工作表，并在单元格 D6 中显示出计算结果。此时，在公式编辑栏中会显示出单元格 D6 中所采用的计算公式，其公式表示为“='1809 总账及试算平衡表'!G3+'1809 总账及试算平衡表'!G4+'1809 总账及试算平衡表'!G5”。该公式表明，“1709 资产负债表”工作表单元格 D6 中的数据，是“1809 总账及试算平衡表”工作表中单元格 G3、G4、G5 的数据之和，如图 3-2 所示。可以用同样的方法填制其他项目的数据。

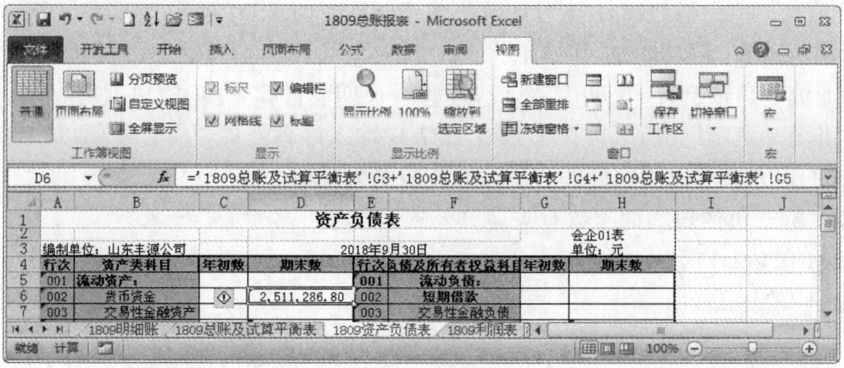

图 3-2 填充数据

附：资产负债表期末数取数公式

D6 ='1809 总账及试算平衡表'!G3+'1809 总账及试算平衡表'!G4+'1809 总账及试算平衡表'!G5

D7 ='1809 总账及试算平衡表'!G6

D9 ='1809 总账及试算平衡表'!G7

D10 ='1809 总账及试算平衡表'!G8−'1809 总账及试算平衡表'!H9

D11 ='1809 总账及试算平衡表'!G10

D14 ='1809 总账及试算平衡表'!G11

D15 ='1809 总账及试算平衡表'!G12+'1809 总账及试算平衡表'!G13+'1809 总账及试算平衡表'!G14+'1809 总账及试算平衡表'!G15+'1809 总账及试算平衡表'!G37

D23 ='1809 总账及试算平衡表'!G16

D25 ='1809 总账及试算平衡表'!G18−'1809 总账及试算平衡表'!H18

D26 ='1809 总账及试算平衡表'!G19

D28 ='1809 总账及试算平衡表'!G20−'1809 总账及试算平衡表'!H20

D31 ='1809 总账及试算平衡表'!G21−'1809 总账及试算平衡表'!H22

D34 ='1809 总账及试算平衡表'!G23

H6 ='1809 总账及试算平衡表'!H24

H9 = '1809 总账及试算平衡表'!H25

H10 ='1809 总账及试算平衡表'!H26

H12 ='1809 总账及试算平衡表'!H27

H13 ='1809 总账及试算平衡表'!H28

H14 ='1809 总账及试算平衡表'!H29

H16 ='1809 总账及试算平衡表'!H30

H22 ='1809 总账及试算平衡表'!H31

H34 ='1809 总账及试算平衡表'!H32

H38 ='1809 总账及试算平衡表'!H33

H41 ='1809 总账及试算平衡表'!H34

H42 ='1809 总账及试算平衡表'!H35+'1809 总账及试算平衡表'!H36

“1809 资产负债表”中还有一部分单元格中的数据需要用本工作表中的数据计算得到。

例如，“流动资产合计=货币资金+交易性金融资产+应收票据+应收账款+预付款项+应收利息+应收股利+其他应收款+存货+一年内到期的非流动资产+其他流动资产”，可在图 3-3 所示的工作表“1809 资产负债表”单元格 D18 中输入计算公式“=SUM（D6:D17）”，表明单元格 D18 中的数据是对单元格区域 D6:D17 数据的求和结果。

又如，“非流动负债合计=长期借款+应付债券+长期应付款+专项应付款+预计负债+递延所得税负债+其他非流动负债”，所以可在单元格 H27 中输入计算公式“=SUM（H22:H26）”。在其他需要输入公式的地方，可以用同样的方法输入相应的公式。

附：“1809 资产负债表”期末数有关运算公式

D18 =SUM（D6:D17）

D37 =SUM（D19:D35）

D44 =D17+D36

H20 =SUM（H6:H19）

H31 =SUM（H22:H30）

H32 =H20+H31

H43 =SUM（H34:H42）

H44 =H32+H43

由以上操作可以看出，资产负债表中的数据不需要用键盘输入，只要前期有关的资料表格齐全，均可通过链接得到。只要公式建立好了，数据就会同时显示在表格中。资产负债表的编制结果如图 3-4、图 3-5 所示。

图 3-3　输入公式

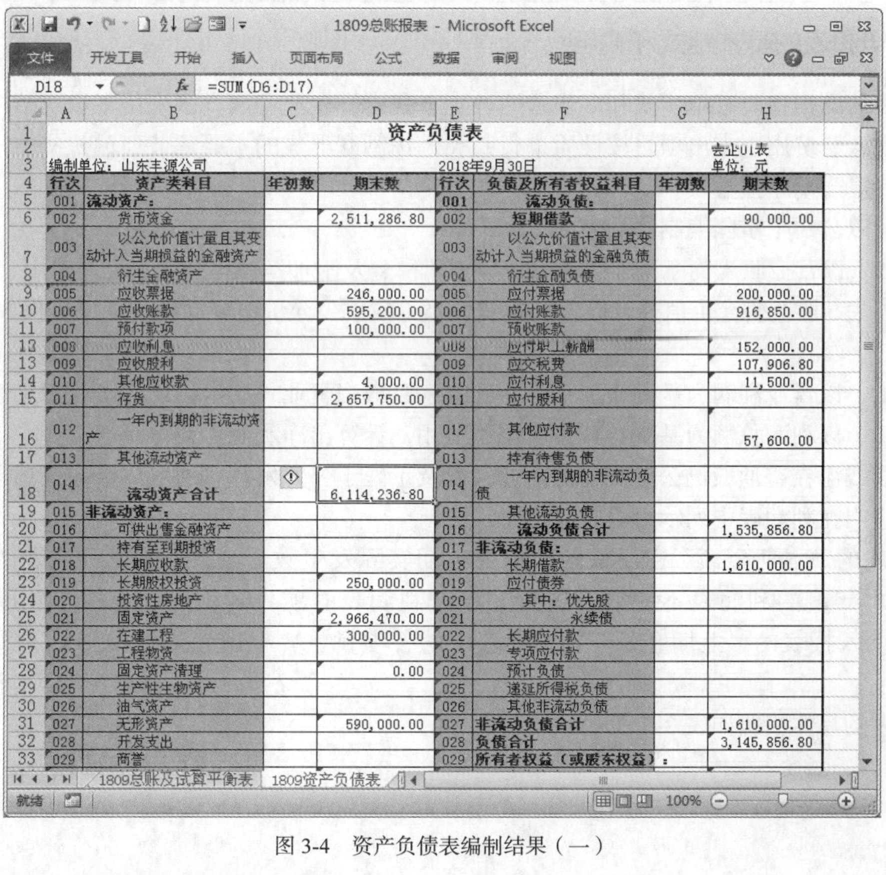

图 3-4　资产负债表编制结果（一）

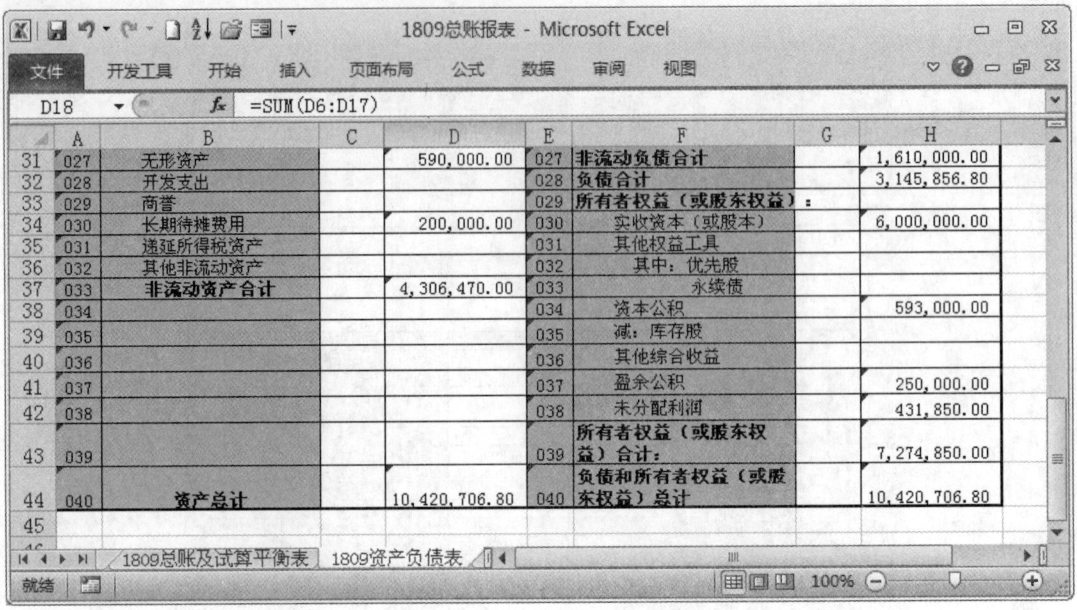

	A	B	C	D	E	F	G	H
31	027	无形资产		590,000.00	027	非流动负债合计		1,610,000.00
32	028	开发支出			028	负债合计		3,145,856.80
33	029	商誉			029	所有者权益（或股东权益）：		
34	030	长期待摊费用		200,000.00	030	实收资本（或股本）		6,000,000.00
35	031	递延所得税资产			031	其他权益工具		
36	032	其他非流动资产			032	其中：优先股		
37	033	非流动资产合计		4,306,470.00	033	永续债		
38	034				034	资本公积		593,000.00
39	035				035	减：库存股		
40	036				036	其他综合收益		
41	037				037	盈余公积		250,000.00
42	038				038	未分配利润		431,850.00
43	039				039	所有者权益（或股东权益）合计：		7,274,850.00
44	040	资产总计		10,420,706.80	040	负债和所有者权益（或股东权益）总计		10,420,706.80

图 3-5 资产负债表编制结果（二）

任务二 编制利润表

一、利润表的基本格式和内容

利润表的结构主要有单步式和多步式两种。在我国，企业利润表多采用多步式结构，即通过对当期的收入、费用、支出项目按性质进行归类，按利润形成的主要环节列示一些中间性利润指标，分步计算当期净损益。

企业可以分3个步骤编制利润表。

第一步，以营业收入为基础，减去营业成本、税金及附加、销售费用、管理费用、财务费用、资产减值损失，加上公允价值变动收益和投资收益（减去公允价值变动损失和投资损失），计算出营业利润。

第二步，以营业利润为基础，加上营业外收入，减去营业外支出，计算出利润总额。

第三步，以利润总额为基础，减去所得税费用，计算出净利润（或净亏损）。

普通股或潜在普通股已公开交易的企业，以及正处于公开发行普通股或潜在普通股过程中的企业，还应当在利润表中列示每股收益信息。

利润表的"本期金额"栏反映各项目的本期实际发生数。如果上年度利润表的项目名称和内容与本年度的利润表不一致，应对上年度利润表的项目名称和内容按本年度的规定进行调整，填入报表的"上期金额"栏。报表中的各项目主要根据各损益类科目的发生额分析填列。

利润表的具体格式如表3-3所示。

表 3-3 利润表格式

利润表

会企 02 表

编制单位：山东丰源公司 2018 年 9 月 单位：元

行次	科目	本期金额	上期金额（略）
001	一、营业收入		
002	减：营业成本		
003	税金及附加		
004	销售费用		
005	管理费用		
006	财务费用		
007	资产减值损失		
008	加：公允价值变动损益（损失以“–”号填列）		
009	投资收益（损失以“–”号填列）		
010	其中：对联营企业和合营企业的投资收益		
011	资产处置收益（损失以“–”号填列）		
012	其他收益		
013	二、营业利润（亏损以“–”号填列）		
014	加：营业外收入		
015	减：营业外支出		
016	三、利润总额（亏损总额以“–”号填列）		
017	减：所得税费用		
018	四、净利润（净亏损以“–”号填列）		
019	（一）持续经营净利润（净亏损以“–”号填列）		
020	（二）终止经营净利润（净亏损以“–”号填列）		
021	五、其他综合收益的税后净额		
022	（一）以后不能重分类进损益的其他综合收益		
023	1. 重新计量设定受益计划净负债或净资产的变动		
024	2. 权益法下在被投资单位不能重分类进损益的其他综合收益中享有的份额		
025	……		
026	（二）以后将重分类进损益的其他综合收益		
027	1. 权益法下在被投资单位以后将重分类进损益的其他综合收益中享有的份额		
028	2. 可供出售金融资产公允价值变动损益		
029	3. 持有至到期投资重分类为可供出售金融资产损益		
030	4. 现金流量套期损益的有效部分		
031	5. 外币财务报表折算差额		
032	……		
033	六、综合收益总额		
034	七、每股收益		
035	（一）基本每股收益		
036	（二）稀释每股收益		

二、编制利润表

利润表的建立方法与资产负债表类似，具体操作步骤如下。

打开“1809 总账”工作簿，在“1809 资产负债表”后面插入一张新工作表并将其命名为“1809 利润表”。在该工作表中，按照利润表的格式，如表 3-3 所示，填写报表项目。

与“资产负债表”的编制方法类似，利润表项目的数据需要引用“1809 总账及试算平衡表”中的数据。具体操作步骤不再赘述，取数公式如下。

附：利润表中本期金额取数公式

C5 ='1809 总账及试算平衡表'!E39

C6 ='1809 总账及试算平衡表'!E41+'1809 总账及试算平衡表'!E42

C7 ='1809 总账及试算平衡表'!E43

C8 ='1809 总账及试算平衡表'!E44

C9 ='1809 总账及试算平衡表'!E45

C10 ='1809 总账及试算平衡表'!E46

C13 ='1809 总账及试算平衡表'!E40

C19 ='1809 总账及试算平衡表'!E47

C21 ='1809 总账及试算平衡表'!E48

C17 =C5−C6−C7−C8−C9−C10−C11+C12+C13

C20 =C17+C18−C19

C22=C20−C21

C37=C22

微课 3-2 编制利润表

利润表的编制结果如图 3-6 和图 3-7 所示。

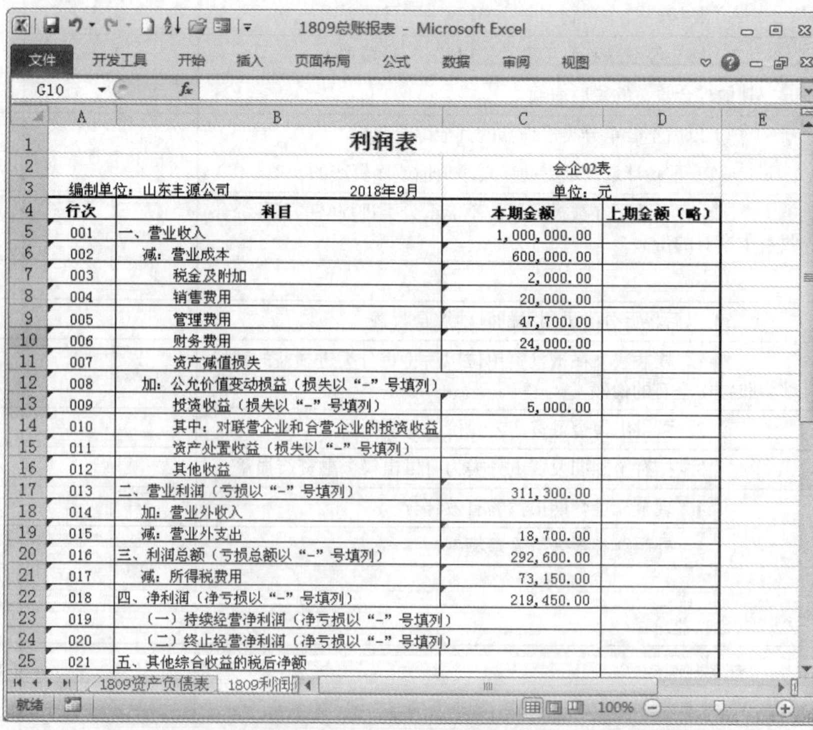

利润表

会企02表

编制单位：山东丰源公司 2018年9月 单位：元

行次	科目	本期金额	上期金额（略）
001	一、营业收入	1,000,000.00	
002	减：营业成本	600,000.00	
003	税金及附加	2,000.00	
004	销售费用	20,000.00	
005	管理费用	47,700.00	
006	财务费用	24,000.00	
007	资产减值损失		
008	加：公允价值变动损益（损失以“-”号填列）		
009	投资收益（损失以“-”号填列）	5,000.00	
010	其中：对联营企业和合营企业的投资收益		
011	资产处置收益（损失以“-”号填列）		
012	其他收益		
013	二、营业利润（亏损以“-”号填列）	311,300.00	
014	加：营业外收入		
015	减：营业外支出	18,700.00	
016	三、利润总额（亏损总额以“-”号填列）	292,600.00	
017	减：所得税费用	73,150.00	
018	四、净利润（净亏损以“-”号填列）	219,450.00	
019	（一）持续经营净利润（净亏损以“-”号填列）		
020	（二）终止经营净利润（净亏损以“-”号填列）		
021	五、其他综合收益的税后净额		

图 3-6 利润表编制结果（一）

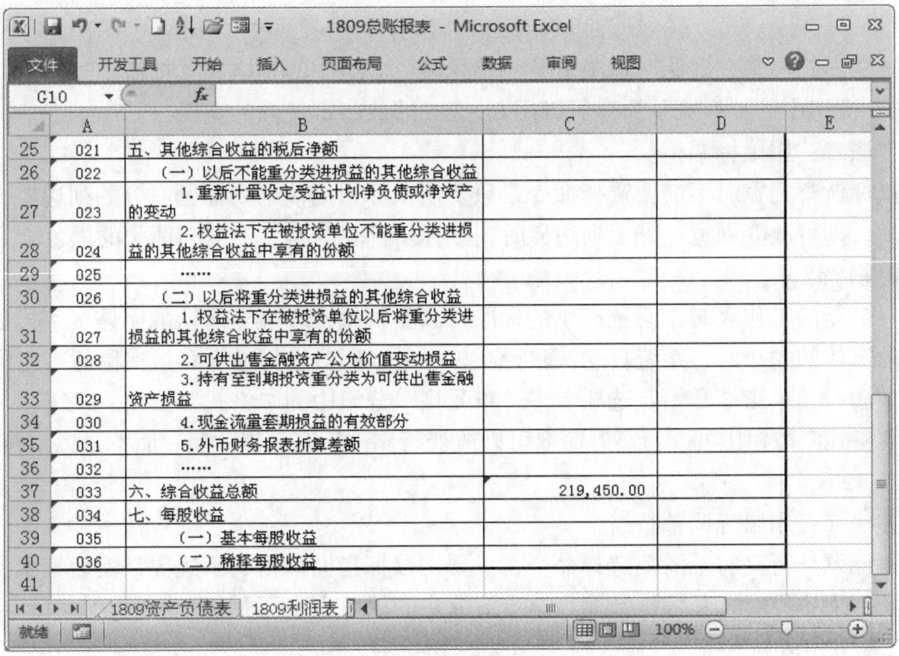

	A	B	C	D	E
25	021	五、其他综合收益的税后净额			
26	022	（一）以后不能重分类进损益的其他综合收益			
27	023	1.重新计量设定受益计划净负债或净资产的变动			
28	024	2.权益法下在被投资单位不能重分类进损益的其他综合收益中享有的份额			
29	025	……			
30	026	（二）以后将重分类进损益的其他综合收益			
31	027	1.权益法下在被投资单位以后将重分类进损益的其他综合收益中享有的份额			
32	028	2.可供出售金融资产公允价值变动损益			
33	029	3.持有至到期投资重分类为可供出售金融资产损益			
34	030	4.现金流量套期损益的有效部分			
35	031	5.外币财务报表折算差额			
36	032	……			
37	033	六、综合收益总额	219,450.00		
38	034	七、每股收益			
39	035	（一）基本每股收益			
40	036	（二）稀释每股收益			
41					

图 3-7 利润表编制结果（二）

任务三 编排会计报表

一张会计报表编制完后，还应该加以编排，如调整列宽、行高、数字格式等，以使报表的外形更加美观，数据格式更加符合财务人员的习惯。

一、编排报表的工具

Excel 2010 提供的编排报表的工具主要有“开始”选项卡下的各组按钮、“设置单元格格式”对话框和鼠标等。

1．“开始”选项卡下的各组按钮

“开始”选项卡下的各组按钮在项目一中已做详细介绍，在此不再赘述。

2．“设置单元格格式”对话框

“设置单元格格式”对话框集中了对单元格进行编辑的命令。该命令下又提供了多种选项卡，如数字、对齐、字体、边框、填充、保护等。财务人员可以使用这些选项卡完成对报表的编辑。“设置单元格格式”对话框如图 1-9 所示。

3．鼠标拖曳操作

Excel 2010 提供使用鼠标对工作表进行编辑的功能。使用鼠标时不需要选择命令，只需用鼠标指向要编辑的对象，然后拖曳鼠标就可以完成调整行高、列宽等工作。

下面就用项目一中所学工具对报表格式进行编排。

二、编排工作实施

1．调整列宽

打开一个新的工作表时，系统产生的标准列宽是 8 个字符，任何工作表的标准列宽都能改变。

（1）方法一：单击“开始”选项卡下“单元格”分组中的“格式”按钮。

“格式”按钮中的“列宽”命令可以用0～255的数字定义列的宽度。

（2）方法二：用鼠标调整。

使用鼠标调整列宽时不需要选择命令，只要用鼠标指向该列列标题右方的列边界，然后拖到所需的宽度，即可改变列宽。处于列边界时，鼠标指针变为有左右双向箭头的黑色十字。

2．调整行高

打开一个新的工作表时，系统产生的标准行高是根据工作表上默认的字体、字号设置的。改变单元格内字体的大小时，系统自动调整行高，也可以通过选择命令和拖曳鼠标来完成。

（1）方法一：单击“开始”选项卡下“单元格”分组中的“格式”按钮。

利用“格式”按钮中的“行高”命令可以改变行高。行高是以“磅”而不是以字符为单位的，一英寸等于72磅。

（2）方法二：用鼠标调整行高

使用鼠标调整行高时不需要选择命令，只要用鼠标指向该行的下边界，然后拖到所需的行高即可。处于行下边界时，鼠标指针变为有上下箭头的黑色十字。

3．对齐单元格输入项

Excel 2010自动把正文排成左对齐，把数字排成右对齐。改变对齐单元格输入项的方法有如下两种。

（1）方法一：“开始”选项卡下“对齐方式”分组中的按钮。

选择文本左对齐、居中、文本右对齐、垂直居中、文字方向和自动换行等按钮，可以改变选中单元格中的数字、正文和日期的对齐状态。

（2）方法二：“开始”选项卡下“单元格”分组中的“格式”按钮。

单击“格式”按钮，选择“设置单元格格式”选项，打开“设置单元格格式”对话框，在“对齐”选项卡下进行设置。

4．编辑数字

Excel 2010提供多种数字格式，编辑数字有如下两种方式。

（1）方法一：单击“开始”选项卡下“数字”分组中的“数字格式”按钮。

利用“数字格式”按钮，能够按照内置数字格式或自己的习惯格式编排数字。

内置数字格式分为8类。

① 数值型。数值型又可定义为以下具体格式。

整数：如365、9、456。

两位小数：如456.12。

加千分位号的整数：如1 674。

加千分位号的小数：如1 090 456.15。

负数红字：如-389.88表示为红色的389.88。

② 会计专用。其为会计专用的数字格式，如12 565表示为（12 565）。

③ 日期。其为日期格式，如10-12-88表示1988年10月12日。

④ 时间。其为时间格式，如3:45表示3时45分。

⑤ 百分比。将单元格中的数值乘以100，以百分数形式显示。

⑥ 分数。如0.5表示为1/2。

⑦ 科学计数。如1.23E+04表示12 300。

⑧ 货币。在数值前加美元或人民币符号，如$100、¥100 等。

（2）方法二：单击“开始”选项卡下“单元格”分组中的“格式”按钮。

单击“格式”按钮，选择“设置单元格格式”选项，打开“设置单元格格式”对话框，在“数字”选项卡下进行设置。

5．改变字体

字体是指在屏幕上显示和在打印机上打印的字符样式。每种字体都有一个名字（如宋体、楷体），其又有不同的大小（如 12 磅）和格式（如粗体、斜体）。

（1）方法一：单击“开始”选项卡下“字体”分组中的按钮。

“字体”分组中的字体、加粗、倾斜等工具按钮可以快速改变一个单元格或单元格区域的字体。方法是先选中该单元格或单元格区域，然后单击字体工具按钮。

（2）方法二：单击“开始”选项卡下“单元格”分组中的“格式”按钮。

单击“格式”按钮，选择“设置单元格格式”选项，打开“设置单元格格式”对话框，在“字体”选项卡下进行设置。

6．改变背景颜色

Excel 2010 提供多种颜色，供单元格或单元格区域设置背景颜色使用。

（1）方法一：单击“开始”选项卡下“字体”分组中的按钮。

用“字体”分组中的“填充颜色”“字体颜色”按钮，可以快速改变一个单元格或单元格区域的颜色。方法是先选中该单元格或单元格区域，然后单击“填充颜色”等按钮。

（2）方法二：单击“开始”选项卡下“单元格”分组中的“格式”按钮。

单击“格式”按钮，选择“设置单元格格式”选项，打开“设置单元格格式”对话框，在“填充”选项卡下进行设置。

7．改变字体颜色

Excel 2010 提供多种字体颜色，可以改变单元格或单元格区域字体的颜色。

（1）方法一：单击“开始”选项卡下“字体”分组中的按钮。

用“字体”分组中的“字体颜色”按钮，可以快速改变一个单元格或单元格区域中文字的颜色。方法是先选中该单元格或单元格区域，然后单击“字体颜色”按钮。

（2）方法二：单击“开始”选项卡下“单元格”分组中的“格式”按钮。

单击“格式”按钮，选择“设置单元格格式”选项，打开“设置单元格格式”对话框，在“填充”选项卡下进行设置。

项目小结

本项目介绍了如何运用 Excel 编制会计报表。首先介绍了会计报表的概念、内容和格式，接着介绍了如何运用 Excel 的各种功能建立资产负债表、利润表。要求学会使用 Excel 2010 编制资产负债表和利润表。

项目实训

1．实训目的

学会用 Excel 2010 编制资产负债表和利润表。

2．实训资料

接项目二综合实训中青岛宏发公司完成账务处理的流程，生成“1812 总账及试算平衡表”，如表 3-4 所示。

表 3-4　　1812 总账及试算平衡表　　单位：元

科目编码	科目名称	期初借方余额	期初贷方余额	本期借方发生额合计	本期贷方发生额合计	期末借方余额	期末贷方余额
1001	库存现金	4 038.00		2 000.00	1 000.00	5 038.00	0.00
1002	银行存款	672 038.10		74 880.00	8 370.00	738 548.10	0.00
1012	其他货币资金	1 000 000.00		0.00	0.00	1 000 000.00	0.00
1101	交易性金融资产			0.00	0.00	0.00	0.00
1121	应收票据	292 300.00		0.00	0.00	292 300.00	0.00
1122	应收账款	1 268 000.00		0.00	0.00	1 268 000.00	0.00
1231	坏账准备		6 340.00	0.00	0.00	0.00	6 340.00
1123	预付账款	180 000.00		0.00	0.00	180 000.00	0.00
1221	其他应收款	4 400.00		1 000.00	0.00	5 400.00	0.00
1402	在途物资			0.00	0.00	0.00	0.00
1403	原材料	1 414 708.00		5 000.00	2 100.00	1 417 608.00	0.00
1411	周转材料	43 797.00		0.00	0.00	43 797.00	0.00
1405	库存商品	372 040.00		30 100.00	20 100.00	382 040.00	0.00
1511	长期股权投资	250 000.00		0.00	0.00	250 000.00	0.00
1601	固定资产	6 686 000.00		0.00	0.00	6 686 000.00	0.00
1602	累计折旧		1 952 514.00	0.00	3 000.00	0.00	1 955 514.00
1604	在建工程			0.00	0.00	0.00	0.00
1606	固定资产清理			0.00	0.00	0.00	0.00
1701	无形资产	143 000.00		0.00	0.00	143 000.00	0.00
1702	累计摊销			0.00	0.00	0.00	0.00
1801	长期待摊费用			0.00	0.00	0.00	0.00
2001	短期借款		500 000.00	0.00	0.00	0.00	500 000.00
2201	应付票据		204 750.00	0.00	0.00	0.00	204 750.00
2202	应付账款		1 058 756.00	0.00	0.00	0.00	1 058 756.00
2211	应付职工薪酬		173 323.40	0.00	25 000.00	0.00	198 323.40
2221	应交税费		150 387.40	850.00	19 225.00	0.00	168 762.40
2231	应付利息			0.00	0.00	0.00	0.00
2241	其他应付款		86 454.00	0.00	0.00	0.00	86 454.00
2501	长期借款		860 400.00	0.00	0.00	0.00	860 400.00
2502	应付债券		100 000.00	0.00	0.00	0.00	100 000.00
2701	长期应付款		68 695.30	0.00	0.00	0.00	68 695.30
4001	实收资本		6 200 000.00	0.00	0.00	0.00	6 200 000.00
4002	资本公积		582 701.00	0.00	0.00	0.00	582 701.00
4101	盈余公积		300 000.00	0.00	0.00	0.00	300 000.00
4103	本年利润			64 000.00	64 000.00	0.00	0.00
4104	利润分配		126 000.00	0.00	25 035.00	0.00	151 035.00
5001	生产成本	40 000.00		20 100.00	30 100.00	30 000.00	0.00

续表

科目编码	科目名称	期初借方余额	期初贷方余额	本期借方发生额合计	本期贷方发生额合计	期末借方余额	期末贷方余额
5101	制造费用			0.00	0.00	0.00	0.00
6001	主营业务收入			64 000.00	64 000.00	0.00	0.00
6111	投资收益			0.00	0.00	0.00	0.00
6401	主营业务成本			20 100.00	20 100.00	0.00	0.00
6402	其他业务成本			0.00	0.00	0.00	0.00
6403	税金及附加			0.00	0.00	0.00	0.00
6601	销售费用			0.00	0.00	0.00	0.00
6602	管理费用			10 400.00	10 400.00	0.00	0.00
6603	财务费用			120.00	120.00	0.00	0.00
6711	营业外支出			0.00	0.00	0.00	0.00
6801	所得税费用			8 345.00	8 345.00	0.00	0.00
合计		12 370 321.10	12 370 321.10	300 895.00	300 895.00	12 441 731.10	12 441 731.10

3．实训要求

（1）编制青岛宏发公司 2018 年 12 月资产负债表。

（2）编制青岛宏发公司 2018 年 12 月利润表。

（3）编排会计报表，使之更符合财务人员的习惯。

项目四
Excel 2010在工资管理中的应用

知识目标

1. 掌握工资核算系统的业务处理流程。
2. 掌握工资的计算方法。

能力目标

1. 学会使用Excel 2010设计工资核算系统。
2. 学会运用筛选及数据分析工具进行工资数据的汇总和查询。

工作情境与分析

一、情境

李娜用Excel 2010完成了建账、编制会计报表的工作之后，体会到用Excel 2010代替手工操作确实提高了工作效率，减少了重复性工作，使财务人员从繁重的日常核算工作中解脱出来。于是，她又有了新的想法——尝试用Excel 2010设计工资核算系统。

山东丰源公司主要有7个部门：企划部、财务部、后勤部、组装部、机修部、销售部和供应部；员工人数为20名，主要有7种职工类别：公司经理、管理人员、部门经理、基本生产人员、辅助生产人员、销售人员和采购人员。每名员工的工资项目包括基本工资、岗位工资、职务津贴、奖金、事假扣款、病假扣款、住房公积金和个人所得税。2018年10月公司职工的基本工资信息如表4-1所示。

表4-1　山东丰源公司职工的基本工资信息

职工代码	职工姓名	性别	年龄	部门	工作岗位	职工类别	事假天数	病假天数	基本工资（元）
001	杨丰源	男	42	企划部	公司经理	公司经理	1		5 000
002	李丽	女	35	企划部	职员	管理人员			3 000
003	张静	女	34	财务部	部门经理	部门经理		2	3 500
004	李娜	女	22	财务部	职员	管理人员			2 000
005	刘敏	女	43	后勤部	职员	管理人员			2 800
006	赵辉	男	38	组装部	部门经理	部门经理			3 800

续表

职工代码	职工姓名	性别	年龄	部门	工作岗位	职工类别	事假天数	病假天数	基本工资（元）
007	李明	男	26	组装部	生产人员	基本生产人员			2 200
008	张永	男	31	组装部	生产人员	基本生产人员			2 800
009	李立强	男	27	组装部	生产人员	基本生产人员			2 600
010	周国庆	男	30	组装部	生产人员	基本生产人员			2 700
011	李佳佳	女	29	组装部	生产人员	基本生产人员	1	2	2 300
012	张路	男	32	机修部	部门经理	部门经理			3 500
013	赵林	男	30	机修部	生产人员	辅助生产人员			2 400
014	李辉	男	26	销售部	部门经理	部门经理			3 600
015	宋涛	男	30	销售部	销售员	销售人员			1 800
016	王亮	男	25	销售部	销售员	销售人员	2		1 800
017	马帅	男	22	销售部	销售员	销售人员			1 800
018	赵伟	女	28	销售部	销售员	销售人员			1 800
019	章小蕙	女	32	供应部	部门经理	部门经理			3 500
020	梁冰	女	25	供应部	职员	采购人员		8	2 600

其他工资项目的发放情况及有关规定如下。

（1）岗位工资是根据职工类别的不同来设置的，具体要求如表 4-2 所示。

表 4-2 岗位工资标准

职工类别	岗位工资（元）
公司经理	2 000.00
管理人员	1 400.00
部门经理	1 800.00
基本生产人员	1 200.00
辅助生产人员	1 200.00
销售人员	1 200.00
采购人员	1 200.00

（2）职务津贴是基本工资与岗位工资之和的 10%。

（3）奖金根据职工所在部门的不同有所差别，具体规定如表 4-3 所示。

表 4-3 奖金标准 单位：元

部门	奖金
企划部	1 000.00
财务部	800.00
后勤部	800.00
组装部	900.00
机修部	900.00
销售部	600.00
供应部	800.00

（4）请事假按日基本工资扣款。

（5）请病假每天扣款 50 元。

（6）住房公积金为应发工资的 15%。

（7）个人所得税根据应发工资的数额确定，具体规定如表 4-4 所示。

表 4-4　　个人所得税计算表　　单位：元

应发工资各档次	个人所得税
应发工资-3 500≤0	0.00
0<应发工资-3 500≤1500	（应发工资-3 500）×0.03
1 500<应发工资-3 500≤4 500	（应发工资-3 500）×0.1-105
4 500<应发工资-3 500≤9 000	（应发工资-3 500）×0.2-555
9 000<应发工资-3 500≤35 000	（应发工资-3 500）×0.25-1 005

二、分析

职工工资管理是整个企业财务管理中不可或缺的组成部分。传统的工资核算、记录和发放是依靠手工操作完成的，计算比较复杂，业务量大，常常需要花费大量的人力和时间。利用 Excel 2010 来编制和管理职工的工资，可以简化每个月都要重复进行的统计工作，确保工资核算的准确性，提高工资管理的效率。

做好工资管理工作，正确计算职工工资，如实地反映和监督工资资金的使用情况以及职工工资的结算情况，是加强工资资金管理、降低工资费用的一个重要手段。工资管理的主要任务是通过工资资金计划反映工资的使用情况，监督企业严格执行国家颁布的有关工资政策和制度；正确计算每名职工应得的工资，反映和监督企业与职工的工资结算情况，贯彻按劳分配的原则；按照工资的用途，合理地分配工资费用，以便正确计算产品的成本。

利用 Excel 2010 进行工资管理的基本工作过程一般为：输入工资数据→设置工资项目→对工资数据进行查询与统计分析→编制工资费用分配表→输入工资核算会计分录。

任务一　输入工资数据

输入工资数据即用 Excel 2010 建立工资结算单。工资结算单也称工资单，一般按车间、部门分别填制，每月一张。工资结算单内按职工分行填列应付工资、代发款项、代扣款项和应发金额。其用途如下。

（1）按职工姓名裁成“工资条”，连同应发金额发给职工，以便职工查对。

（2）作为劳资部门进行劳动工资统计的依据。

（3）作为工资结算和支付的凭证，并据以进行工资结算的汇总核算。

职工工资数据是进行工资管理的基础，需要建立一个 Excel 2010 工作簿来记录这些数据。输入工资数据有两种方法：“工作表”输入数据和“记录单”输入数据。

一、“工作表”输入数据

（1）新建 Excel 2010 工作簿，命名为“工资核算”。打开“工资核算”工作簿，将 Sheet 1 命名为“工资结算单”。

（2）建立如下工资项目——职工代码、职工姓名、性别、年龄、部门、工作岗位、职工类别、事假天数、病假天数、基本工资、岗位工资、职务津贴、奖金、事假扣款、病假扣款、应发工资、住房公积金、个人所得税和实发工资，如图 4-1 和图 4-2 所示。

微课 4-1　输入工资数据

（3）为了输入方便并防止出错，可对某些数据列添加有效性控制。例如，对“性别”列添加有效性控制，单击 C2 单元格，选择“数据”选项卡下“数据工具”分组里的“数据有效性”命令，弹出一个级联菜单，选择“数据有效性”命令。在该对话框“设置”选项卡中的“允许”下拉列表框中选择“序列”选项，在“来源”框中输入“男，女”，然后单击“确定”按钮，即完成了对“性别”数据有效性的设定，如图 4-3 所示。设置完毕后，使用填充柄复制功能，用鼠标向下拖曳，将 C2 单元格的有效性控制复制到 C 列的其他单元格中。

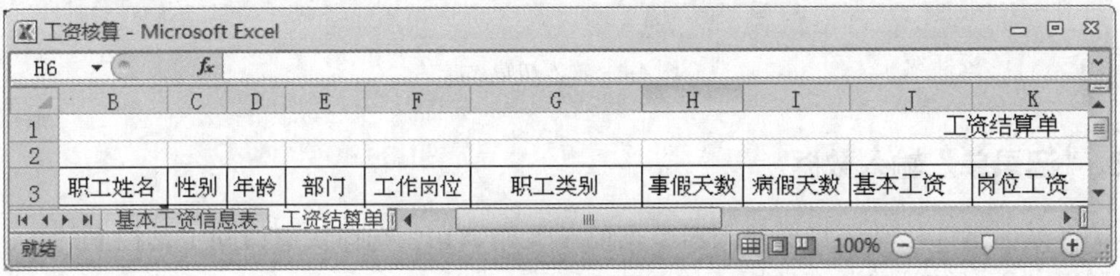

图 4-1　工资初始数据（一）

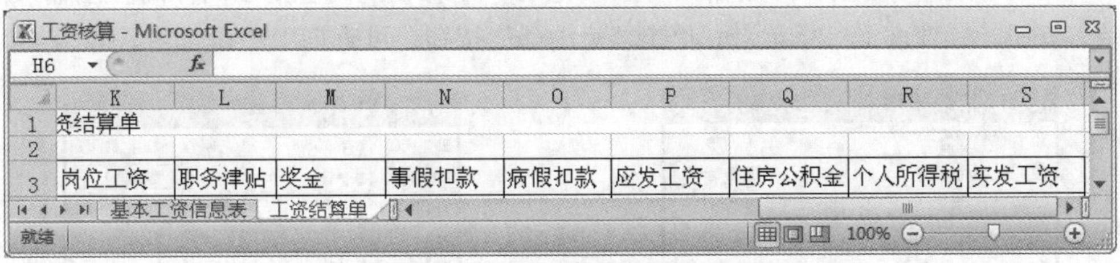

图 4-2　工资初始数据（二）

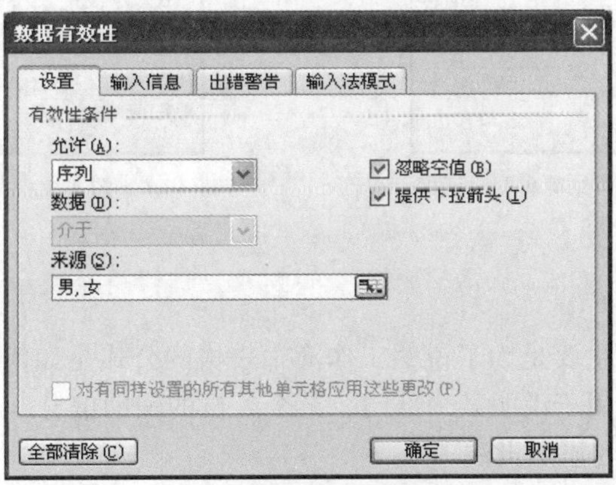

图 4-3　添加有效性控制

（4）采用同样的方法对其他需要设置数据有效性的数据列（如“部门”“工作岗位”“职工类别”）进行设置。

（5）根据表 4-1 中所给数据分别输入“职工代码”“职工姓名”“性别”“年龄”“部门”“工作岗位”“职工类别”“事假天数”“病假天数”“基本工资”等列的初始数据，其他数据项的信息暂不输入，完成前 10 条记录后的效果如图 4-4 所示。

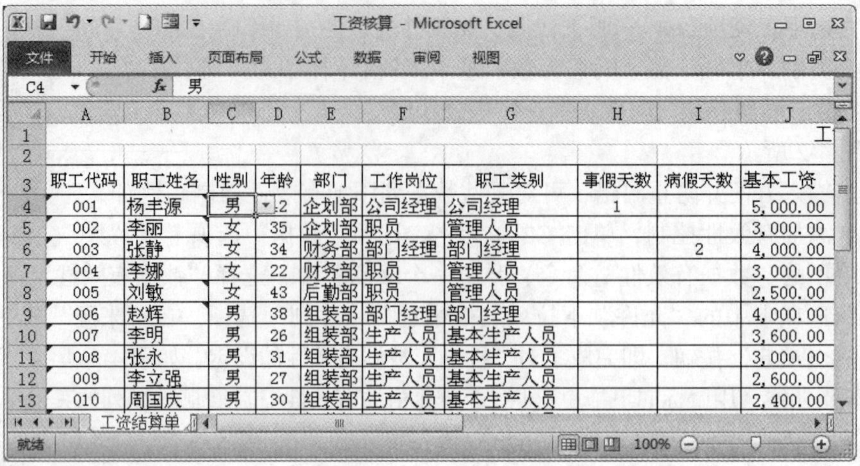

图 4-4 输入初始数据

二、“记录单”输入数据

（1）将鼠标指针移动到将要输入新数据的单元格 A14，选择快速访问工具栏上的“记录单”按钮，弹出“工资结算单”对话框，如图 4-5 所示。

（2）单击“新建”按钮，开始输入一条新记录，如有相同内容则以同样的方法输入。单击“下一条”按钮，可查询下一条记录；单击“上一条”按钮，可查询上一条记录，如图 4-6 所示。

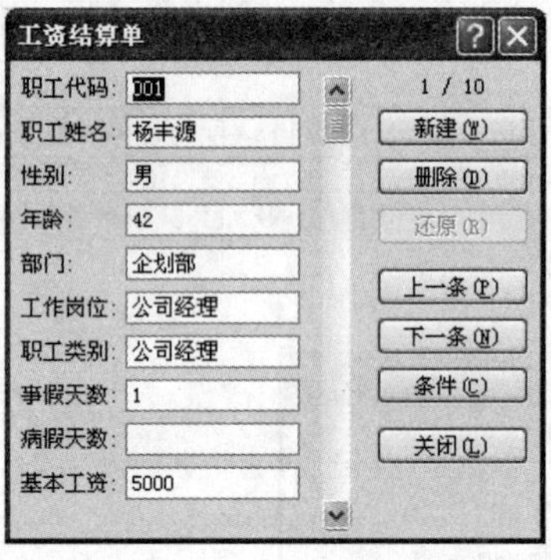

图 4-5 打开“工资结算单”对话框

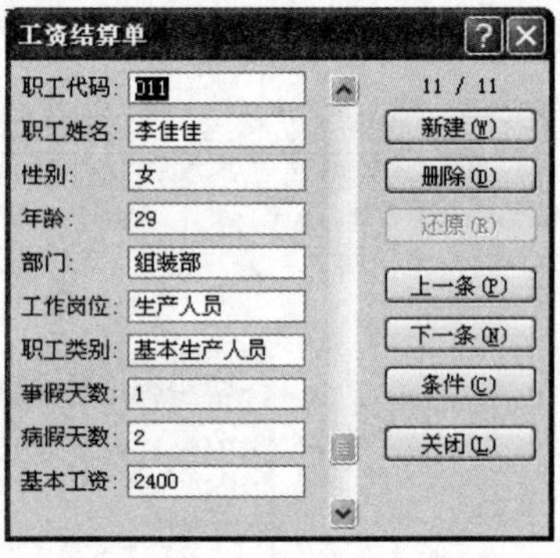

图 4-6 “记录单”输入

三、添加批注

给工作表添加批注，主要是为了说明工作簿中表格的公式是如何产生的，是用哪些数据来产生图表或报告的，或者用于说明某个部门、某个人员的辅助信息。

根据表 4-5 给职工姓名添加批注。

表 4-5 职工信息

部门名称	负责人	内部电话	部门名称	负责人	内部电话
企划部	杨丰源	8000	组装部	赵辉	8201
企划部	李丽	8001	机修部	张路	8202
财务部	张静	8002	销售部	李辉	8301
后勤部	刘敏	8003	供应部	章小蕙	8302

添加批注的操作步骤如下。

（1）选择 B4 单元格，单击鼠标右键打开快捷菜单，选择“插入批注”选项，打开“批注”对话框，该对话框处于编辑状态。

（2）输入批注内容“为法人代表，主管企划部，内部电话：8000。”

（3）带有批注的单元格右上角显示批注指示（红点）。若要查看单元格的批注，只需要将鼠标指向该单元格即可，如图 4-7 所示。

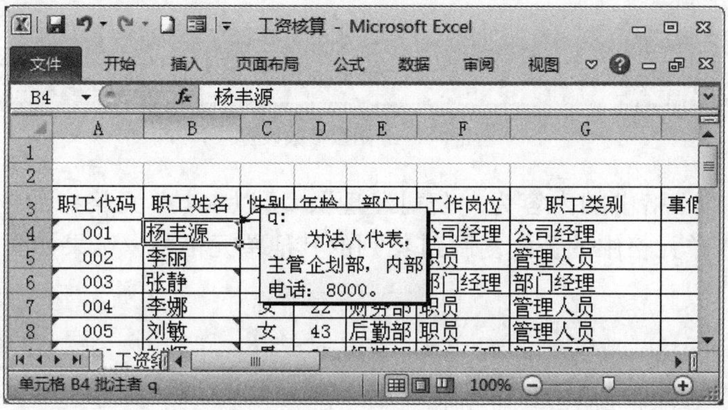

图 4-7　添加批注

（4）在带有批注的单元格上单击鼠标右键，在快捷菜单中列有“编辑批注”“删除批注”和“显示/隐藏批注”3 条命令，可以使用它们完成维护批注的相应操作。

任务二　设置工资项目

一、设置工资项目分析

工资结算单的构成项目中有的项目是各单位都有的，为必备项目；有的项目是某类企业特有的；有的项目的数据长期不变，属于固定项目；有的项目可能每月都有变动，属于变动项目。我们可以在 Excel 数据列表中预先设置一些必备的工资项目，如应发工资、病假扣款、实发工资等，其他项目可根据需要自行增删和修改，以适应单位需要。

二、设置具体项目

1．设置“岗位工资”项目

根据丰源公司的规定，“岗位工资”是根据“职工类别”的不同设置的。

微课 4-2　设置“岗位工资”项目

（1）选择 K4 单元格，选择“公式”选项卡下的“插入函数”按钮或单击名称框右侧的“插入函数”图标，选择 IF 函数。

（2）输入 IF 函数中的各参数，如图 4-8 所示。如果 G4 单元格中的值为“公司经理”，则返回的值是 2 000，否则又有 3 种情况，所以在第 3 个参数里继续单击 IF 函数进一步判断。如果 G4 单元格中的值为“管理人员”，则返回的值为 1 600；如果不是，则继续单击 IF 函数进行判断。如果 G4 单元格中的值为“部门经理”，则返回的值为 1 800；如果不是，则 IF 函数的值为 1 200。

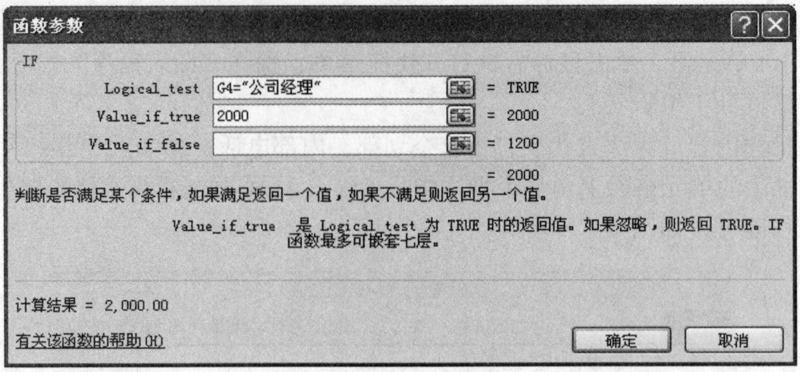

图 4-8 IF 函数参数设置

（3）因为 G4 单元格中的内容为“公司经理”，所以 K4 单元格中的内容为“2 000”，如图 4-9 所示。将 K4 单元格中的公式复制到 K 列的其他单元格中，结果如图 4-10 所示。

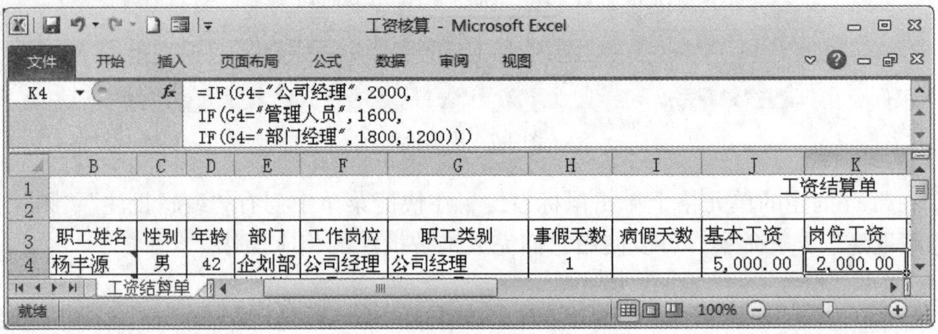

图 4-9 设置 K4 单元格

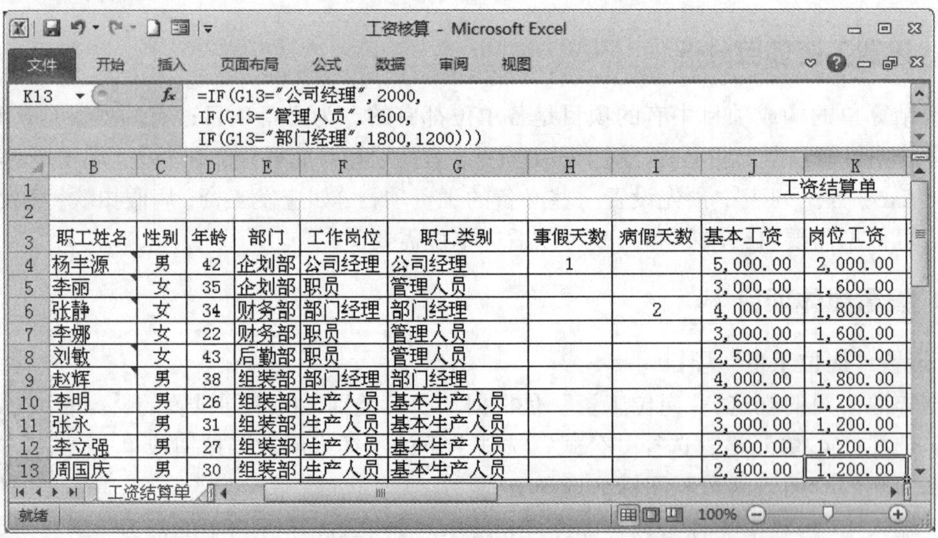

图 4-10 复制公式后的结果

2. 设置“职务津贴”项目

根据公司的规定，职务津贴是基本工资与岗位工资之和的 10%。

操作步骤：将 L4 单元格中的公式设置为“=（J4＋K4）*0.1”，如图 4-11 所示。再将 L4 单元格中的公式复制到 L 列的其他单元格中。

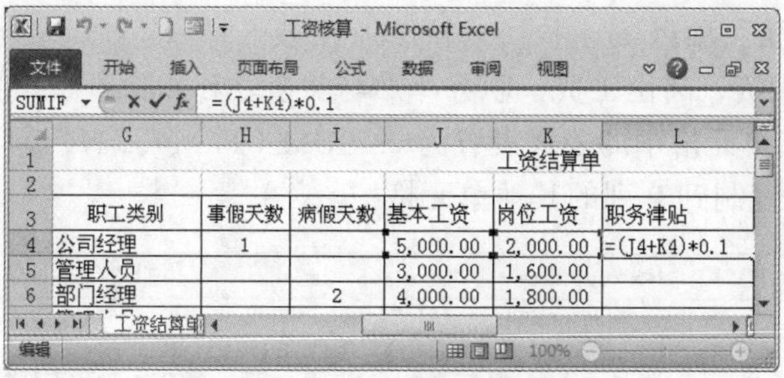

图 4-11　设置“职务津贴”项目

3．设置“奖金”项目

选择 M4 单元格，设置公式为“ = IF(E4 = "企划部",1000,IF(OR(E4 = "组装部",E4 = "机修部"),　900,IF(E4 = "销售部",600,800)))”，如图 4-12 所示。然后将 M4 单元格中的公式复制到 M 列的其他单元格中。

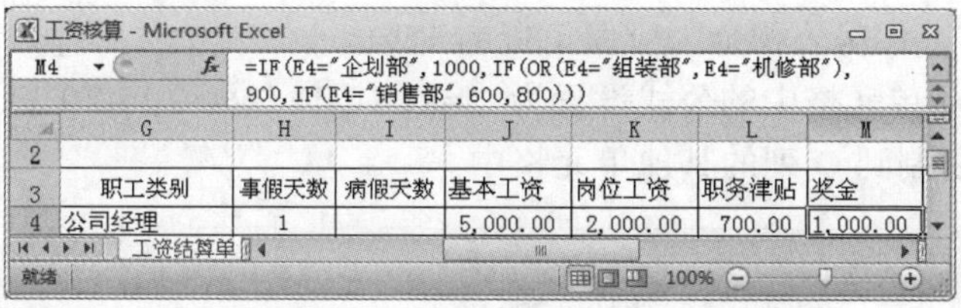

图 4-12　设置“奖金”项目

4．设置“事假扣款”项目

根据公司的规定，请几天事假则扣几天的日基本工资。

操作步骤：将 N4 单元格中的公式设置为“=ROUND（J4/22*H4，2）”，如图 4-13 所示。再将 N4 单元格中的公式复制到 N 列的其他单元格中。

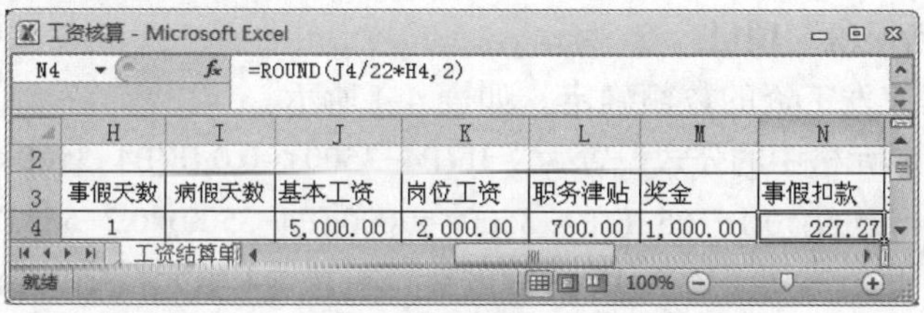

图 4-13　设置“事假扣款”项目

5．设置“病假扣款”项目

根据公司的规定，请一天病假扣款 50 元。

具体步骤：将 O4 单元格中的公式设置为“=I4*50”，如图 4-14 所示。再将 O4 单元格中的公式复制到 O 列的其他单元格中。

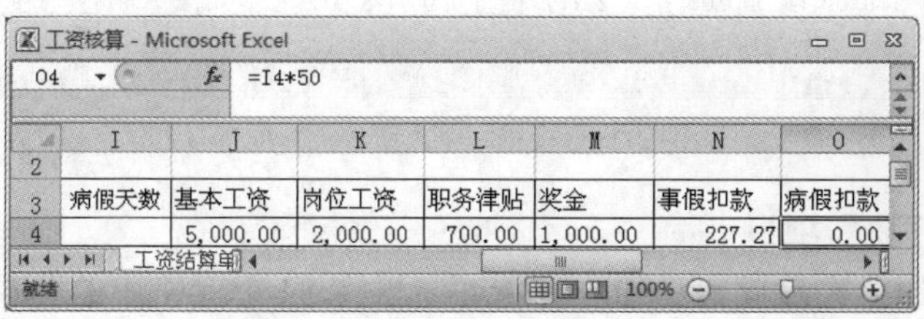

图 4-14　设置“病假扣款”项目

6．设置“应发工资”项目

应发工资为基本工资、岗位工资、职务津贴与奖金之和扣除事假扣款和病假扣款。

具体步骤：将P4单元格中的公式设置为“=SUM（J4:M4）-N4-O4”，如图4-15所示。再将P4单元格中的公式复制到P列的其他单元格中。

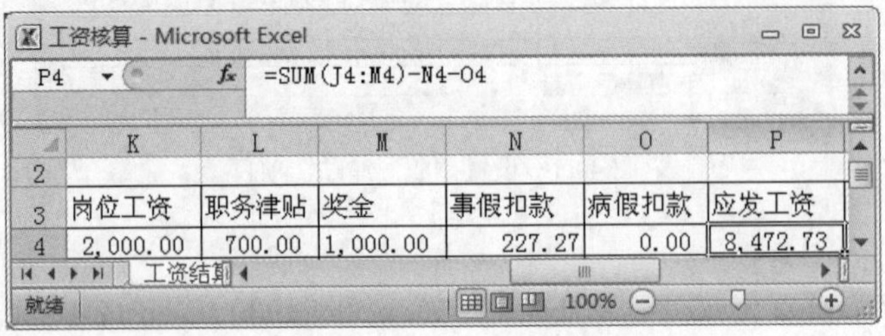

图4-15　设置“应发工资”项目

7．设置“住房公积金”项目

根据公司的规定，住房公积金为应发工资的15%。

具体步骤：将Q4单元格中的公式设置为“=ROUND（P4*0.15,2）”，如图4-16所示。再将Q4单元格中的公式复制到Q列的其他单元格中。

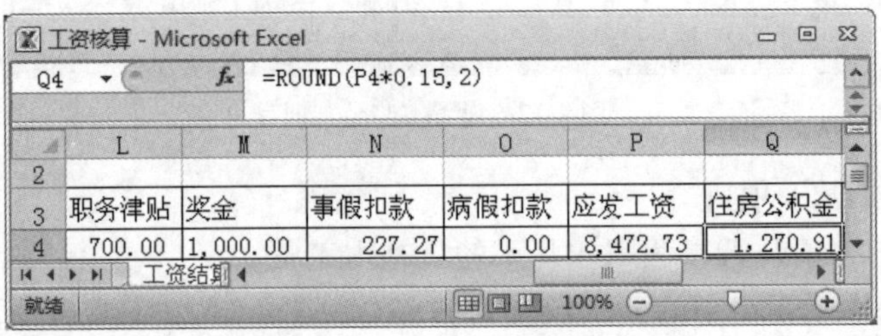

图4-16　设置“住房公积金”项目

8．设置“个人所得税”项目

个人所得税根据应发工资的数额确定，如表4-4所示。

操作步骤：将R4单元格中的公式设置为“=IF(P4−3500<=0,0,IF(P4−3500<=1500,(P4−3500)*0.03,IF(P4−3500<=4500,(P4−3500)*0.1−105,IF(P4−3500<=9000,(P4−3500)*0.2−555,(P4−3500)*0.25−1005))))”，如图4-17所示。此公式用了4级IF函数嵌套。再将R4单元格中的公式复制到R列的其他单元格中。

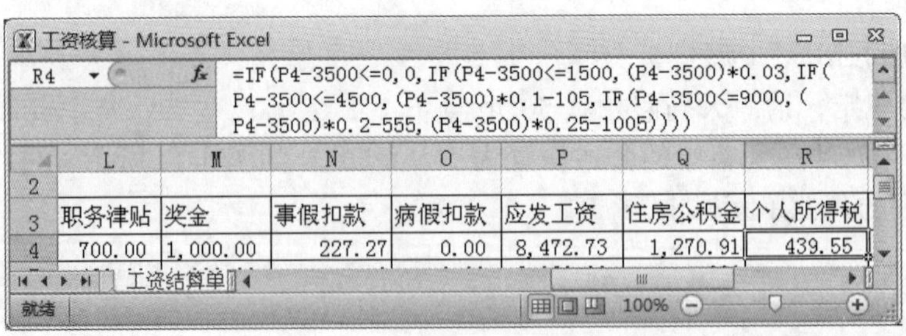

图4-17　设置“个人所得税”项目

9．设置“实发工资”项目

将S4单元格中的公式设置为“=P4-Q4-R4”，再将S4单元格中的公式复制到S列的其他单元格中，如图4-18所示。

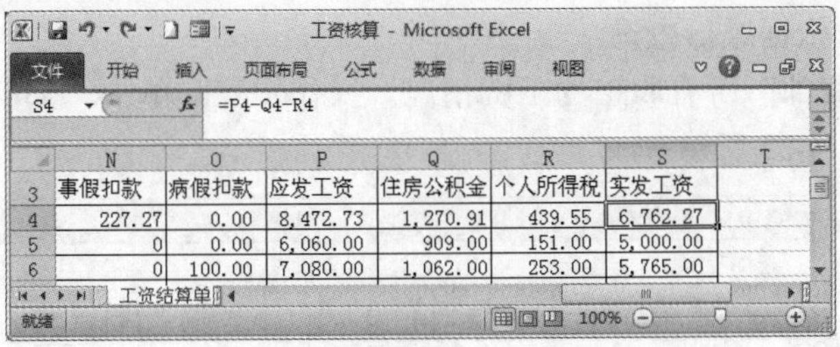

图 4-18 设置“实发工资”项目

任务三 工资数据的查询与统计分析

工作中我们经常需要了解某个职工的工资情况，需要按照一定标准对工资数据进行汇总分析。

一、利用筛选功能进行工资数据的查询

如果要利用筛选功能进行工资数据查询，首先要进入筛选状态。选择“数据”选项卡下的“筛选”按钮，进入筛选状态，这时会在每个字段右侧出现一个下拉按钮，如图 4-19 所示。

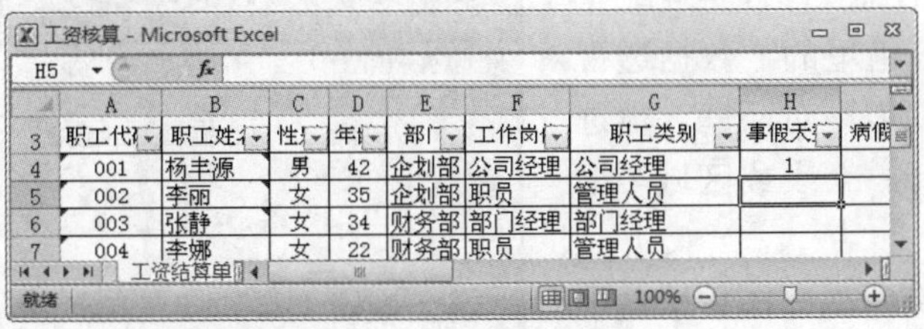

图 4-19 进入筛选状态

微课 4-3 工资数据的查询与统计分析

1. 以“职工姓名”为依据进行查询

例如，查询职工姓名为“李丽”的工资情况。

单击“职工姓名”旁边的筛选按钮，打开如图 4-20 所示的对话框，取消“全选”，选中“李丽”，单击“确定”按钮。查询结果如图 4-21 所示。

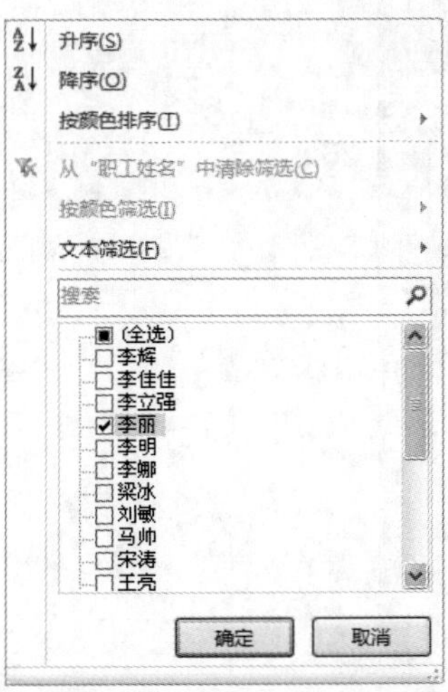

图 4-20 输入查询条件

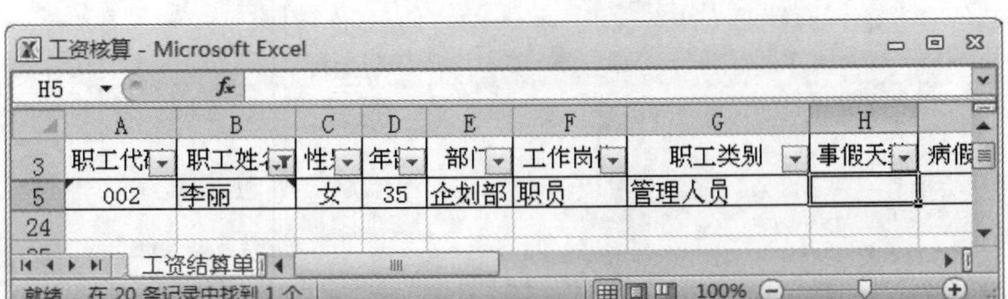

图 4-21 查询结果

2．以“部门”为依据进行查询

例如，查询“机修部”所有职工的工资情况。操作步骤：单击“部门”列按钮，选择“机修部”。查询结果如图 4-22 所示。

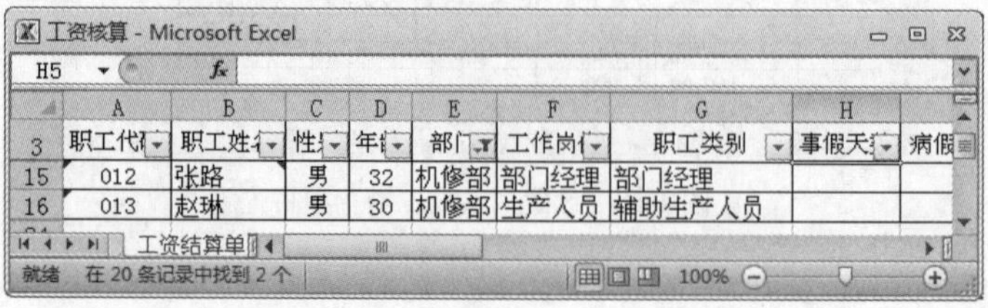

图 4-22　依据“部门”进行查询

如果要退出筛选状态，则再次单击“筛选”按钮即可。

二、依据部门和职工类别进行统计分析

运用 Excel 2010 对员工工资的基本数据进行处理，可以简便、快捷地对这些数据进行分析，为管理者提供很大的帮助。

1．计算每一部门、每一职工类别“应发工资”的汇总数

第一步：选中数据列表中的任意一个单元格，单击“插入”选项卡下“表格”分组里的“数据透视表”按钮，进入“创建数据透视表”对话框。被选中数据区域的地址显示在“选择一个表或区域”框内，如图 4-23 所示。

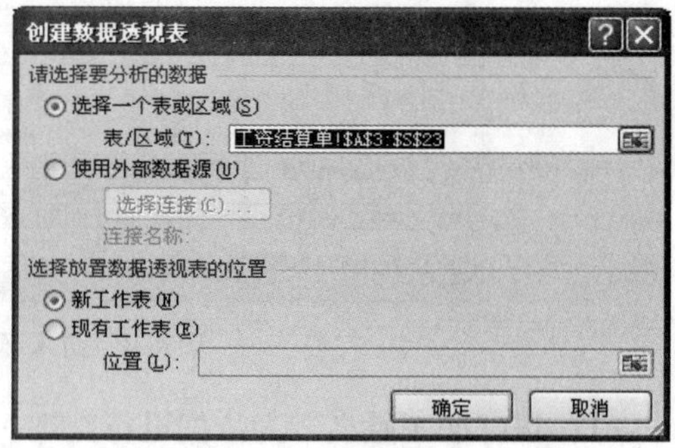

图 4-23　创建数据透视表

第二步：确认数据区域正确后，选择数据透视表建立的位置，在此选择建立在新建的工作表上，单击对话框的“确定”按钮即可。

完成数据透视表的创建后，自动在当前工作表标签左侧添加新工作表标签，同时显示“数据透视表”工具栏，如图 4-24 所示。

图 4-24　数据透视表的设置

第三步：将“部门”拖至行标签，将“职工类别”拖至列标签，将“应发工资”拖至数值区，如图 4-25 所示。将产生“应发工资”按部门与职工类别的数据透视（汇总）表，如图 4-26 所示。

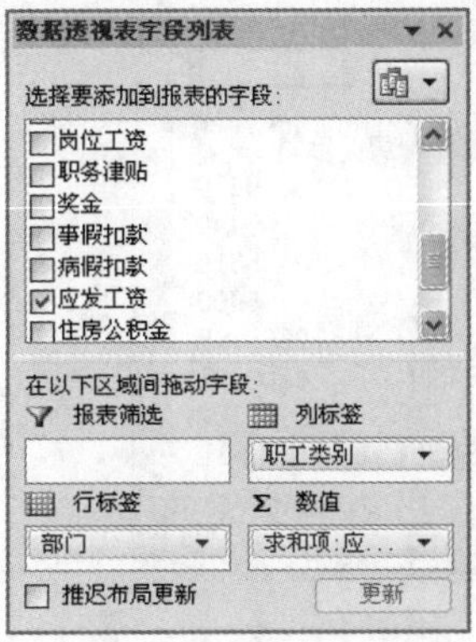

图 4-25　数据透视表的布局

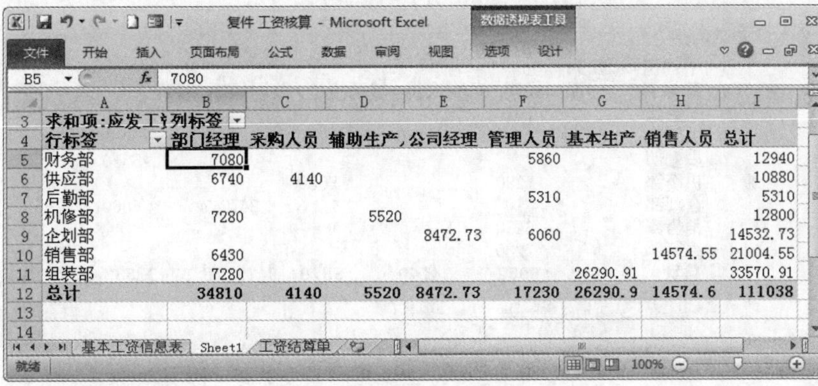

图 4-26　数据透视表

第四步：移动鼠标指针到数据透视表的任意一个单元格上，单击“选项”选项卡下“工具”分组中的“数据透视图”按钮，选择“柱形图”中的第二种图形，则在当前页生成一张数据透视图，如图 4-27 所示。

第五步：选择数据透视图中的一个柱形，单击鼠标右键，然后选择“添加数据标签”命令，即在数据透视图上显示出数字，如图 4-28 所示。

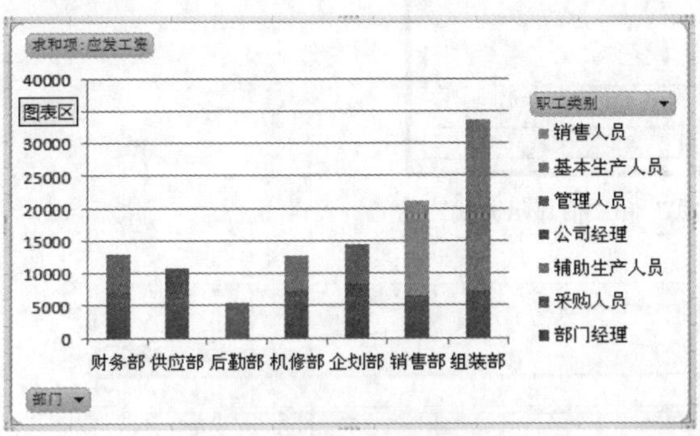

图 4-27　数据透视图

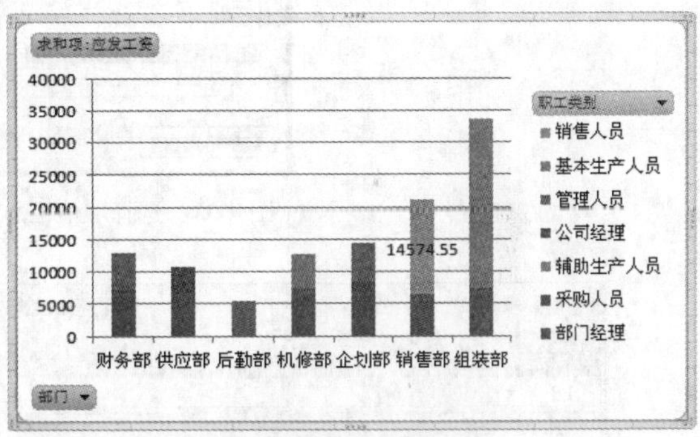

图 4-28　添加数据标签

2．计算每一部门、每一职工类别“应发工资”的平均数

移动鼠标到数据透视表中“求和项”处，单击鼠标右键选择“值字段设置”选项，打开“值字段设置”对话框，在“值汇总方式”中选择“平均值”，如图 4-29 所示。汇总结果如图 4-30 所示。

3．计算每一部门、每一职工类别“应发工资”的汇总数占“应发工资”总和的百分比

打开“值字段设置”对话框，“值汇总方式”选择“求和”，设置“值显示方式”为“全部汇总百分比”选项，如图 4-31 所示。结果如图 4-32 所示。

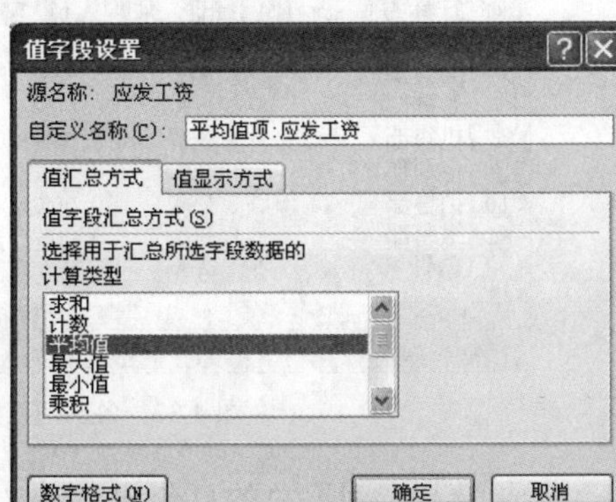

图 4-29　选择“平均值”汇总方式

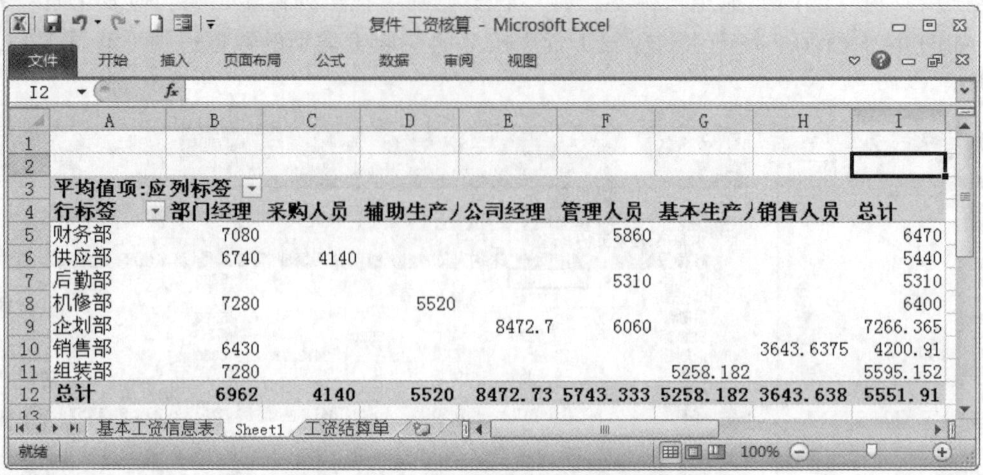

平均值项:应发工资	列标签							
行标签	部门经理	采购人员	辅助生产人员	公司经理	管理人员	基本生产人员	销售人员	总计
财务部	7080				5860			6470
供应部	6740	4140						5440
后勤部					5310			5310
机修部	7280		5520					6400
企划部				8472.7	6060			7266.365
销售部	6430						3643.6375	4200.91
组装部	7280					5258.182		5595.152
总计	6962	4140	5520	8472.73	5743.333	5258.182	3643.638	5551.91

图 4-30 “应发工资”平均值结果

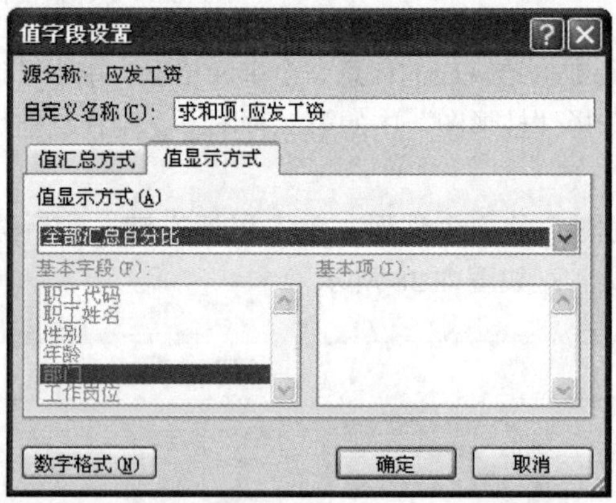

图 4-31 选择“值汇总方式”和“值显示方式”

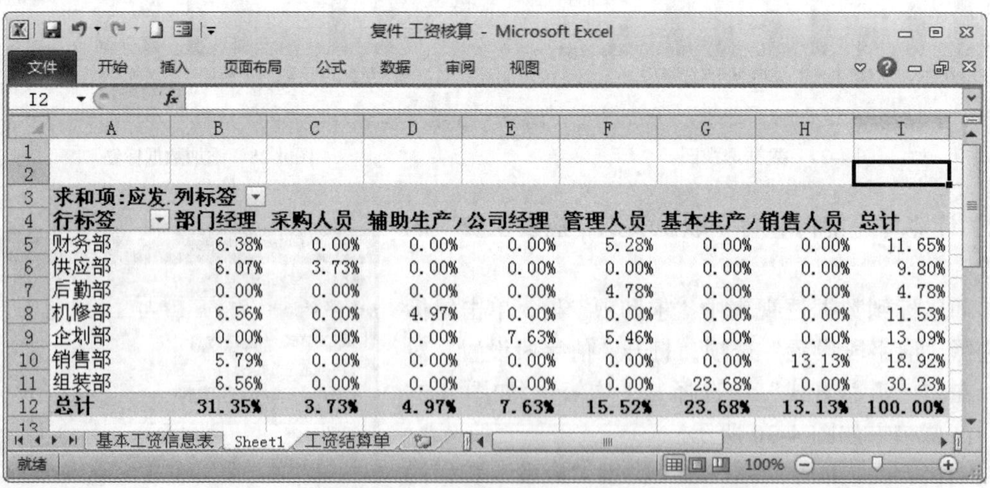

求和项:应发工资	列标签							
行标签	部门经理	采购人员	辅助生产人员	公司经理	管理人员	基本生产人员	销售人员	总计
财务部	6.38%	0.00%	0.00%	0.00%	5.28%	0.00%	0.00%	11.65%
供应部	6.07%	3.73%	0.00%	0.00%	0.00%	0.00%	0.00%	9.80%
后勤部	0.00%	0.00%	0.00%	0.00%	4.78%	0.00%	0.00%	4.78%
机修部	6.56%	0.00%	4.97%	0.00%	0.00%	0.00%	0.00%	11.53%
企划部	0.00%	0.00%	0.00%	7.63%	5.46%	0.00%	0.00%	13.09%
销售部	5.79%	0.00%	0.00%	0.00%	0.00%	0.00%	13.13%	18.92%
组装部	6.56%	0.00%	0.00%	0.00%	0.00%	23.68%	0.00%	30.23%
总计	31.35%	3.73%	4.97%	7.63%	15.52%	23.68%	13.13%	100.00%

图 4-32 各部门、各职工类别“应发工资”所占的百分比表

如果选择“列汇总的百分比”或“行汇总的百分比”，还可以计算同一职工类别不同部门应发工资占此职工类别应发工资总和的百分比，或同一部门不同职工类别应发工资占此部门应发工资总和的百分比，如图 4-33 和图 4-34 所示。

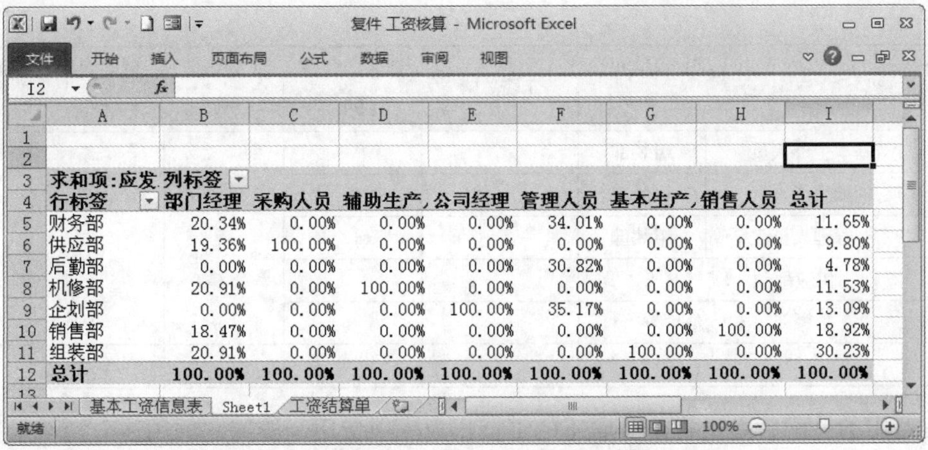

	A	B	C	D	E	F	G	H	I
3	求和项:应发	列标签							
4	行标签	部门经理	采购人员	辅助生产人	公司经理	管理人员	基本生产人	销售人员	总计
5	财务部	20.34%	0.00%	0.00%	0.00%	34.01%	0.00%	0.00%	11.65%
6	供应部	19.36%	100.00%	0.00%	0.00%	0.00%	0.00%	0.00%	9.80%
7	后勤部	0.00%	0.00%	0.00%	0.00%	30.82%	0.00%	0.00%	4.78%
8	机修部	20.91%	0.00%	100.00%	0.00%	0.00%	0.00%	0.00%	11.53%
9	企划部	0.00%	0.00%	0.00%	100.00%	35.17%	0.00%	0.00%	13.09%
10	销售部	18.47%	0.00%	0.00%	0.00%	0.00%	0.00%	100.00%	18.92%
11	组装部	20.91%	0.00%	0.00%	0.00%	0.00%	100.00%	0.00%	30.23%
12	总计	100.00%	100.00%	100.00%	100.00%	100.00%	100.00%	100.00%	100.00%

图 4-33 各部门应发工资占应发工资总和的百分比

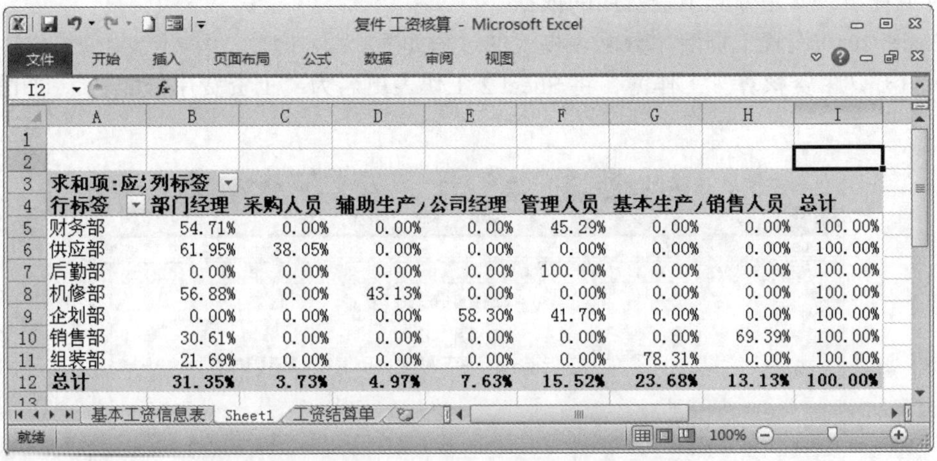

	A	B	C	D	E	F	G	H	I
3	求和项:应)	列标签							
4	行标签	部门经理	采购人员	辅助生产人	公司经理	管理人员	基本生产人	销售人员	总计
5	财务部	54.71%	0.00%	0.00%	0.00%	45.29%	0.00%	0.00%	100.00%
6	供应部	61.95%	38.05%	0.00%	0.00%	0.00%	0.00%	0.00%	100.00%
7	后勤部	0.00%	0.00%	0.00%	0.00%	100.00%	0.00%	0.00%	100.00%
8	机修部	56.88%	0.00%	43.13%	0.00%	0.00%	0.00%	0.00%	100.00%
9	企划部	0.00%	0.00%	0.00%	58.30%	41.70%	0.00%	0.00%	100.00%
10	销售部	30.61%	0.00%	0.00%	0.00%	0.00%	0.00%	69.39%	100.00%
11	组装部	21.69%	0.00%	0.00%	0.00%	0.00%	78.31%	0.00%	100.00%
12	总计	31.35%	3.73%	4.97%	7.63%	15.52%	23.68%	13.13%	100.00%

图 4-34 各职工类别应发工资占应发工资总和的百分比

任务四 编制工资费用分配表

一、设置工资费用分配表格式

工资费用是一个企业必然要发生的一项重要费用，财务人员要能够将各部门、各岗位人员的工资费用进行正确的归集和分配。工资费用分配表属于企业自制原始凭证，丰源公司设计的工资费用分配表的格式如表 4-6 所示。

微课 4-4 设置工资费用分配表格式

表 4-6 工资费用分配表

年 月 日

单位：元

部门 \ 分配项目	工资总额	职工福利费（14%）	工会经费（2%）	教育经费（1.5%）	社会保险金（32%）
企划部					
财务部					
后勤部					

续表

部门 \ 分配项目			工资总额	职工福利费（14%）	工会经费（2%）	教育经费（1.5%）	社会保险金（32%）
制造部	基本生产人员	组装部					
	辅助生产人员	机修部					
	管理人员	组装部					
供应部							
销售部							
合计							

工资费用的分配，是指将企业职工的工资作为一项费用，按照它的用途分别计入各种产品成本、经营管理费用等，或由规定的资金来源开支。工资结算凭证中所列各车间、部门各种用途的应付工资额，就是分配工资费用的依据。

用 Excel 2010 设置工资费用分配表格式的过程如下。

（1）打开“工资核算”工作簿，将 Sheet 2 工作表更名为“工资费用分配表”，如图 4-35 所示。

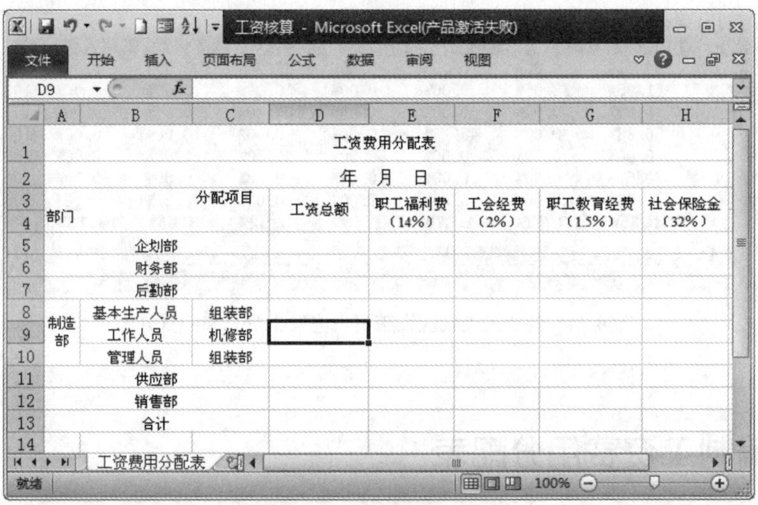

图 4-35 建立工资费用分配表

（2）选择准备编辑的单元格 A1，输入“工资费用分配表”。

（3）选择 A1:H1 单元格区域，设置“合并及居中”。

（4）根据图 4-35 设置工资费用分配表相关栏目。

（5）选择 A3:C4 单元格区域，设置“合并及居中”。

（6）选择 A3，单击“开始”选项卡下“单元格”分组中的“格式”按钮，选择“设置单元格格式”命令。在“设置单元格格式”对话框中，打开“边框”选项卡，单击按钮，即可对该单元格画斜线。在该单元格内输入“分配项目部门”后，在“设置单元格格式”对话框中，打开“对齐”选项卡。在“文本对齐方式”选项区域的“水平对齐”选项中，选中“靠左（缩进）”选项，在“垂直对齐”选项中，选中“靠上”选项；在“文本控制”选项区域，选中“自动换行”“合并单元格”复选框，具体设置如图 4-36 所示。完成设置后用鼠标双击 A3 单元格或单击编辑栏，在“分配项目部门”前面加空格，加到自动换行即可。

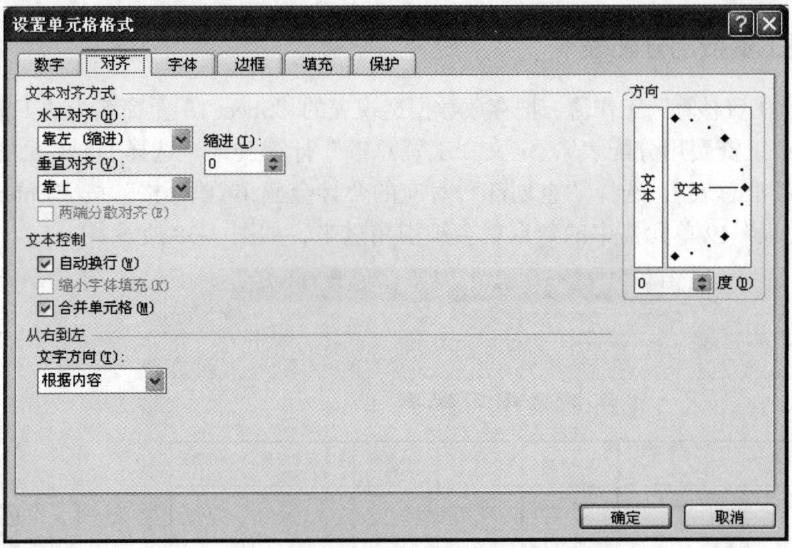

图 4-36　设置“对齐”选项卡

（7）将 A8:A10 单元格区域合并为一个单元格，并设置自动换行。

（8）选中 1～13 行，单击鼠标右键选中“行高”命令，打开“行高”对话框，在“行高”输入框中输入“18”，单击“确定”按钮。

（9）选中 A～H 列，单击鼠标右键选中“列宽”命令，打开“列宽”对话框，在“列宽”输入框中输入“10”，单击“确定”按钮。

（10）选择 D5:H13 单元格区域，单击“开始”选项卡下“单元格”分组中的“格式”按钮，选择“设置单元格格式”命令。在“设置单元格格式”对话框中，打开“数字”选项卡。在“分类”选项区域，选中“自定义”复选框；在“类型”选项区域，选中“#,##0.00;[红色]-#,##0.00”即可。

（11）选择 A1 单元格，设置“字体”为“隶书”“加粗”“20”“深红色”即可。

（12）选中 A3:H13 单元格，设置内边框为细线，外边框为粗线。

完成以上操作后的结果如图 4-37 所示。

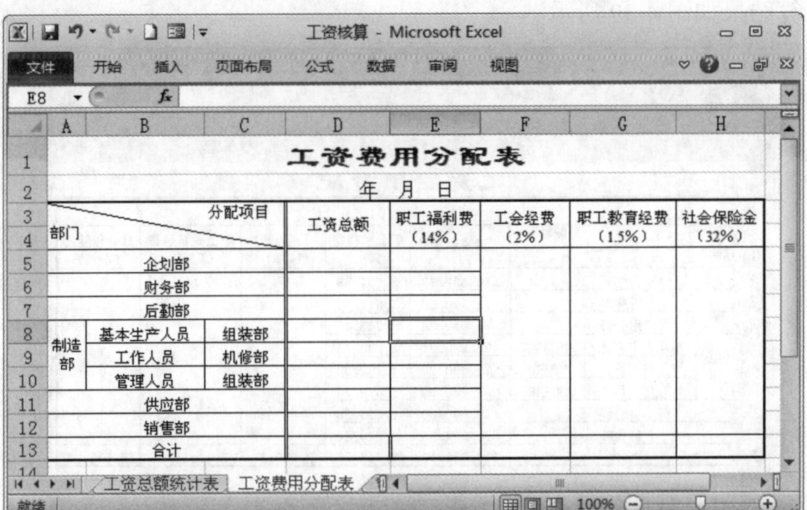

图 4-37　工资费用分配表格式

二、编制工资费用分配表

（1）打开“工资核算”工作簿，把存放数据透视表的“Sheet 1”重命名为“工资总额汇总表”。

（2）打开“工资费用分配表”，定义“工资总额”计算公式。选择D5单元格，输入“=”，单击“工资总额汇总表”，选择“企划部”对应的合计金额I9单元格，按“Enter”键确认后，“工资总额汇总表”I9单元格中的数据就会被引用过来，如图4-38所示。

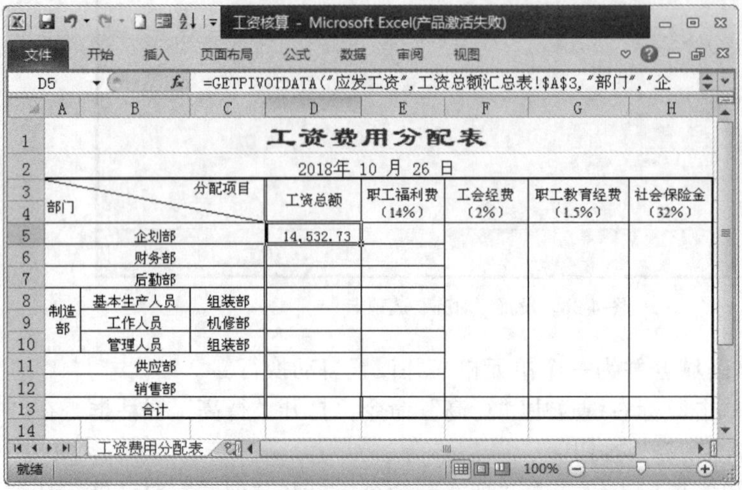

图4-38 编制工资费用分配表

微课4-5 编制工资费用分配表

使用同样的方法，继续完成其他单元格数据的输入。

（3）定义“职工福利费”计算公式。在E5单元格中输入“=D5*14%”，按“Enter”键确认。选择E5单元格，用填充柄把公式一直复制到E12单元格中。

（4）定义“合计”计算公式。选择D5:D12单元格区域，单击“自动求和”图标按钮，完成工资总额求和。用同样的方法完成职工福利费的求和运算。

（5）定义“工会经费”“职工教育经费”“社会保险金”计算公式。在F13单元格内输入“=D13*2%”，在G13单元格内输入“=D13*1.5%”，在H13单元格内输入“=D13*32%”。

得到的计算结果如图4-39所示。

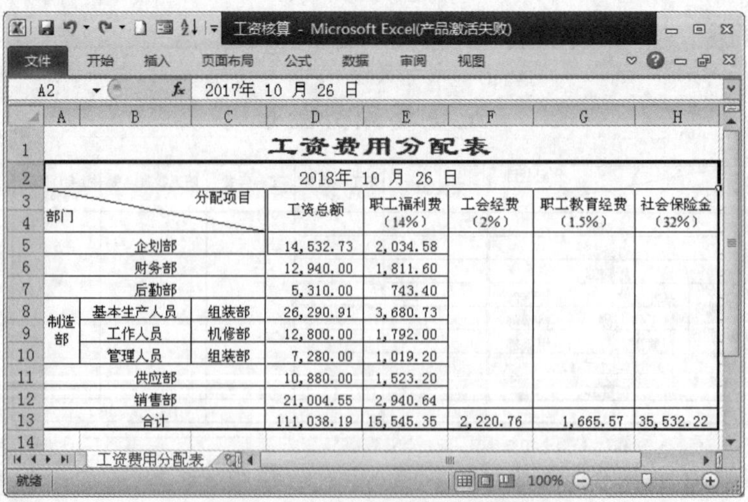

图4-39 工资费用分配表计算结果

项目小结

本项目介绍了如何运用 Excel 进行工资管理。首先介绍了如何建立职工工资数据，设置工资项目，接下来介绍了如何利用 Excel 的功能进行工资数据的查询与汇总分析，最后介绍了如何编制工资费用分配表。要求学会使用 Excel 2010 设计工资核算系统，学会运用筛选及数据分析工具进行工资数据的汇总和查询。

项目实训

1．实训目的

（1）学会使用 Excel 设计工资核算系统。

（2）学会运用筛选及数据分析工具进行工资数据的汇总和查询。

2．实训资料

SC 公司是一家小型工业企业，主要有 3 个部门——厂部、车间 1、车间 2，职工人数不多，主要有 3 种职务类别——管理人员、辅助管理人员、工人。每个职工的工资项目有基本工资、岗位工资、福利费、副食补贴、奖金、事假扣款、病假扣款。除基本工资因人而异外，其他工资项目将根据职工职务类别和部门来确定，而且随时间的变化而变化。

2018 年 1 月 SC 公司职工基本工资情况与出勤情况如表 4-7 所示。

表 4-7　　2018 年 1 月 SC 公司职工基本工资情况与出勤情况

职工代码	职工姓名	部门	性别	职工类别	年龄	基本工资（元）	事假天数	病假天数
0001	刘明	厂部	男	管理人员	31	3 500	2	
0002	王娜	厂部	女	管理人员	41	3 000		2
0003	李强	厂部	男	管理人员	26	3 200		
0004	赵慧	车间 1	女	工人	33	2 700		
0005	胡伟	车间 1	男	工人	29	2 800	16	
0006	齐志	车间 1	女	辅助管理人员	34	3 400		6
0007	孙家伟	车间 2	女	工人	31	2 900		
0008	袁为民	车间 2	男	工人	40	4 000		17
0009	张帅	车间 2	男	工人	36	3 000		
0010	杨威	车间 2	男	辅助管理人员	24	2 500	5	

其他工资项目的发放情况及有关规定如下。

（1）岗位工资：根据职工类别不同进行发放，工人为 1 200 元，辅助管理人员为 1 500 元，管理人员为 1 800 元。

（2）福利费：厂部职工的福利费为基本工资的 50%，车间 1 工人的福利费为基本工资的 20%，车间 1 辅助管理人员的福利费为基本工资的 30%，车间 2 工人和辅助管理人员的福利费为基本工资的 25%。

（3）副食补贴：基本工资大于等于 3 000 元的职工没有副食补贴，基本工资小于 3 000 元的职工副食补贴为基本工资的 5%。

（4）奖金：奖金根据部门的效益确定，本月厂部的奖金为 500 元，车间 1 的奖金为 300 元，车间 2 的奖金为 700 元。

（5）事假扣款规定：如果事假小于15天，则将基本工资平均分到每天（每月按22天计算），按天扣钱；如果事假大于15天，则工人应发工资全部扣除，非工人扣除应发工资的80%。

（6）病假扣款规定：如果病假小于15天，则工人每天扣款40元，非工人每天扣款50元；如果病假大于15天，则工人每天扣款50元，非工人每天扣款60元。

（7）个人所得税计算表如表4-4所示。

3．实训要求

为了满足企业的管理要求，请利用Excel 2010对工资情况进行如下汇总分析。

（1）计算每一个部门每一职工类别应发工资汇总数。

（2）计算每一个部门每一职工类别应发工资平均数。

（3）计算每一个部门应发工资数占总工资数的百分比。

（4）计算每一个职工类别应发工资数占总工资数的百分比。

（5）计算每一个部门每一职工类别应发工资数占总工资数的百分比。

项目五
Excel 2010 在固定资产管理中的应用

知识目标

1. 掌握固定资产核算系统的业务处理流程。
2. 掌握固定资产折旧的计算方法。

能力目标

1. 学会使用 Excel 2010 设计固定资产核算系统。
2. 学会运用筛选及数据分析工具进行固定资产数据的汇总和查询。

工作情境与分析

一、情境

李娜在 2018 年 10 月设计了 Excel 2010 工资核算系统，解决了手工工资核算计算工作量大、容易出错的难题，得到领导的一致认可。她一鼓作气，在 2018 年 11 月开始尝试用 Excel 2010 设计固定资产核算系统。

丰源公司对于固定资产的管理大致是这样的流程：①资产购入后，先由各相关部门验收，出具意见书；②凭此单填写固定资产入库单，送交财务部一份；③财务部对购入固定资产进行编号，填写固定资产卡片，贴上资产封条；④使用人办理资产使用手续。

丰源公司有企划部、财务部、后勤部、组装部、机修部、销售部和供应部共 7 个部门，固定资产的所属部门使用固定资产并负责其日常维护。目前丰源公司拥有各类固定资产 16 项，如表 5-1 所示。固定资产在财务部进行集中管理，每个固定资产都有一张自己的卡片，记录着其增加方式、减少方式、开始使用日期、固定资产编码、规格、种类、所属部门、原始价值、累计折旧、净值、折旧方法等信息。

表 5-1　　　　丰源公司固定资产信息

资产编号	使用部门	固定资产名称	增加方式	使用状况	可使用年限	开始使用日期	折旧方法	固定资产原值（元）
1001	企划部	办公楼	在建工程转入	在用	30	2011-7-1	直线法	1 500 000
1002	组装部	厂房	在建工程转入	在用	30	2011-7-1	直线法	1 200 000
1003	机修部	厂房	在建工程转入	在用	30	20117-1	直线法	500 000

续表

资产编号	使用部门	固定资产名称	增加方式	使用状况	可使用年限	开始使用日期	折旧方法	固定资产原值（元）
1004	组装部	车床	直接购入	在用	10	2011-9-1	直线法	80 000
1005	组装部	铣床	直接购入	在用	10	2011-9-1	直线法	180 000
1006	组装部	钳工平台	直接购入	在用	10	2011-9-1	直线法	70 000
1007	组装部	专用量具	直接购入	在用	10	2011-9-1	直线法	15 000
1008	组装部	磨床	直接购入	在用	10	2011-9-1	直线法	50 000
1009	后勤部	原料库	在建工程转入	在用	30	2011-7-1	直线法	300 000
1010	后勤部	成品库	在建工程转入	在用	30	2011-7-1	直线法	600 000
1011	企划部	复印机	直接购入	在用	3	2016-1-1	直线法	12 000
1012	财务部	微机	直接购入	在用	3	2016-1-1	直线法	5 000
1013	销售部	微机	直接购入	在用	3	2015-10-1	直线法	5 000
2001	企划部	汽车	直接购入	在用	10	2013-7-1	工作量法	250 000
3001	组装部	吊车	直接购入	在用	10	2013-10-1	双倍余额递减法	150 000
4001	组装部	刨床	直接购入	在用	10	2013-1-1	年数总和法	20 000

表5-1中，企划部的汽车总里程400 000千米，已累计行驶里程200 000千米，当月行驶3 000千米。

丰源公司的固定资产分为4类——厂房建筑物、机器设备、运输设备和办公设备。类别编号如下：厂房建筑物011，机器设备021，运输设备031，办公设备041。4类固定资产的净残值率分别为5%、4%、4%和3%。

丰源公司现有固定资产卡片样式如表5-2所示。

表5-2　　丰源公司现有固定资产卡片样式

卡片编号				日期	
固定资产编号		固定资产名称			
类别编号		类别名称			
规格型号		部门名称			
增加方式		存放地点			
使用状况		使用年限		折旧方法	
开始使用日期		已计提月份		尚可使用月份	
原值		净残值率		净残值	
年份	年折旧额			累计折旧	年末折余价值
0					
1					

丰源公司固定资产日常管理的业务有：固定资产增加、减少、部门间的调拨，每月计提折旧等。

二、分析

固定资产是企业所持有的、使用年限较长、单位价值较高，并且在使用过程中保持其原有实物形态的资产，它是企业进行生产经营活动的物质基础。固定资产作为企业长期使用的财产，是生产能力的重要标志。固定资产在企业的资产总额中占有相当大的比重，日常的核算、管理非常烦琐，而且固定资产针对其在使用过程中造成的损耗需要计提折旧费用，折旧核算的工作量也很大，所以正确地核算和计算固定资产对企业的生产经营具有重大的意义。

固定资产的管理涉及企业成立之初固定资产的购建以及企业经营过程中固定资产的管理与更新、固定资产的处置等工作。

利用 Excel 2010 进行固定资产管理的基本工作过程一般如下：输入固定资产卡片→固定资产增加、调拨和减少→计提固定资产折旧→固定资产数据的查询和汇总分析。

任务一　输入固定资产卡片

“固定资产卡片”是固定资产管理中的基础数据的载体，它是按照每一独立的固定资产项目设置的，用以进行固定资产明细核算的账簿。对于新增的每一项固定资产，企业都应根据有关凭证为其建立一张卡片，详细列明固定资产名称、规格型号、生产厂家、原值、折旧率及附属设备等情况；在固定资产使用过程中所发生的改建、扩建或技术改造以及内部转移、停止使用等情况都应在固定资产卡片中做相应的记录；固定资产投资转出、出售或报废清理时，应根据有关凭证将卡片注销，另行保管。固定资产卡片一般一式 3 份，分别由管理部门、使用保管部门和财会部门保管。

丰源公司从 2018 年 11 月开始用 Excel 2010 进行固定资产管理，首先要求对企业现有固定资产进行重新核对，按照统一的格式将各项固定资产的有关信息全部录入 Excel 2010 工作表中。

一、设计固定资产卡片样式

（1）新建 Excel 2010 工作簿，命名为“固定资产卡片”。打开“固定资产卡片”工作簿，将 Shcct 1 命名为“固定资产卡片样式”。

微课 5-1　设计固定资产卡片样式

（2）输入下列固定资产卡片项目。

在 A1 单元格中输入“固定资产卡片”。

在 A2 单元格中输入“卡片编号”，在 E2 单元格中输入“日期”。

在 A3 单元格中输入“固定资产编号”，在 C3 单元格中输入“固定资产名称”。

在 A4 单元格中输入“类别编号”，在 C4 单元格中输入“类别名称”。

在 A5 单元格中输入“规格型号”，在 C5 单元格中输入“部门名称”。

在 A6 单元格中输入“增加方式”，在 C6 单元格中输入“存放地点”。

在 A7 单元格中输入“使用状况”，在 C7 单元格中输入“使用年限”，在 E7 单元格中输入“折旧方法”。

在 A8 单元格中输入“开始使用日期”，在 C8 单元格中输入“已计提月份”，在 E8 单元格中输入“尚可使用月份”。

在 A9 单元格中输入“原值”，在 C9 单元格中输入“净残值率”，在 E9 单元格中输入“净残值”。

在 A10 单元格中输入“年份”，在 B10 单元格中输入“年折旧额”，在 E10 单元格中输入“累计折旧”，在 F10 单元格中输入“年末折余价值”。

在 A11 单元格中输入“0”，在 A12 单元格中输入“1”。

（3）合并单元格。

范围：A1:F1，B2:D2，D3:F3，D4:F4，D5:F5，D6:F6，B10:D10，B11:D11，B12:D12。

（4）定义单元格属性。

A1、A2:A10、C3:C10、E2、E7:E10、F10 等定义为文本类型，居中。

B2、B3:B7、D3:D6、F7 定义为文本类型，左对齐。

F2、B8 定义为日期型，选择格式为“2018-3-14”。

D7:D8、B9、F8:F9、B11:F11 定义为数值型，小数位数为 2，使用千位分隔符并设置右对齐。

D9 定义为百分比、小数位为 2，设置右对齐。

（5）添加表格线。

选择 A2:F12 单元格区域，先设置成所有框线，再把外边框设置成粗框线。

完成以上所有步骤后的结果如图 5-1 所示。

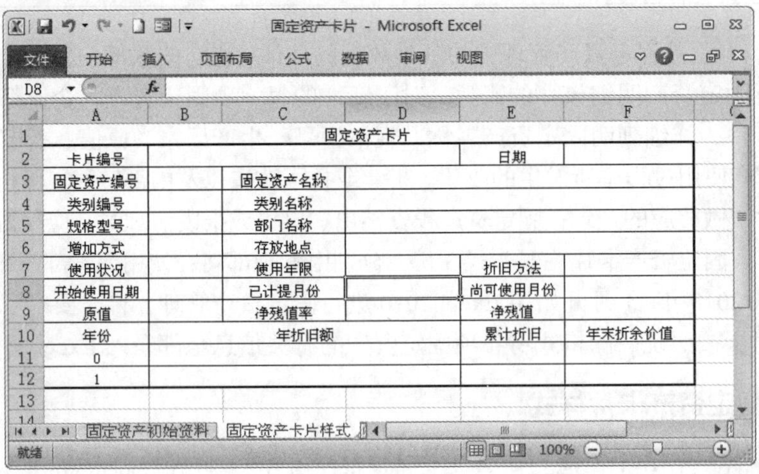

图 5-1 定义固定资产卡片样式

二、定义固定资产的折旧期限

（1）在“固定资产卡片”工作簿中，打开“固定资产卡片样式”工作表。

（2）选择 D8 单元格，输入“=”。

（3）单击函数框旁边的下拉按钮，选择“其它函数”选项，打开“插入函数”对话框，如图 5-2 所示。

（4）在“插入函数”对话框的“或选择类别”选项区域，选择“日期与时间”函数，在“选择函数”选项区域，选择“YEAR”，如图 5-2 所示。

（5）单击“确定”按钮，打开“YEAR”对话框。

（6）在“YEAR”对话框中，重复（3）~（5）操作步骤，输入函数“TODAY()”“MONTH()”，得到下面已计提月份计算公式。

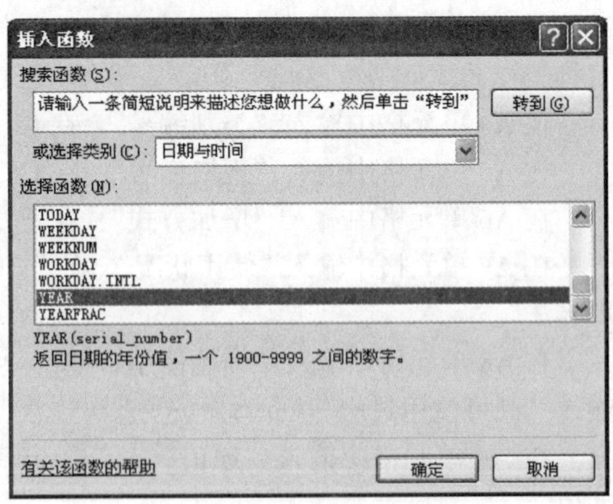

图 5-2 “插入函数”对话框

=(YEAR(TODAY())-YEAR(B8))*12+(MONTH(TODAY())-MONTH(B8))-1

（7）D8 单元格中的最终输入结果如图 5-3 所示。

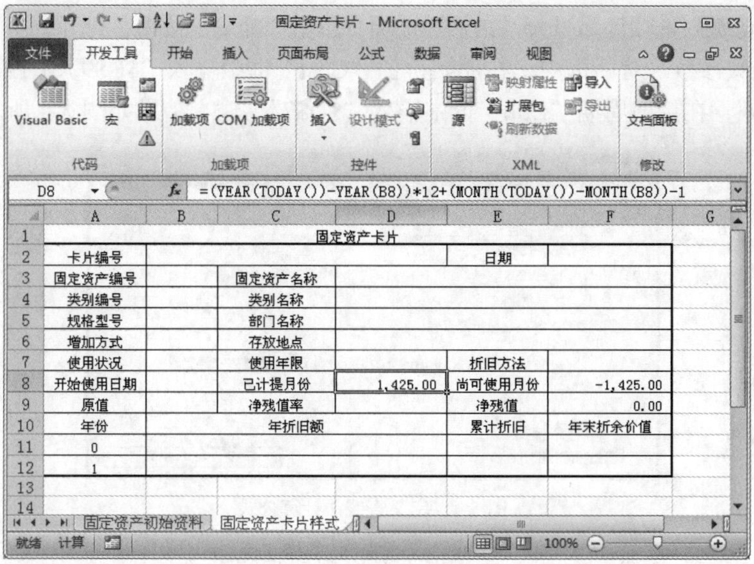

图 5-3 “已计提月份”计算公式

- DAY()、MONTH()、YEAR()函数，为求日、月、年函数。

【类型】日期函数。

【格式】DAY(<日期型表达式>), MONTH(<日期型表达式>),YEAR(<日期型表达式>)。

【功能】对日期型表达式求值，从中分别抽取出日、月、年的序号。该日、月、年的序号以数字表示。

例如，“=DAY(DATE(2018,11,5))”，返回值：5。

- TODAY()函数，为返回当前日期函数。

【类型】日期函数

【格式】TODAY()

【功能】按指定的格式返回系统的当前日期。

例如，求系统日期的方法如下（若系统当前日期为 2018 年 11 月 5 日）。

输入“=TODAY()”，返回值：2018-11-5。

输入“=MONTH(TODAY())”，返回值：11。

输入“=YEAR(TODAY())”，返回值：2018。

（8）在 F8 单元格中输入“=$D$7*12-$D$8”。

（9）在 F9 单元格中输入“=$B$9*$D$9”。

三、定义直线法下的固定资产卡片样式

（1）在“固定资产卡片”工作簿中，打开“固定资产卡片样式”工作表。按下 Ctrl 键的同时用鼠标拖曳“固定资产卡片样式”工作表标签，为“固定资产卡片样式”工作表制作一个备份，并将其更名为“固定资产卡片样式 P”。

微课 5-2 定义直线法下的固定资产卡片样式

（2）在 F7 单元格中输入“直线法”。

（3）选择 B12 单元格，单击编辑栏左侧的“插入函数”按钮，打开“插入函数”对话框。

（4）在“插入函数”对话框中，在“选择类别”选项区域选择“财务”

函数，在“选择函数”选项区域选择“SLN”选项，单击“确定”按钮，打开“函数参数”对话框。

（5）在“函数参数”对话框中，在原始价值“Cost”框中输入“$B$9”，在净残值“Salvage”框中输入“$F$9”，在折旧周期“Life”框中输入“$D$7”，输入结果如图5-4所示。

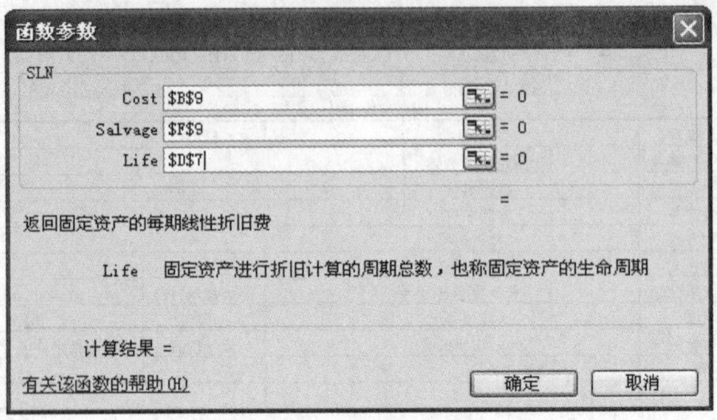

图5-4 定义直线法计算公式

（6）单击“确定”按钮，在B12单元格中会出现计算结果“#DIV/0!”。

- SLN()函数，为求直线法下年折旧额的函数。

【类型】财务函数。

【格式】SLN(cost,salvage,life)。

【功能】返回某项固定资产某一年的直线折旧额。

参数cost、salvage、life分别表示固定资产的原始价值、净残值和固定资产的折旧周期。SLN是straight line的缩写。

B12单元格的计算结果是“#DIV/0!”，这个错误提示表示除数为0，原因是D7单元格中目前无值。

（7）在F11单元格中输入“=$B$9”，在E12单元格中输入“=E11+B12”，在F12单元格中输入“=$F$11-E12”。

完成以上操作步骤后的结果如图5-5所示。

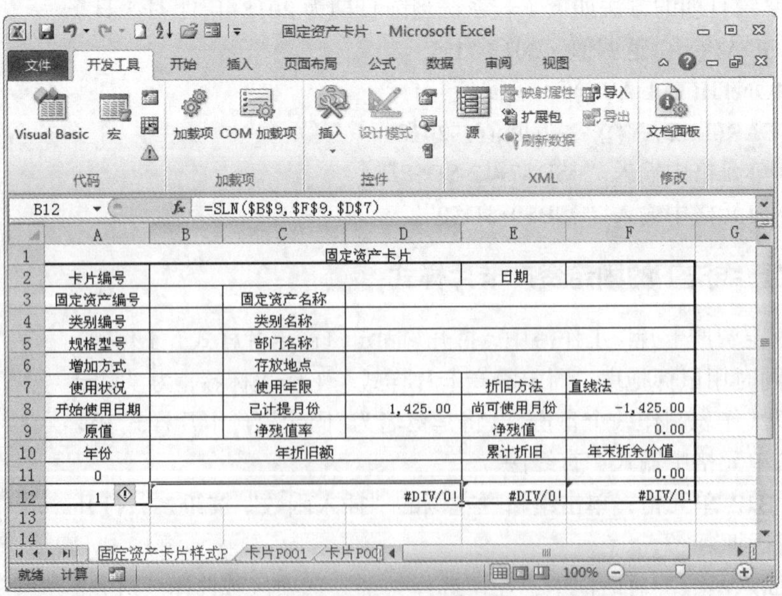

图5-5 直线法下的固定资产卡片样式

四、定义工作量法下的固定资产卡片样式

（1）在“固定资产卡片”工作簿中，打开“固定资产卡片样式 P”工作表。复制“固定资产卡片样式 P”工作表，并将备份更名为“固定资产卡片样式 G”。

（2）修改某些单元格的内容。

在 C7 单元格中输入“总工作量”。

在 F7 单元格中输入“工作量法”。

在 C8 单元格中输入“已完成工作量”。

在 E8 单元格中输入“尚可完成工作量”。

在 A10 单元格中输入“工作量”。

在 B10 单元格中输入“单位折旧额”。

在 F10 单元格中输入“折余价值”。

微课 5-3 定义工作量法下的固定资产卡片样式

（3）对计算公式进行修改。

在 D8 单元格中输入“=SUM($A$11:$A$12)”，在 F8 单元格中输入“=$D$7-$D$8”，在 E12 单元格中输入“=E11+B12*A12”。

完成以上操作步骤后的结果如图 5-6 所示。

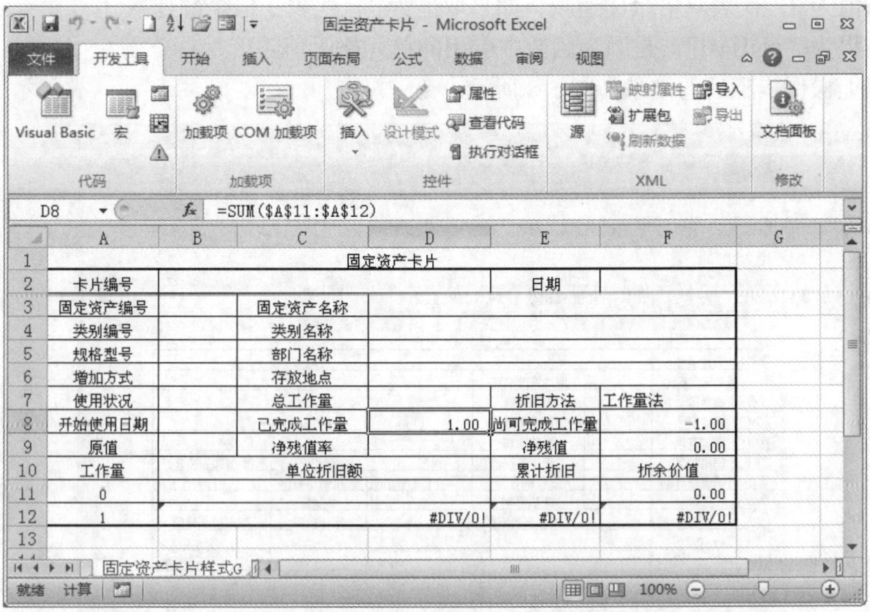

图 5-6 工作量法下的固定资产卡片样式

五、定义双倍余额递减法下的固定资产卡片样式

（1）在“固定资产卡片”工作簿中，打开“固定资产卡片样式 P”工作表。复制“固定资产卡片样式 P”工作表，并将备份更名为“固定资产卡片样式 S”。

（2）在 F7 单元格中输入“双倍余额递减法”。

（3）选择 B12 单元格，单击编辑栏左侧的“插入函数”按钮 *fx*，打开“插入函数”对话框。

（4）在“插入函数”对话框中，在“选择类别”选项区域选择“财务”，

微课 5-4 定义双倍余额递减法下的固定资产卡片样式

在“选择函数”选项区域选择“DDB”选项，单击“确定”按钮，打开“函数参数”对话框。

（5）在“函数参数”对话框中，在原始价值“Cost”框中输入“$B$9”，在净残值“Salvage”框中输入“$F$9”，在折旧周期“Life”框中输入“$D$7”，在折旧计算的期次“Period”框中输入“A12”。输入结果如图5-7所示。

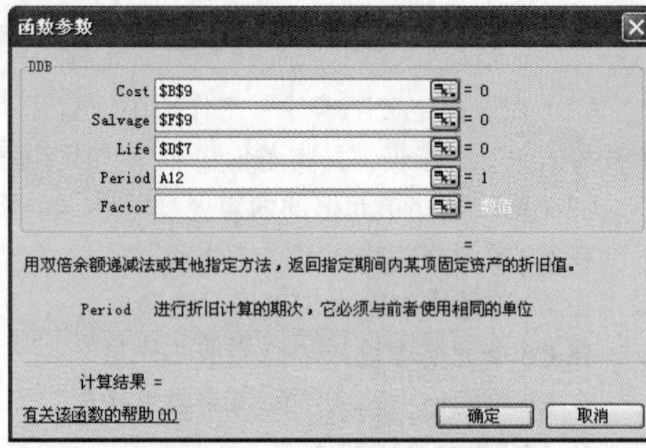

图5-7　定义双倍余额递减法计算公式

（6）单击“确定”按钮，在B12、E12、F12单元格中会出现计算结果“#NUM!”。

● DDB()函数，为双倍余额递减法下计提折旧的函数。

【类型】财务函数。

【格式】DDB（cost,salvage,life,period,factor）。

【功能】根据双倍余额递减法或其它方法，返回某项固定资产指定期间的折旧额。

参数cost、salvage、life分别表示固定资产的原始价值、净残值和固定资产折旧周期；period表示进行折旧计算的期次，它必须和life的单位一致；参数factor表示“折旧的加速因子”，是可选项，默认值为2，代表双倍余额递减，如果取值为3，代表3倍余额递减。

计算结果为“#NUM!”，是因为函数中引用的单元格无值。

完成以上操作步骤后的结果如图5-8所示。

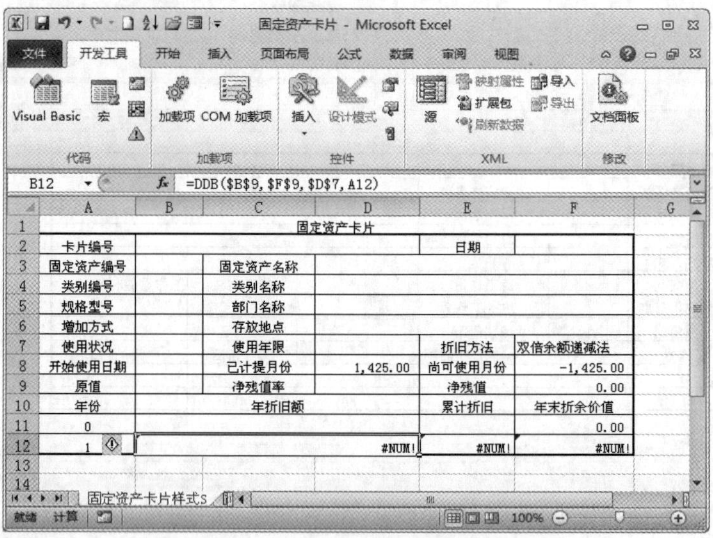

图5-8　双倍余额递减法下的固定资产卡片样式

六、定义年数总和法下的固定资产卡片样式

微课5-5　定义年数总和法下的固定资产卡片样式

（1）在“固定资产卡片”工作簿中，打开“固定资产卡片样式P”工作表。复制“固定资产卡片样式P”工作表，并将备份更名为“固定资产卡片样式N”。

（2）在F7单元格中输入“年数总和法”。

（3）选择B12单元格，输入“=”，单击函数框旁边的下拉按钮，选择

"其它函数"，打开"插入函数"对话框。

（4）在"插入函数"对话框中，在"选择类别"选项区域选择"财务"，在"选择函数"选项区域选择"SYD"选项，单击"确定"按钮，打开"函数参数"对话框。

（5）在"函数参数"对话框中，在原始价值"Cost"框中输入"$B$9"，在净残值"Salvage"框中输入"$F$9"，在折旧周期"Life"框中输入"$D$7"，在折旧计算期次"Per"框中输入"A12"。输入结果如图 5-9 所示。

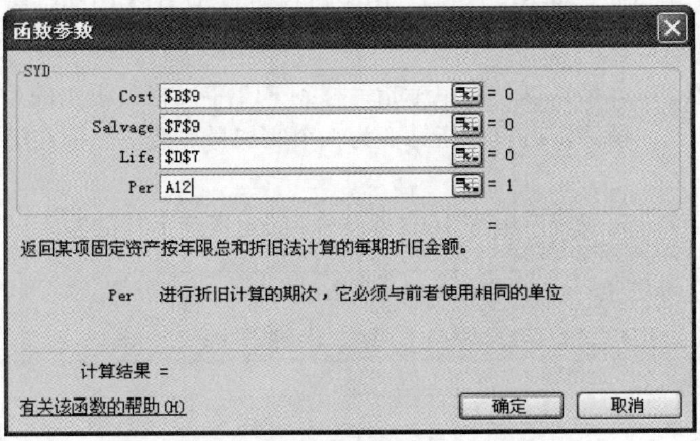

图 5-9　定义年数总和法计算公式

- SYD()函数，为年数总和法下计提折旧的函数。

【类型】财务函数。

【格式】SYD(cost,salvage,life,per)。

【功能】根据年数总和法，返回某项固定资产指定期间的折旧额。

参数 cost、salvage、life、per 的含义和 DDB 函数中的相关参数相同。

计算结果为"#NUM!"，是因为函数中引用的单元格无值。

完成以上操作步骤后的结果如图 5-10 所示。

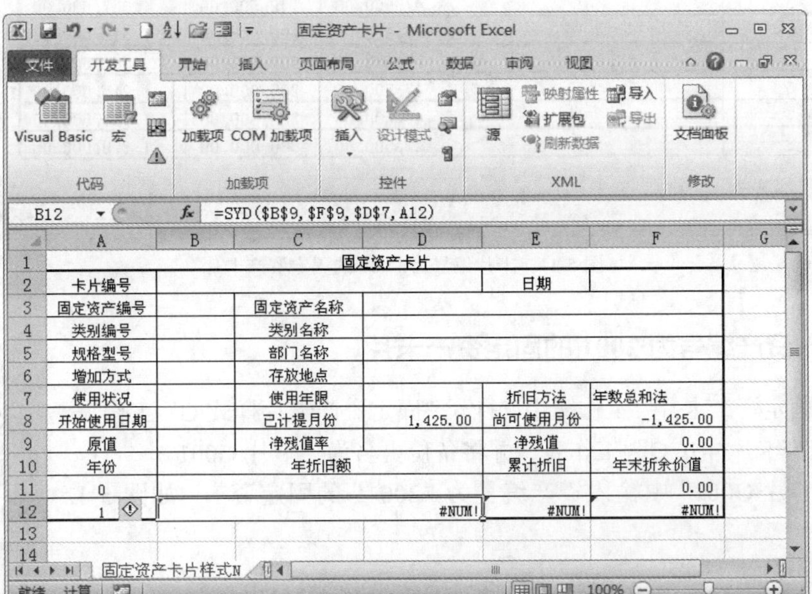

图 5-10　年数总和法下的固定资产卡片样式

七、输入资产编号为1001至1013的固定资产卡片

（1）在“固定资产卡片”工作簿中，打开“固定资产卡片样式 P”工作表。复制“固定资产卡片样式 P”工作表，并将备份更名为“卡片 P001”。

微课 5-6 输入资产编号为 1001 至 1013 的固定资产卡片

（2）在“卡片 P001”中输入资产编号为“1001”的固定资产，即可生成第一张固定资产卡片，如图 5-11 所示。

（3）由于直线法中每年的折旧额相同，因此可以直接把 B12 中的计算公式复制到 B13 至 B41 中。

（4）选择 A12:F12 单元格区域，将鼠标指针移到 F12 单元格右下角的小黑框（自动填充柄）上，稍停留后鼠标指针变为一个实加号。按住鼠标左键把自动填充柄向下拖曳至 A41 单元格。

（5）重复以上操作，完成资产编号 1002 至 1013 固定资产卡片的输入。

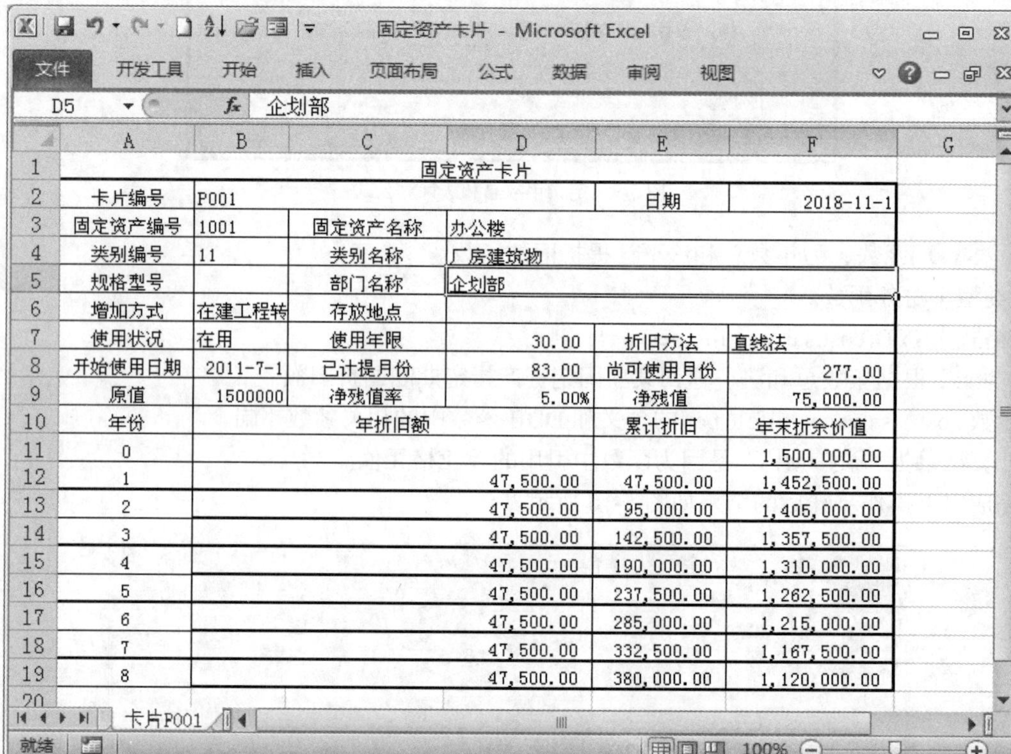

固定资产卡片 - Microsoft Excel

D5 企划部

固定资产卡片					
卡片编号	P001			日期	2018-11-1
固定资产编号	1001	固定资产名称	办公楼		
类别编号	11	类别名称	厂房建筑物		
规格型号		部门名称	企划部		
增加方式	在建工程转	存放地点			
使用状况	在用	使用年限	30.00	折旧方法	直线法
开始使用日期	2011-7-1	已计提月份	83.00	尚可使用月份	277.00
原值	1500000	净残值率	5.00%	净残值	75,000.00
年份	年折旧额			累计折旧	年末折余价值
0					1,500,000.00
1			47,500.00	47,500.00	1,452,500.00
2			47,500.00	95,000.00	1,405,000.00
3			47,500.00	142,500.00	1,357,500.00
4			47,500.00	190,000.00	1,310,000.00
5			47,500.00	237,500.00	1,262,500.00
6			47,500.00	285,000.00	1,215,000.00
7			47,500.00	332,500.00	1,167,500.00
8			47,500.00	380,000.00	1,120,000.00

卡片P001　就绪　100%

图 5-11　卡片编号为 P001 的固定资产卡片

八、输入资产编号为2001的固定资产卡片

（1）在“固定资产卡片”工作簿中，打开“固定资产卡片样式 G”工作表。复制“固定资产卡片样式 G”工作表，并将备份更名为“卡片 G001”。

（2）在“卡片 G001”中输入资产编号为“2001”的固定资产，如图 5-12 所示。

微课 5-7 输入资产编号为 2001 的固定资产卡片

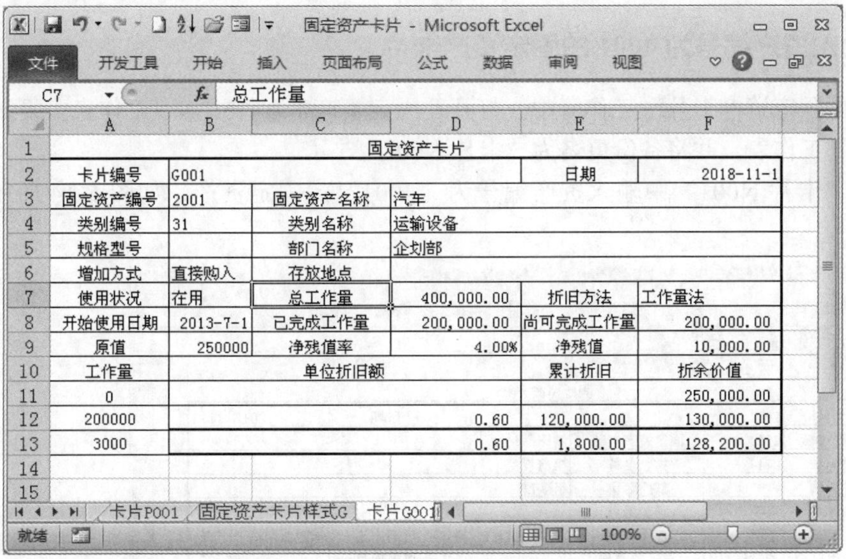

A	B	C	D	E	F
固定资产卡片					
卡片编号	G001			日期	2018-11-1
固定资产编号	2001	固定资产名称	汽车		
类别编号	31	类别名称	运输设备		
规格型号		部门名称	企划部		
增加方式	直接购入	存放地点			
使用状况	在用	总工作量	400,000.00	折旧方法	工作量法
开始使用日期	2013-7-1	已完成工作量	200,000.00	尚可完成工作量	200,000.00
原值	250000	净残值率	4.00%	净残值	10,000.00
工作量	单位折旧额			累计折旧	折余价值
0					250,000.00
200000			0.60	120,000.00	130,000.00
3000			0.60	1,800.00	128,200.00

图 5-12　卡片编号为 G001 的固定资产卡片

九、输入资产编号为 3001 的固定资产卡片

（1）在“固定资产卡片”工作簿中，打开“固定资产卡片样式 S”工作表。复制“固定资产卡片样式 S”工作表，并将备份更名为“卡片 S001”。

（2）在“卡片 S001”中输入资产编号为“3001”的固定资产，如图 5-13 所示。

（3）采用双倍余额递减法计算固定资产折旧额时，应在折旧期限的最后两年改为直线折旧法，即将固定资产的账面折余价值按两年平均分摊。所以，在第九年、第十年时应修改折旧计提公式。选中 B20 单元格，输入公式“=($F$19-$F$9)/2”。

（4）把 B20:F20 单元格区域中的公式复制到 B21:F21 单元格区域中。

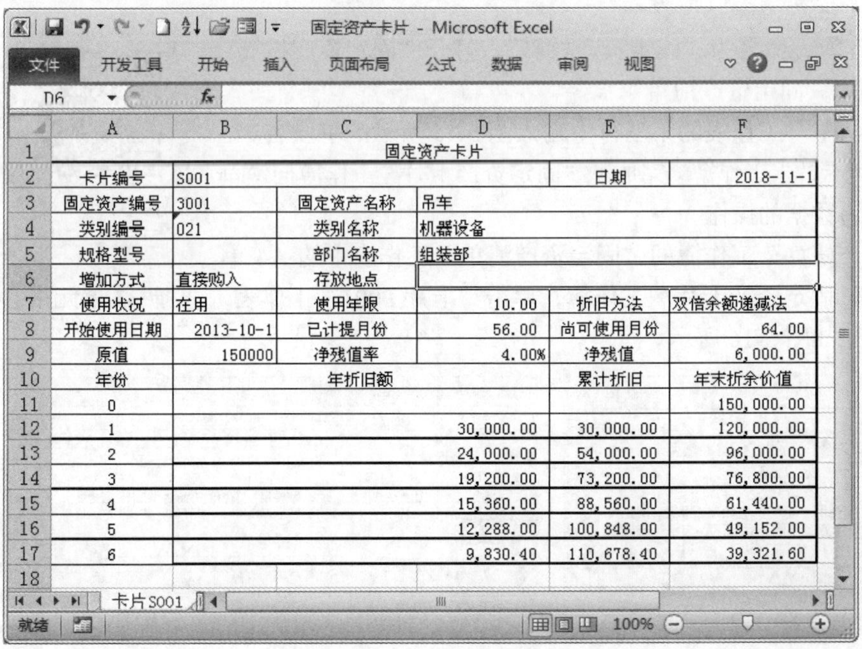

A	B	C	D	E	F
固定资产卡片					
卡片编号	S001			日期	2018-11-1
固定资产编号	3001	固定资产名称	吊车		
类别编号	021	类别名称	机器设备		
规格型号		部门名称	组装部		
增加方式	直接购入	存放地点			
使用状况	在用	使用年限	10.00	折旧方法	双倍余额递减法
开始使用日期	2013-10-1	已计提月份	56.00	尚可使用月份	64.00
原值	150000	净残值率	4.00%	净残值	6,000.00
年份	年折旧额			累计折旧	年末折余价值
0					150,000.00
1			30,000.00	30,000.00	120,000.00
2			24,000.00	54,000.00	96,000.00
3			19,200.00	73,200.00	76,800.00
4			15,360.00	88,560.00	61,440.00
5			12,288.00	100,848.00	49,152.00
6			9,830.40	110,678.40	39,321.60

微课 5-8　输入资产编号为 3001 的固定资产卡片

图 5-13　卡片编号为 S001 的固定资产卡片

十、输入资产编号为 4001 的固定资产卡片

（1）在“固定资产卡片”工作簿中，打开“固定资产卡片样式 N”工作表。复制“固定资产卡片样式 N”工作表，并将备份更名为“卡片 N001”。

（2）在“卡片 N001”中输入资产编号为“4001”的固定资产，如图 5-14 所示。

固定资产卡片					
卡片编号	N001			日期	2018-11-1
固定资产编号	4001	固定资产名称	刨床		
类别编号	021	类别名称	机器设备		
规格型号		部门名称	组装部		
增加方式	直接购入	存放地点			
使用状况	在用	使用年限	10.00	折旧方法	年数总和法
开始使用日期	2013-1-1	已计提月份	65.00	尚可使用月份	55.00
原值	20000	净残值率	4.00%	净残值	800.00
年份	年折旧额			累计折旧	年末折余价值
0					20,000.00
1			3,490.91	3,490.91	16,509.09
2			3,141.82	6,632.73	13,367.27
3			2,792.73	9,425.45	10,574.55
4			2,443.64	11,869.09	8,130.91
5			2,094.55	13,963.64	6,036.36
6			1,745.45	15,709.09	4,290.91
7			1,396.36	17,105.45	2,894.55

图 5-14　卡片编号为 N001 的固定资产卡片

微课 5-9　输入资产编号为 4001 的固定资产卡片

十一、填制固定资产清单

（1）新建 Excel 工作簿，命名为“固定资产核算”。打开“固定资产核算”工作簿，将 Sheet1 命名为“固定资产清单”。

（2）在“固定资产清单”工作表的第三行中输入图 5-15 所示的字段名。

（3）打开“固定资产卡片”工作簿，完成从“固定资产卡片”工作簿向“固定资产核算”工作簿传递数据的操作。

（4）选择“固定资产核算”工作簿的“固定资产清单”工作表中的 A4 单元格，输入“=”，单击“固定资产卡片”工作簿，单击“卡片 P001”工作表，选择 B3 单元格，按“回车”键确认。结果如图 5-16 所示。

微课 5-10　填制固定资产清单

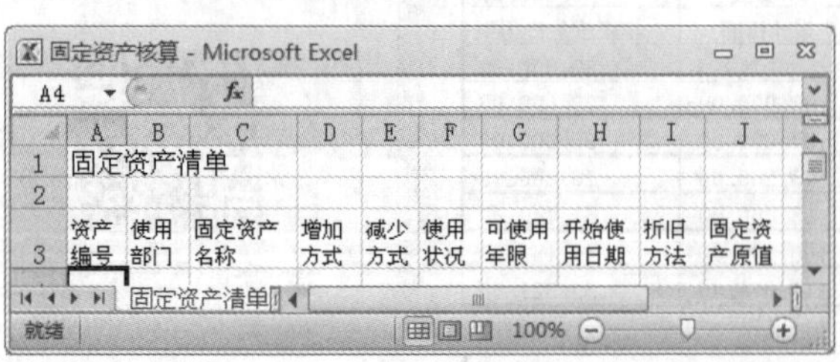

图 5-15　建立固定资产清单

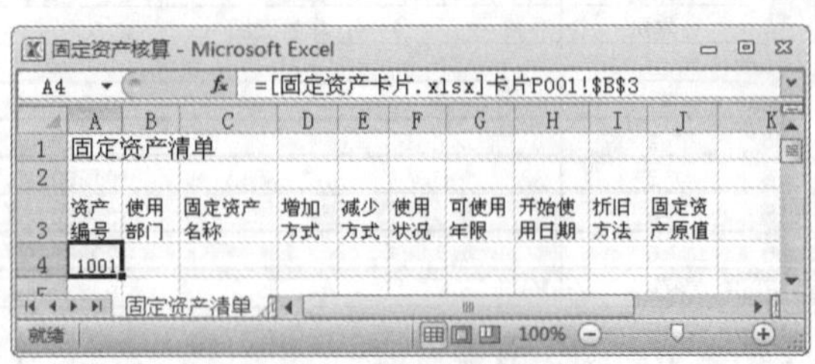

图 5-16　填制固定资产清单

（5）重复第（4）步，完成其它项目的数据传递。

（6）第 5～19 行中的数据是由“卡片 P002”“卡片 P003”……“卡片 N001”得到的，重复第（4）～（5）步，完成全部 16 项固定资产数据的传递，生成固定资产清单，如图 5-17 所示。

资产编号	使用部门	固定资产名称	类别	增加方式	减少方式	使用状况	可使用年限	开始使用日期	折旧方法	固定资产原值
1001	企划部	办公楼	厂房建筑物	在建工程转入		在用	30	2011-7-1	直线法	1500000
1002	组装部	厂房	厂房建筑物	在建工程转入		在用	30	2011-7-1	直线法	1200000
1003	机修部	厂房	厂房建筑物	在建工程转入		在用	30	2011-7-1	直线法	500000
1004	组装部	车床	机器设别	直接购入		在用	10	2011-9-1	直线法	80000
1005	组装部	铣床	机器设别	直接购入		在用	10	2011-9-1	直线法	180000
1006	组装部	钳工平台	机器设别	直接购入		在用	10	2011-9-1	直线法	70000
1007	组装部	专用量具	机器设别	直接购入		在用	10	2011-9-1	直线法	15000
1008	组装部	磨床	机器设别	直接购入		在用	10	2011-9-1	直线法	50000
1009	后勤部	原料库	厂房建筑物	在建工程转入		在用	30	2011-7-1	直线法	300000
1010	后勤部	成品库	厂房建筑物	在建工程转入		在用	30	2011-7-1	直线法	600000
1011	企划部	复印机	办公设备	直接购入		在用	3	2016-1-1	直线法	12000
1012	财务部	微机	办公设备	直接购入		报废	3	2016-1-1	直线法	5000
1013	销售部	微机	办公设备	直接购入		在用	3	2015-10-1	直线法	5000
2001	企划部	汽车	运输设备	直接购入		在用	10	2013-7-1	工作量法	250000
3001	组装部	吊车	机器设别	直接购入		在用	10	2013-10-1	双倍余额递减法	150000
4001	组装部	刨床	机器设别	直接购入		在用	10	2013-1-1	年数总和法	20000

图 5-17　生成的固定资产清单

任务二　固定资产的增加、调拨和减少

固定资产新增是指通过企业自建、投资者投入、接受捐赠、直接购买、部门调拨等途径增加企业的固定资产存量。

固定资产在部门间的调拨是资源在企业内部进行优化配置的过程。资产调拨可以提高资产的使用效率，最大限度地发挥其使用价值。

由于使用年限到期或其它原因无法再使用时，需要对固定资产进行清理，并注明其减少的方式。企业还可以通过对外投资、出售等途径减少固定资产。

一、增加固定资产

例如，丰源公司在 2018 年 11 月为财务部购入了一台价值 3 600 元的联想计算机，预计使用年限为 5 年，采用直线法计提折旧。

微课 5-11　增加固定资产

操作步骤如下。

（1）打开“固定资产卡片”工作簿，打开“固定资产卡片样式 P”工作表。复制“固定资产卡片样式 P”工作表到“卡片 P013”工作表的后面，并将其更名为“卡片 P014”。

（2）在“卡片 P014”中输入资产编号为“1014”的固定资产，即可生成一张新的固定资产卡片，如图5-18所示。

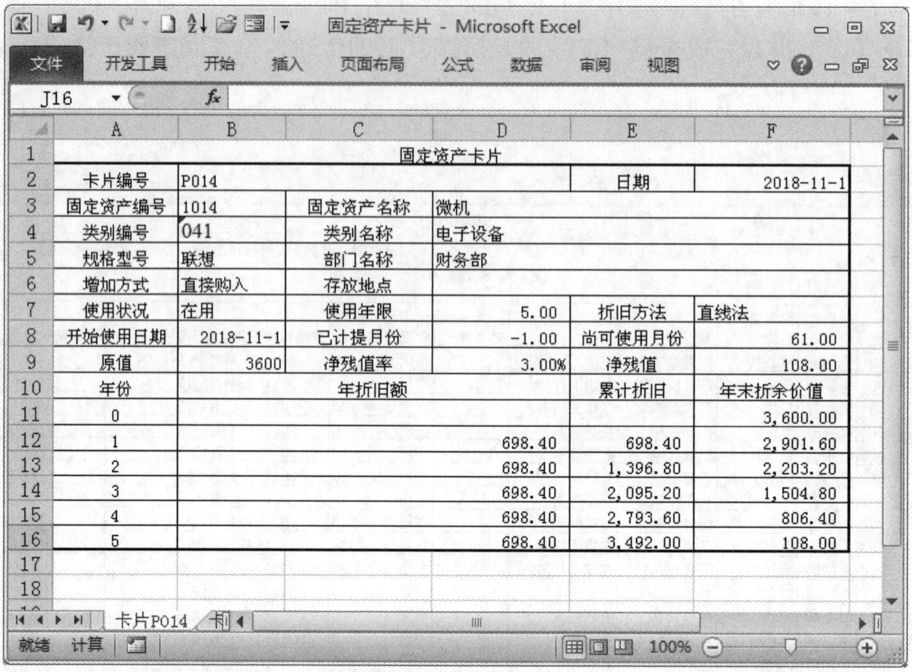

固定资产卡片 - Microsoft Excel

J16

固定资产卡片					
卡片编号	P014			日期	2018-11-1
固定资产编号	1014	固定资产名称	微机		
类别编号	041	类别名称	电子设备		
规格型号	联想	部门名称	财务部		
增加方式	直接购入	存放地点			
使用状况	在用	使用年限	5.00	折旧方法	直线法
开始使用日期	2018-11-1	已计提月份	-1.00	尚可使用月份	61.00
原值	3600	净残值率	3.00%	净残值	108.00
年份	年折旧额			累计折旧	年末折余价值
0					3,600.00
1			698.40	698.40	2,901.60
2			698.40	1,396.80	2,203.20
3			698.40	2,095.20	1,504.80
4			698.40	2,793.60	806.40
5			698.40	3,492.00	108.00

图5-18　新增固定资产卡片

（3）将新增固定资产卡片的数据链接到“固定资产核算”工作簿中。链接后的“固定资产清单”如图5-19所示。

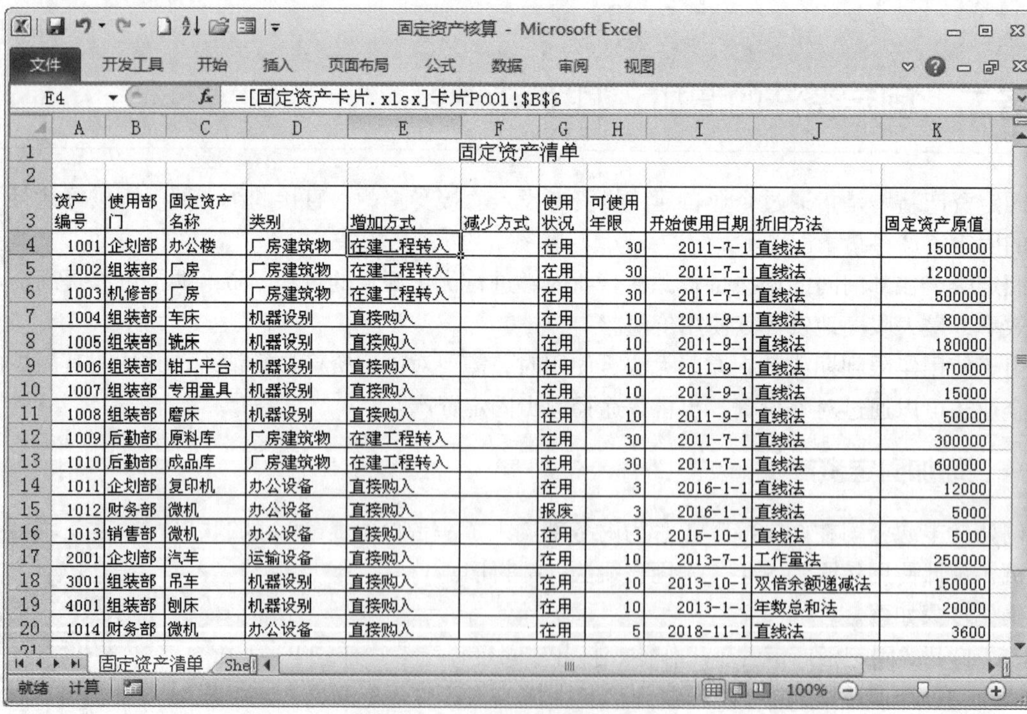

固定资产核算 - Microsoft Excel

E4　=[固定资产卡片.xlsx]卡片P001!$B$6

固定资产清单

资产编号	使用部门	固定资产名称	类别	增加方式	减少方式	使用状况	可使用年限	开始使用日期	折旧方法	固定资产原值
1001	企划部	办公楼	厂房建筑物	在建工程转入		在用	30	2011-7-1	直线法	1500000
1002	组装部	厂房	厂房建筑物	在建工程转入		在用	30	2011-7-1	直线法	1200000
1003	机修部	厂房	厂房建筑物	在建工程转入		在用	30	2011-7-1	直线法	500000
1004	组装部	车床	机器设别	直接购入		在用	10	2011-9-1	直线法	80000
1005	组装部	铣床	机器设别	直接购入		在用	10	2011-9-1	直线法	180000
1006	组装部	钳工平台	机器设别	直接购入		在用	10	2011-9-1	直线法	70000
1007	组装部	专用量具	机器设别	直接购入		在用	10	2011-9-1	直线法	15000
1008	组装部	磨床	机器设别	直接购入		在用	10	2011-9-1	直线法	50000
1009	后勤部	原料库	厂房建筑物	在建工程转入		在用	30	2011-7-1	直线法	300000
1010	后勤部	成品库	厂房建筑物	在建工程转入		在用	30	2011-7-1	直线法	600000
1011	企划部	复印机	办公设备	直接购入		在用	3	2016-1-1	直线法	12000
1012	财务部	微机	办公设备	直接购入		报废	3	2016-1-1	直线法	5000
1013	销售部	微机	办公设备	直接购入		在用	3	2015-10-1	直线法	5000
2001	企划部	汽车	运输设备	直接购入		在用	10	2013-7-1	工作量法	250000
3001	组装部	吊车	机器设别	直接购入		在用	10	2013-10-1	双倍余额递减法	150000
4001	组装部	刨床	机器设别	直接购入		在用	10	2013-1-1	年数总和法	20000
1014	财务部	微机	办公设备	直接购入		在用	5	2018-11-1	直线法	3600

图5-19　链接后的固定资产清单

二、减少固定资产

微课 5-12　减少固定资产

例如，丰源公司财务部在 2016 年 1 月 1 日购入的编号为 1012 的计算机因主板烧毁而无法使用了，企业于 2018 年 11 月将其作为二手计算机卖掉。

操作步骤如下。

（1）打开“固定资产卡片”工作簿和“固定资产核算”工作簿，找到“卡片 P012”工作表，把 B7 单元格中的内容修改为“报废”，按“Enter”键确认。查询“固定资产核算”工作簿中的“固定资产清单”工作表，可以看到 F15 单元格中的内容已经调整为“报废”。

（2）在“固定资产清单”工作表的 E15 单元格内输入“出售”，如图 5-20 所示。

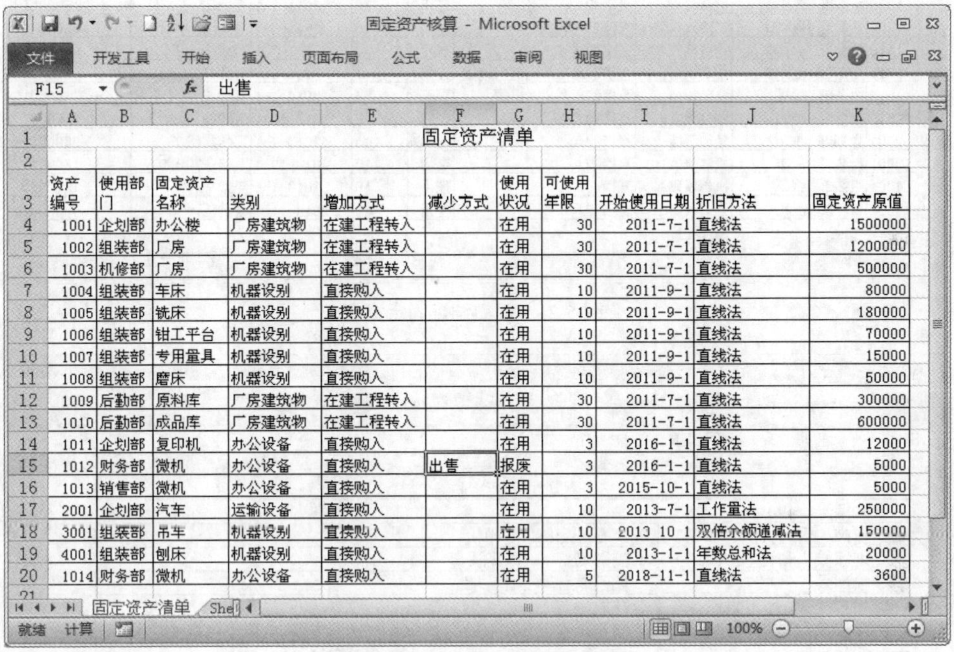

固定资产清单

资产编号	使用部门	固定资产名称	类别	增加方式	减少方式	使用状况	可使用年限	开始使用日期	折旧方法	固定资产原值
1001	企划部	办公楼	厂房建筑物	在建工程转入		在用	30	2011-7-1	直线法	1500000
1002	组装部	厂房	厂房建筑物	在建工程转入		在用	30	2011-7-1	直线法	1200000
1003	机修部	厂房	厂房建筑物	在建工程转入		在用	30	2011-7-1	直线法	500000
1004	组装部	车床	机器设别	直接购入		在用	10	2011-9-1	直线法	80000
1005	组装部	铣床	机器设别	直接购入		在用	10	2011-9-1	直线法	180000
1006	组装部	钳工平台	机器设别	直接购入		在用	10	2011-9-1	直线法	70000
1007	组装部	专用量具	机器设别	直接购入		在用	10	2011-9-1	直线法	15000
1008	组装部	磨床	机器设别	直接购入		在用	10	2011-9-1	直线法	50000
1009	后勤部	原料库	厂房建筑物	在建工程转入		在用	30	2011-7-1	直线法	300000
1010	后勤部	成品库	厂房建筑物	在建工程转入		在用	30	2011-7-1	直线法	600000
1011	企划部	复印机	办公设备	直接购入		在用	3	2016-1-1	直线法	12000
1012	财务部	微机	办公设备	直接购入	出售	报废	3	2016-1-1	直线法	5000
1013	销售部	微机	办公设备	直接购入		在用	3	2015-10-1	直线法	5000
2001	企划部	汽车	运输设备	直接购入		在用	10	2013-7-1	工作量法	250000
3001	组装部	吊车	机器设别	直接购入		在用	10	2013-10-1	双倍余额递减法	150000
4001	组装部	刨床	机器设别	直接购入		在用	10	2013-1-1	年数总和法	20000
1014	财务部	微机	办公设备	直接购入		在用	5	2018-11-1	直线法	3600

图 5-20　出售固定资产后的固定资产清单

（3）2018 年 12 月 1 日，新建一个工作簿并命名为“报废固定资产卡片”，将“卡片 P012”工作表移到“报废固定资产卡片”工作簿中，同时将“固定资产核算”工作簿中资产编号为 1012 的记录删除，下方的行依次上移。

三、调拨固定资产

微课 5-13　调拨固定资产

例如，丰源公司在 2018 年 11 月 5 日决定将资产编号为 1011 的复印机由企划部调拨给财务部使用。

操作步骤如下。

（1）打开“固定资产核算”工作簿，打开“固定资产清单”工作表，查询资产编号为 1011 的记录，将减少方式修改为“部门调拨”，如图 5-21 所示。

（2）2018 年 12 月 1 日，将“固定资产卡片”工作簿中“卡片 P011”工作表 B6 单元格中的内容修改为“部门调拨”，将 D5 单元格中的内容修改为“财务部”，按“Enter”键确认之后，“固定资产核算”工作簿中“固定资产清单”工作表的 B14 和 D14 单元格会做出相应的调整，如图

5-22 所示。

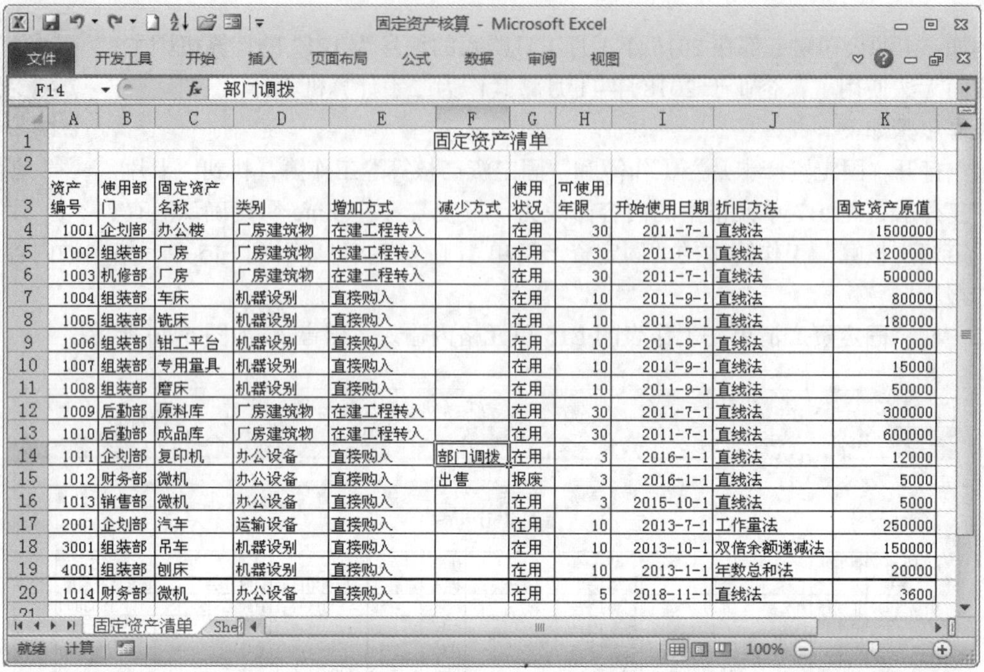

	A	B	C	D	E	F	G	H	I	J	K
1	固定资产清单										
2											
3	资产编号	使用部门	固定资产名称	类别	增加方式	减少方式	使用状况	可使用年限	开始使用日期	折旧方法	固定资产原值
4	1001	企划部	办公楼	厂房建筑物	在建工程转入		在用	30	2011-7-1	直线法	1500000
5	1002	组装部	厂房	厂房建筑物	在建工程转入		在用	30	2011-7-1	直线法	1200000
6	1003	机修部	厂房	厂房建筑物	在建工程转入		在用	30	2011-7-1	直线法	500000
7	1004	组装部	车床	机器设别	直接购入		在用	10	2011-9-1	直线法	80000
8	1005	组装部	铣床	机器设别	直接购入		在用	10	2011-9-1	直线法	180000
9	1006	组装部	钳工平台	机器设别	直接购入		在用	10	2011-9-1	直线法	70000
10	1007	组装部	专用量具	机器设别	直接购入		在用	10	2011-9-1	直线法	15000
11	1008	组装部	磨床	机器设别	直接购入		在用	10	2011-9-1	直线法	50000
12	1009	后勤部	原料库	厂房建筑物	在建工程转入		在用	30	2011-7-1	直线法	300000
13	1010	后勤部	成品库	厂房建筑物	在建工程转入		在用	30	2011-7-1	直线法	600000
14	1011	企划部	复印机	办公设备	直接购入	部门调拨	在用	3	2016-1-1	直线法	12000
15	1012	财务部	微机	办公设备	直接购入	出售	报废	3	2016-1-1	直线法	5000
16	1013	销售部	微机	办公设备	直接购入		在用	3	2015-10-1	直线法	5000
17	2001	企划部	汽车	运输设备	直接购入		在用	10	2013-7-1	工作量法	250000
18	3001	组装部	吊车	机器设别	直接购入		在用	10	2013-10-1	双倍余额递减法	150000
19	4001	组装部	刨床	机器设别	直接购入		在用	10	2013-1-1	年数总和法	20000
20	1014	财务部	微机	办公设备	直接购入		在用	5	2018-11-1	直线法	3600

图 5-21 部门调拨固定资产

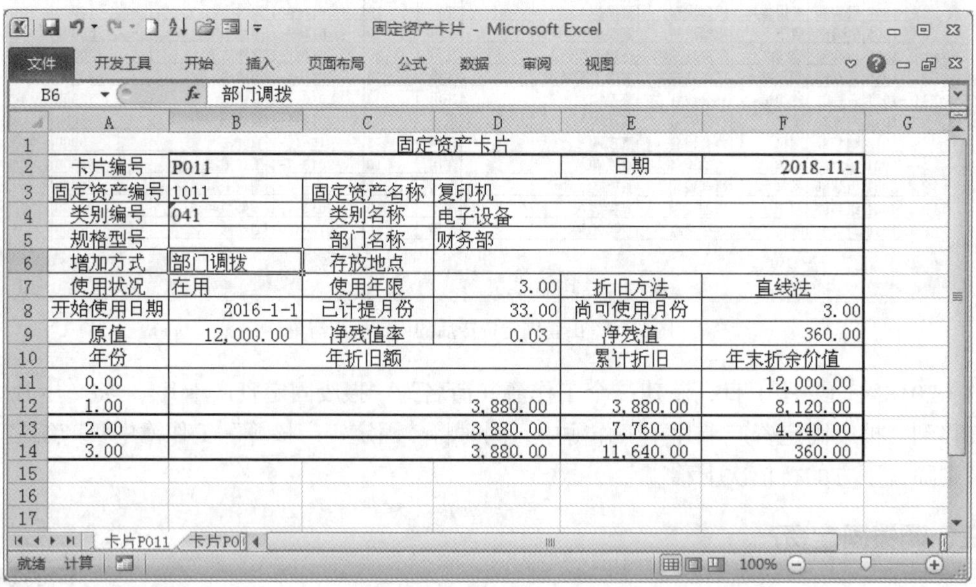

	A	B	C	D	E	F
1	固定资产卡片					
2	卡片编号	P011			日期	2018-11-1
3	固定资产编号	1011	固定资产名称	复印机		
4	类别编号	041	类别名称	电子设备		
5	规格型号		部门名称	财务部		
6	增加方式	部门调拨	存放地点			
7	使用状况	在用	使用年限	3.00	折旧方法	直线法
8	开始使用日期	2016-1-1	已计提月份	33.00	尚可使用月份	3.00
9	原值	12,000.00	净残值率	0.03	净残值	360.00
10	年份	年折旧额			累计折旧	年末折余价值
11	0.00					12,000.00
12	1.00			3,880.00	3,880.00	8,120.00
13	2.00			3,880.00	7,760.00	4,240.00
14	3.00			3,880.00	11,640.00	360.00

图 5-22 固定资产减少后，下个月修改固定资产卡片

（3）将“固定资产核算”工作簿中“固定资产清单”工作表的 E14 单元格修改为空。

任务三 计提固定资产折旧

企业应当对所有的固定资产计提折旧，一般按月计提。当月增加的固定资产当月不计提折旧，而是从下个月开始计提折旧；当月减少的固定资产当月照提折旧，从下个月开始不再计提折旧。固定资产提足折旧后，无论是否继续使用，都不再计提折旧；提前报废的固定资产也不再补提折旧。

为了方便、正确地计算每一项固定资产的折旧额，首先要创建固定资产折旧计算表，计算每一项固定资产的预计净残值和已使用月数。

一、编制固定资产折旧计算表

（1）在“固定资产核算”工作簿中，打开“固定资产清单”工作表，复制“固定资产清单”工作表到该工作表的后面，并将其更名为“固定资产折旧计算表”。

（2）选中 H 列，插入一列，在 H3 单元格中输入“当前日期”；选择 H4 单元格，输入“2018-11-8”；选择 H4:H20 单元格区域，选择“开始”选项卡下“编辑”分组中的“填充”—“向下”选项，如图 5-23 所示，完成 H4:H20 单元格区域数据的录入。

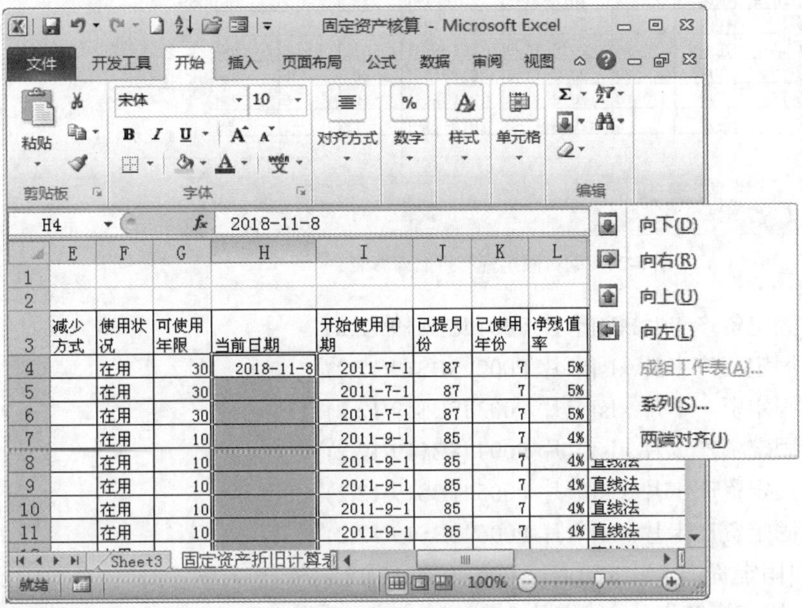

图 5-23　填充当前日期

微课 5-14　编制固定资产折旧计算表

（3）选择 J 列，插入一列，在 J3 单元格中输入“已提月份”；选择 J4 单元格，输入“=(YEAR(TODAY())-YEAR(I4))*12+(MONTH(TODAY())-MONTH(I4)) -1”，用填充柄填充至 J20 单元格。

（4）选择 K 列，插入一列，在 K3 单元格中输入“已使用年份”；选择 K4 单元格，输入“=INT(J4/12)”，用填充柄填充至 K20 单元格。

- INT()函数，为求整数函数。

【类型】数学函数。

【格式】INT(number)。

【功能】将数字向下舍入到最接近的整数。

（5）选择 L 列，插入一列，在 L3 单元格中输入“净残值率”；在 L4:L20 单元格区域输入相应的净残值率数值，如图 5-24 所示。

（6）选择 O3 单元格，输入“月折旧额”。用函数和数据链接的方式在 O4:O20 单元格区域输入数据。

	E	F	G	H	I	J	K	L
1								
2								
3	减少方式	使用状况	可使用年限	当前日期	开始使用日期	已提月份	已使用年份	净残值率
4		在用	30	2018-11-8	2011-7-1	87	7	5%
5		在用	30	2018-11-8	2011-7-1	87	7	5%
6		在用	30	2018-11-8	2011-7-1	87	7	5%
7		在用	10	2018-11-8	2011-9-1	85	7	4%
8		在用	10	2018-11-8	2011-9-1	85	7	4%
9		在用	10	2018-11-8	2011-9-1	85	7	4%
10		在用	10	2018-11-8	2011-9-1	85	7	4%
11		在用	10	2018-11-8	2011-9-1	85	7	4%
12		在用	30	2018-11-8	2011-7-1	87	7	5%
13		在用	30	2018-11-8	2011-7-1	87	7	5%
14		在用	3	2018-11-8	2016-1-1	33	2	3%
15	出售	报废	3	2018-11-8	2016-1-1	33	2	3%
16		在用	3	2018-11-8	2015-10-1	36	3	3%
17		在用	10	2018-11-8	2013-7-1	63	5	4%
18		在用	10	2018-11-8	2013-10-1	60	5	4%
19		在用	10	2018-11-8	2013-1-1	69	5	4%
20		在用	5	2018-11-8	2018-11-1	-1	-1	3%
21								
22								

图 5-24　编辑固定资产折旧计算表

O4 “=ROUND('E:\[固定资产卡片.xls]卡片 P001'!$B$19/12,2)”

O5 “=ROUND('E:\[固定资产卡片.xls]卡片 P002'!$B$19/12,2)”

O6 “=ROUND('E:\[固定资产卡片.xls]卡片 P003'!$B$19/12,2)”

O7 “=ROUND('E:\[固定资产卡片.xls]卡片 P004'!$B$19/12,2)”

O8 “=ROUND('E:\[固定资产卡片.xls]卡片 P005'!$B$19/12,2)”

O9 “=ROUND('E:\[固定资产卡片.xls]卡片 P006'!$B$19/12,2)”

O10 “=ROUND('E:\[固定资产卡片.xls]卡片 P007'!$B$19/12,2)”

O11 “=ROUND('E:\[固定资产卡片.xls]卡片 P008'!$B$19/12,2)”

O12 “=ROUND('E:\[固定资产卡片.xls]卡片 P009'!$B$19/12,2)”

O13 “=ROUND('E:\[固定资产卡片.xls]卡片 P010'!$B$19/12,2)”

O14 “=ROUND('E:\[固定资产卡片.xls]卡片 P011'!$B$14/12,2)”

O15 “=ROUND('E:\[固定资产卡片.xls]卡片 P012'!$B$14/12,2)”

O16 “=ROUND('E:\[固定资产卡片.xls]卡片 P013'!$B$14/12,2)”

O17 “=ROUND('E:\[固定资产卡片.xls]卡片 G001'!$E$12,2)”

O18 “=ROUND('E:\[固定资产卡片.xls]卡片 S001'!$B$17/12,2)”

O19 “=ROUND('E:\[固定资产卡片.xls]卡片 N001'!$B$17/12,2)”

O20 “=ROUND('E:\[固定资产卡片.xls]卡片 P014'!$B$12/12,2)”

（7）从图 5-24 中可以看出，第 16 行中计算机的折旧已计提完毕，但仍是继续使用的固定资产，不应该再计提折旧。考虑这种情况，将 O 列的折旧公式在 P 列进行修正，将 P4 单元格中的公式设置为“=IF(G4>K4,O4,0)”，并将其复制到 P 列的其它单元格中。这个公式的含义是如果可使用年限大于已使用年限，则固定资产折旧额为公式中计算的折旧额，否则为 0。

经过修正以后，第 16 行的月折旧额变为 0，如图 5-25 所示。

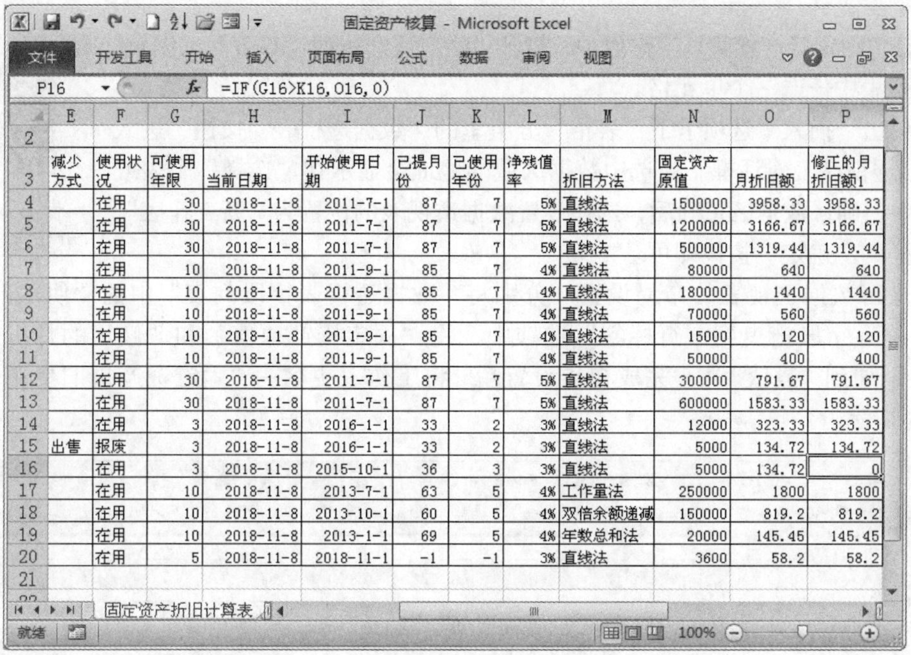

	E	F	G	H	I	J	K	L	M	N	O	P
2												
3	减少方式	使用状况	可使用年限	当前日期	开始使用日期	已提月份	已使用年份	净残值率	折旧方法	固定资产原值	月折旧额	修正的月折旧额1
4		在用	30	2018-11-8	2011-7-1	87	7	5%	直线法	1500000	3958.33	3958.33
5		在用	30	2018-11-8	2011-7-1	87	7	5%	直线法	1200000	3166.67	3166.67
6		在用	30	2018-11-8	2011-7-1	87	7	5%	直线法	500000	1319.44	1319.44
7		在用	10	2018-11-8	2011-9-1	85	7	4%	直线法	80000	640	640
8		在用	10	2018-11-8	2011-9-1	85	7	4%	直线法	180000	1440	1440
9		在用	10	2018-11-8	2011-9-1	85	7	4%	直线法	70000	560	560
10		在用	10	2018-11-8	2011-9-1	85	7	4%	直线法	15000	120	120
11		在用	10	2018-11-8	2011-9-1	85	7	4%	直线法	50000	400	400
12		在用	30	2018-11-8	2011-7-1	87	7	5%	直线法	300000	791.67	791.67
13		在用	30	2018-11-8	2011-7-1	87	7	5%	直线法	600000	1583.33	1583.33
14		在用	3	2018-11-8	2016-1-1	33	2	3%	直线法	12000	323.33	323.33
15	出售	报废	3	2018-11-8	2016-1-1	33	2	3%	直线法	5000	134.72	134.72
16		在用	3	2018-11-8	2015-10-1	36	3	3%	直线法	5000	134.72	0
17		在用	10	2018-11-8	2013-7-1	63	5	4%	工作量法	250000	1800	1800
18		在用	10	2018-11-8	2013-10-1	60	5	4%	双倍余额递减	150000	819.2	819.2
19		在用	10	2018-11-8	2013-1-1	69	5	4%	年数总和法	20000	145.45	145.45
20		在用	5	2018-11-8	2018-11-1	-1	-1	3%	直线法	3600	58.2	58.2
21												

图 5-25 固定资产折旧额修正（一）

（8）从图 5-24 中可以看出，第 20 行的计算机是本月新增固定资产，本月不应该计提折旧。考虑这种情况，将 P 列的折旧公式在 Q 列进行修正，将 Q4 单元格中的公式设置为“=IF(J4<0,0,P4)”，并将此公式复制到 Q 列的其它单元格中。此公式的含义是：如果已计提折旧月份<0（即为当月新增固定资产），则固定资产月折旧额为 0，否则为已修正过的月折旧额。

经过修正以后，从图 5-26 中可以看出新增固定资产的折旧额已经为 0。

	H	I	J	K	L	M	N	O	P	Q	R
2											
3	当前日期	开始使用日期	已提月份	已使用年份	净残值率	折旧方法	固定资产原值	月折旧额	修正的月折旧额1	修正的月折旧额2	
4	2018-11-8	2011-7-1	87	7	5%	直线法	1500000	3958.33	3958.33	3958.33	
5	2018-11-8	2011-7-1	87	7	5%	直线法	1200000	3166.67	3166.67	3166.67	
6	2018-11-8	2011-7-1	87	7	5%	直线法	500000	1319.44	1319.44	1319.44	
7	2018-11-8	2011-9-1	85	7	4%	直线法	80000	640	640	640	
8	2018-11-8	2011-9-1	85	7	4%	直线法	180000	1440	1440	1440	
9	2018-11-8	2011-9-1	85	7	4%	直线法	70000	560	560	560	
10	2018-11-8	2011-9-1	85	7	4%	直线法	15000	120	120	120	
11	2018-11-8	2011-9-1	85	7	4%	直线法	50000	400	400	400	
12	2018-11-8	2011-7-1	87	7	5%	直线法	300000	791.67	791.67	791.67	
13	2018-11-8	2011-7-1	87	7	5%	直线法	600000	1583.33	1583.33	1583.33	
14	2018-11-8	2016-1-1	33	2	3%	直线法	12000	323.33	323.33	323.33	
15	2018-11-8	2016-1-1	33	2	3%	直线法	5000	134.72	134.72	134.72	
16	2018-11-8	2015-10-1	36	3	3%	直线法	5000	134.72	0	0	
17	2018-11-8	2013-7-1	63	5	4%	工作量法	250000	1800	1800	1800	
18	2018-11-8	2013-10-1	60	5	4%	双倍余额递减	150000	819.2	819.2	819.2	
19	2018-11-8	2013-1-1	69	5	4%	年数总和法	20000	145.45	145.45	145.45	
20	2018-11-8	2018-11-1	-1	-1	3%	直线法	3600	58.2	58.2	0	
21											

图 5-26 固定资产折旧额修正（二）

二、编制固定资产折旧费用分配表

（1）在“固定资产核算”工作簿中，打开“固定资产折旧计算表”工作表，并在数据列表中任选一个单元格。

（2）单击“插入”选项卡下“表格”分组里的“数据透视表”按钮，进入“创建数据透视表”对话框。被选中数据区域的地址会显示在“选择一个表或区域”框内，确认数据区正确后，选择放置数据透视表的位置为“新工作表”，单击对话框的“确定”按钮即可。

微课5-15 编制固定资产折旧费用分配表

（3）进行数据透视表的布局设置。分别将“数据透视表字段列表”中的“使用部门”“固定资产名称”字段拖曳到“行标签”选项中，将“固定资产原值”和“修正的月折旧额 2”两个字段添加到“数值”中。完成初步设置后，将工作表更名为“固定资产折旧费用分配表”，如图 5-27 所示。

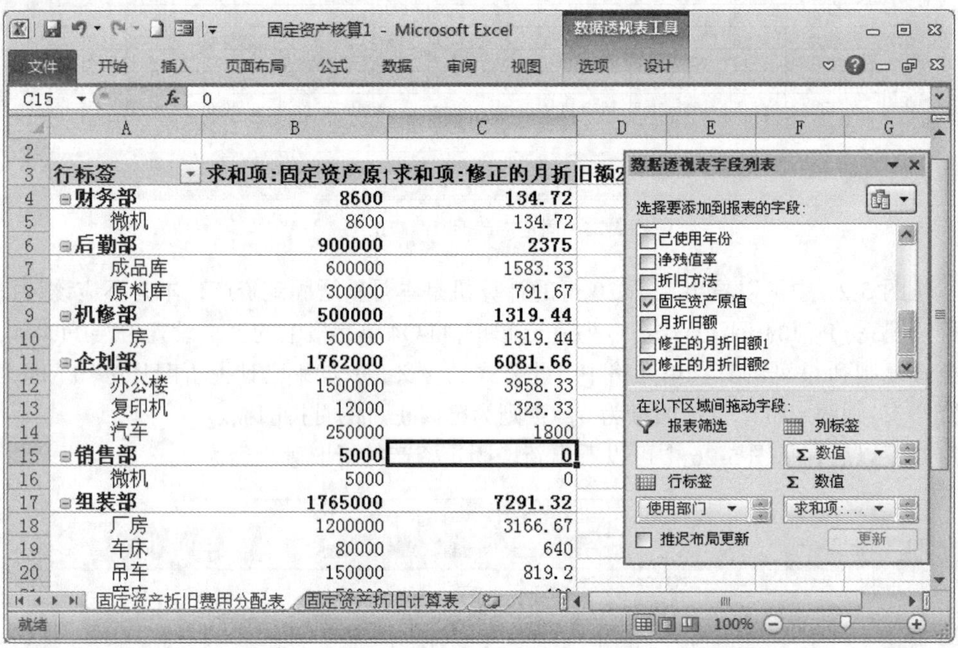

图 5-27 固定资产数据透视表

选中数据透视表中任意一个单元格，单击鼠标右键，找到数据透视表选项。单击“显示”页签，勾选“经典数据透视表布局（启用网格中的字段拖放）L”，单击“确定”按钮，布局结果如图 5-28 所示。

整理透视出来的结果，让其看起来更直观整洁。在数据透视表里单击任意单元格，在菜单列出现“设计”选项卡，单击“设计”选项卡下“布局”分组里“报表布局”按钮下的倒三角号，选择“以大纲形式显示”，结果如图 5-29 所示。

（4）选择数据透视表中的任意一个单元格，执行“设计”选项卡下“数据透视表样式”选项，选择一种能突出显示各部门和数值区的样式，结果如图 5-30 所示。

（5）在设置样式后的固定资产折旧费用分配表中，插入 A 列，并输入以下内容。

选择 A1 单元格，输入“固定资产折旧费用分配表”。

选择 A2 单元格，输入“2018 年 11 月 30 日”。

选择 A4 单元格，输入“对应科目名称”。

选择 A5、A7、A12 单元格，输入“管理费用”。

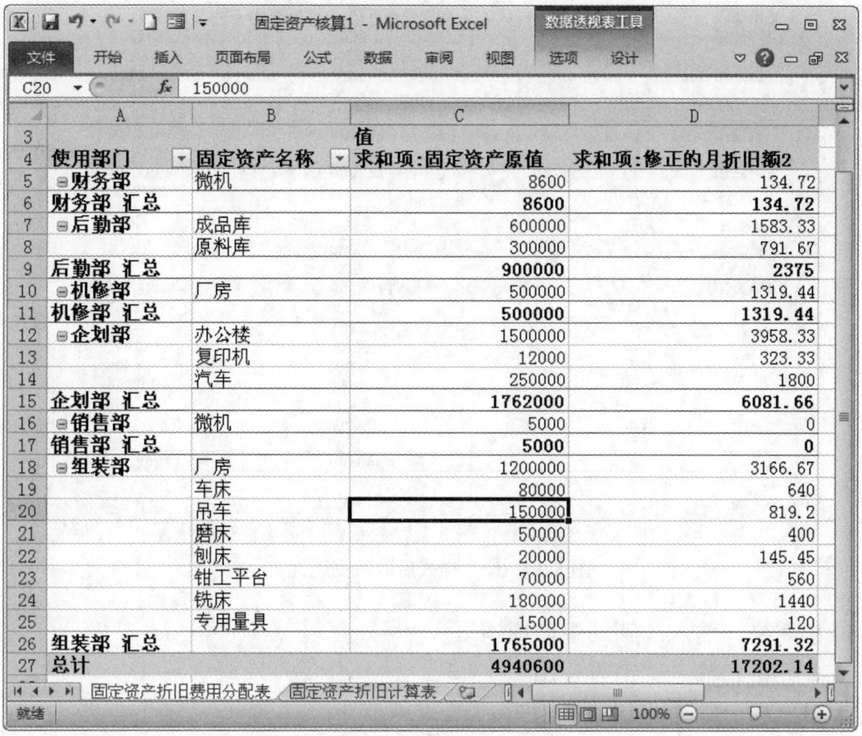

	A	B	C	D
3			值	
4	使用部门	固定资产名称	求和项:固定资产原值	求和项:修正的月折旧额2
5	⊟财务部	微机	8600	134.72
6	财务部 汇总		8600	134.72
7	⊟后勤部	成品库	600000	1583.33
8		原料库	300000	791.67
9	后勤部 汇总		900000	2375
10	⊟机修部	厂房	500000	1319.44
11	机修部 汇总		500000	1319.44
12	⊟企划部	办公楼	1500000	3958.33
13		复印机	12000	323.33
14		汽车	250000	1800
15	企划部 汇总		1762000	6081.66
16	⊟销售部	微机	5000	0
17	销售部 汇总		5000	0
18	⊟组装部	厂房	1200000	3166.67
19		车床	80000	640
20		吊车	150000	819.2
21		磨床	50000	400
22		刨床	20000	145.45
23		钳工平台	70000	560
24		铣床	180000	1440
25		专用量具	15000	120
26	组装部 汇总		1765000	7291.32
27	总计		4940600	17202.14

图 5-28　经典布局

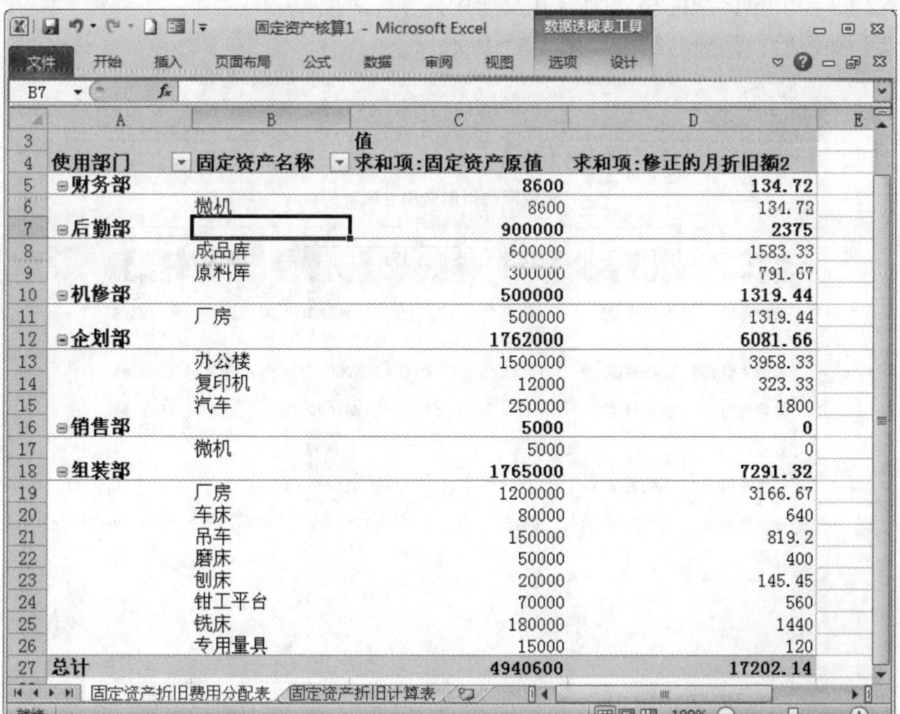

	A	B	C	D
3			值	
4	使用部门	固定资产名称	求和项:固定资产原值	求和项:修正的月折旧额2
5	⊟财务部		8600	134.72
6		微机	8600	134.72
7	⊟后勤部		900000	2375
8		成品库	600000	1583.33
9		原料库	300000	791.67
10	⊟机修部		500000	1319.44
11		厂房	500000	1319.44
12	⊟企划部		1762000	6081.66
13		办公楼	1500000	3958.33
14		复印机	12000	323.33
15		汽车	250000	1800
16	⊟销售部		5000	0
17		微机	5000	0
18	⊟组装部		1765000	7291.32
19		厂房	1200000	3166.67
20		车床	80000	640
21		吊车	150000	819.2
22		磨床	50000	400
23		刨床	20000	145.45
24		钳工平台	70000	560
25		铣床	180000	1440
26		专用量具	15000	120
27	总计		4940600	17202.14

图 5-29　以大纲形式显示

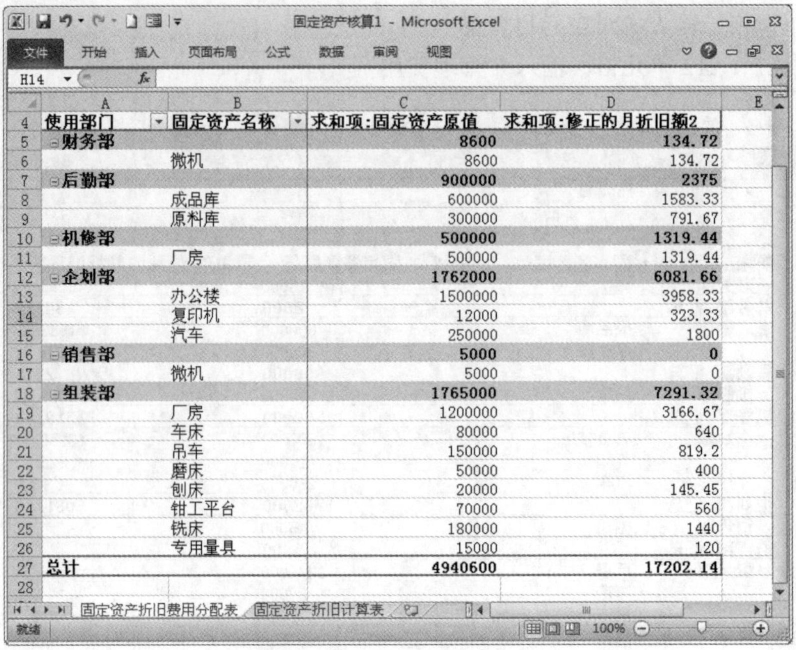

	A	B	C	D
4	使用部门	固定资产名称	求和项:固定资产原值	求和项:修正的月折旧额2
5	财务部		8600	134.72
6		微机	8600	134.72
7	后勤部		900000	2375
8		成品库	600000	1583.33
9		原料库	300000	791.67
10	机修部		500000	1319.44
11		厂房	500000	1319.44
12	企划部		1762000	6081.66
13		办公楼	1500000	3958.33
14		复印机	12000	323.33
15		汽车	250000	1800
16	销售部		5000	0
17		微机	5000	0
18	组装部		1765000	7291.32
19		厂房	1200000	3166.67
20		车床	80000	640
21		吊车	150000	819.2
22		磨床	50000	400
23		刨床	20000	145.45
24		钳工平台	70000	560
25		铣床	180000	1440
26		专用量具	15000	120
27	总计		4940600	17202.14

图 5-30　设置样式后的数据透视表

选择 A10 单元格，输入“辅助生产成本”。

选择 A16 单元格，输入“销售费用”。

选择 A18 单元格，输入“制造费用”。

设置 A1:E1 单元格区域的格式为合并及居中。

设置 A2:E2 单元格区域的格式为合并及居中。

完成以上操作后，得到的结果如图 5-31 所示。

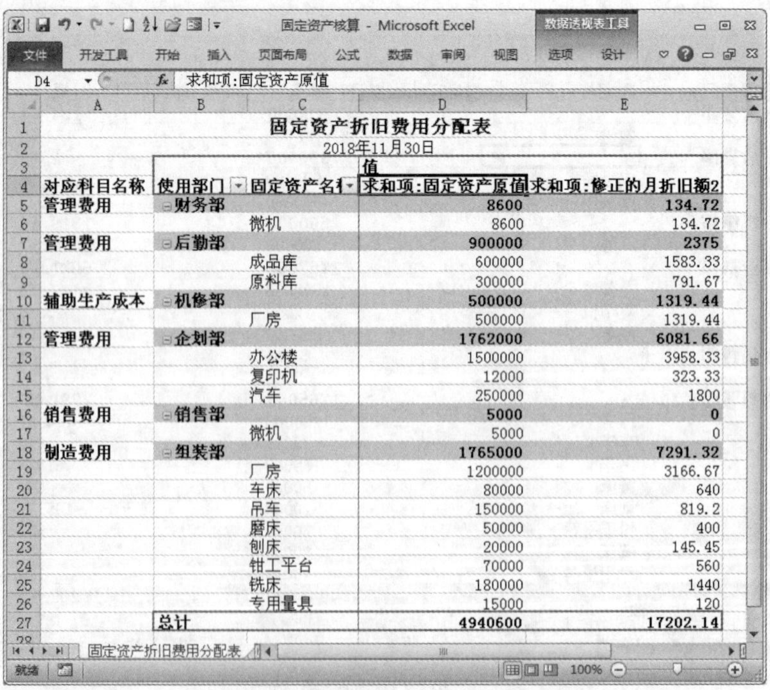

	A	B	C	D	E
1	固定资产折旧费用分配表				
2	2018年11月30日				
3				值	
4	对应科目名称	使用部门	固定资产名称	求和项:固定资产原值	求和项:修正的月折旧额2
5	管理费用	财务部		8600	134.72
6			微机	8600	134.72
7	管理费用	后勤部		900000	2375
8			成品库	600000	1583.33
9			原料库	300000	791.67
10	辅助生产成本	机修部		500000	1319.44
11			厂房	500000	1319.44
12	管理费用	企划部		1762000	6081.66
13			办公楼	1500000	3958.33
14			复印机	12000	323.33
15			汽车	250000	1800
16	销售费用	销售部		5000	0
17			微机	5000	0
18	制造费用	组装部		1765000	7291.32
19			厂房	1200000	3166.67
20			车床	80000	640
21			吊车	150000	819.2
22			磨床	50000	400
23			刨床	20000	145.45
24			钳工平台	70000	560
25			铣床	180000	1440
26			专用量具	15000	120
27		总计		4940600	17202.14

图 5-31　固定资产折旧费用分配表

任务四 固定资产数据的查询与汇总分析

通过前面的操作处理，企业已建立了基本的固定资产数据库，并按月对每项固定资产进行了折旧处理。要将这一数据库用于日常的固定资产管理，首先要掌握如何在该数据库中查询特定的固定资产。固定资产的查询主要利用 Excel 2010 的筛选功能。

每月对每项固定资产进行计提折旧处理后，丰源公司要求财务部提供有关固定资产折旧数据按照部门、类别分别进行汇总的分析报告，这就需要用到“数据透视表”功能。

一、利用筛选功能进行固定资产数据的查询

在“固定资产核算”工作簿中，打开“固定资产清单”工作表，在工作表区域中选择“数据”选项下的“筛选”按钮，工作表便会进入筛选状态，结果如图 5-32 所示。

微课 5-16 固定资产数据的查询与汇总分析

例如，查询 2018 年 11 月 1 日新增的固定资产的方法如下。

单击“开始使用日期”列按钮，取消“全选”，选择“2018-11-1”，筛选结果如图 5-33 所示。

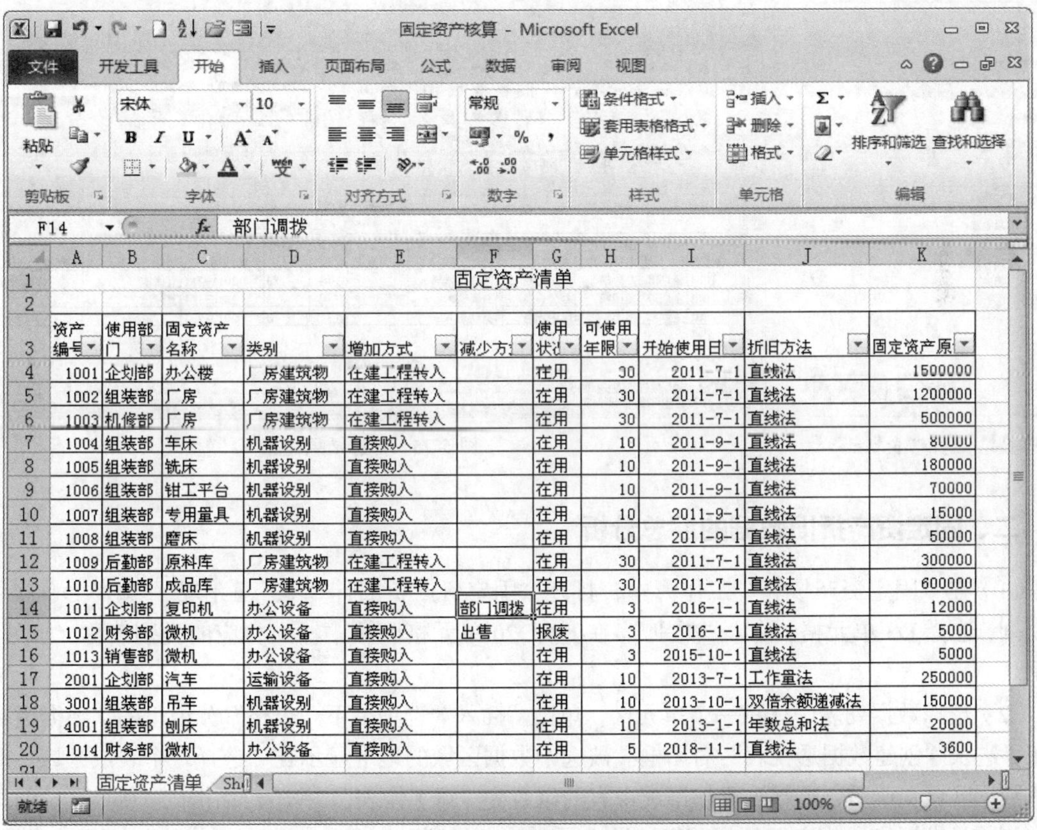

资产编号	使用部门	固定资产名称	类别	增加方式	减少方式	使用状态	可使用年限	开始使用日期	折旧方法	固定资产原值
1001	企划部	办公楼	厂房建筑物	在建工程转入		在用	30	2011-7-1	直线法	1500000
1002	组装部	厂房	厂房建筑物	在建工程转入		在用	30	2011-7-1	直线法	1200000
1003	机修部	厂房	厂房建筑物	在建工程转入		在用	30	2011-7-1	直线法	500000
1004	组装部	车床	机器设别	直接购入		在用	10	2011-9-1	直线法	80000
1005	组装部	铣床	机器设别	直接购入		在用	10	2011-9-1	直线法	180000
1006	组装部	钳工平台	机器设别	直接购入		在用	10	2011-9-1	直线法	70000
1007	组装部	专用量具	机器设别	直接购入		在用	10	2011-9-1	直线法	15000
1008	组装部	磨床	机器设别	直接购入		在用	10	2011-9-1	直线法	50000
1009	后勤部	原料库	厂房建筑物	在建工程转入		在用	30	2011-7-1	直线法	300000
1010	后勤部	成品库	厂房建筑物	在建工程转入		在用	30	2011-7-1	直线法	600000
1011	企划部	复印机	办公设备	直接购入	部门调拨	在用	3	2016-1-1	直线法	12000
1012	财务部	微机	办公设备	直接购入	出售	报废	3	2016-1-1	直线法	5000
1013	销售部	微机	办公设备	直接购入		在用	3	2015-10-1	直线法	5000
2001	企划部	汽车	运输设备	直接购入		在用	10	2013-7-1	工作量法	250000
3001	组装部	吊车	机器设别	直接购入		在用	10	2013-10-1	双倍余额递减法	150000
4001	组装部	刨床	机器设别	直接购入		在用	10	2013-1-1	年数总和法	20000
1014	财务部	微机	办公设备	直接购入		在用	5	2018-11-1	直线法	3600

图 5-32 进入筛选状态

例如，查询“企划部”“在用”的固定资产的方法如下。

第一步：单击“使用部门”列按钮，取消“全选”，选择“企划部”，单击“确定”按钮，如图 5-34 所示。

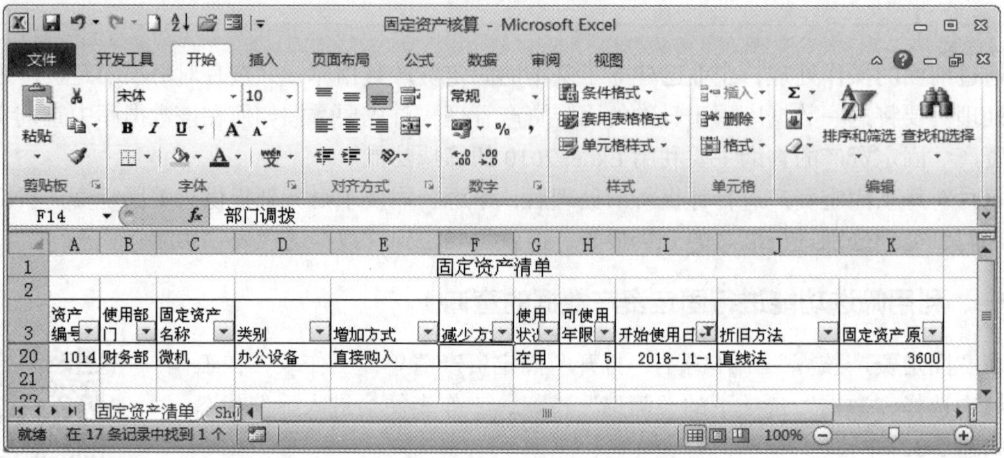

图 5-33 筛选结果（一）

第二步：单击“使用状况”列按钮，选择“在用”，筛选结果如图 5-35 所示。

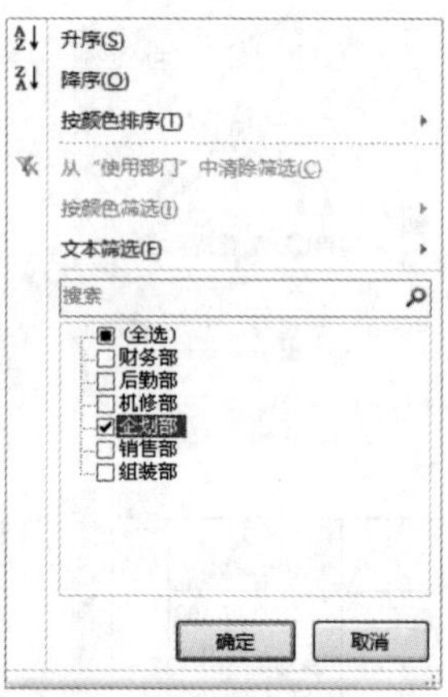

图 5-34 选择“企划部”

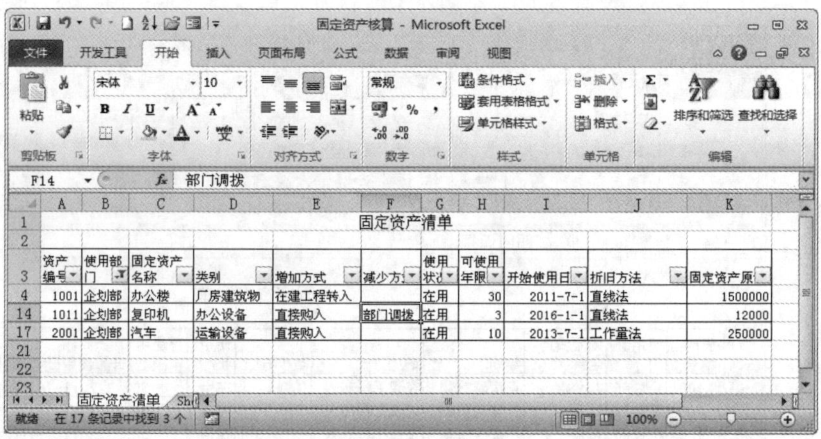

图 5-35 筛选结果（二）

二、固定资产折旧数据的汇总分析

（1）在“固定资产核算”工作簿中，打开“固定资产折旧计算表”工作表，选择 D 列，插入一新列，选择 D3 单元格，输入“类别”。在 D4:D20 单元格区域中输入相应的类别名称，如图 5-36 所示。

（2）选择数据列表中任意一个单元格，单击“插入”选项卡下“表格”分组里的“数据透视表”按钮，进入“创建数据透视表”对话框。被选中数据区域的地址显示在“选择一个表或区域”框内，确认数据区域正确后，选择放置数据透视表的位置为“新工作表”，单击对话框的“确定”按钮即可。将“当前日期”字段拖曳至“报表筛选”选项，将“类别”字段拖曳至“列标签”选项，将“使用部门”字段拖曳至“行标签”选项，将“修正的月折旧额 2”字段拖曳至“数值”区域，如图 5-37 所示。

图 5-36 输入类别名称

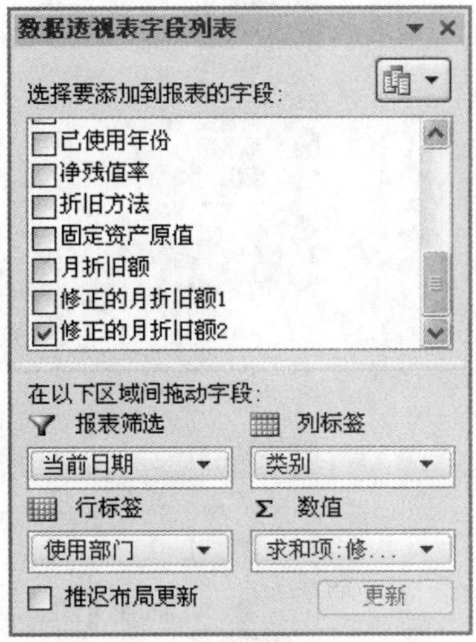

图 5-37 数据透视表布局

（3）生成的数据透视表如图 5-38 所示。

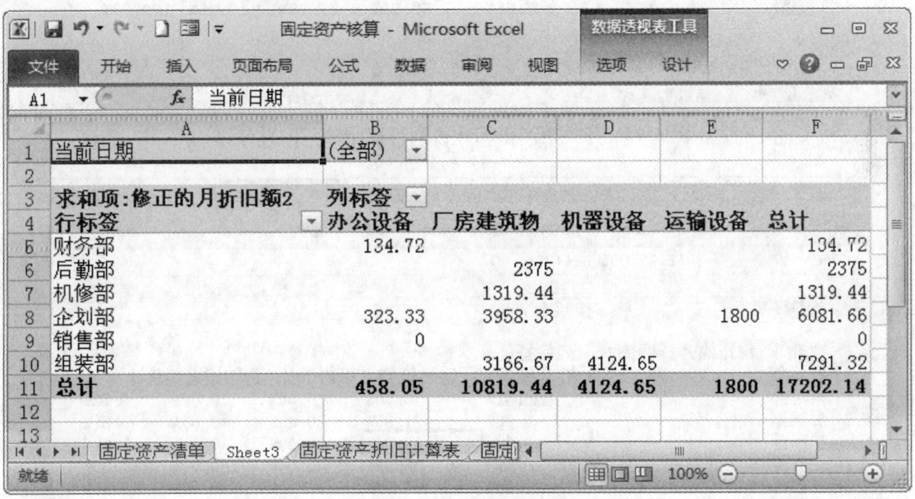

图 5-38 生成的数据透视表

（4）图 5-38 中显示的是求和的结果，我们还可以设置数据的其它显示格式。

用鼠标右键单击图 5-38 中的“求和项”区域，选择“值显示方式”中的“总计的百分比”“行汇总的百分比”“列汇总的百分比”，可分别得到不同的百分比分析数据。图 5-39 中显示的是各类资产折旧额占总和的百分比，图 5-40 中显示的是各类资产折旧额占同行数据总和的百分比，图 5-41 中显示的是各类资产折旧额占同列数据总和的百分比。

求和项:修正的月折旧额2	列标签				
行标签	办公设备	厂房建筑物	机器设备	运输设备	总计
财务部	0.78%	0.00%	0.00%	0.00%	0.78%
后勤部	0.00%	13.81%	0.00%	0.00%	13.81%
机修部	0.00%	7.67%	0.00%	0.00%	7.67%
企划部	1.88%	23.01%	0.00%	10.46%	35.35%
销售部	0.00%	0.00%	0.00%	0.00%	0.00%
组装部	0.00%	18.41%	23.98%	0.00%	42.39%
总计	2.66%	62.90%	23.98%	10.46%	100.00%

图 5-39　各类资产折旧额占总和的百分比

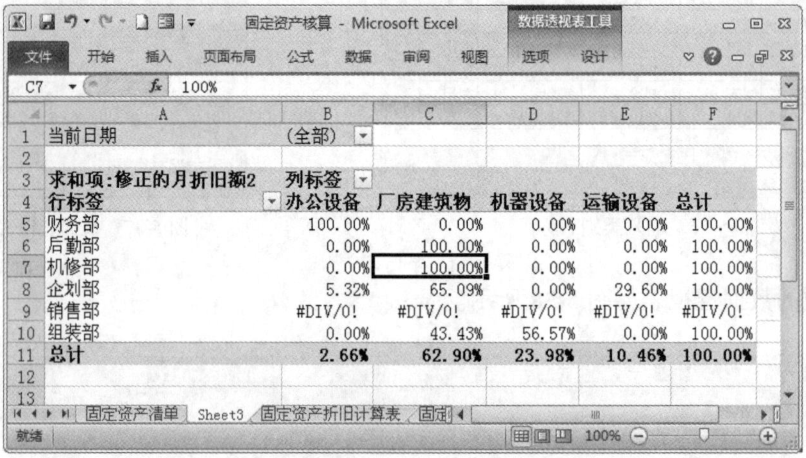

求和项:修正的月折旧额2	列标签				
行标签	办公设备	厂房建筑物	机器设备	运输设备	总计
财务部	100.00%	0.00%	0.00%	0.00%	100.00%
后勤部	0.00%	100.00%	0.00%	0.00%	100.00%
机修部	0.00%	100.00%	0.00%	0.00%	100.00%
企划部	5.32%	65.09%	0.00%	29.60%	100.00%
销售部	#DIV/0!	#DIV/0!	#DIV/0!	#DIV/0!	#DIV/0!
组装部	0.00%	43.43%	56.57%	0.00%	100.00%
总计	2.66%	62.90%	23.98%	10.46%	100.00%

图 5-40　各类资产折旧额占同行数据总和的百分比

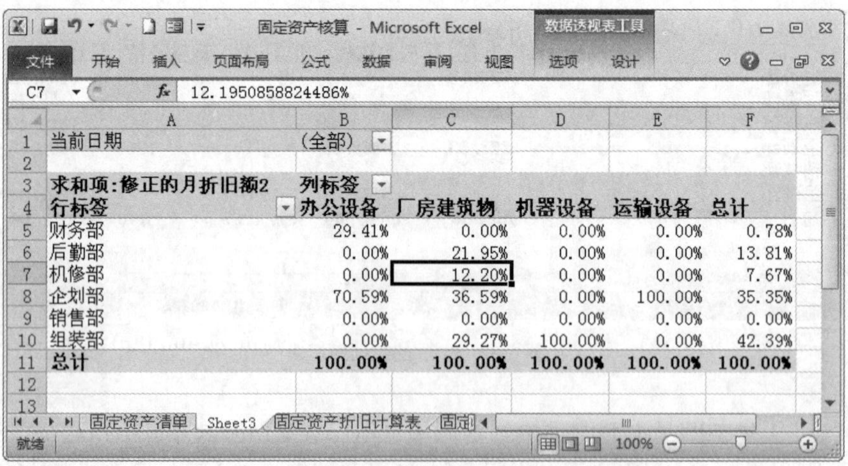

求和项:修正的月折旧额2	列标签				
行标签	办公设备	厂房建筑物	机器设备	运输设备	总计
财务部	29.41%	0.00%	0.00%	0.00%	0.78%
后勤部	0.00%	21.95%	0.00%	0.00%	13.81%
机修部	0.00%	12.20%	0.00%	0.00%	7.67%
企划部	70.59%	36.59%	0.00%	100.00%	35.35%
销售部	0.00%	0.00%	0.00%	0.00%	0.00%
组装部	0.00%	29.27%	100.00%	0.00%	42.39%
总计	100.00%	100.00%	100.00%	100.00%	100.00%

图 5-41　各类资产折旧额占同列数据总和的百分比

（5）将鼠标指针指向图 5-39 所示透视表区域的任意一个单元格，单击“选项”选项卡下“工具”分组中的“数据透视图”按钮，选择“柱形图”中的第一种图形，则会在当前页生成一张数据透视图，如图 5-42 所示。

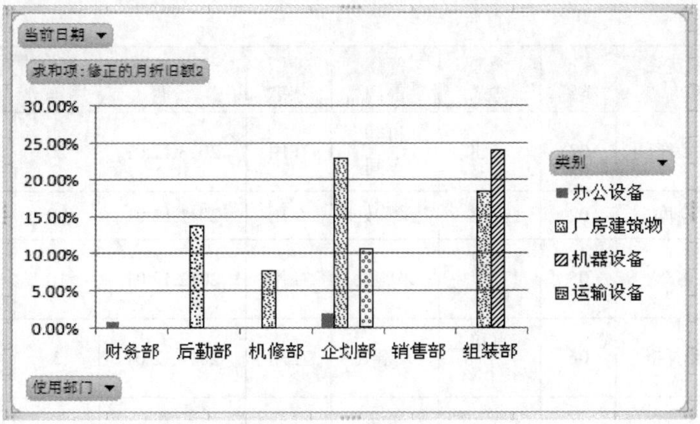

图 5-42　固定资产折旧汇总透视图

项目小结

本项目介绍了如何运用 Excel 对固定资产进行管理。首先介绍了固定资产的概念和对其实施单独管理的意义，接着介绍了固定资产管理的流程，最后完成了运用 Excel 输入固定资产卡片，进行固定资产增加、调拨和减少的管理，计提固定资产折旧，对固定资产数据进行查询和汇总分析等各项管理工作。要求学会使用 Excel 2010 设计固定资产核算系统，能够运用筛选及数据分析工具进行固定资产数据的汇总和查询。

项目实训

1．实训目的

（1）学会使用 Excel 2010 设计固定资产核算系统。

（2）学会运用筛选及数据分析工具进行固定资产数据的汇总和查询。

2．实训资料

SD 公司是一家生产机械设备的企业。企业规模虽然不大，但固定资产较多，而且价值较高，因此，固定资产管理对于企业来说是相当重要的。SD 公司有厂部、财务处、人事处、采购处、销售处、金工车间、机装车间等部门。固定资产的所属部门使用固定资产并负责对其进行日常维护。目前，SD 公司已有各类固定资产 11 台，固定资产的集中管理由财务处负责，每个固定资产都有一张卡片，用于记录它的增加方式、开始使用日期、固定资产编码、规格、种类、所属部门、原始价值、累计价值、净值、折旧方法等信息。固定资产日常管理业务有固定资产增加、减少，部门间的调拨，月折旧的计提，折旧数据的汇总分析。SD 公司的固定资产分为房屋建筑类、机械设备类、运输工具类、办公设备类，它们的编码分别为 02、03、05、06，净残值率分别为 5%、4%、4%和 3%。005 号固定资产的预计总工作量为 400 000 千米，本月工作量为 2 000 千米。

该公司从 2018 年 6 月起用 Excel 2010 核算固定资产。固定资产详细情况如表 5-3 所示。

表 5-3　　　　固定资产详细情况

卡片编号	固定资产编号	固定资产名称	资产类别	增加方式	使用部门	使用状态	开始使用日期	预计使用年份	原值（元）	折旧方法
001	101001	办公楼	02	自建	厂部	在用	2008.12.01	20	1 000 000	直线法
002	101002	金工车间	02	自建	金工车间	在用	2013.12.01	20	800 000	直线法

续表

卡片编号	固定资产编号	固定资产名称	资产类别	增加方式	使用部门	使用状态	开始使用日期	预计使用年份	原值（元）	折旧方法
003	101003	机装车间	02	自建	机装车间	在用	2013.12.01	20	500 000	直线法
004	101004	仓库	02	自建	采购处	在用	2011.12.01	20	200 000	直线法
005	201001	客车	05	直接购入	采购处	在用	2012.12.01	10	100 000	工作量法
006	301001	计算机	06	直接购入	人事处	在用	2014.12.01	5	6 000	直线法
007	201002	吊车	03	投资者投入	机装车间	在用	2014.12.01	10	130 000	双倍余额递减法
008	000008	会议桌	06	直接购入	厂部	在用	2014.12.01	5	2 000	直线法
009	301002	计算机	06	部门调拨	销售处	在用	2014.12.01	5	6 000	直线法
010	301003	打印机	06	部门调拨	财务部	在用	2014.12.01	5	2 000	直线法
011	301004	计算机	06	直接购入	财务部	在用	2012.06.01	5	12 000	直线法

3．实训要求

（1）设计固定资产卡片样式，录入固定资产卡片的初始数据。

（2）固定资产增加。

（3）固定资产减少。

（4）固定资产部门间调拨。

（5）固定资产折旧计提。

（6）固定资产查询。

（7）固定资产折旧数据的汇总分析。

项目六
Excel 2010 在进销存管理中的应用

知识目标

1. 掌握进销存的业务处理流程。
2. 了解进销存管理中数据之间的关系。

能力目标

1. 学会使用 Excel 2010 设计进销存管理系统。
2. 掌握工作表数据之间的操作。

工作情境与分析

一、情境

李娜在 2018 年 11 月设计了 Excel 2010 固定资产核算系统，不仅简化了固定资产计提折旧等固定资产管理工作，还利用 Excel 2010 对不同部门不同类别的折旧数额进行了分析，对固定资产管理提出了有针对性的建议，深得领导赏识。她备受鼓舞，在 2018 年 12 月开始尝试用 Excel 2010 设计进销存管理系统。

丰源公司主要从事生产、销售小型设备业务活动。其供应商、客户资料如表 6-1 和表 6-2 所示。

表 6-1　　供应商资料

供应商编号	供应商名称	开户银行	账号	纳税人登记号
1	成都机械公司	建行人民路支行	546713356732178	510100987654321
2	西安红岭工贸公司	农行丰庆路支行	657435865290858	610100123456789
3	天津物资供应公司	农行红星路分理处	243543267898765	120100657894321

表 6-2　　客户资料

客户	客户名称	开户银行	账号	纳税人登记号
1	石家庄五金公司	建行红旗大街分理处	845739021895476	130100987654321
2	黄河机械厂	农行迎宾路支行	432657189346028	370500387291045
3	大连明达机械公司	农行建设路分理处	327896574910347	210200321654987
4	河北清河纺织公司	工行胜利分理处	876936352173480	130683123456789

其库存材料、库存商品资料如表 6-3 和表 6-4 所示。

表 6-3 库存材料

明细账户		单位	数量	单价（元）	金额（元）
主要材料	X 材料	吨	400	40	16 000
	Y 材料	吨	400	35	14 000
	Z 材料	吨	20	28	560
辅助材料	配件 A	件	100	20	2 000
	配件 B	件	400	3	1 200
合计					33 760

表 6-4 库存商品

明细账户	单位	数量	借贷	单价（元）	金额（元）
甲设备	件	20	借	1 032	20 640
乙设备	件	25	借	512	12 800
合计					33 440

2018 年 12 月，丰源公司进销存业务如下。

（1）1 日，从西安红岭工贸公司购入 X 材料 200 吨，单价 40 元。采购发票号 501211。

（2）3 日，销售给石家庄五金公司甲设备 10 台，单价 2 000 元。

（3）5 日，从成都机械公司购入 Z 材料 30 吨，单价 30 元，材料验收入库，款项已电汇，结算单据号 1205。采购发票号 301202。

（4）8 日，从天津物资供应公司采购配件 A100 件，单价 21 元。货款未付，采购发票号 201801。

（5）9 日，销售乙设备 5 台给黄河机械厂，单价 1 000 元。

（6）11 日，车间领用材料，包括 X 材料 300 吨，单价 40 元；Y 材料 300 吨，单价 35 元；Z 材料 10 吨，单价 28 元。

（7）15 日，从成都机械公司购入配件 B 200 件，单价 3 元；购入 Y 材料 200 吨，单价 35 元。采购发票号 301215。

（8）18 日，从西安红岭工贸公司购入 X 材料 300 吨，单价 40 元。采购发票号 501235。

（9）26 日，车间领用辅助材料配件 A 100 件，单价 20 元；配件 B 300 件，单价 3 元。

（10）27 日，收到销售给石家庄五金公司甲设备的价款 20 000 元。结算票据号 23124。

（11）结转完工产品成本。

二、分析

进销存管理是企业内部管理的重要环节。采购是企业实现价值的开始，采购成本的高低直接影响着企业的利润，因此采购管理是企业管理的重点；销售是企业实现价值的主要手段，是企业进销存管理系统的重要组成部分；存货是企业会计核算和管理中的一个重要环节，存货管理的好坏和信息准确与否会直接影响企业的采购、生产和销售业务的进行。

丰源公司的进销存业务比较简单，利用 Excel 2010 进行进销存管理可以提高工作效率，并间接提高企业的经济效益。

丰源公司的进货流程：采购员接到缺货信息后，分析缺货信息是否合理，再将订单下达给供应商；材料送达后，实物入库，根据入库单登记库存账；对于未付款的业务，转入未付款供应商单独处理。

丰源公司的产品销售流程：接收客户订单，签订销售合同，向客户发货并收款，对形成应收账款的业务单独进行管理。每笔销售业务发生时都要及时更新库存，登记各种产品的库存明细账。

丰源公司的库存管理流程：材料采购入库、产品完工入库、领料退货等业务均涉及库存的变化，丰源公司实行一料一账制度，每收发一次货就盘点一次，当天的所有材料和产品进出都要记录，当天全部处理完毕。这样可以确保对当天的所有进出料账清点一遍，如有异常，及时处理。

根据以上分析，丰源公司用 Excel 2010 进行进销存管理需要将其分成几个任务：输入期初数据→采购与付款业务处理→销售与收款业务处理→库存管理→登记商品和材料明细账。

任务一　输入期初数据

丰源公司要实现用 Excel 2010 管理进销存业务，首先要把本期商品和材料期初数据输入 Excel 2010 工作簿中，作为原来手工账和新的进销存管理系统的衔接。

通过整理存货手工账及对公司业务进行分析，丰源公司存货期初数据应包含如下内容：存货编码、存货名称、型号规格、计量单位、期初库存数量、期初成本和期初余额等。

一、输入数据

（1）新建一个工作簿，命名为“进销存管理”，将 Sheet 1 更名为“存货列表及期初数据”。

（2）输入数据列表，如图 6-1 所示。

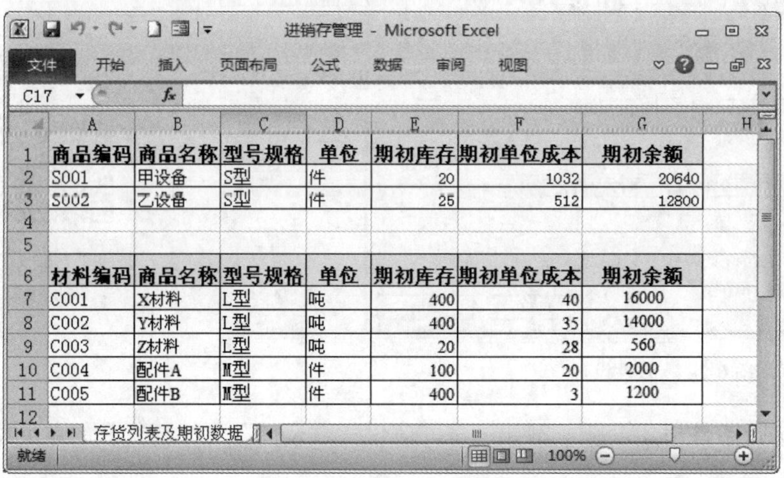

商品编码	商品名称	型号规格	单位	期初库存	期初单位成本	期初余额
S001	甲设备	S型	件	20	1032	20640
S002	乙设备	S型	件	25	512	12800
材料编码	商品名称	型号规格	单位	期初库存	期初单位成本	期初余额
C001	X材料	L型	吨	400	40	16000
C002	Y材料	L型	吨	400	35	14000
C003	Z材料	L型	吨	20	28	560
C004	配件A	M型	件	100	20	2000
C005	配件B	M型	件	400	3	1200

图 6-1　存货列表及期初数据

微课 6-1　输入期初数据

二、设置格式

选择表头区域，设置加粗、居中，设置背景色为青绿色，这样能够把表头字段和表体记录清晰地区分开。

任务二　采购与付款业务处理

在采购与付款业务处理中，需要了解企业存货购入的基本信息和付款的有关信息。企业要同供货商建立良好的合作关系，根据采购计划请购，经过审批后，签订采购合同并实施采购。订购的存货到达后，经验收合格在收款单上签字，财务人员根据采购发票和签过字的入库凭证（收货单或请购单）确定付款方式，完成付款业务。利用 Excel 2010 进行采购与付款业务管理，需要建立采购业务和付款业务的数据清单。

丰源公司的采购业务中涉及材料和备件的采购，需要建立两个工作表——“采购业务表”和“付款业务表”，分别由采购部门和财务部门记录。“采购业务表”是记录材料和备件采购相关信息的数据清单，“付款业务表”是记录付款相关信息的数据清单。

一、编制采购业务表

（1）打开“进销存管理”工作簿，将 Sheet 2 更名为“采购业务表”。在“采购业务表”中设置的项目如下：业务日期、采购发票号、摘要、商品编码、商品名称、型号规格、单位、进货数量、进货单价、进货金额、供应商、已付货款和应付货款余额。

（2）表头字段的格式设置为加粗、居中，填充背景色为青绿色。

（3）丰源公司有稳定的供货商为了方便输入并防止输入错误，可对“供应商”列进行有效性设置：选择“数据”选项卡下“数据工具”分组中的“有效性”按钮完成设置，如图 6-2 所示。

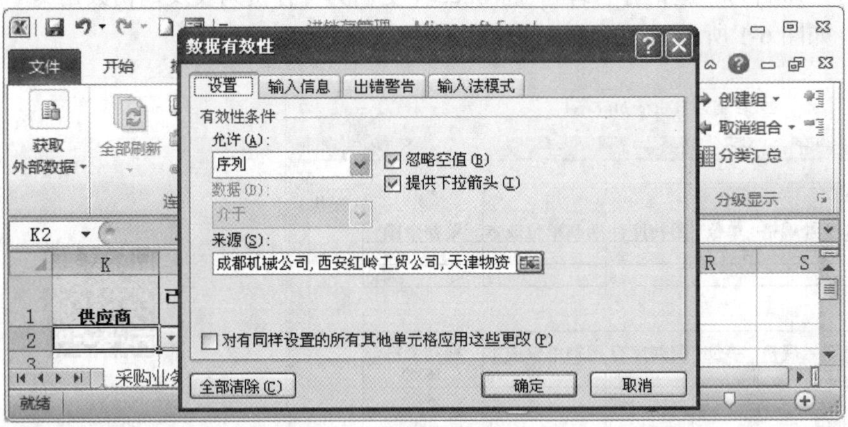

微课 6-2　编制采购业务表

图 6-2　有效性设置

（4）对某些单元格进行条件格式设置。例如，将“应付货款余额”列结清货款的单元格设置为黄色背景。

选择“采购业务表”的 M2 单元格，单击“开始”选项卡下“样式”分组中的“条件格式”按钮，选择“突出显示单元格规则”中的“等于”选项。在数值文本框中输入“0”，在“设置为”文本框中选择“黄填充色深黄色文本”，如图 6-3 所示。

（5）根据丰源公司本月的采购资料，依次输入“业务日期”“采购发票号”“摘要”“商品编码”“进货数量”“进货单价”“已付货款”等列的信息。“商品名称”“型号规格”“单位”等列的信息，可通过“存货列表及期初数据”工作表的对应关系自动显示。具体设置如下。

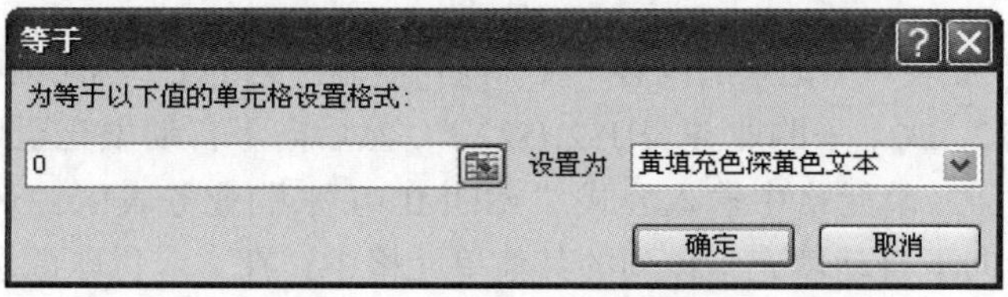

图 6-3 设置单元格的条件格式

在 E2 单元格中输入“=VLOOKUP（D2，存货列表及期初数据!A$1:G$11，2，0）”，再用填充柄把 E2 单元格中的公式复制到该列其他单元格中。

在 F2 单元格中输入“=VLOOKUP（D2，存货列表及期初数据!A$1:G$11，3，0）”，再用填充柄把 F2 单元格中的公式复制到该列其他单元格中。

在 G2 单元格中输入“=VLOOKUP（D2，存货列表及期初数据!A$1:G$11，4，0）”，再用填充柄把 G2 单元格中的公式复制到该列其他单元格中。

（6）在“进货金额”一列，在 J2 单元格中输入公式“=H2*I2”，并向下自动填充到该列其他单元格中。

（7）对自动生成的数据设置单元格格式，设置背景色为浅绿色，如图 6-4 所示。

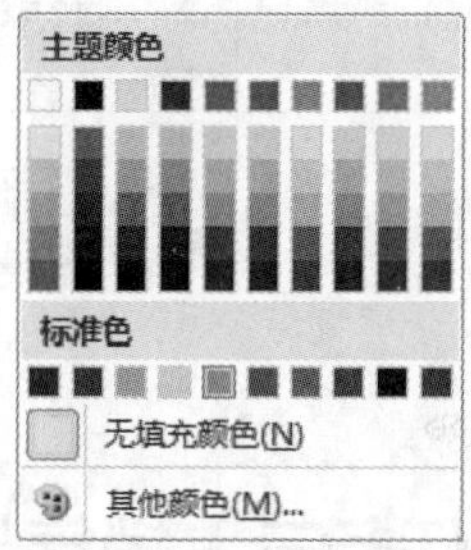

图 6-4 设置单元格背景色

“采购业务表”输入完成后，结果如图 6-5 所示。

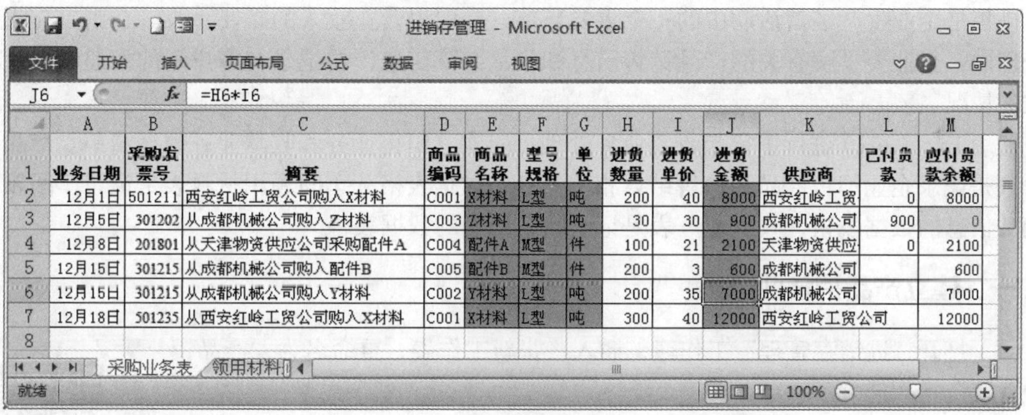

	A	B	C	D	E	F	G	H	I	J	K	L	M
1	业务日期	采购发票号	摘要	商品编码	商品名称	型号规格	单位	进货数量	进货单价	进货金额	供应商	已付货款	应付货款余额
2	12月1日	501211	西安红岭工贸公司购入X材料	C001	X材料	L型	吨	200	40	8000	西安红岭工贸	0	8000
3	12月5日	301202	从成都机械公司购入Z材料	C003	Z材料	L型	吨	30	30	900	成都机械公司	900	0
4	12月8日	201801	从天津物资供应公司采购配件A	C004	配件A	M型	件	100	21	2100	天津物资供应	0	2100
5	12月15日	301215	从成都机械公司购入配件B	C005	配件B	M型	件	200	3	600	成都机械公司		600
6	12月15日	301215	从成都机械公司购入Y材料	C002	Y材料	L型	吨	200	35	7000	成都机械公司		7000
7	12月18日	501235	从西安红岭工贸公司购入X材料	C001	X材料	L型	吨	300	40	12000	西安红岭工贸公司		12000
8													

图 6-5 采购业务表

二、编制付款业务表

（1）打开“进销存管理”工作簿，将 Sheet 3 重命名为“付款业务表”。

（2）输入表头各个项目的名称：付款日期、结算方式、结算票据号、供应商、应付货款、已付货款、应付账款余额。

（3）为了方便输入并防止输入错误，对“结算方式”“供应商”列进行数据有效性设置。

“结算方式”列的数据有效性设置来源如下：现金支票、转账支票、银行汇票、银行本票、汇兑、信用证。

微课 6-3 编制付款业务表

“供应商”列的数据有效性设置来源如下：成都机械公司、西安红岭工贸公司、天津物资供应公司。

（4）根据“采购业务表”中记录的内容，在“应付货款”列的E2单元格中输入公式“=SUMIF（采购业务表!K$2:K$22，D2，采购业务表!J$2:J$22）”，然后向下自动填充至该列的其他单元格中；在“已付货款”列的F2单元格中输入公式“=SUMIF（采购业务表!K$2:K$22，D2，采购业务表!L$2:L$22）”，然后向下自动填充至该列的其他单元格中；在“应付账款余额”列的G2单元格中输入公式“=E2-F2”，然后向下自动填充至该列的其他单元格中。

经过计算，丰源公司的“付款业务表”如图6-6所示。

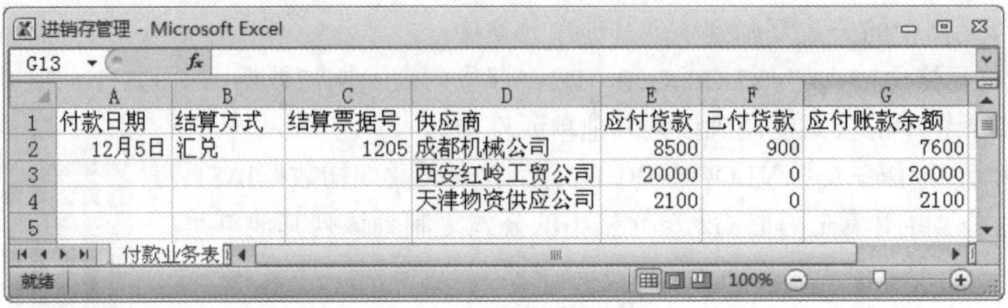

	A	B	C	D	E	F	G
1	付款日期	结算方式	结算票据号	供应商	应付货款	已付货款	应付账款余额
2	12月5日	汇兑	1205	成都机械公司	8500	900	7600
3				西安红岭工贸公司	20000	0	20000
4				天津物资供应公司	2100	0	2100
5							

图6-6 付款业务表

任务三 销售与收款业务处理

销售是企业生产经营活动中的一个重要环节，是取得营业收入的必要手段。在销售与收款业务处理中，企业要了解有关的产品销售信息和收款结算信息，要记录与客户间的沟通联系及客户还款的情况。

使用Excel 2010进行销售与收款业务处理，应建立销售业务和收款业务数据清单。产品销售业务表是记录企业销售商品和销售结算相关信息的数据表格，车间领用材料表是记录车间领用材料相关信息的数据表格，收款业务表是记录收款信息的数据表格。

一、建立产品销售业务表

（1）打开“进销存管理”工作簿，插入一张新工作表，重命名为“产品销售业务表”。

微课6-4 建立产品销售业务表

（2）输入项目名称：业务日期、摘要、客户、商品编码、商品名称、型号规格、单位、销售数量、销售单价、应收货款、实收货款、应收账款余额。

（3）为了方便输入并防止输入错误，对“客户”列进行数据有效性设置，如图6-7所示。

（4）对某些单元格进行条件格式设置。为了清晰地标示出已结清款项的业务，将已结清款项的单元格设置为黄色背景。选择“产品销售业务表”的L2单元格，单击“开始”选项卡下“样式”分组中的“条件格式”按钮，选择“突出显示单元格规则”中的“等于”选项。在数值文本框中输入“0”，“设置为”文本框中选择“黄填充色深黄色文本”格式，如图6-8所示。

（5）根据丰源公司的销售数据，直接输入“业务日期”“摘要”“商品编码”“销售数量”“销售单价”“实收货款”等列的内容，然后利用VLOOKUP函数自动计算出每个“商品编码”对应的“商品名称”“型号规格”“单位”。

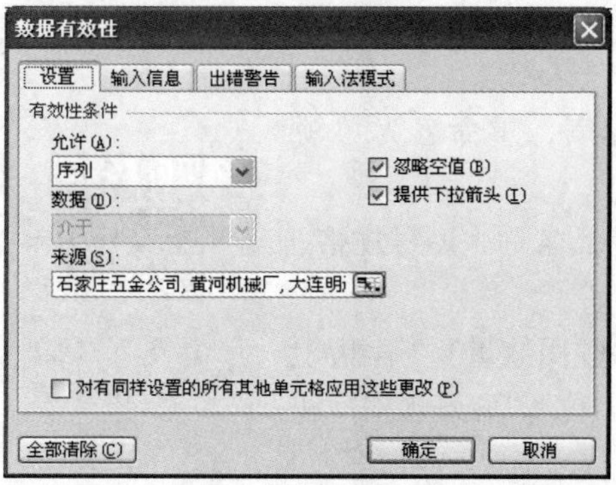

图 6-7 数据有效性设置

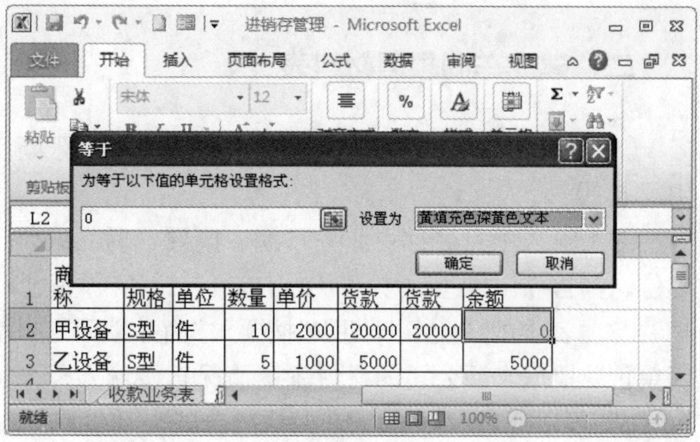

图 6-8 设置条件格式

在 E2 单元格中输入公式“=VLOOKUP（D2，存货列表及期初数据!A$1:G$25，2，0）”，在 F2 单元格中输入公式“=VLOOKUP（D2，存货列表及期初数据!A$1:G$25，3，0）”，在 G2 单元格中输入公式“=VLOOKUP（D2，存货列表及期初数据!A$1:G$25，4，0）”，在 J2 单元格中输入公式“=H2*I2”；在 L2 单元格中输入公式“=J2−K2”。

输入完成后，分别把各公式复制到同一列其他单元格中，即可得到“产品销售业务表”，如图 6-9 所示。

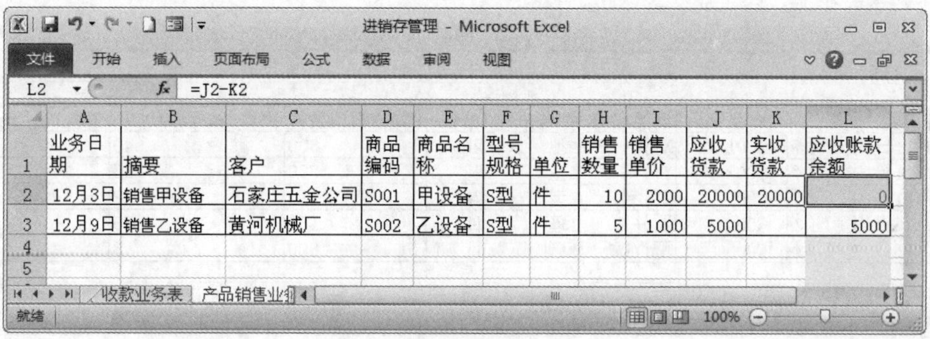

图 6-9 产品销售业务表（一）

（6）为了方便进行销售结算，可在表中增加两列——“销售成本”和“销售毛利”，以便通过与“库存管理表”的配合使用，随时获得每笔销售业务的利润。

“销售成本”等于“销售数量”*“单位成本”（库存管理表中），在 M2 单元格中输入公式“=H2*SUMIF（库存管理表!B:B，E2，库存管理表!K:K）”，在 N2 单元格中输入公式“=J2-M2”，然后将这两个单元格格式向下自动填充，即可生成完善的“产品销售业务表”，如图 6-10 所示。

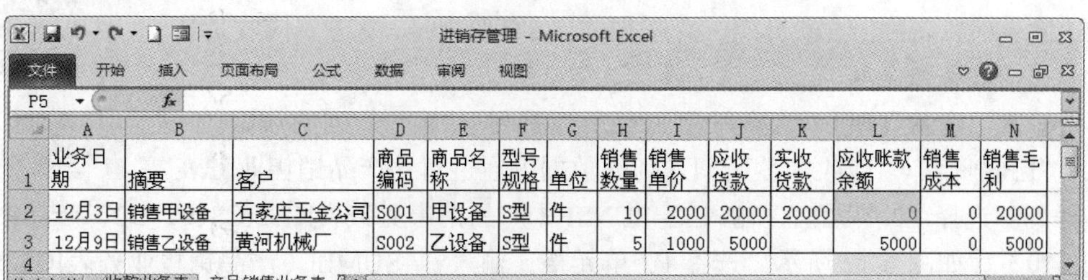

图 6-10 产品销售业务表（二）

二、建立车间领用材料表

（1）打开“进销存管理”工作簿，插入一张新工作表，重命名为“领用材料表”。

（2）输入项目名称：业务日期、摘要、商品编码、商品名称、型号规格、单位、销售/领用数量、销售/领用单价、销售/领用金额。

（3）表中的“业务日期”“摘要”“商品编码”“销售/领用数量”“销售/领用单价”根据丰源公司的材料领用情况直接输入，“商品名称”“型号规格”和“单位”可以通过VLOOKUP函数的公式自动生成。

微课6-5 建立车间领用材料表

在D2单元格中输入公式“=VLOOKUP（C2，存货列表及期初数据!A$6:G$12，2，0）”，在E2单元格中输入公式“=VLOOKUP（C2，存货列表及期初数据!A$6:G$12，3，0）”，在F2单元格中输入公式“=VLOOKUP（C2，存货列表及期初数据!A$6:G$12，4，0）”，在I2单元格中输入公式“=G2*H2”。

输入这些公式后，分别把各公式复制到同一列其他单元格中，即可得到“领用材料表”，结果如图6-11所示。

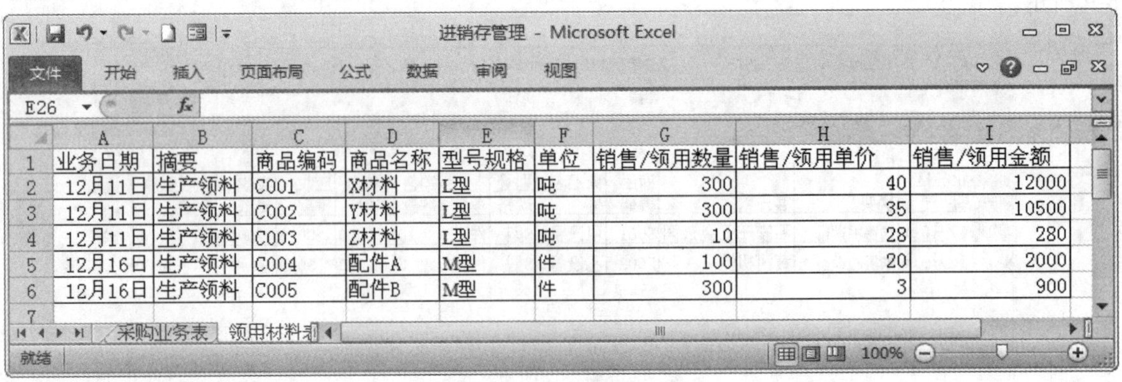

	A	B	C	D	E	F	G	H	I
1	业务日期	摘要	商品编码	商品名称	型号规格	单位	销售/领用数量	销售/领用单价	销售/领用金额
2	12月11日	生产领料	C001	X材料	L型	吨	300	40	12000
3	12月11日	生产领料	C002	Y材料	L型	吨	300	35	10500
4	12月11日	生产领料	C003	Z材料	L型	吨	10	28	280
5	12月16日	生产领料	C004	配件A	M型	件	100	20	2000
6	12月16日	生产领料	C005	配件B	M型	件	300	3	900
7									

图6-11 领用材料表

三、建立收款业务表

（1）打开“进销存管理”工作簿，插入一张新工作表，重命名为“收款业务表”。

（2）输入项目名称：收款日期、结算方式、结算票据号、客户、应收货款、已收货款、应收账款余额。

（3）输入“收款日期”“结算方式”“结算票据号”“客户”列的数据。“应收货款”“已收货款”“应收账款余额”列的数据可通过对“产品销售业务表”的计算得到。选择E2单元格，输入“=SUMIF（产品销售业务表!C$2:C$10，D2，产品销售业务表!J$2:J$10）”，如图6-12所示。选择F2单元格，输入“=SUMIF（产品销售业务表!C$2:C$10，D2，产品销售业务表!K$2:K$10）”；选择G2单元格，输入“=E2-F2”。输入完成后，把公式复制到同一列其他单元格中。设置完成的收款业务表如图6-13所示。

微课6-6 建立收款业务表

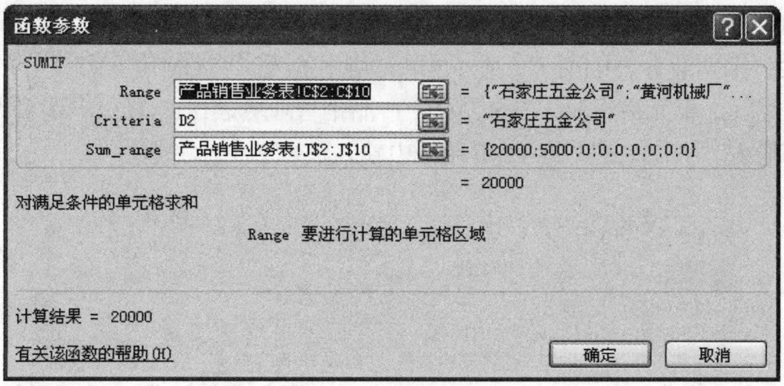

图 6-12　计算应收货款

图 6-13　收款业务表

任务四　建立库存管理表

库存管理是企业进销存管理中不可缺少的环节，与采购管理和销售管理紧密相连。无论是采购的原材料还是企业的库存商品，都需要进行入库和出库统计。本任务介绍使用 Excel 2010 进行商品入库和出库统计的方法，以及对库存量的控制。建立库存管理表的步骤如下。

微课 6-7　建立库存管理表

（1）打开“进销存管理”工作簿，插入一张新工作表，重命名为“库存管理表”。

（2）输入项目名称：商品编码、商品名称、期初结存数量、期初结存金额、购入数量、本期增加金额、发出数量、发出成本、库存数量、结存金额、单位成本。

（3）利用条件格式对库存数量进行监控。例如，想设置成当库存数量小于 300 吨时，应及时补充进货；当大于 1 000 吨时，提醒不再进货。选择“库存管理表”的 I2 单元格，选择“开始”选项卡下“样式”分组中的“条件格式”按钮，选择“突出显示单元格规则”中的“大于”选项。在数值文本框中输入“1000”，在“设置为”框中选择“浅红填充色深红色文本”格式。继续设置数量小于 300 的突出显示方式，选择“开始”选项卡下“样式”分组中的“条件格式”按钮，选择“突出显示单元格规则”中的“小于”选项，在数值文本框中输入“300”，在“设置为”框中选择“黄填充色深黄色文本”格式。将 I2 单元格的格式设置复制到该列其他单元格中，结果如图 6-14 所示。

（4）利用公式输入各单元格的数据。A 列、B 列的内容直接输入。在 C2 单元格中输入“=SUMIF（存货列表及期初数据!C:C，B2，存货列表及期初数据!E:E）”，在 D2 单元格中输入“=SUMIF（存货列表及期初数据!C:C，B2，存货列表及期初数据!G:G）”，在E2单元格中输入“=SUMIF（采购业务表!F:F，B2，采购业务表!H:H）”，在F2单元格中输入“=SUMIF（采购业务表!F:F，B2，采购业务表!J:J）”，在G2单元格中输入“=SUMIF(产品销售业务表!E:E,B2,产品销售业务表!H:H)”，在H2单元格中输入“=G2*K2”，在I2单元格中输入“=C2+E2-G2”。

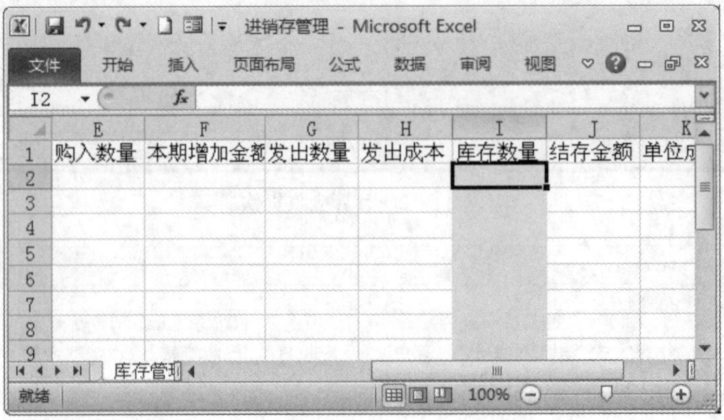

图6-14 定义条件格式后的库存数量

丰源公司采用加权平均法计算发出存货的成本，所以在K2单元格中输入“=（D2+F2）/（C2+E2）”，在J2单元格中输入“=D2+F2-H2”。

输入完毕后，分别把各公式复制到本列其他单元格中，结果如图6-15所示。

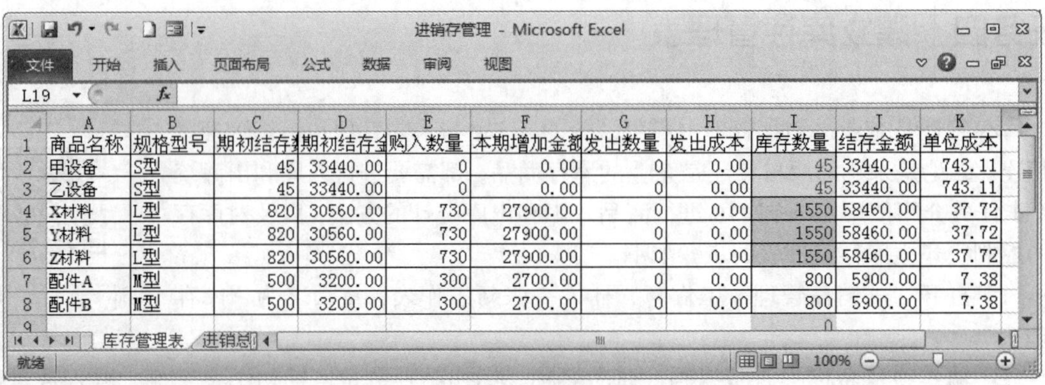

商品名称	规格型号	期初结存	期初结存金	购入数量	本期增加金额	发出数量	发出成本	库存数量	结存金额	单位成本
甲设备	S型	45	33440.00	0	0.00	0	0.00	45	33440.00	743.11
乙设备	S型	45	33440.00	0	0.00	0	0.00	45	33440.00	743.11
X材料	L型	820	30560.00	730	27900.00	0	0.00	1550	58460.00	37.72
Y材料	L型	820	30560.00	730	27900.00	0	0.00	1550	58460.00	37.72
Z材料	L型	820	30560.00	730	27900.00	0	0.00	1550	58460.00	37.72
配件A	M型	500	3200.00	300	2700.00	0	0.00	800	5900.00	7.38
配件B	M型	500	3200.00	300	2700.00	0	0.00	800	5900.00	7.38

图6-15 库存管理表

任务五 登记材料和商品明细账

为了方便计算结转材料、商品的成本，及时了解库存情况，需要按材料、商品的编码、名称、型号规格分别设置活页式明细账，由财务人员根据仓管员每个月的库存报表登账，采用数量金额式账页。

丰源公司有X材料、Y材料、Z材料3种原材料，配件A、配件B两种辅助材料，甲设备、乙设备两种库存商品，应分别按材料和商品的类别设置明细账。

一、输入材料明细账

下面以生成 X 材料明细账为例，学习登记存货明细账的操作。

（1）打开“进销存管理”工作簿，插入新的工作表，命名为“X 材料明细账”。

（2）输入项目名称：业务日期、摘要、商品编码、商品名称、型号规格、单位、入库数量、入库成本、入库金额、领用数量、单价、金额、结存数量、结存成本、结存金额。

（3）在表中的第二行输入期初库存情况，如图 6-16 所示。

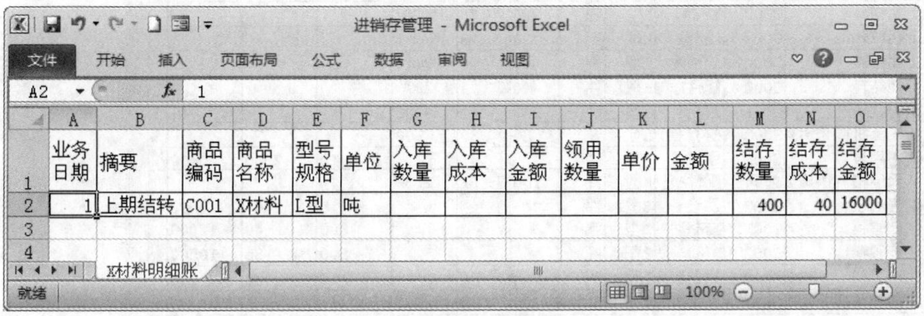

业务日期	摘要	商品编码	商品名称	型号规格	单位	入库数量	入库成本	入库金额	领用数量	单价	金额	结存数量	结存成本	结存金额
1	上期结转	C001	X材料	L型	吨							400	40	16000

图 6-16　期初库存情况

微课 6-8　输入材料明细账

（4）在 D3 单元格中输入公式“=VLOOKUP（C3，存货列表及期初数据!A:B，2，0）”，在 E3 单元格中输入公式“=VLOOKUP（C3，存货列表及期初数据!A:D，3，0）”，在 F3 单元格中输入公式“=VLOOKUP（C3，存货列表及期初数据!A:D，4，0）”，在 I3 单元格中输入公式“=G3*H3”，在 L3 单元格中输入公式“=J3*K3”，在 M3 单元格中输入公式“=M2+G3-J3”。将以上单元格中的公式向下自动填充。

（5）从第 3 行起逐行输入 X 材料的采购与领用信息。

生成的 X 材料明细账如图 6-17 所示。

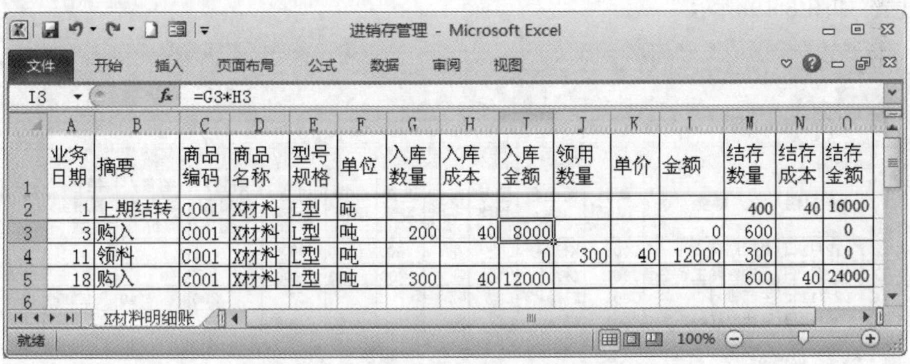

业务日期	摘要	商品编码	商品名称	型号规格	单位	入库数量	入库成本	入库金额	领用数量	单价	金额	结存数量	结存成本	结存金额
1	上期结转	C001	X材料	L型	吨							400	40	16000
3	购入	C001	X材料	L型	吨	200	40	8000			0	600		0
11	领料	C001	X材料	L型	吨			0	300	40	12000	300		0
18	购入	C001	X材料	L型	吨	300	40	12000				600	40	24000

图 6-17　X 材料明细账

二、根据进销总记录表生成明细账

（1）打开“进销存管理”工作簿，插入新的工作表，命名为“进销总记录表”。

（2）在“进销总记录表”中，从“存货列表及期初数据”表中复制出期初数据。

（3）从“采购业务表”中复制出材料采购的数据。

（4）从“领用材料表”中复制出车间领料的数据。

（5）从“产品销售业务表”中复制出销售的数据。

（6）对以上数据按“业务日期”进行排序，完成的“进销总记录表”如图6-18所示。

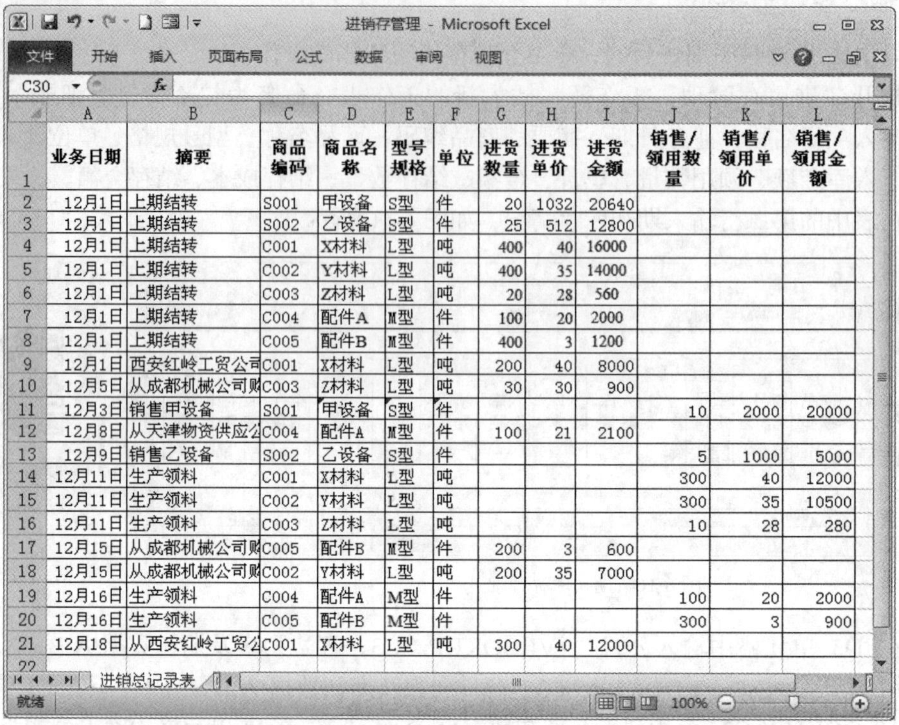

	A	B	C	D	E	F	G	H	I	J	K	L
1	业务日期	摘要	商品编码	商品名称	型号规格	单位	进货数量	进货单价	进货金额	销售/领用数量	销售/领用单价	销售/领用金额
2	12月1日	上期结转	S001	甲设备	S型	件	20	1032	20640			
3	12月1日	上期结转	S002	乙设备	S型	件	25	512	12800			
4	12月1日	上期结转	C001	X材料	L型	吨	400	40	16000			
5	12月1日	上期结转	C002	Y材料	L型	吨	400	35	14000			
6	12月1日	上期结转	C003	Z材料	L型	吨	20	28	560			
7	12月1日	上期结转	C004	配件A	M型	件	100	20	2000			
8	12月1日	上期结转	C005	配件B	M型	件	400	3	1200			
9	12月1日	西安红岭工贸公司	C001	X材料	L型	吨	200	40	8000			
10	12月5日	从成都机械公司购	C003	Z材料	L型	吨	30	30	900			
11	12月3日	销售甲设备	S001	甲设备	S型	件				10	2000	20000
12	12月8日	从天津物资供应公	C004	配件A	M型	件	100	21	2100			
13	12月9日	销售乙设备	S002	乙设备	S型	件				5	1000	5000
14	12月11日	生产领料	C001	X材料	L型	吨				300	40	12000
15	12月11日	生产领料	C002	Y材料	L型	吨				300	35	10500
16	12月11日	生产领料	C003	Z材料	L型	吨				10	28	280
17	12月15日	从成都机械公司购	C005	配件B	M型	件	200	3	600			
18	12月15日	从成都机械公司购	C002	Y材料	L型	吨	200	35	7000			
19	12月16日	生产领料	C004	配件A	M型	件				100	20	2000
20	12月16日	生产领料	C005	配件B	M型	件				300	3	900
21	12月18日	从西安红岭工贸公	C001	X材料	L型	吨	300	40	12000			

图6-18 进销总记录表

（7）选中“进销总记录表”数据列表区域中的任意一个单元格，单击“数据”选项卡下“排序和筛选”分组中的“筛选”按钮，即进入筛选状态。

（8）单击“商品名称”列按钮，取消“全选”，选择“X材料”，即筛选出X材料本期的所有发生额信息，如图6-19所示。

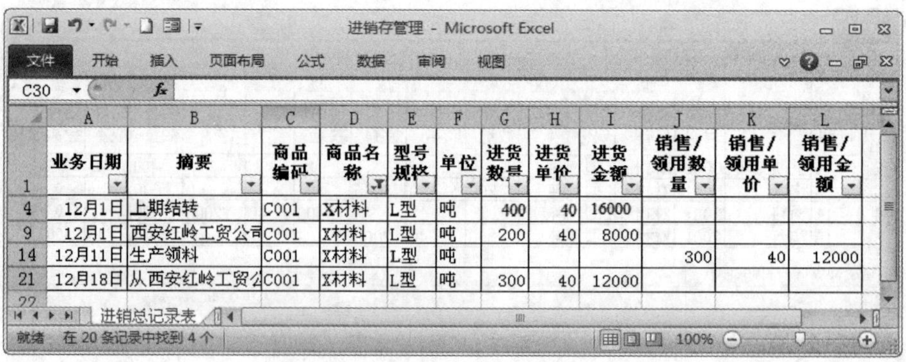

	A	B	C	D	E	F	G	H	I	J	K	L
1	业务日期	摘要	商品编码	商品名称	型号规格	单位	进货数量	进货单价	进货金额	销售/领用数量	销售/领用单价	销售/领用金额
4	12月1日	上期结转	C001	X材料	L型	吨	400	40	16000			
9	12月1日	西安红岭工贸公司	C001	X材料	L型	吨	200	40	8000			
14	12月11日	生产领料	C001	X材料	L型	吨				300	40	12000
21	12月18日	从西安红岭工贸公	C001	X材料	L型	吨	300	40	12000			

图6-19 筛选出X材料的记录

（9）将筛选结果复制到一个工作表中，即可得到X材料明细账。

（10）选择其他筛选条件，即可生成相关商品和材料的明细账。

项目小结

本项目介绍了如何运用Excel 2010对进销存业务进行管理。首先介绍了进销存业务的内容，接着介绍了进销存管理的流程，包括输入期初数据、采购与付款业务处理、销售与收款业务处理、库存管理、登记商品和材料明细账。要求学会使用 Excel 2010 设计进销存管理系统。

项目实训

1. 实训目的

学会使用 Excel 2010 设计进销存管理系统。

2. 实训资料

M 公司为某市品牌电视机的代理销售商，长期为长虹、TCL、海信、东芝公司做代理。该公司 2018 年 12 月的付款、采购、收款、销售业务数据如表 6-5 ~ 表 6-8 所示。

表 6-5　付款业务　单位：元

付款日期	供应商	付款金额
2018-12-2	海信	390 000
2018-12-8	长虹	440 000
2018-12-24	东芝	430 000
2018-12-31	TCL	300 000

表 6-6　采购业务

采购日期	规格型号	供应商	数量（件）	单价（元）	采购金额（元）
2018-12-1	T-T021	TCL	200	1 120	224 000
2018-12-2	H-T029	海信	300	1 300	390 000
2018-12-3	D-T036	东芝	200	2 150	430 000
2018-12-4	C-T042	长虹	200	2 200	440 000
2018-12-5	T-G021	TCL	300	1 420	426 000
2018-12-6	H-G029	海信	300	1 500	450 000
2018-12-7	H-G036	海信	200	1 800	360 000
2018-12-8	C-G042	长虹	150	2 000	300 000

表 6-7　收款业务　单位：元

收款日期	客户	收款金额
2018-12-1	新时代	130 000
2018-12-24	科新公司	400 000
2018-12-31	滨海饭店	480 000

表 6-8　销售业务

销售日期	规格型号	客户	数量（件）	单价（元）	销售金额（元）
2018-12-1	H-G036	新时代	50	2 600	130 000
2018-12-12	C-G042	利群广场	100	2 700	270 000
2018-12-15	D-T036	科新公司	120	2 800	336 000
2018-12-21	C-T042	滨海饭店	160	3 000	480 000
2018-12-24	T-T021	长城宾馆	150	1 500	225 000

M 公司的主管会计要随时了解公司库存、销售情况，以此来确定公司下一步的经营活动，同

时也要了解公司客户的应收或预收账款余额和供应商的应付或预付账款余额，以加强对应收、预收账款和应付、预付账款的管理，加快资金回笼，保证公司资金充裕。

3．实训要求

完成下列操作。

（1）设置付款业务初始信息。

（2）设置采购业务初始信息。

（3）设置销售业务初始信息。

（4）设置收款业务初始信息。

（5）对库存量进行控制，对库存量不到50和超过500的商品进行条件格式定义，起提醒的作用。

（6）设置输出信息公式。

（7）录入业务信息。

（8）生成业务明细账。

项目七

Excel 2010 在财务分析中的应用

知识目标

① 了解财务分析的目的，理解财务分析的程序和主要方法。

② 掌握财务分析的主要数据来源。

能力目标

① 掌握财务比率的计算公式，掌握财务图解分析的各种方法，并能够熟练地进行计算分析。

② 能够熟练应用 Excel 2010 建立财务比率分析模型，能够根据财务数据性质合理选择图表类型和图解分析方法，掌握杜邦系统分析图的建立方法。

工作情境与分析

一、情境

李娜利用 4 个月的时间在丰源公司内部实现了会计电算化，提高了工作效率。到年底了，公司老板想了解企业的偿债能力、营运能力和盈利能力，以评判企业现状，预测企业未来，为决策提供有力依据。李娜接受了这项工作，开始学习财务分析知识，整理财务数据，为进行财务分析做好准备。

财务分析是财务管理中一个不可缺少的环节，是以会计核算、报表资料及其他相关资料为依据，采用一系列专门的分析技术和方法，对企业等经济组织过去和现在的相关筹资活动、投资活动、经营活动的偿债能力、盈利能力和营运能力等进行分析与评价，为企业的投资者、债权人、经营者及其他关心企业的组织或个人了解企业过去、评价企业现状、预测企业未来、做出正确决策提供准确的信息或依据的经济分析方法。无论是投资者、债权人、管理者，还是政府机关、中介机构，正确进行财务分析，对其做出理性决策都具有很强的现实意义。

财务分析程序是指进行财务分析所应遵循的一般规程。研究财务分析程序是进行财务分析的基础与关键，它为开展财务分析工作、掌握财务分析技术指明了方向。从财务分析目标与作用出发，财务分析程序可以归纳为 4 个阶段、10 个步骤。

1．财务分析信息搜集整理阶段

财务分析信息搜集整理阶段主要由以下 3 个步骤组成。

（1）明确财务分析目的。进行财务分析前，首先必须明确为什么要进行财务分析：是要评价企业经营业绩，进行投资决策，还是要制订未来经营策略？只有明确了财务分析的目的，才能正确地搜集整理信息，选择正确的分析方法，从而得出正确的结论。

（2）制订财务分析计划。在明确财务分析目的的基础上，应制订财务分析计划，包括财务分析的人员组成及分工、时间进度安排，财务分析内容及拟采用的分析方法等。财务分析计划是财务分析顺利进行的保证。当然，这个计划并不一定要形成文件，可能只是一个草案，也可能是口头形式的，但没有这个计划是不行的。

（3）搜集整理财务分析信息。财务分析信息是财务分析的基础，信息搜集整理的及时性、完整性、准确性，对财务分析的正确性有着直接的影响。财务分析信息的搜集整理应根据分析的目的和计划进行，但这并不意味着不需要进行经常性、一般性的信息搜集与整理。其实，只有平时日积月累地搜集各种信息，才能根据不同的分析目的及时提供所需信息。

2．战略分析与会计分析阶段

战略分析与会计分析阶段主要由以下两个步骤组成。

（1）企业战略分析。企业战略分析通过对企业所在行业或企业拟进入行业的分析，明确企业自身地位及应采取的竞争策略。企业战略分析通常包括行业分析和企业竞争策略分析。行业分析的目的在于分析行业的盈利水平与盈利潜力，因为不同行业的盈利水平和潜力是不同的。

影响行业盈利水平的因素有很多，归纳起来主要有两类：一类是行业的竞争程度，另一类是市场谈判或议价能力。企业战略分析的关键在于企业如何根据行业分析的结果，正确选择企业的竞争策略，使企业保持持久竞争优势和高盈利能力。企业的竞争策略有许多种，其中重要的竞争策略有两种，即低成本竞争策略和产品差异策略。

企业战略分析是会计分析和财务分析的基础和导向。通过企业战略分析，分析人员能深入了解企业的经济状况和经济环境，从而进行客观、正确的会计分析与财务分析。

（2）财务报表会计分析。会计分析的目的在于评价企业会计所反映的财务状况与经营成果的真实程度。会计分析一方面通过对会计政策、会计方法、会计披露进行评价，揭示会计信息的质量；另一方面，通过对会计灵活性、会计估价进行调整，修正会计数据，为财务分析奠定基础，并可保证财务分析结论的可靠性。

进行会计分析时一般可按以下步骤进行：第一，阅读会计报告；第二，比较会计报表；第三，解释会计报表；第四，修正会计报表信息。

会计分析是财务分析的基础。在会计分析过程中，对发现的由于会计原则、会计政策等原因引起的会计信息差异，应通过一定的方式加以说明或调整，从消除会计信息失真的问题。

3．财务分析实施阶段

财务分析是在战略分析与会计分析的基础上进行的，主要包括以下两个步骤。

（1）财务指标分析。财务指标包括绝对数指标和相对数指标两种。对财务指标进行分析，特别是进行财务比率指标分析，是财务分析的一种重要方法或形式。财务指标能准确反映某方面的财务状况。进行财务分析时，应根据分析的目的和要求选择正确的分析指标。债权人进行企业偿债能力分析时，必须选择反映偿债能力的指标或反映流动性情况的指标进行分析，如流动比率指标、速动比率指标、资产负债率指标等；而一个潜在投资者进行企业投资决策分析时，则应选择反映企业盈利能力的指标进行分析，如总资产报酬率、资本收益率、股利报偿率和股利发放率等。正确选择与计算财务指标是正确判断与评价企业财务状况的关键所在。

（2）基本因素分析。财务分析不仅要解释现象，而且应分析原因。因素分析法就是要在报表整体分析和财务指标分析的基础上，对一些主要指标的完成情况，从其影响因素角度进行深入的定量分析，确定各因素的影响方向和程度，为企业正确进行财务评价提供最基本的依据。

4．财务分析综合评价阶段

财务分析综合评价阶段是财务分析实施阶段的继续，具体又可分为以下 3 个步骤。

（1）财务综合分析与评价。财务综合分析与评价是在应用各种财务分析方法进行分析的基础上，将定量分析结果、定性分析判断及实际调查情况结合起来，以得出财务分析结论的过程。财务分析结论是财务分析的关键性内容，结论的正确性是判断财务分析质量的唯一标准。一个正确分析结论的得出，往往需要经过几次反复。

（2）财务预测与价值评估。财务分析既是一个财务管理循环的结束，又是另一个财务管理循环的开始。应用历史或现实财务分析结果预测未来财务状况与企业价值，还代财务分析的重要任务之一。因此，财务分析不能仅满足于事后分析原因，得出结论，还要对企业未来发展及价值状况进行分析与评价。

（3）财务分析报告。财务分析报告是财务分析的最后步骤。它将财务分析的基本问题、财务分析结论及针对问题提出的措施建议以书面的形式表示出来，为财务分析主体及财务分析报告的其他受益者提供决策依据。财务分析报告可作为财务分析工作的总结，还可作为历史信息供以后的财务分析参考，从而可保证财务分析的连续性。

二、分析

要对丰源公司进行财务分析，首先应该选定财务分析方法。一般来说，财务分析方法主要有以下 4 种。

1．财务比率分析法

财务比率分析法是解释财务报表的一种基本分析方法，对财务报表中的相关项目进行比较，将分析对比的绝对数变成相对数，从而说明财务报表上所列项目之间的相互关系，并做出某些解释和评价。财务比率分析法是一种常用的财务分析方法，运用财务比率分析法可以分析评价企业偿债能力、盈利能力、营运能力等内容。

2．财务比较分析法

财务比较分析法也叫财务趋势分析法，主要是通过对财务报表中各类相关的数字进行分析比较，尤其是将一个时期的报表同另一个或几个时期的报表进行比较，来判断一家公司的财务状况、经营业绩的演变趋势以及在同行业中地位的变化情况。财务比较分析法的目的在于：确定引起公司财务状况和经营成果变动的主要原因；确定公司财务状况和经营成果的发展趋势对投资者是否有利；预测公司未来发展趋势。财务比较分析法从总体上看属于动态分析，以差额分析法和比率分析法为基础，又能有效地弥补其不足，是财务分析的重要手段。

3．财务图解分析法

财务图解分析法是将企业连续几个会计期间的财务数据或财务指标绘制成图表，根据图形走势来判断企业财务状况、经营成果的变化趋势。这种方法能比较简单、直观地反映出企业财务状况的发展趋势，使分析者能够发现一些通过财务比较分析法不易发现的问题。

4．财务综合分析法

所谓财务综合分析，就是将各项财务指标作为一个整体，系统、全面、综合地对企业财务状况和经营成果进行剖析和评价，说明企业整体财务状况和效益的好坏。财务综合分析法实质上是以上各种方法的综合运用，并考虑了部分非报表因素，一般采用的综合分析方法有杜邦分析体系、标准财务比率分析和财务状况综合评分分析等。

丰源公司计划采用以上 4 种方法进行财务分析，财务分析的数据来源即前面用 Excel 2010

生成的资产负债表、利润表等。财务分析以本单位资产负债表和利润表为基础，通过提取、加工和整理会计核算数据来产生所需的数据报表，然后对其进行加工处理，便可得到一系列的财务指标。

根据企业管理者的需求，丰源公司用Excel 2010进行财务分析需要分别完成以下任务：财务比率分析→财务比较分析→财务图解分析→财务综合分析。

任务一 财务比率分析

财务比率分析是对财务报表中的有关项目进行对比而得出一系列的财务比率，可以从中发现经营中存在的问题，并由此评价企业的财务状况。

一、常用的财务比率指标

常用的财务比率指标有变现能力比率、资产管理比率、负债比率、盈利能力比率等几大类。下面我们先来认识这4类财务比率指标。

1．变现能力比率

变现能力比率又称短期偿债能力比率，是衡量企业产生现金能力大小的比率，它取决于可以在近期转变为现金的流动资产的多少。变现能力比率主要有流动比率和速动比率。

（1）流动比率。流动比率是企业流动资产与流动负债之比，其计算公式为

$$流动比率=\frac{流动资产}{流动负债}$$

流动资产一般包括现金、有价证券、应收账款及存货。流动负债一般包括应付账款、应付票据、本年到期的债务、应付未付的所得税及其他未付开支。

流动比率是衡量企业短期偿债能力的一个重要财务指标。这个比率越高，说明企业偿还流动负债的能力越强，流动负债的偿还越能得到保障。如果流动负债上升的速度过快，流动比率过低，则公司近期可能会有流动资金方面的困难。但过高的流动比率并非好现象，应注意分析公司的具体情况，检查是否是由资产结构不合理造成的，或者是由募集的长期资金没有尽快投入使用等其他原因造成的。根据西方企业的经验，流动比率在2左右比较合适。

（2）速动比率。速动比率也称酸碱度测试比率，是速动资产和流动负债之比。速动资产是流动资产减去变现能力较差且不稳定的存货、预付账款、一年内到期的非流动资产和其他流动资产等后的余额。其计算公式为

$$速动比率=\frac{速动资产}{流动负债}$$

$$速动资产=流动资产-存货-预付账款-一年内到期的非流动资产-其他流动资产$$

一般情况下，速动比率越高，说明企业偿还流动负债的能力越强。但速动比率过高，则表明企业会因现金及应收账款占用过多而增加企业的机会成本。通常认为正常的速动比率为1，低于1的速动比率会被认为是短期偿债能力偏低的表现。

2．资产管理比率

资产管理比率又称运营效率比率，是用来衡量公司在资产管理方面效率高低的财务比率。资产管理比率包括存货周转率、应收账款周转率、流动资产周转率、固定资产周转率和总资产周转率。通过对这些指标的高低及其成因进行考察，决策者能够对资产是否在有效运

转、资产结构是否合理、所有的资产是否能有效利用以及资产总量是否合理等问题做出较为客观的判断。

（1）存货周转率。存货周转率是衡量和评价企业购入存货、投入生产、销售收回等各环节管理状况的综合性指标。它是销售成本被平均存货余额所除而得到的比率，又称为存货的周转次数。存货周转率的时间表现形式就是存货周转天数。其计算公式为

$$存货周转率（周转次数）=\frac{销售成本}{平均存货余额}$$

$$存货周转天数=\frac{360}{存货周转率}$$

其中

$$平均存货余额=\frac{（期初存货余额+期末存货余额）}{2}$$

存货周转速度的快慢，会对企业的偿债能力及其获利能力产生决定性的影响。一般来说，存货周转率越高越好。存货周转率越高，表明存货变现的速度越快，周转额越大，资金占用水平越低。

（2）应收账款周转率。应收账款周转率是反映年度内应收账款转换为现金的平均次数的指标。应收账款周转速度的时间表现形式是应收账款周转天数，也称为平均应收款回收期，它表示企业从取得应收账款的权利到收回款项所需要的时间。其计算公式为

$$应收账款周转率=\frac{销售收入}{平均应收账款余额}$$

$$应收账款周转天数=\frac{360}{应收账款周转率}$$

其中，应收账款包括会计核算中“应收账款”和“应收票据”等全部赊销账款。

$$平均应收账款余额=\frac{（期初应收款余额+期末应收款余额）}{2}$$

一般而言，应收账款周转率越高，则应收账款周转天数越少，说明应收账款的收回越快，可以减少坏账损失。但该指标不适合季节性经营的企业。应收账款周转天数还同时考察了企业的信用管理能力。如果与行业平均值偏离过大，则应考虑是否是公司的信用政策不合理及其他原因造成的。

（3）流动资产周转率。流动资产周转率是销售收入与平均流动资产之比，它反映的是全部流动资产的利用效率。其计算公式为

$$流动资产周转率=\frac{销售收入}{平均流动资产}$$

其中

$$平均流动资产=\frac{（期初流动资产余额+期末流动资产余额）}{2}$$

（4）固定资产周转率。固定资产周转率是企业销售收入与平均固定资产净值之比。该比率越高，说明固定资产的利用率越高，管理水平越好。其计算公式为

$$固定资产周转率=\frac{销售收入}{平均固定资产净值}$$

其中

$$平均固定资产净值=\frac{（期初固定资产净值+期末固定资产净值）}{2}$$

固定资产周转率是用来考察设备厂房利用情况的。当固定资产周转率处于较低水平时，说明固定资产没有被充分利用，需要分析固定资产没有被充分利用的原因。通常计划新的固定资产投资时，财务管理人员需要分析现有固定资产是否已被充分利用。如果公司的固定资产周转率远高于行业平均值，则有可能是需要增加固定资产投资的信号。

一般情况下，固定资产周转率越高，表明企业固定资产利用得越充分。

（5）总资产周转率。总资产周转率是企业销售收入与平均资产总额之比，可以用来分析企业全部资产的使用效率。如果该比率较低，则企业应采取措施提高销售收入或处置资产，以提高总资产利用率。其计算公式为

$$总资产周转率（周转次数）=\frac{销售收入}{平均资产总额}$$

其中

$$平均资产总额=\frac{（期初资产总额+期末资产总额）}{2}$$

如果公司的总资产周转率较低，则说明企业的资产利用不充分。若公司有闲置资产，则应设法变卖；若公司在建工程未完工，则占用的资产暂时不能带来效益，这一点在分析时应注意。

3．负债比率

负债比率是说明债务和资产、净资产之间关系的比率。它反映企业偿付到期长期债务的能力。通过对负债比率进行分析，分析人员可以看出企业的资本结构是否健全、合理，从而可评价企业的长期偿债能力。负债比率主要有资产负债率、股东权益比率、产权比率和利息保障倍数等。

（1）资产负债率。资产负债率是企业负债总额与资产总额之比，也称负债比率，它反映企业的资产总额中有多少是通过举债得到的。资产负债率可反映企业偿还债务的综合能力，该比率越高，企业偿还债务的能力越弱。反之，偿还债务的能力越强。其计算公式为

$$资产负债率=\frac{负债总额}{资产总额}\times 100\%$$

注意

在对该指标进行分析时，不能简单地对指标数值的高低进行考察。不同的人对资产负债率取值的要求不同。如新的贷款人希望公司有较低的资产负债率，当企业发生清偿事件时，贷款人就会更有保障一些。而股东一般希望有较高的资产负债率，这样可以利用财务杠杆效应增加收益。当然，资产负债率越高，企业财务风险越大。

（2）股东权益比率。股东权益比率是股东权益总额与资产总额之比。该比率反映企业资产中有多少属于所有者。其计算公式为

$$股东权益比率=\frac{股东权益总额}{资产总额}\times 100\%$$

（3）产权比率。产权比率又称负债权益比率，是负债总额与股东权益总额之比。该比率反映了债权人所提供的资金与股东所提供资金的对比关系，从而揭示出企业的财务风险以及股东权益对债务的保障程度。该比率越低，说明企业长期财务状况越好，债权人贷款的安全越有保障，企

业风险越小。其计算公式为

$$产权比率=\frac{负债总额}{股东权益总额}\times 100\%$$

（4）利息保障倍数。利息保障倍数是税前利润加利息支出之和（即息税前利润）与利息支出的比值，反映了企业用经营所得支付债务利息的能力。该比率越高，说明企业用经营所得支付债务利息的能力越强，从而会增强贷款人对公司支付能力的信任程度。其计算公式为

$$利息保障倍数=\frac{（税前利润+利息支出）}{利息支出}=\frac{息税前利润}{利息支出}$$

国际上通常认为该指标为 3 时较为适当，从长期来看至少应大于 1。

4．盈利能力比率

盈利能力比率是考察企业赚取利润能力高低的比率。不论是投资人、债权人还是企业经理人员，都重视和关心企业的盈利能力。盈利能力比率主要包括总资产报酬率、股东权益报酬率、营业利润率等。

（1）总资产报酬率。总资产报酬率也称资产利润率或资产收益率，是企业在一定时期内的净利润与平均资产总额之比。该比率用来衡量企业利用资产获取利润的能力，反映了企业总资产的利用效率。如果企业的总资产报酬率较低，则说明该企业资产利用效率较低，经营管理存在问题。其计算公式为

$$总资产报酬率=\frac{净利润}{平均资产总额}\times 100\%$$

其中

$$平均资产总额=\frac{（期初资产总额+期末资产总额）}{2}$$

（2）股东权益报酬率。股东权益报酬率也称净资产收益率，是在一定时期内企业的净利润与平均股东权益总额之比。该比率是评价企业获利能力的一个重要财务指标，反映了企业股东获取投资报酬的高低。该比率越高，说明企业的获利能力越强。其计算公式为

$$股东权益报酬率=\frac{净利润}{平均股东权益总额}\times 100\%$$

其中

$$平均股东权益总额=\frac{（期初股东权益总额+期末股东权益总额）}{2}$$

（3）营业利润率。营业利润率反映了企业的营业利润与营业收入的比例关系。其计算公式为

$$营业利润率=\frac{营业利润}{营业收入}\times 100\%$$

营业利润率越高，表明企业的市场竞争力越强，发展潜力越大，获利能力越强。

二、进行财务比率分析

Excel 2010 是一个应用普遍、功能强大、使用方便的数据表处理软件，它在财务管理上的应用能有效地提高财务管理效率，及时地向决策者提供准确的财务信息。财务人员如能正确、灵活地使用 Excel 2010 进行财务管理，则可以使原本复杂的数据计算变得简单快捷。在财务管理中，财务比率分析是应用最为广泛的一种方法，运用 Excel 2010 进行财务比率分析就显得十分必要。

财务比率分析模型是以财务比率分析为基础，运用 Excel 2010 的强大功能建立一个基本模式，使管理者能准确、简单、快捷地把握企业财务状况，从而可有效地统一指标的数据源，加快数据

的处理能力，提高数据计算的准确性，为评价和改进财务管理工作提供可靠依据。下面我们对丰源公司2018年9月的财务报表建立财务比率分析模型。

（1）打开“丰源公司”文件夹，新建一个工作簿，重命名为“1809财务分析”。将“Sheet 1”重命名为“资产负债表”，将“Sheet 2”重命名为“利润表”，如图7-1所示。

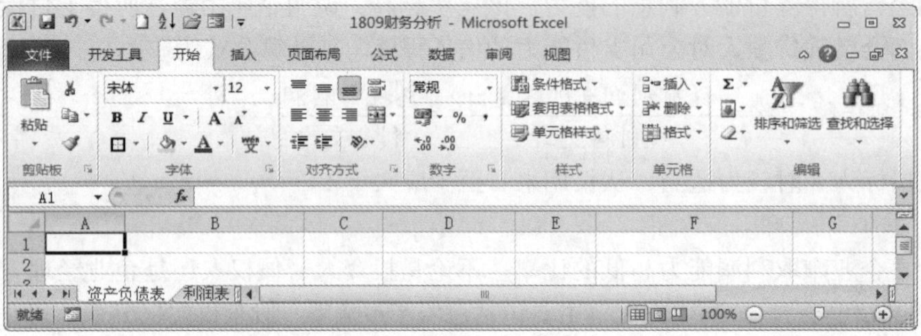

图7-1 建立工作簿

微课7-1 建立财务比率分析模型

（2）打开“1809总账”工作簿中的“1809资产负债表”工作表，选择A1:H44单元格区域，单击鼠标右键打开快捷菜单，选择“复制”命令项。打开“1809财务分析”工作簿中的“资产负债表”工作表，选择A1单元格，单击鼠标右键打开快捷菜单，选择“选择性粘贴”命令项。“值和数字格式”单选项，如图7-2所示。单击“确定”按钮，粘贴结果如图7-3所示。

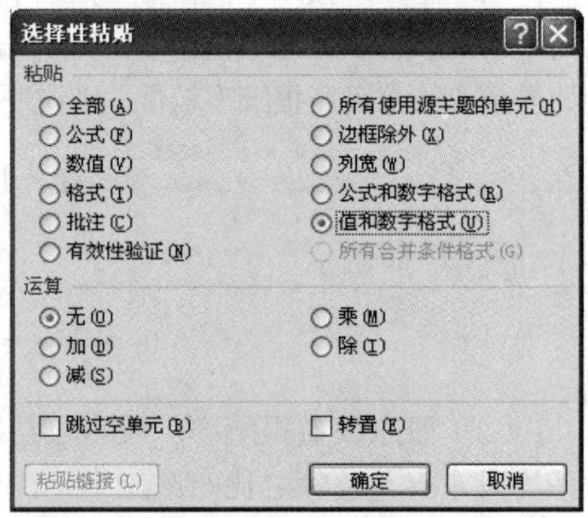

图7-2 选择性粘贴

再选择A1单元格，单击鼠标右键打开快捷菜单，选择“选择性粘贴”命令项，选择“格式”单选项，结果如图7-4所示。调整一下单元格列宽，让每个单元格的内容全部显示出来。

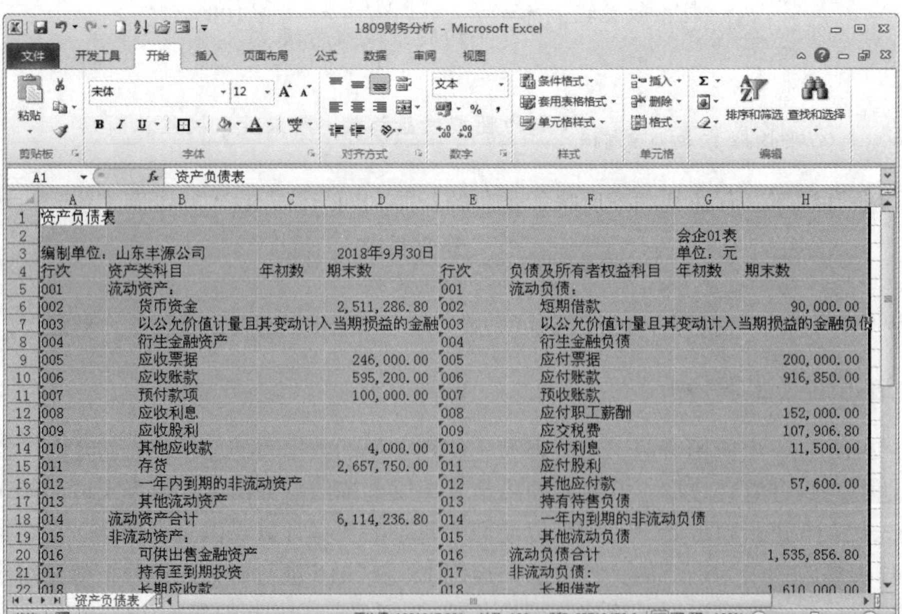

图7-3 以“值和数字格式”粘贴

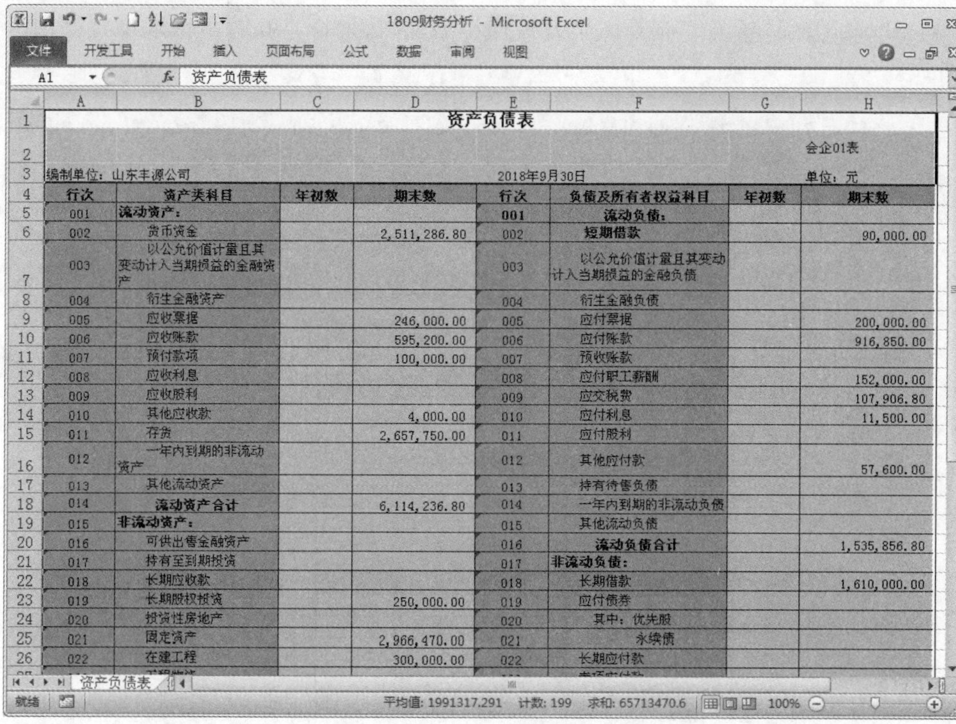

资产负债表

会企01表

编制单位：山东丰源公司　　2018年9月30日　　单位：元

行次	资产类科目	年初数	期末数	行次	负债及所有者权益科目	年初数	期末数
001	流动资产：			001	流动负债：		
002	货币资金		2,511,286.80	002	短期借款		90,000.00
003	以公允价值计量且其变动计入当期损益的金融资产			003	以公允价值计量且其变动计入当期损益的金融负债		
004	衍生金融资产			004	衍生金融负债		
005	应收票据		246,000.00	005	应付票据		200,000.00
006	应收账款		595,200.00	006	应付账款		916,850.00
007	预付款项		100,000.00	007	预收账款		
008	应收利息			008	应付职工薪酬		152,000.00
009	应收股利			009	应交税费		107,906.80
010	其他应收款		4,000.00	010	应付利息		11,500.00
011	存货		2,657,750.00	011	应付股利		
012	一年内到期的非流动资产			012	其他应付款		57,600.00
013	其他流动资产			013	持有待售负债		
014	流动资产合计		6,114,236.80	014	一年内到期的非流动负债		
015	非流动资产：			015	其他流动负债		
016	可供出售金融资产			016	流动负债合计		1,535,856.80
017	持有至到期投资			017	非流动负债：		
018	长期应收款			018	长期借款		1,610,000.00
019	长期股权投资		250,000.00	019	应付债券		
020	投资性房地产			020	其中：优先股		
021	固定资产		2,966,470.00	021	永续债		
022	在建工程		300,000.00	022	长期应付款		

图 7-4　粘贴“格式”

（3）同样，将“1809 利润表”的单元格格式和值复制粘贴到“1809 财务分析”工作簿的“利润表”中，如图 7-5 所示。

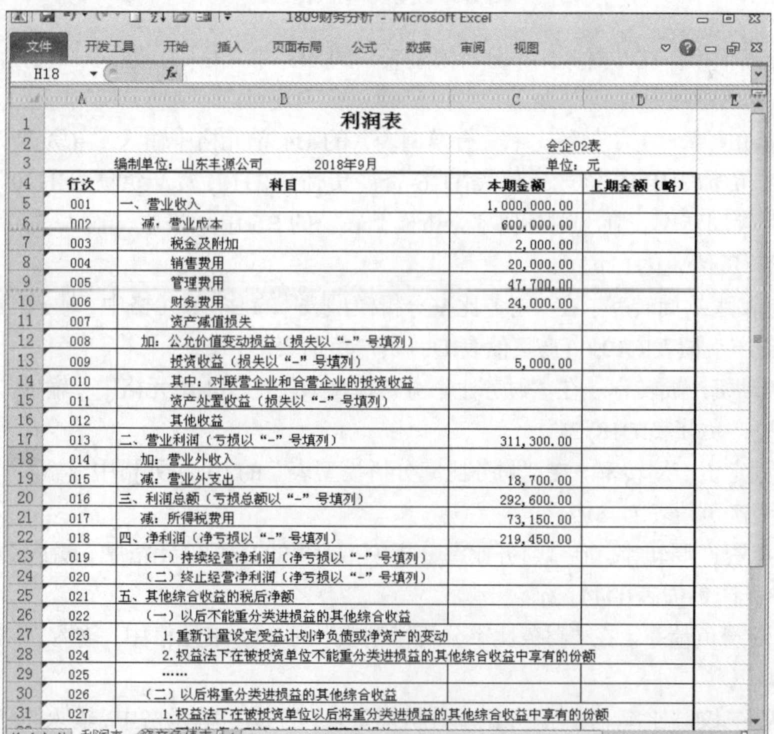

利润表

会企02表

编制单位：山东丰源公司　　2018年9月　　单位：元

行次	科目	本期金额	上期金额（略）
001	一、营业收入	1,000,000.00	
002	减：营业成本	600,000.00	
003	税金及附加	2,000.00	
004	销售费用	20,000.00	
005	管理费用	47,700.00	
006	财务费用	24,000.00	
007	资产减值损失		
008	加：公允价值变动损益（损失以“-”号填列）		
009	投资收益（损失以“-”号填列）	5,000.00	
010	其中：对联营企业和合营企业的投资收益		
011	资产处置收益（损失以“-”号填列）		
012	其他收益		
013	二、营业利润（亏损以“-”号填列）	311,300.00	
014	加：营业外收入		
015	减：营业外支出	18,700.00	
016	三、利润总额（亏损总额以“-”号填列）	292,600.00	
017	减：所得税费用	73,150.00	
018	四、净利润（净亏损以“-”号填列）	219,450.00	
019	（一）持续经营净利润（净亏损以“-”号填列）		
020	（二）终止经营净利润（净亏损以“-”号填列）		
021	五、其他综合收益的税后净额		
022	（一）以后不能重分类进损益的其他综合收益		
023	1.重新计量设定受益计划净负债或净资产的变动		
024	2.权益法下在被投资单位不能重分类进损益的其他综合收益中享有的份额		
025	……		
026	（二）以后将重分类进损益的其他综合收益		
027	1.权益法下在被投资单位以后将重分类进损益的其他综合收益中享有的份额		

图 7-5　利润表

（4）将 Sheet 3 重命名为“财务比率分析模型表”，按照图 7-6 所示格式设置好财务分析模型表的格式。

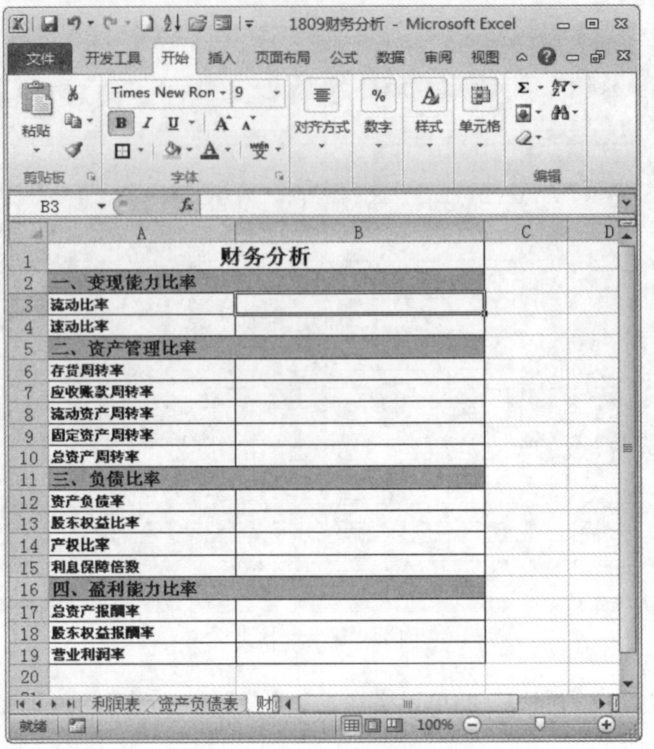

图 7-6　财务比率指标设置

（5）计算流动比率。在“财务比率分析模型表”的 B3 单元格中，输入“=资产负债表!D18/资产负债表!H20”。

（6）计算速动比率。在“财务比率分析模型表”的 B4 单元格中输入“=(资产负债表!D18-资产负债表!D11-资产负债表!D15-资产负债表!D16-资产负债表!D17)/资产负债表!H20”。

（7）计算存货周转率。在“财务比率分析模型表”的 B6 单元格中，输入“=利润表!C6/((资产负债表!C15+资产负债表!D15)/2)”。

（8）计算应收账款周转率。在“财务比率分析模型表”的 B7 单元格中，输入“=利润表!C5/((资产负债表!C9+资产负债表!C10+资产负债表!D9+资产负债表!D10)/2)”。

（9）计算流动资产周转率。在“财务比率分析模型表”的 B8 单元格中，输入“=利润表!C5/((资产负债表!C18+资产负债表!D18)/2)”。

（10）计算固定资产周转率。在“财务比率分析模型表”的 B9 单元格中，输入“=利润表!C5/((资产负债表!C25+资产负债表!D25)/2)”。

（11）计算总资产周转率。在“财务比率分析模型表”的 B10 单元格中，输入“=利润表!C5/((资产负债表!C44+资产负债表!D44)/2)”。

（12）计算资产负债率。在“财务比率分析模型表”的 B12 单元格中，输入“=资产负债表!H32/资产负债表!D44”。

（13）计算股东权益比率。在“财务比率分析模型表”的 B13 单元格中，输入“=资产负债表!H43/资产负债表!D44”。

（14）计算产权比率。在“财务比率分析模型表”的 B14 单元格中，输入“=资产负债表!H32/

资产负债表!H43”。

（15）计算利息保障倍数。在“财务比率分析模型表”的 B15 单元格中，输入“=(利润表!C20+利润表!C10)/利润表!C10”。

（16）计算总资产报酬率。在“财务比率分析模型表”的 B17 单元格中，输入“=利润表!C22/((资产负债表!C44+资产负债表!D44)/2)”。

（17）计算股东权益报酬率。在“财务比率分析模型表”的 B18 单元格中，输入“=利润表!C22/((资产负债表!G43+资产负债表!H43)/2)”。

（18）计算营业利润率。在“财务比率分析模型表”的 B19 单元格中，输入“=利润表!C17/利润表!C5”。

以上指标设置完成后，财务比率分析模型建成，如图 7-7 所示。

财务比率分析模型更适合企业管理的实际需要，因为模型中的项目企业可根据经营管理的需求自行调整。建立的财务比率分析模型不仅适用于建立时的会计期间，而且适用于以后各会计期间。此外，“财务比率分析模型表”中的数值，会随着企业会计报表中数据的变化自动更新，从而使得财务比率分析数据具有及时性、高效性、直观性，有效地实现了 Excel 2010 对财务数据的管理，为企业管理提供了高质量的数据依据。

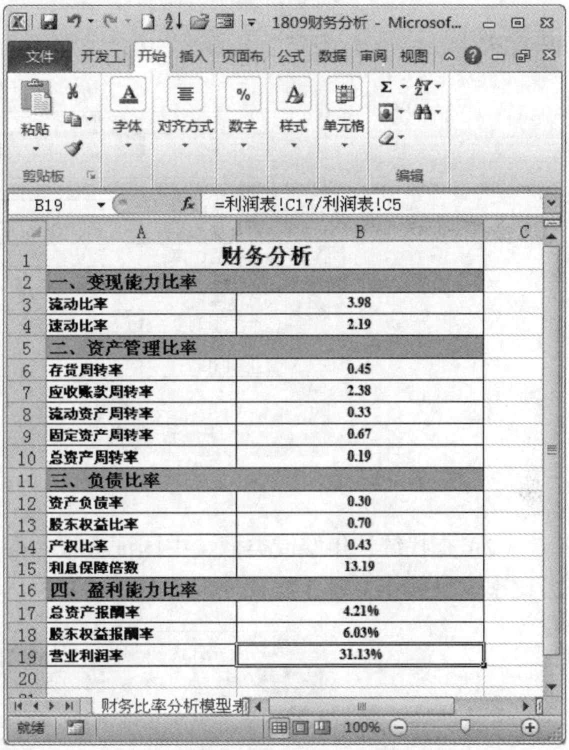

图 7-7 财务比率分析模型

任务二 财务比较分析

一、财务比较分析概述

财务比较分析是通过主要项目或者指标数值变化的对比确定出差异，从而分析和判断企业经营及财务状况的分析方法。财务比较分析是将企业财务比率与标准财务比率（企业历年的财务比率，或者同行业、同规模其他企业的财务比率）进行比较，从中发现差距，从而为查找差距提供线索。

丰源公司刚刚开始进行财务分析，前期没有相关数据，本次所做的财务比较分析将进行企业财务比率与标准财务比率的比较。

微课 7-2 进行财务比较分析

二、进行财务比较分析

（1）打开“1809 财务分析”工作簿，插入一张新工作表，重命名为“财务比较分析”。将其移动到工作表的最后位置，然后在该工作表中输入财务比较分析的相关项目，并对整个表格进行格式设置，如图 7-8 所示。

财务比较分析			
项目	标准财务比率	企业财务比率	差异
流动比率			
速动比率			
应收账款周转率			
总资产周转率			
资产负债率			
股东权益比率			
产权比率			
利息保障倍数			
总资产报酬率			
股东权益报酬率			
营业利润率			

图 7-8　财务比较分析图

（2）查找统计年鉴或类似《中国证券报》等相关报刊上提供的某些有代表性的上市公司的财务比率，将其作为财务比较分析中的标准财务比率，如图 7-9 所示。

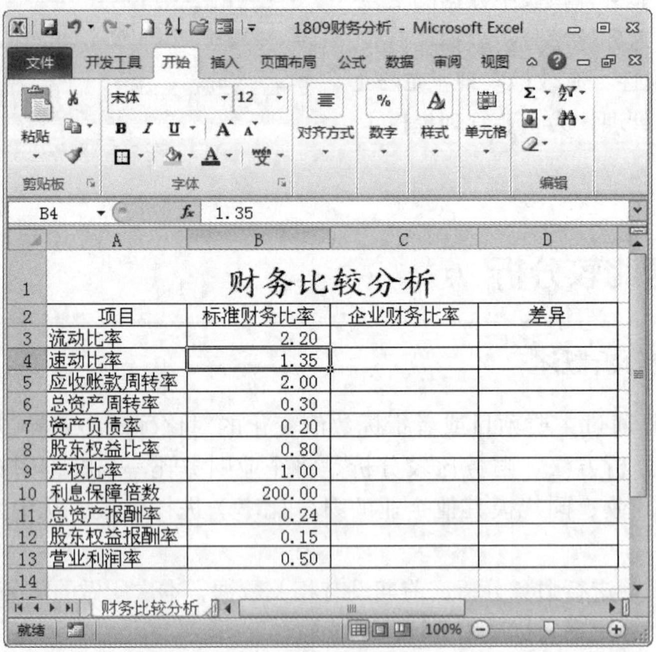

财务比较分析			
项目	标准财务比率	企业财务比率	差异
流动比率	2.20		
速动比率	1.35		
应收账款周转率	2.00		
总资产周转率	0.30		
资产负债率	0.20		
股东权益比率	0.80		
产权比率	1.00		
利息保障倍数	200.00		
总资产报酬率	0.24		
股东权益报酬率	0.15		
营业利润率	0.50		

图 7-9　标准财务比率

（3）按照任务一中介绍的方法计算出企业财务比率，如图 7-10 所示。

（4）计算出企业财务比率与标准财务比率的差额。选定 D3 单元格中输入“=C3-B3”，按“Enter”键确认。将 D3 单元格中的公式复制到 D4 至 D13 单元格中，结果如图 7-11 所示。

图 7-10　企业财务比率

（5）设置棋盘式格式。选中单元格区域 A2:D13，然后选择“开始”选项卡下“样式”分组中的“条件格式”按钮，选择“突出显示单元格规则”中的“其他规则”，弹出“新建格式规则”对话框。在“选择规则类型”下选择“使用公式确定要设置格式的单元格”，然后在其下侧的文本框中输入以下公式“=MOD(ROW()+ COLUMN(),2)”，如图 7-12 所示。

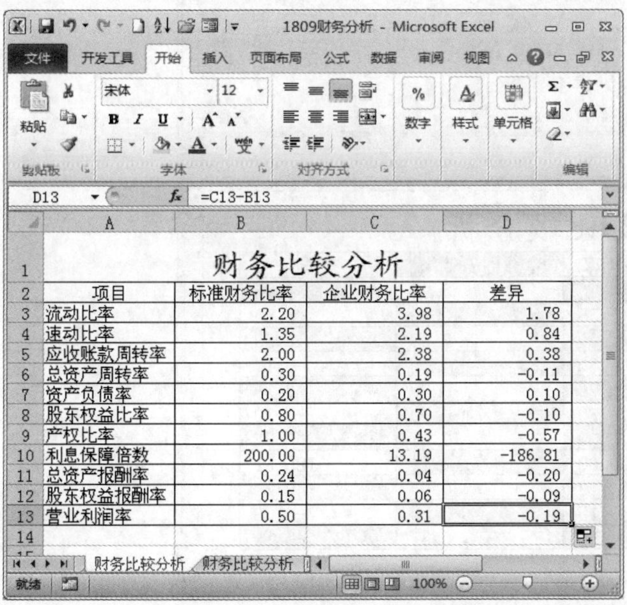

图 7-11　财务比较分析的结果

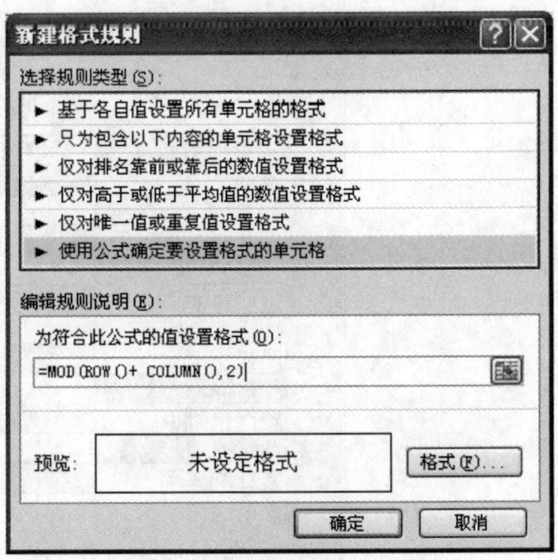

图 7-12　“新建格式规则”对话框

单击“格式”按钮，弹出“设置单元格格式”对话框。切换到“填充”选项卡，然后在“背景色”中选择一种合适的颜色，如图 7-13 所示。

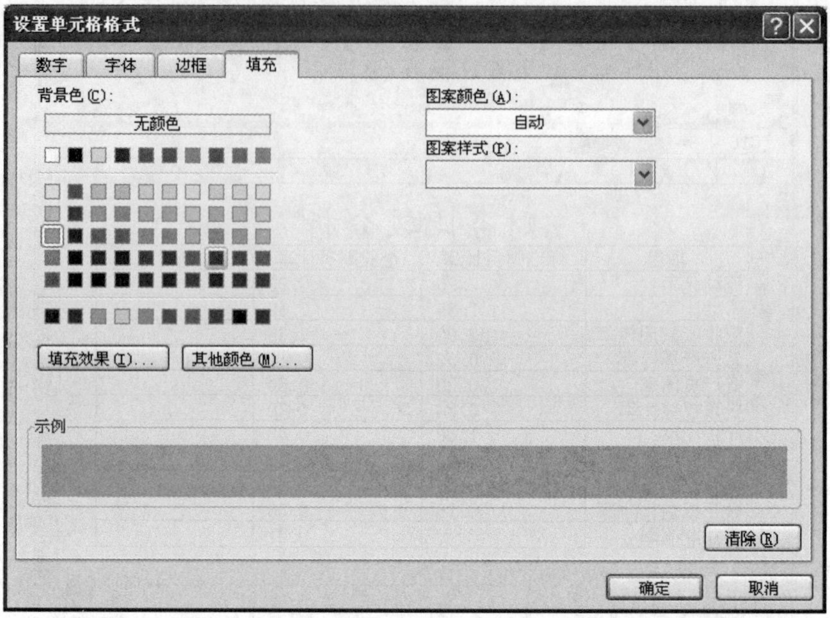

图 7-13　选择颜色

单击“确定”按钮，返回“新建格式规则”对话框，此时即可预览设置的效果。

单击“确定”按钮，返回工作表，此时选中的单元格区域就被设置了棋盘式底纹，如图 7-14 所示。

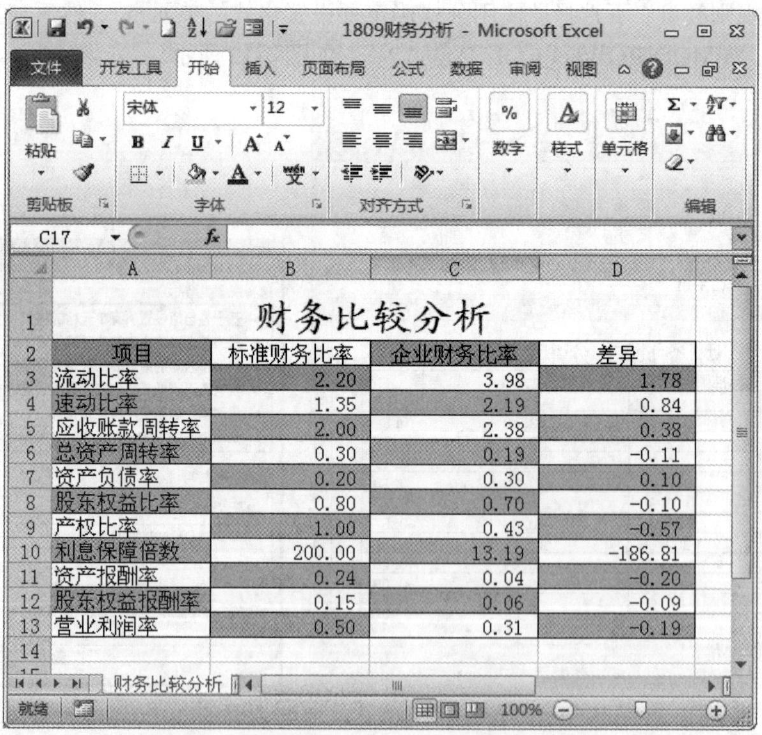

图 7-14　设置棋盘式底纹

任务三 财务图解分析

在运用图表功能进行财务图解分析时，数据是基础。要想让产生的图表准确、直观、形象地反映出事件变化规律及趋势，就要把握好数据采集的有效性、准确性。在进行财务图解分析时，首先要对财务报表中的大量数据进行收集、分类、筛选及分析，从大量复杂的数据中得到最想要的数据，然后利用 Excel 2010 的图表功能生成所需要的数据图表。在 Excel 2010 中，图表类型有很多种，对时间序列数据进行分析时，通常采用折线趋势图表的形式。尤其是在进行财务分析时，财务数据是在不同时间产生的，通过折线趋势分析，可以很好地反映出在不同时期公司财务数据的变化趋势。

一、分析主营业务收入的变化趋势

下面根据丰源公司 2013—2017 年的主营业务收入资料，分析其主营业务收入的变化趋势。

（1）收集与整理数据。收集该公司近 5 年的利润表，按照时间先后顺序整理出 5 年来的主营业务收入数据，形成新表，如表 7-1 所示。

表 7-1 丰源公司 2013—2017 年的主营业务收入资料

年份	2013	2014	2015	2016	2017
主营业务收入（万元）	1 000	1 351	1 521	1 620	1 845

（2）建立 Excel 图表。打开“1809 财务分析”工作簿，插入一张新工作表，重命名为“财务趋势图解分析”，在 Excel 文件中建立如图 7-15 所示的新二维表。

图 7-15 趋势图解分析二维表

微课 7-3 分析主营业务收入的变化趋势

（3）选中 A3:F3 单元格区域，单击“插入”选项卡下“折线图”的下拉按钮，选择“带数据标志的折线图”，即生成折线图，如图 7-16 所示。

（4）选择折线图，单击鼠标右键，选择“选择数据”选项，弹出如图 7-17 所示的“选择数据源”对话框。在这里，可以“切换行/列”，可以添加、编辑、删除图例项，也可以编辑“水平（分类）轴标签”。

（5）单击“水平（分类）轴标签”下的“编辑”按钮，打开“轴标签”对话框，如图 7-18 所示。在“轴标签区域”框中输入“B2:F2”，输入框中即显示“=财务趋势图解分析!$B$2:$F$2”，单击“确定”按钮，返回“选择数据源”窗口，再单击“确定”按钮退出。这样，图表的 x 轴即重新进行了设置，如图 7-19 所示。

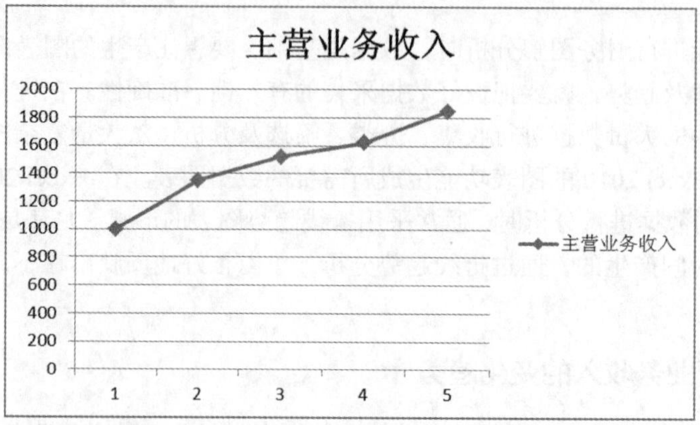

图 7-16　折线图

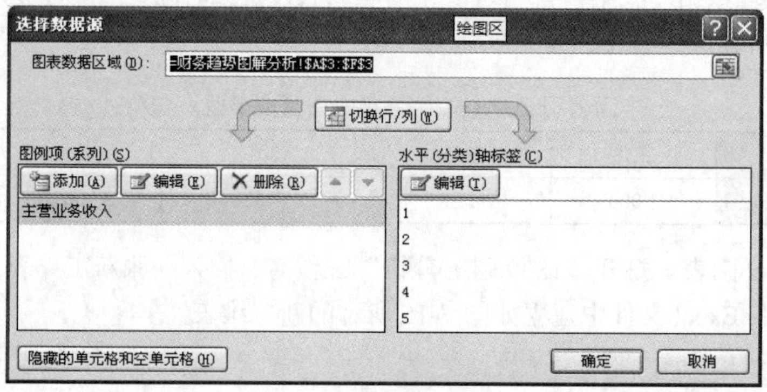

图 7-17　“选择数据源”对话框

图 7-18　“轴标签”对话框

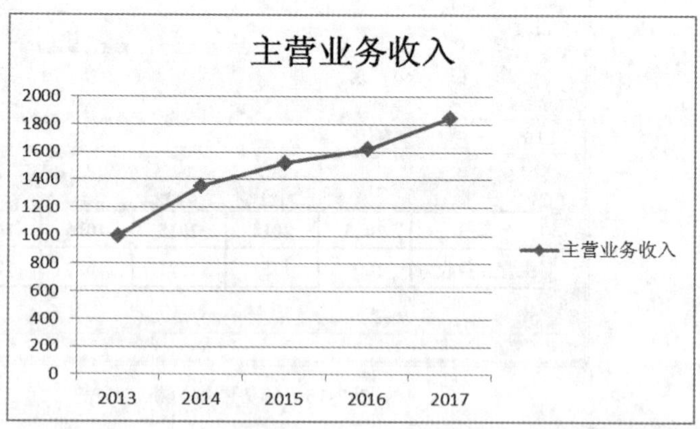

图 7-19　x 轴重新设置

（6）修改标题。选中标题区，将标题修改成“丰源公司主营业务收入趋势图”；选择“布局”选项卡下“标签区”的“坐标轴标题”按钮，选择“主要横坐标轴标题”中的“坐标轴下方标题”，将其改成“年份”，如图 7-20 所示。

（7）添加数据标签。选择“布局”选项卡下“标签区”的“数据标签”按钮，选择“居中”，结果如图 7-21 所示。

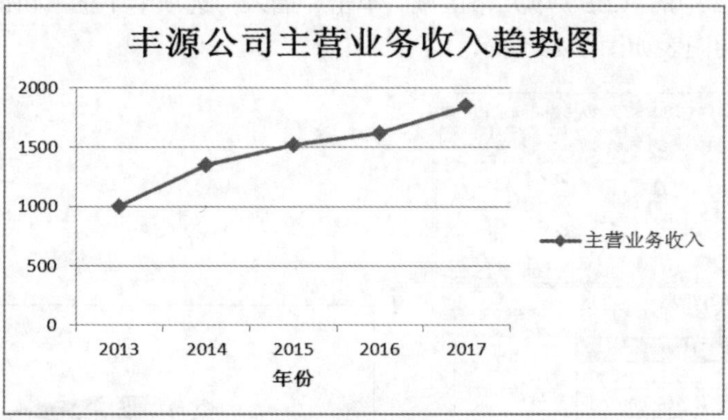

图 7-20　标题设置

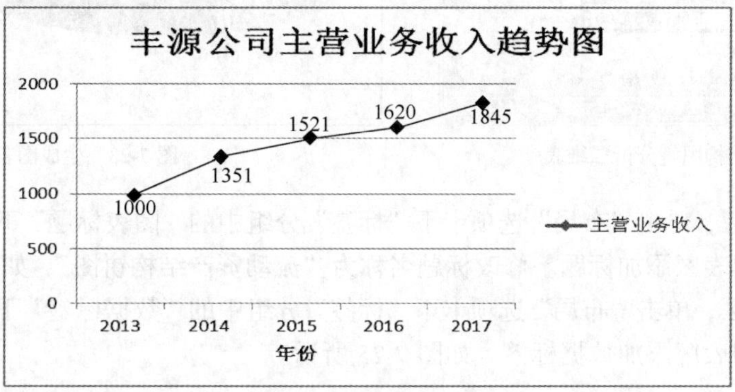

图 7-21　数据标签设置

通过该趋势图，我们可以很清楚地看出，该公司近 5 年的业绩良好，呈逐步增长的趋势。

二、分析流动资产的结构状况

微课 7-4　分析流动资产的结构状况

根据丰源公司 2018 年 9 月的资产负债表，分析该公司流动资产的结构状况。

（1）数据的收集及整理。根据该公司 2018 年 9 月的资产负债表，整理出该年度内各个流动资产项目的构成数据，形成新表，如表 7-2 所示。

表 7-2　　流动资产构成项目　　单位：元

项目	金额
货币资金	2 511 286.80
应收票据	246 000.00
应收账款	595 200.00
预付账款	100 000.00
其他应收款	4 000.00
存货	2 657 750.00

（2）建立 Excel 2010 图表。打开“1809 财务分析”工作簿，插入一张新工作表，重命名为“财务结构图解分析”，在 Excel 2010 文件中建立如图 7-22 所示的新二维表。

（3）选中图7-22中的A2:B7单元格区域，单击“插入”选项卡下的“饼图”按钮，选择第一个三维饼图。生成的图表如图7-23所示。

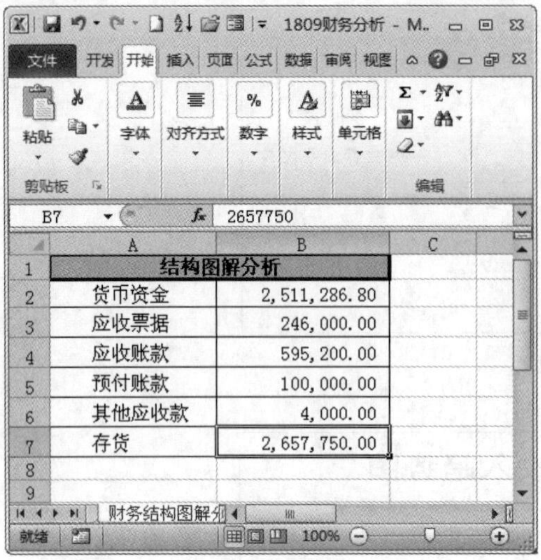

图7-22　结构图解分析二维表

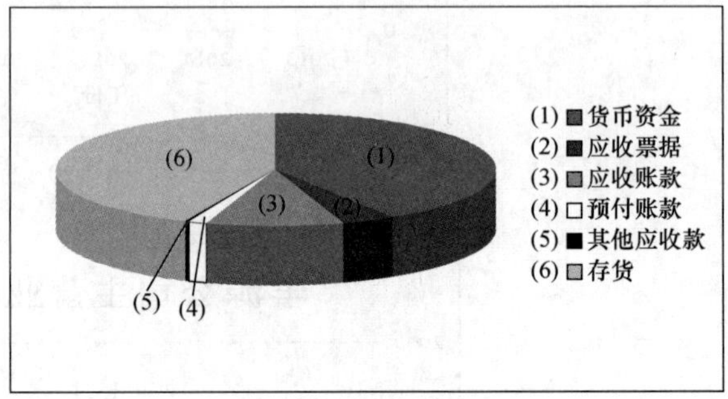

图7-23　生成图表

（4）选中图表区，单击“布局”选项卡下“标签”分组中的“图表标题”下拉按钮，选择“图表上方”，在当前图表区添加标题。修改标题名称为“流动资产结构饼图”，如图7-24所示。

（5）选中图表区，单击“布局”选项卡下“标签”分组中的“数据标签”下拉按钮，选择“最佳匹配”，在当前图表区添加数据标签，如图7-25所示。

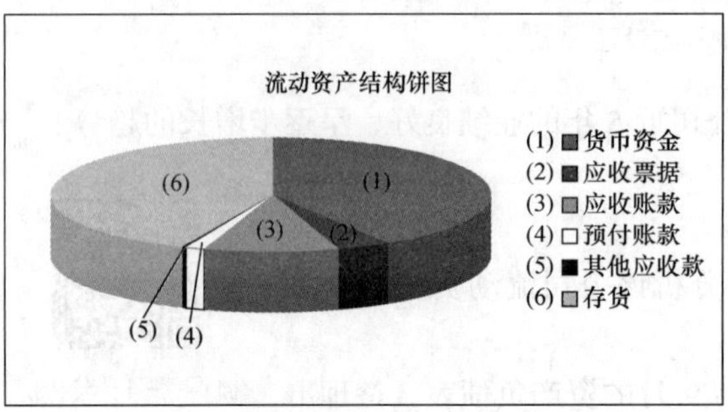

图7-24　添加标题

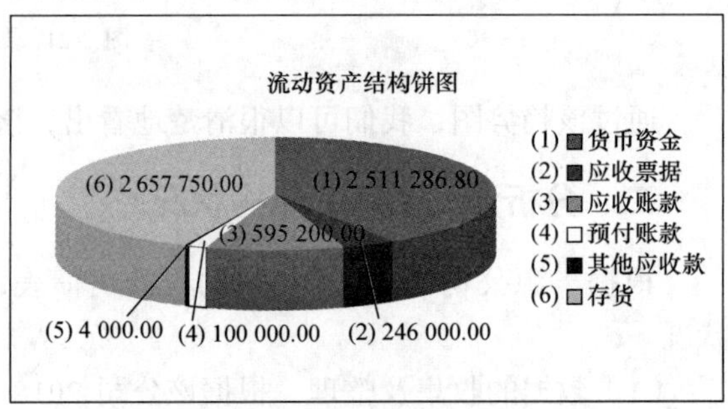

图7-25　添加数据标签

任务四　财务综合分析

一、财务综合分析概述

财务综合分析指的是通过对各种指标进行综合的、系统的分析，对企业的财务状况和经营成果做出全面的、综合的评价。

综合分析法主要包括杜邦分析体系、标准财务比率分析和财务状况综合评分分析等，这里只介绍杜邦分析体系。

杜邦分析体系（又称杜邦分析法，简称杜邦体系）是利用各主要财务比率指标间的内在联系，对企业财务状况及经济效益进行综合系统分析评价的方法。

杜邦分析法的关键是建立杜邦系统分析图。

杜邦系统分析图是由一个个分析框和连线构成的。其中，每个分析框中都标出了分析项目的名称、比率公式和相应的计算结果，因此用 Excel 2010 设计杜邦系统分析图的主要内容就是设计分析框。

杜邦分析法中几种主要财务指标间的关系为

$$所有者权益报酬率=总资产报酬率\times 权益乘数$$

$$总资产报酬率=销售净利率\times 总资产周转率$$

$$所有者权益报酬率=销售净利率\times 总资产周转率\times 权益乘数$$

所有者权益报酬率的高低主要有两个决定因素，即总资产报酬率和权益乘数；总资产报酬率又可以进一步分解为销售净利率、总资产周转率。

其中

$$权益乘数=\frac{资产}{所有者权益}=\frac{1}{(1-资产负债率)}$$

二、进行财务综合分析

微课 7-5 建立杜邦系统分析图

（1）打开“1809 财务分析”工作簿，插入一张新工作表，将其重命名为“杜邦系统分析图”。按图 7-26 所示的格式，输入指标名称，用绘图工具把线条连接起来。

（2）按照下列取数公式计算指标的数值。输入公式时，应当从杜邦系统分析图底行开始，从下往上逐行输入，如图 7-27 所示。

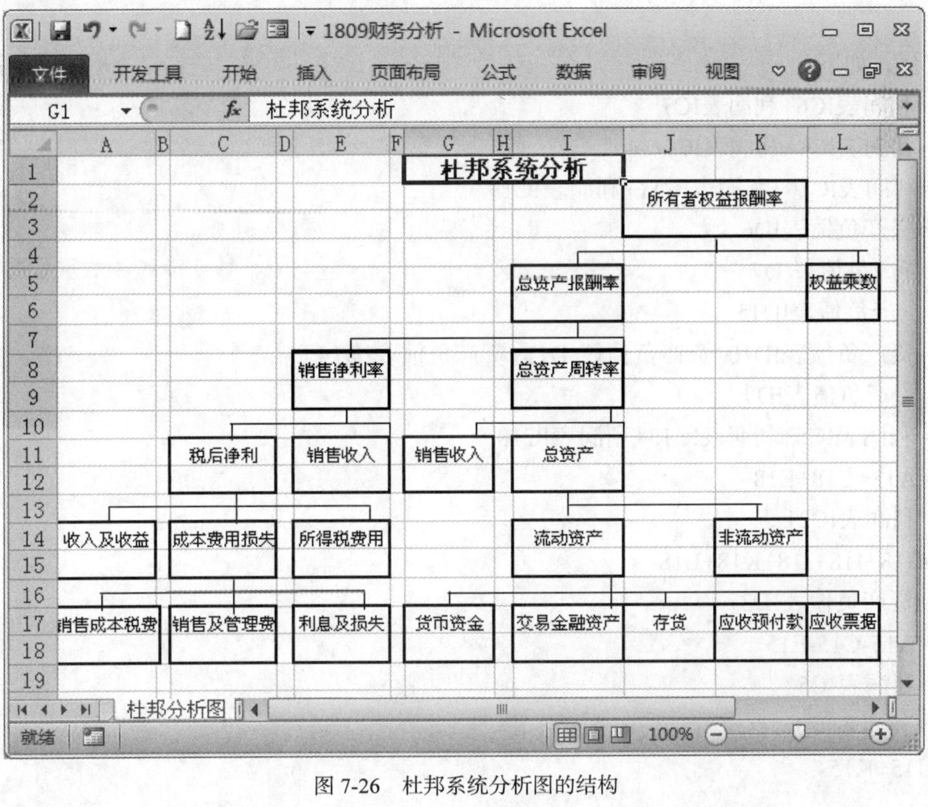

图 7-26 杜邦系统分析图的结构

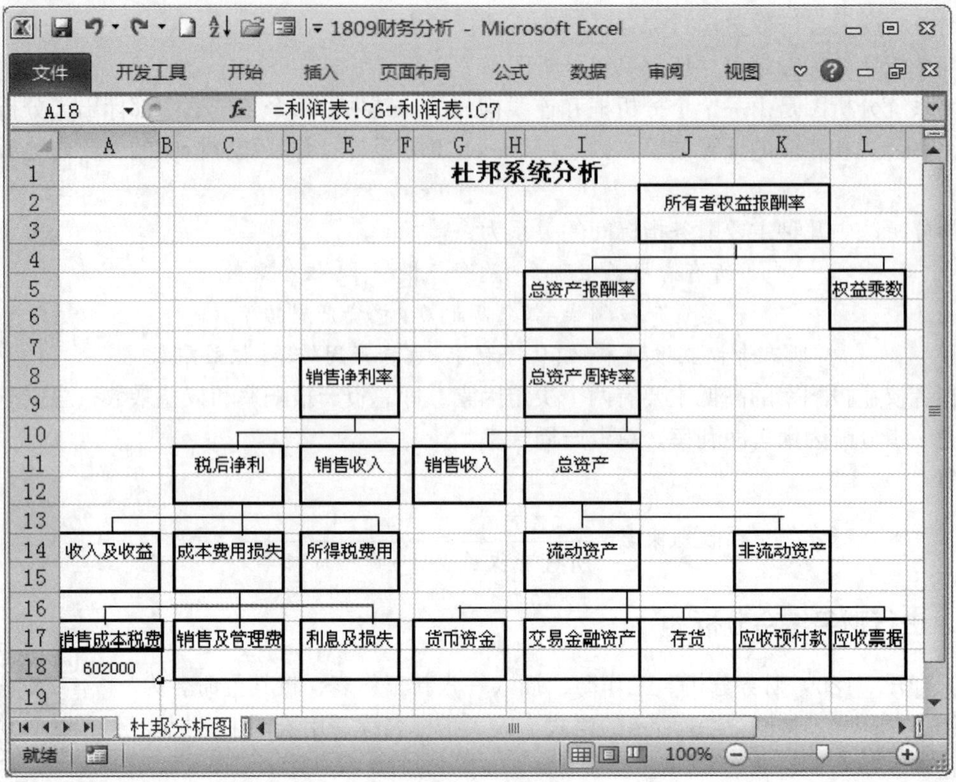

图 7-27 在杜邦系统分析图中输入公式

杜邦系统分析图中的有关数值是根据丰源公司 2018 年 9 月资产负债表和利润表计算得到的。

取数公式如下：

A18=利润表!C6+利润表!C7

C18=利润表!C8+利润表!C9

E18=利润表!C10+利润表!C11+利润表!C19

G18=资产负债表!D6

I18=资产负债表!D7

J18=资产负债表!D15

K18=资产负债表!D10+资产负债表!D11+资产负债表!D14

L18=资产负债表!D9

A15=利润表!C5+利润表!C13+利润表!C18

C15=A18+C18+E18

E15=利润表!C21

I15=G18+I18+J18+K18+L18

K15=资产负债表!D37

C12=A15-C15-E15

E12=利润表!C5

G12=利润表!C5

I12=I15+K15

E9=C12/E12

I9=G12/I12

I6=E9*I9

L6=资产负债表!D44/资产负债表!H32

J3=I6*L6

（3）输入完毕后，得到最终完成的杜邦系统分析图，如图 7-28 所示。

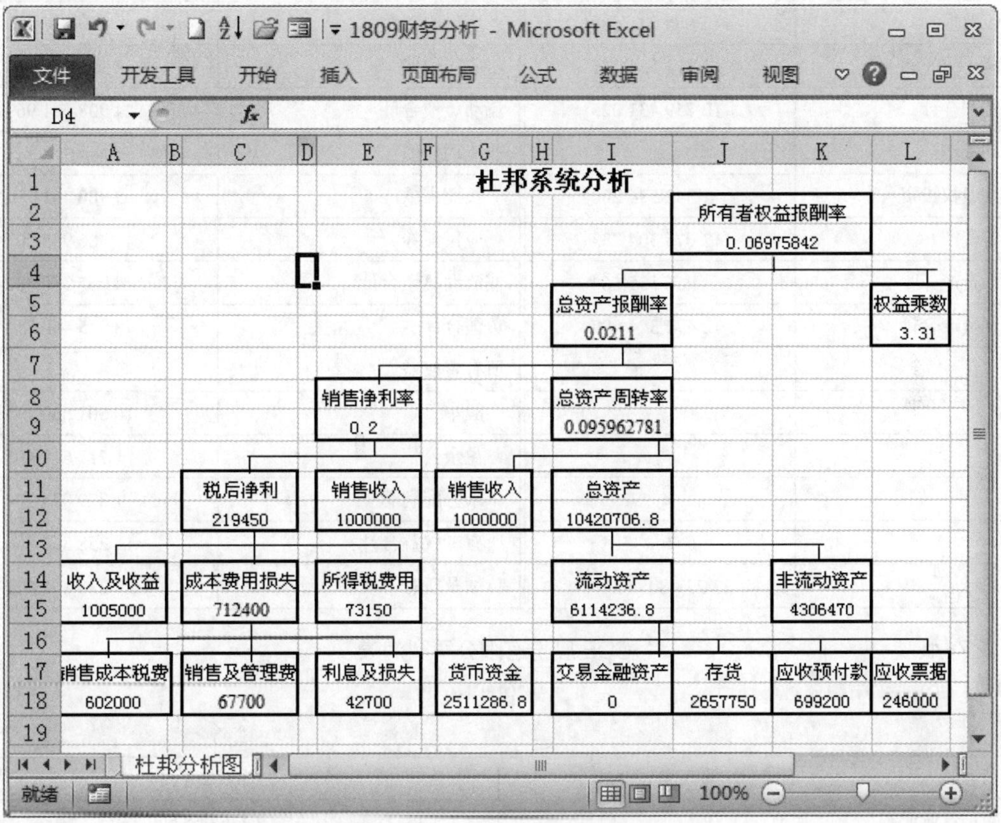

图 7-28　杜邦系统分析图

项目小结

本项目介绍了如何运用 Excel 2010 进行财务分析。首先介绍了财务分析的概念、意义和方法，接着详细讲解了如何运用 Excel 2010 进行财务比率分析、财务比较分析、财务图解分析和财务综合分析。要求能熟练应用 Excel 2010 建立财务比率分析模型，能够根据财务数据性质合理选择图表类型和图解分析方法，掌握杜邦系统分析图的建立方法。

项目实训

1．实训目的

学习使用 Excel 2010 进行财务比率分析、财务图解分析和财务综合分析。

2．实训资料

CDE 股份有限公司的资产负债表和利润表如表 7-3 和表 7-4 所示。

表 7-3　　CDE 股份有限公司资产负债表

编制单位：CDE 股份有限公司　　2018 年 12 月 31 日　　单位：元

资产类科目	期末数	负债及所有者权益科目	期末数
流动资产：		流动负债：	
货币资金	3 116 879 678	应付票据	2 378 250 000
应收账款	114 964 912	应付账款	2 031 321 497
应收票据	3 655 031 660	应付职工薪酬	370 937 019
存货	3 872 554 775	应交税费	127 573 453
流动资产合计	10 759 431 025	流动负债合计	4 908 081 969
非流动资产：		非流动负债：	
长期股权投资	342 534 200	长期借款	3 980 403 780
固定资产	12 075 304 733	应付债券	86 955 007
无形资产	56 535 664	非流动负债合计	4 067 358 787
非流动资产合计	12 474 374 597	负债合计	8 975 440 756
		所有者权益	
		股本	10 661 669 471
		盈余公积	1 717 619 491
		未分配利润	1 879 075 904
		所有者权益合计：	14 258 364 866
资产总计	23 233 805 622	负债及所有者权益总计	23 233 805 622

表 7-4　　CDE 股份有限公司利润表

编制单位：CDE 股份有限公司　　2018 年　　单位：元

项目	本期金额
一、营业收入	22 200 884 215
减：营业成本	19 476 068 662
税金及附加	118 487 262
销售费用	166 974 224
管理费用	905 238 491
财务费用	282 880 371
二、营业利润	1 251 235 205
加：营业外收入	591 136
减：营业外支出	109 039 378
三、利润总额	1 142 786 963
减：所得税费用	395 964 865
四、净利润	746 822 098

其中，“存货”期初数为 2 465 776 889 元，“应收账款”期初数为 81 275 644 元，“流动资产合计”期初数为 9 956 743 321 元，“所有者权益合计”期初数为 10 653 856 453 元。

3．实训要求

（1）根据上述资产负债表和利润表中的数据，计算表 7-5 中的财务分析指标，并建立 CDE 股份有限公司的财务比率分析模型。

表 7-5　　　　　　CDE 股份有限公司财务分析指标

财务分析指标	
一、变现能力比率	
流动比率	
速动比率	
二、资产管理比率	
存货周转率	
应收账款周转率	
流动资产周转率	
三、负债比率	
资产负债率	
股东权益比率	
产权比率	
利息保障倍数	
四、盈利能力比率	
股东权益报酬率	
营业利润率	

（2）根据上述资产负债表，利用所学的财务图解分析法，对企业的财务状况进行分析：对企业资产中流动资产、固定资产、无形资产及其他资产占资产总额的比率情况进行图解分析，对企业负债中流动负债和长期负债占负债总额的比率情况进行图解分析。

（3）建立该企业的杜邦系统分析图。

项目八

Excel 2010 在资金筹集管理中的应用

知识目标

1. 了解资金需要量预测的方法。
2. 了解长期借款的种类和程序。
3. 掌握资本成本和最优资本结构的概念。

能力目标

1. 掌握资金需要量预测的销售百分比法和线性回归法。
2. 能够运用 Excel 2010 设计资金需要量销售百分比法模型，设计资金需要量线性回归模型。
3. 能够运用 Excel 2010 设计长期借款筹资决策模型。
4. 能够运用 Excel 2010 设计资本成本计算模型。

工作情境与分析

一、情境

李娜运用 Excel 2010 在丰源公司内部实现了会计电算化，提高了工作效率，并且运用 Excel 2010 完成了财务分析工作，为公司老板了解企业的偿债能力、营运能力和盈利能力，评判企业现状、预测企业未来提供了有力依据，得到了老板的表扬和嘉奖。李娜备受鼓舞，决定再接再厉，尝试利用 Excel 2010 进行资金筹集管理，为确保企业高速运转做出贡献。于是，她开始学习资金筹集管理知识，整理财务数据，为进行筹资管理做好准备。

二、分析

筹资，是指企业根据生产、对外投资的需要，通过筹资渠道和资本市场，运用筹资方式，有效地筹集企业所需要资金的财务活动。筹资是企业财务管理工作的起点，关系到企业能否正常开展生产经营活动。筹资活动是企业生存、发展的基本前提，没有资金，企业将难以生存，更不可能发展。企业应科学合理地进行筹资活动。

丰源公司需要进行的筹资活动有以下几项。

（1）预测资金需要量。丰源公司 2018 年的资产负债表简表如表 8-1 所示。

表 8-1　　资产负债表简表

编制单位：山东丰源公司　　2018 年 12 月 31 日　　单位：元

资产类	期末数	负债及所有者权益	期末数
货币资金	2 000 000	应付账款	1 500 000
应收账款	600 000	应付票据	200 000
存货	2 650 000	短期借款	90 000
固定资产净值	4 750 000	应付债券	0
		实收资本	6 000 000
		资本公积	1 400 000
		留存收益	810 000
资产合计	10 000 000	负债及所有者权益合计	10 000 000

试用销售百分比法预测 2019 年资金需要量。

（2）丰源公司出于经营需要，申请了一笔长期借款，数据如表 8-2 所示，那么公司每期的偿还金额为多少元?

表 8-2　　长期借款数据资料

项目	数据
借款金额（元）	1 000 000
借款年利率（%）	9
借款年限（年）	3
每年还款期数（期）	2
总还款期数（期）	6

（3）丰源公司欲筹资 1 000 万元，有 3 种方案可供选择。3 种方案的筹资组合及个别资本成本如表 8-3 所示，请选择最佳筹资方案。

表 8-3　　筹资组合及个别资本成本　　单位：万元

筹资方式	A 方案		B 方案		C 方案	
	筹资金额	个别成本	筹资金额	个别成本	筹资金额	个别成本
长期借款	100	6%	100	6.5%	200	7%
长期债券	200	8%	300	8%	400	10%
优先股	100	12%	100	12%	100	12%
普通股	600	15%	500	15%	300	15%
合计	1 000		1 000		1 000	

根据企业管理者的需求，丰源公司运用 Excel 2010 进行资金筹集管理需要分为以下任务来实现：资金需要量的预测分析→长期借款筹资决策分析→资本成本和最优资本结构分析。

任务一　资金需要量的预测分析

财务预测是财务管理的一个重要环节，内容包括资金需要量预测、成本费用预测、收入利润预测等。其中，资金需要量预测是财务预测的重要内容。

资金需要量预测是指企业根据生产经营的需求，对未来所需资金进行估计和推测。企业筹集资金时，首先要进行资金需要量预测，即对企业未来组织生产经营活动的资金需要量进行估计、分析和判断，这是企业制订融资计划的基础。

资金需要量预测一般按以下几个步骤进行。

1．销售预测

销售预测是企业财务预测的起点。销售预测本身不是财务管理的职能，但它是进行财务预测的基础，销售预测完成后才能开始进行财务预测。因此，企业资金需要量的预测也应当以销售预测为基础。

2．估计需要的资产

资产通常是销售量的函数，根据历史数据可以分析出该函数关系。根据预计销售量和资产销售函数，可以预测所需资产总量。某些流动负债也是销售量的函数，相应地也可以预测负债的自发增长率，这种增长可以减少企业外部融资的数额。

3．估计收入、费用和留存收益

收入、费用与销售额之间也存在一定的函数关系，因此，可以根据销售额估计收入和费用，并确定净利润。净利润和股利支付率共同决定了留存收益所能提供的资金数额。

4．估计所需要的追加资金需要量，确定外部融资数额

用预计资产总量，减去已有的资金来源、负债的自发增长和内部提供的留存收益，得出应追加的资金需要量，以此为基础进一步确定所需的外部融资数额。

资金需要量的预测方法有销售百分比法、线性回归法等。

一、销售百分比法

销售百分比法是根据销售额与资产负债表中有关项目间的比例关系，预测各项目短期资金需要量的方法。

微课 8-1　销售百分比法

1．销售百分比法的 5 个基本假定

（1）资产负债表中的各项目可以划分为敏感项目与非敏感项目。凡是随销售额的变动而变动并呈现出一定比例关系的项目，称为敏感项目；凡是不随销售额的变动而变动的项目，称为非敏感项目。

（2）敏感项目与销售额之间成正比例关系。这一假设又包含两方面的含义：一是线性假设，即敏感项目与销售额之间为正相关；二是直线过原点，即销售额为零时，项目的初始值也为零。

（3）基期与预测期的情况基本不变。这一假设包含三重含义：一是基期与预测期的敏感项目和非敏感项目的划分不变；二是敏感项目与销售额之间成固定比例，或称比例不变；三是销售结构和价格水平与基期相比基本不变。

（4）企业的内部资金来源仅包括留存利润，或者说，企业当期计提的折旧在当期全部用来更新固定资产。

（5）销售预测比较准确。销售预测是销售百分比法应用的重要前提之一，只有销售预测准确，才能比较准确地预测资金需要量。

2．预测的步骤

（1）确定资产、负债中与销售额有固定比例关系的项目，这种项目被称为敏感项目。敏感项目有敏感资产项目（如现金、应收账款、存货等）、敏感负债项目（如应付账款、预提费用等）。

与敏感项目相对应的是非敏感项目，它是指在短期内不随销售收入的变动而变动的项目，如对外投资、长期负债、实收资本等。在生产能力范围以内，增加销售量一般不需增加固定资产；如果在生产能力已经饱和的情况下继续增加销售量，则可能需要增加固定资产投资额。因此，固定资产项目既可能是非敏感项目，又可能是敏感项目。

（2）对各个敏感项目，计算其基期的金额占基期销售收入的百分比，并计算出敏感资产项目占基期销售收入的百分比的合计数和敏感负债项目占基期销售收入的百分比的合计数。

（3）根据计划期的销售收入和销售净利润率，结合计划期支付股利的比率，确定计划期内部留存收益的增加额。

（4）根据销售收入的增长额确定企业计划期需要从外部筹措的资金需要量。

计算公式为

$$M=\frac{A}{S_1}\bullet\Delta S-\frac{B}{S_1}\bullet\Delta S-PES_2$$

式中，M 为需要从外部筹措的资金需要量；A 为随销售变化的资产；B 为随销售变化的负债；S_1 为基期销售额；S_2 为预测期销售额；ΔS 为销售变动额；P 为销售净利润率；E 为保留盈余比率；A/S_1 为变动资产占基期销售额的百分比；B/S_1 为变动负债占基期销售额的百分比。

3．操作步骤

（1）打开“丰源公司”文件夹，新建一个工作簿，重命名为“2019 资金需要量预测”。将“Sheet 1”重命名为“销售百分比法”，如图 8-1 所示。

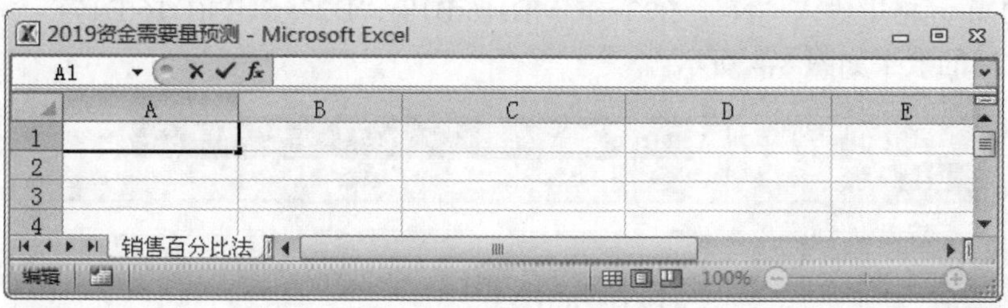

图 8-1　建立工作簿

（2）输入丰源公司 2018 年资产负债表简表，如图 8-2 所示。

资产负债表

编制单位：山东丰源公司　　2018年12月31日

资产类	期末数	负债及所有者权益	期末数
货币资金	2,000,000.00	应付账款	1,500,000.00
应收账款	600,000.00	应付票据	200,000.00
存货	2,650,000.00	短期借款	90,000.00
固定资产净值	4,750,000.00	应付债券	0.00
		实收资本	6,000,000.00
		资本公积	1,400,000.00
		留存收益	810,000.00
资产合计	10,000,000.00	**负债及所有者权益合计**	10,000,000.00

图 8-2　资产负债表简表

（3）在同一张表格中创建“销售百分比计算表”和“资金预测计算表”，如图 8-3 所示。

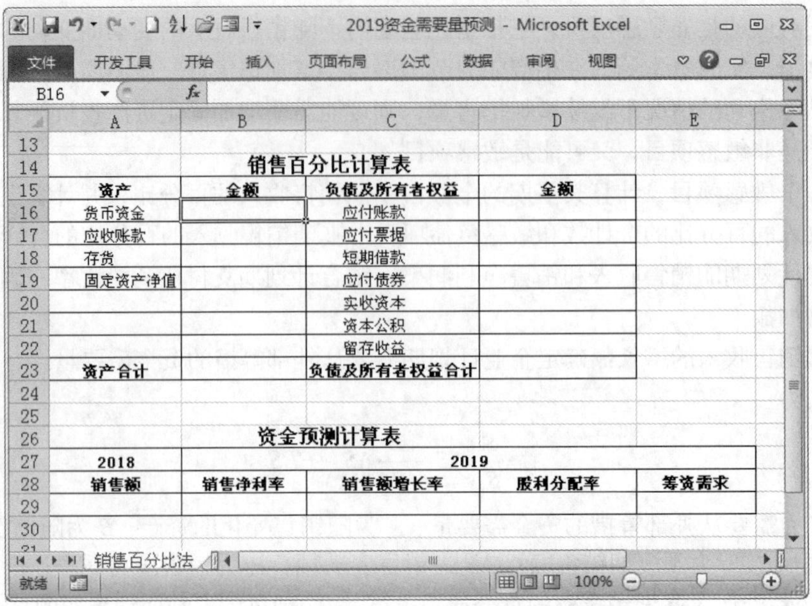

图 8-3 销售百分比计算表与资金预测计算表

（4）将 B16:B23 和 D16:D23 单元格区域的属性设置为“百分比”。各单元格的公式设置如下：B16=B4/A29，B17=B5/A29，B18=B6/A29，在 B19 单元格中输入“N”，D16=D4/A29，D17=D5/A29，在 D18 至 D21 单元格中输入“N”，B23=SUM(B16:B18)，D23=SUM(D16:D17)。

输入公式后的效果如图 8-4 所示。

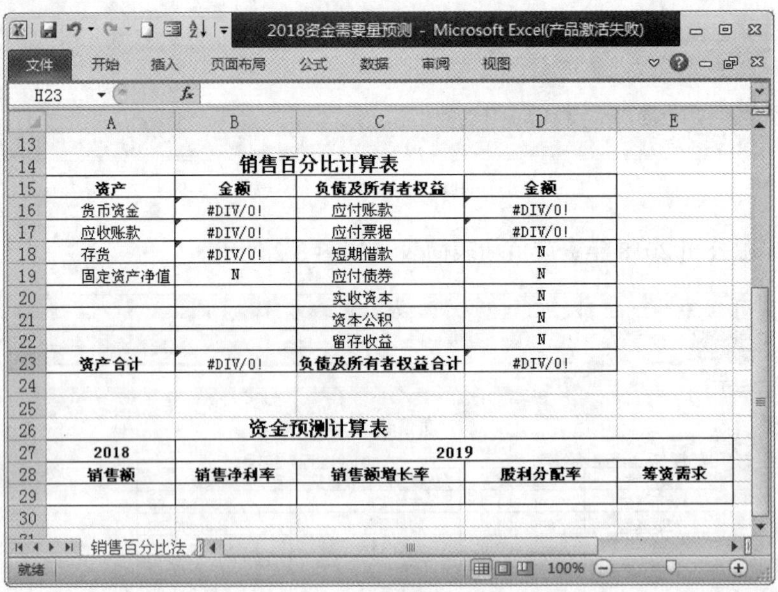

图 8-4 输入公式后的销售百分比计算表

（5）将 B29:D29 单元格区域的属性设置为“百分比”，在 A29:D29 单元格区域内依次输入销售额、销售净利率、销售额增长率、股利分配率有关数据。

（6）在 E29 单元格中输入公式“=(B23−D23)*A29*C29−A29*(1+C29)*B29*(1−D29)”，即可计算出 2019 年的资金需要量为 182 000 元，如图 8-5 所示。

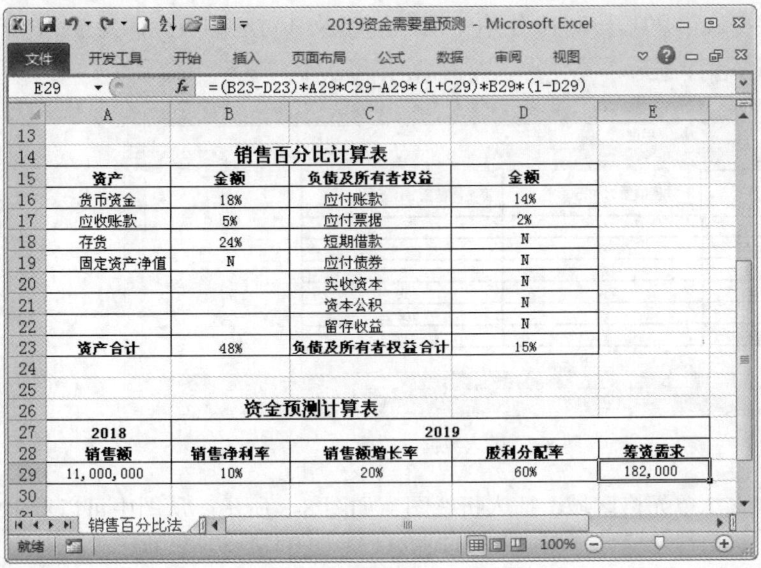

图 8-5 输入公式后的资金预测计算表

二、线性回归法

线性回归法是利用数理统计中的回归分析来确定两种或两种以上变量间相互依赖的定量关系的一种统计分析方法，应用十分广泛。

李娜整理了公司 2013 年以来的历年销售量 X 及其对应的资金需要量 Y，得到表 8-4。预计 2019 年的销售量为 12 万件，请预测 2019 年的资金需要量。

表 8-4 销售量及资金需要量一览表

年度	销售量 X（万件）	资金需要量 Y（万元）
2013	9	10
2014	8	9.5
2015	7	8
2016	9	10
2017	10	10.5
2018	11	12

操作步骤如下。

（1）打开“丰源公司”文件夹中的“2019 资金需要量预测”工作簿，将“Sheet 2”重命名为“线性回归法”，如图 8-6 所示。

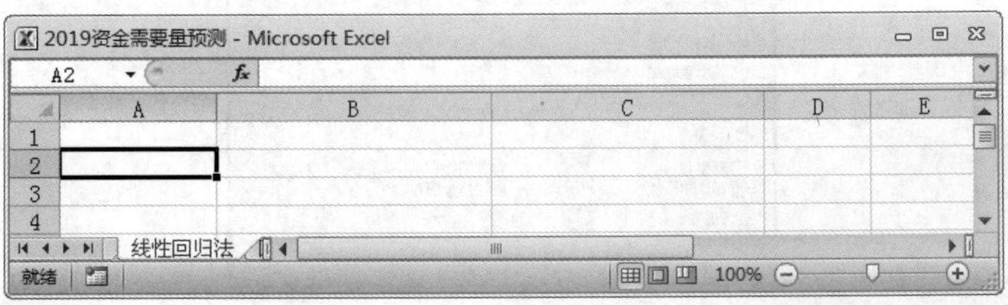

图 8-6 更名工作表

（2）输入丰源公司 2013—2018 年历年销售量 X 及其对应的资金需要量 Y，如图 8-7 所示。

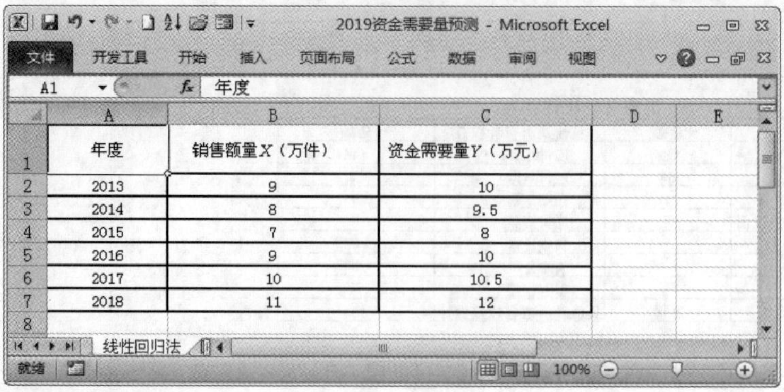

图 8-7 输入数据

微课 8-2 线性回归法

（3）选中 B1:C7 单元格区域，插入折线图，如图 8-8 所示。从图中可以看出资金需要量与销售量线性相关。

（4）进行回归分析。

如果“数据”选项卡下没有“分析”组按钮，则需要自己加载分析工具栏。加载方法如下：依次单击“文件”选项卡、“选项”和“加载项”类别，在“管理”框中选择“Excel 加载项”，再单击“转到”，在“可用加载宏”框中选中“分析工具库”复选框，然后单击“确定”按钮，“数据”选项卡下就会出现“分析”组按钮。

选择“数据”选项卡下“分析”组中的“数据分析”按钮，打开“数据分析”对话框，选择“回归”选项，如图 8-9 所示。

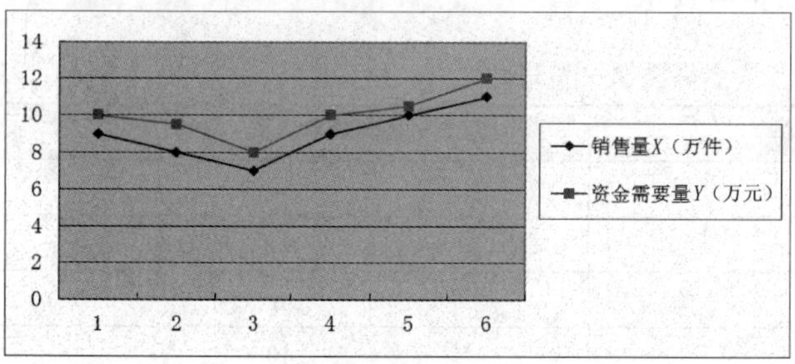

图 8-8 折线图

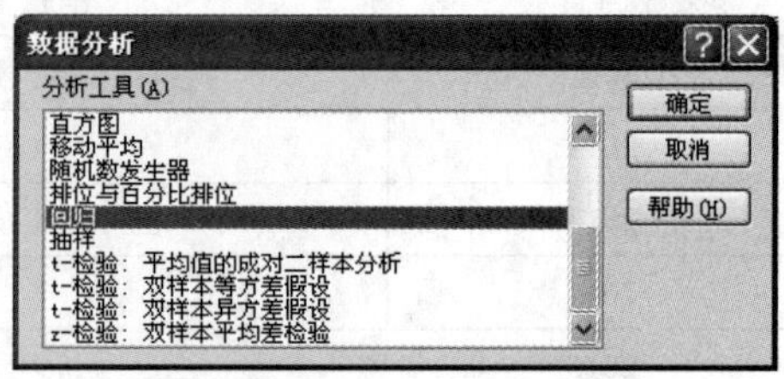

图 8-9 “数据分析”对话框

（5）单击“确定”按钮，输入“Y 值输入区域”和“X 值输入区域”，如图 8-10 所示。

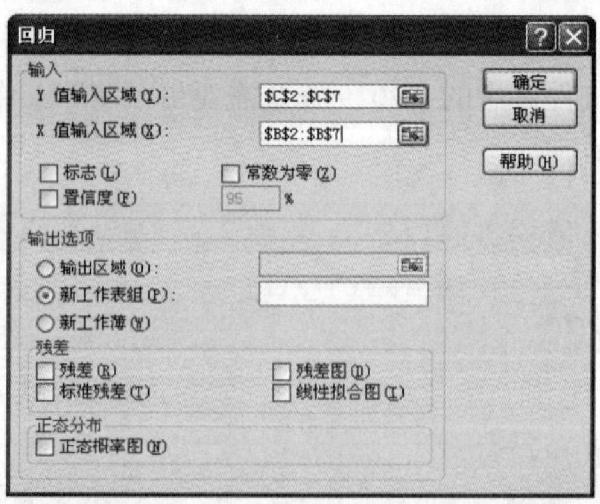

图 8-10 输入“Y 值输入区域”和“X 值输入区域”

（6）单击“确定”按钮，输出结果，如图 8-11 所示。

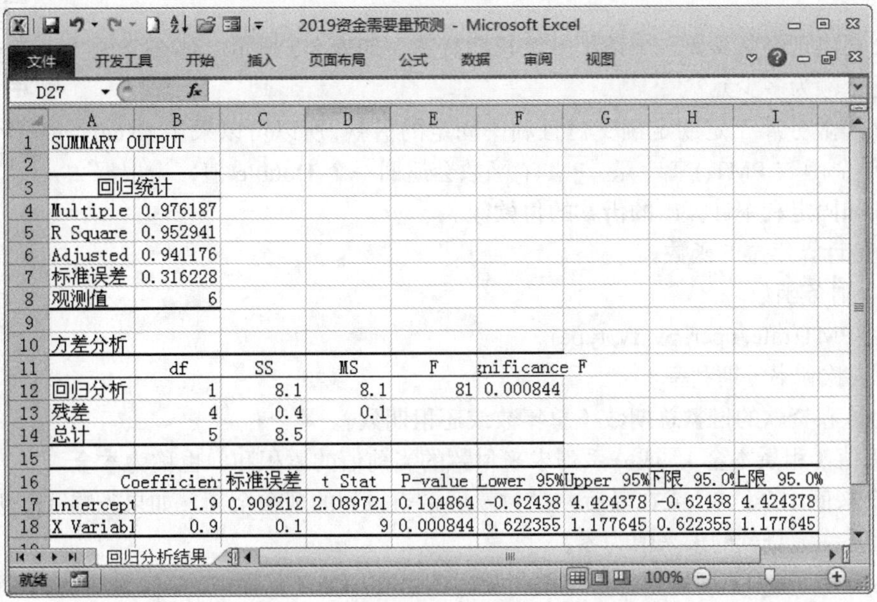

	A	B	C	D	E	F	G	H	I
1	SUMMARY OUTPUT								
2									
3	回归统计								
4	Multiple	0.976187							
5	R Square	0.952941							
6	Adjusted	0.941176							
7	标准误差	0.316228							
8	观测值	6							
9									
10	方差分析								
11		df	SS	MS	F	gnificance F			
12	回归分析	1	8.1	8.1	81	0.000844			
13	残差	4	0.4	0.1					
14	总计	5	8.5						
15									
16		Coefficien	标准误差	t Stat	P-value	Lower 95%	Upper 95%	下限 95.0%	上限 95.0%
17	Intercept	1.9	0.909212	2.089721	0.104864	-0.62438	4.424378	-0.62438	4.424378
18	X Variabl	0.9	0.1	9	0.000844	0.622355	1.177645	0.622355	1.177645

图 8-11　回归分析

（7）得出回归分析方程，即 Y=1.9+0.9X。当 X=12 万件时，得出资金需要量 Y 的值为 12.7 万元。

任务二　长期借款筹资决策分析

长期借款是指向银行或其他非银行金融机构借入的、期限在 1 年以上的各种借款，主要用于购建固定资产和弥补企业流动资金的不足。企业对长期借款支付的利息，通常是在所得税前扣除。

1．长期借款的种类

（1）长期借款按提供贷款的机构划分，可以分为政策性银行借款、商业性银行贷款和其他金融机构借款。

（2）长期借款按有无抵押品担保划分，可以分为抵押借款和信用借款。

（3）长期借款按其用途划分，可以分为基本建设借款、更新改造借款、科研开发和新产品试制借款等。

2．长期借款的程序

银行长期借款的程序是：①企业提出申请；②银行进行审批；③签订借款合同；④企业取得借款；⑤企业偿还借款。

长期借款筹资决策模型包括长期借款基本模型、长期借款筹资单变量决策模型、长期借款筹资双变量决策模型。

一、长期借款基本模型设计

利用长期借款基本模型，用户可以根据借款金额、借款年利率、借款年限、每年还款期数中任意一个或几个因素的变化，来分析每期偿还金额的变化，从而做出相应的决策。

丰源公司出于经营需要，申请了一笔长期贷款，如表8-2所示，那么公司每期的偿还金额为多少元？

微课8-3 筹资决策模型

由于该笔业务属于定期定额支付且利率固定的借款，所以可以采用Excel 2010中的年金函数PMT()来计算。PMT()函数会返回一个Double值，为根据固定付款额和固定利率计算出的借款的付款额。

PMT()是计算年金的函数。

【类型】财务函数。

【格式】PMT(rate, nper, pv, fv, type)。

rate为贷款利率（期利率）。

nper为该项贷款的付款总期数（总年数或还租期数）。

pv为现值（租赁本金），或一系列未来付款的当前值的累积和，也称为本金。

fv为未来值（余值），或在最后一次付款后希望得到的现金余额。如果省略fv，则假设其值为零，也就是一笔贷款的未来值为零。

type为数字0或1，用以指定各期的付款时间是在期初还是期末。1代表期初，不输入或输入0代表期末。

【功能】基于固定利率及等额分期付款方式，返回贷款的每期付款额。

年金是指在定期或不定期的时间内一系列的现金流入或流出。在支付期间必须用相同的单位计算rate和nper参数。例如，如果rate用月份计算，则nper也必须用月份计算。

操作步骤如下。

（1）打开“丰源公司”文件夹，新建一个工作簿，重命名为“筹资决策模型”。将“Sheet1”重命名为“长期借款模型”，如图8-12所示。

（2）建立丰源公司长期借款数据资料，如图8-13所示。

（3）建立模型，如图8-14所示。

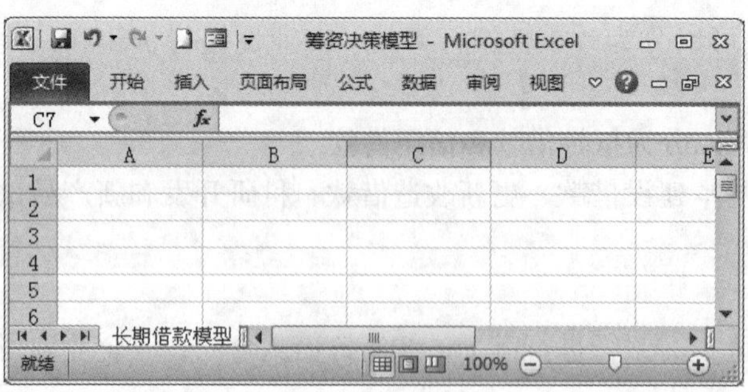

图8-12 建立工作簿

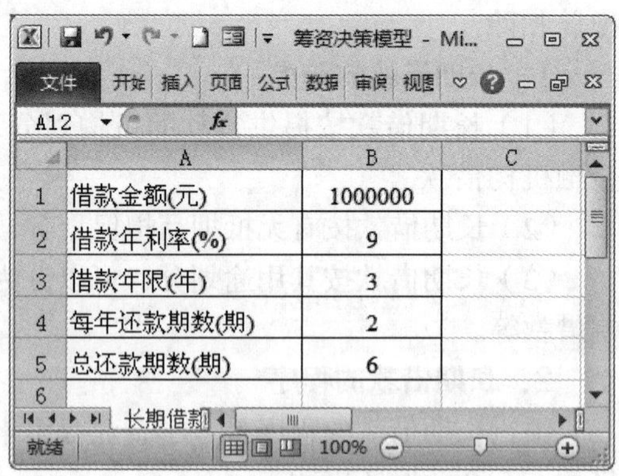

图8-13 输入长期借款数据资料

（4）输入公式，如图8-15所示。

总还款期数=借款年限×每年还款期数，即B5=B3×B4。

每期偿还金额=PMT（借款年利率/每年还款期数，总还款期数，借款金额），即B8=ABS(PMT(B2/B4，B5，B1))。其中，ABS()函数为求绝对值函数。

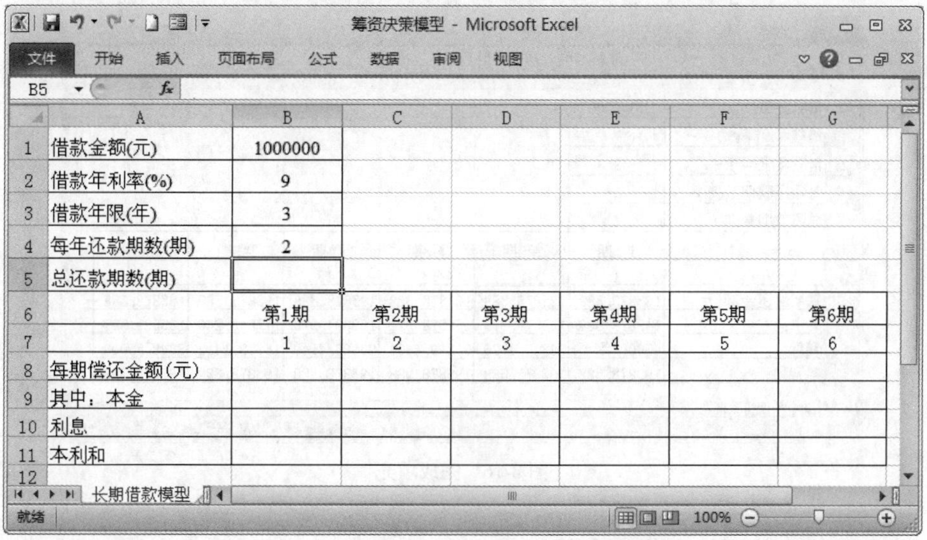

图 8-14 建立模型

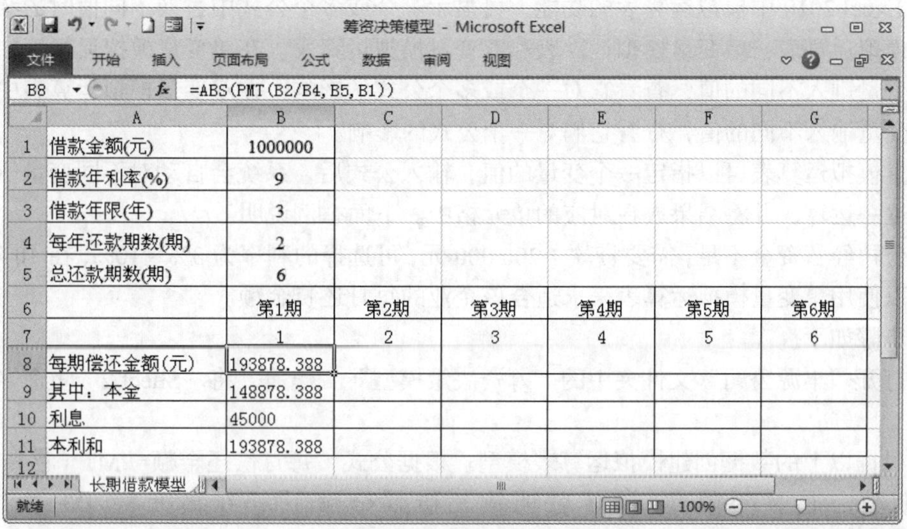

图 8-15 输入公式

偿还本金= PPMT（借款年利率/每年还款期数，还款期数，总还款期数，借款金额），即 B9=ABS(PPMT(B2/B4，B7，B5，B1))。

偿还利息= IPMT（借款年利率/每年还款期数，还款期数，总还款期数，借款金额），即 B10=ABS(IPMT(B2/B4，B7，B5，B1))。

本利和=本金+利息，即 B11=B9+B10。

（5）选定 B8 单元格公式中的相对地址，按“F4”键调整为绝对地址；用同样的方法，把 B9、B10 单元格公式中除 B7 之外的相对地址均调整为绝对地址。

选中 B8:B11 单元格区域，填充至 G8:G11 单元格区域，如图 8-16 所示。

上述长期借款基本模型建立以后，工作表中各单元格之间建立了有效的动态链接，用户可以直接输入或改变借款金额、借款年利率、借款年限、每年还款期数中任意一个或多个因素的值，观察每期偿还金额的变化，选择一种适合当前企业状况的固定偿还金额的筹资方式。

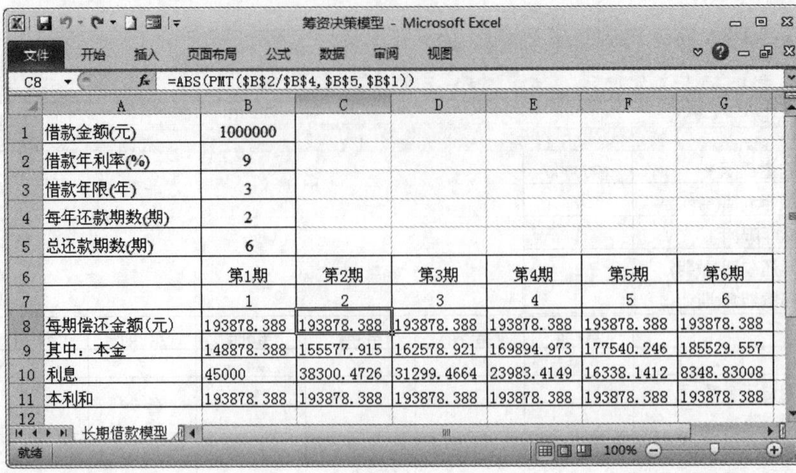

	A	B	C	D	E	F	G
1	借款金额(元)	1000000					
2	借款年利率(%)	9					
3	借款年限(年)	3					
4	每年还款期数(期)	2					
5	总还款期数(期)	6					
6		第1期	第2期	第3期	第4期	第5期	第6期
7		1	2	3	4	5	6
8	每期偿还金额(元)	193878.388	193878.388	193878.388	193878.388	193878.388	193878.388
9	其中：本金	148878.388	155577.915	162578.921	169894.973	177540.246	185529.557
10	利息	45000	38300.4726	31299.4664	23983.4149	16338.1412	8348.83008
11	本利和	193878.388	193878.388	193878.388	193878.388	193878.388	193878.388

图 8-16 完成填充

二、长期借款筹资单变量决策模型设计

利用 Excel 2010 中模拟运算表的功能，可显示一个或多个公式中替换不同值时的结果。有两种类型的模拟运算表：单变量模拟运算表和双变量模拟运算表。在单变量模拟运算表中，用户可以对一个变量键入不同的值，查看它对一个或多个公式的影响。在双变量模拟运算表中，用户可以对两个变量输入不同的值，查看它们对一个公式的影响。

单变量模拟运算表可以指定一个变量的值，输入公式后，系统会自动对不同变量值条件下的公式进行逐一运算，并将结果放在对应的单元格中。下面举例说明。

丰源公司经营资金不足，需要贷款 1 200 000 元，可选择的利率为 3% ~ 10%，在 10 年内还清。这时，可以使用单变量模拟运算表来求适合该企业的每月还贷金额。

操作步骤如下。

（1）打开“丰源公司”文件夹中的“筹资决策模型”工作簿，将“Sheet 2”重命名为“单变量模型”。

（2）根据以上的数据创建模拟运算表模型。根据公式“每月偿还金额=PMT（借款年利率/每年还款期数，借款年限*每年还款期数，借款金额）”，在单元格 D3 中输入公式“D3=PMT(C3/12,B3×12,A3)”，计算结果如图 8-17 所示。

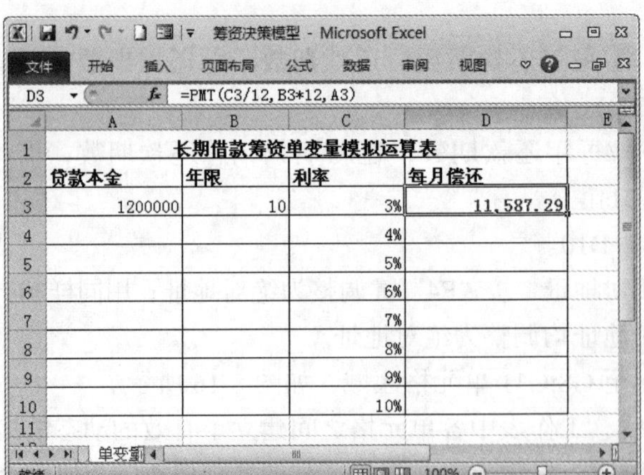

	A	B	C	D
1	长期借款筹资单变量模拟运算表			
2	贷款本金	年限	利率	每月偿还
3	1200000	10	3%	11,587.29
4			4%	
5			5%	
6			6%	
7			7%	
8			8%	
9			9%	
10			10%	

图 8-17 完成计算

微课 8-4 单变量决策模型

（3）选中单元格区域 C3:D10，单击“数据”选项卡下“数据工具”分组中的“模拟分析”按钮，选择“模拟运算表”，弹出“模拟运算表”窗口。单击“输入引用列的单元格”的引用按钮，选择单元格 C3，如图 8-18 所示，单击“确定”按钮。单变量模拟运算结果如图 8-19 所示。

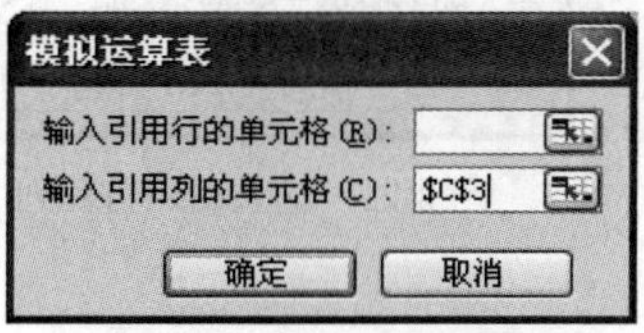

图 8-18　输入引用列

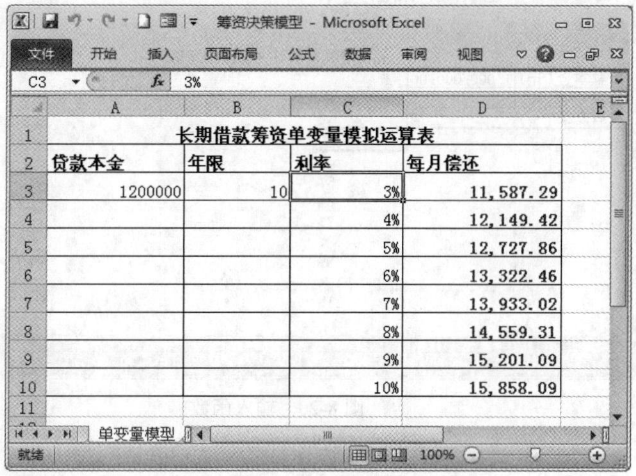

长期借款筹资单变量模拟运算表			
贷款本金	年限	利率	每月偿还
1200000	10	3%	11,587.29
		4%	12,149.42
		5%	12,727.86
		6%	13,322.46
		7%	13,933.02
		8%	14,559.31
		9%	15,201.09
		10%	15,858.09

图 8-19　完成模拟运算

三、长期借款筹资双变量决策模型设计

在长期借款分析决策中，如果是两个因素同时变化，如借款期限有长有短，利率有高有低，那么这时在分析这些因素对最终决策的影响时，必须使用 Excel 2010 的双变量模拟运算表。

微课 8-5　双变量决策模型

现以长期借款年利率和借款年限两个因素的变化对每期偿还金额的影响为例，说明长期借款筹资双变量决策模型的设计和使用方法。

丰源公司需要贷款 100 万元，年利率为 4% ~ 11%，贷款年限可以为 8 年、9 年、10 年、11 年或 12 年。求企业在不同条件下每月应偿还的贷款金额。

操作步骤如下。

（1）打开“丰源公司”文件夹中的“筹资决策模型”工作簿，将“Sheet 3”重命名为“双变量模型”。

（2）根据以上的数据创建模拟运算表模型，在单元格区域 C6:C13 中输入各种可能的借款年利率，在单元格区域 D5:H5 中输入各种可能的借款年限，在单元格 C5 中输入目标函数 PMT()，即 C5= PMT（B4/12,B3*12,B2），如图 8-20 所示。

（3）分别给模拟运算表输入引用行、列的单元格。选择 C5:H13 单元格区域，单击“数据”选项卡下“数据工具”分组中的“模拟分析”按钮，选择“模拟运算表”，弹出“模拟运算表”对话框，如图 8-21 所示。

在“输入引用行的单元格”框中输入行变量“贷款年限”，即“$B$3”，或者选定单元格 B3；在“输入引用列的单元格”框中输入列变量“贷款利率”，即“$B$4”，或者选定单元格 B4。

单击“确定”按钮，此时分析值便会自动显示在双变量分析表中，也就完成了长期借款双变量分析模型的建立，其结果如图 8-22 所示。

应用上述长期借款双变量分析模型，用户可以观察在两个因素不同组合下的长期借款分析结果。当长期借款方案发生变化时，用户只需改变第一变量或第二变量所在的行或列的值或者其他因素的值，模型便会立即重新计算出双变量分析表中的值。

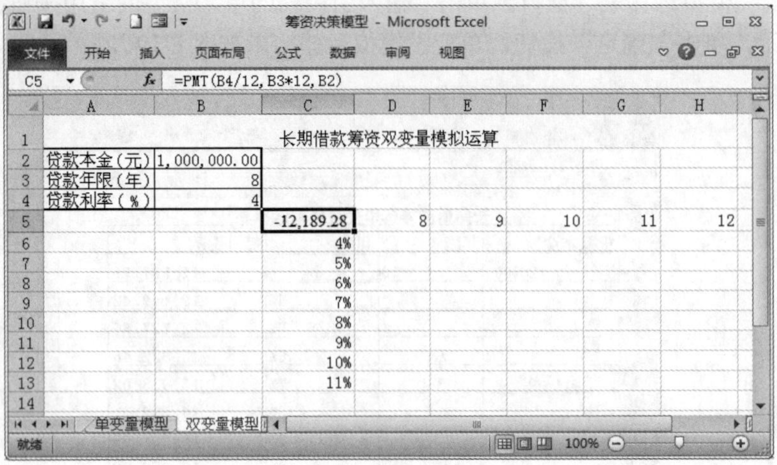

图 8-20 输入函数

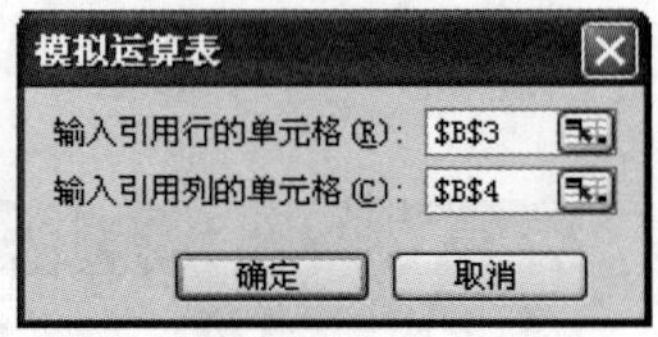

图 8-21 输入引用行和列

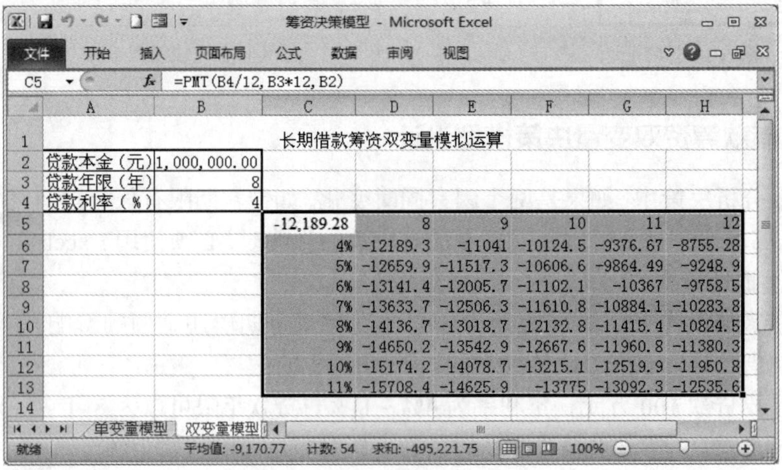

	C	D	E	F	G	H
5	-12,189.28	8	9	10	11	12
6	4%	-12189.3	-11041	-10124.5	-9376.67	-8755.28
7	5%	-12659.9	-11517.3	-10606.6	-9864.49	-9248.9
8	6%	-13141.4	-12005.7	-11102.1	-10367	-9758.5
9	7%	-13633.7	-12506.3	-11610.8	-10884.1	-10283.8
10	8%	-14136.7	-13018.7	-12132.8	-11415.4	-10824.5
11	9%	-14650.2	-13542.9	-12667.6	-11960.8	-11380.3
12	10%	-15174.2	-14078.7	-13215.1	-12519.9	-11950.8
13	11%	-15708.4	-14625.9	-13775	-13092.3	-12535.6

图 8-22 运算结果

任务三 资本成本和最优资本结构分析

一、资本成本

1. 认识资本成本

资本成本是指企业为筹集和使用资金而付出的代价。资本成本包括资金筹集费用和资金占用费用两部分。资金筹集费用是指资金筹集过程中支付的各种费用，如发行股票或发行债券时支付的印刷费、律师费、公证费、担保费及广告宣传费。需要注意的是，企业发行股票和债券时，支付给发行公司的手续费不作为资金筹集费用，因为此手续费并未通过企业会计账务处理，企业是按照发行价格扣除发行手续费后的净额入账的。资金占用费是指占用他人资金应支付的费用，或者说是资金所有者凭借其对资金的所有权向资金使用者索取的报酬，如股东的股息、红利、债券及银行借款的利息。

资本成本率的计算公式为

$$资本成本率=\frac{每年的用资费用}{(筹资总额-筹资费用率)}\times100\%$$

2．计算资本成本

（1）个别资本成本的计算。

① 债务资本成本。

$$银行借款成本率=借款总额\times年借款利率\times\frac{(1-所得税率)}{借款总额}\times(1-筹资费用率)\times100\%$$

$$债券成本率=\frac{债券面值\times年利率\times(1-所得税率)}{筹款总额\times(1-筹资费用率)}\times100\%$$

例如，某公司发行总面值为 1 000 万元的 10 年期债券，票面利率为 12%，发行费用率为 5%，公司所得税率为 25%，则

$$该债券的成本率\ K_b=\frac{1\,000\times12\%\times(1-25\%)}{1\,000\times(1-5\%)}=8.55\%$$

② 权益资本成本。

$$优先股成本率=\frac{优先股股利}{筹资总额}\times(1-筹资费用率)\times100\%$$

$$普通股成本率=\frac{预期最近一年股利额}{筹资总额}\times(1-筹资费用率)+股利年增长率$$

$$留存收益成本率=\frac{预期最近一年股利额}{筹资总额}+股利年增长率$$

（2）综合资本成本的计算。

$$综合资本成本率=\sum(个别资本成本率\times个别资金占全部资金的比重)$$

$$K_w=\sum_{j=1}^{n}K_jW_j$$

式中，K_w 为综合资本成本率，也可称为加权平均资本成本率；K_j 为第 j 种个别资本成本率；W_j 为第 j 种个别资金占全部资金的比重。

例如，某企业账面反映的长期资金共有 500 万元，其中长期借款 100 万元、应付长期债券 50 万元、普通股 250 万元、留存收益 100 万元，其成本率分别为 7.7%、9.3%、12.2%、12.1%，则该企业的综合资本成本率（加权平均资本成本率）为

$$7.7\%\times100/500+9.3\%\times50/500+12.2\%\times250/500+12.1\%\times100/500=10.99\%$$

3．资本成本计算实例

丰源公司账面反映的长期资金共有 1 600 万元。其中，3 年期长期借款 300 万元，年利率为 11%，每年付息一次，到期一次还本，筹资费用率为 0.5%；发行 10 年期债券共 500 万元，票面利率为 12%，发行费用率为 5%；发行普通股 800 万元，预计第一年的股利率为 14%，以后每年增长 1%，筹资费用率为 3%；公司保留盈余 100 万元。公司所得税税率为 25%。要求计算各种筹资方式下的资本成本。

操作步骤如下。

（1）打开“丰源公司”文件夹中的“筹资决策模型”工作簿，新建工作表并重命名为“资本成本”。输入各种筹资方式，计算结果如图 8-23 所示。

（2）把各项资本成本所在单元格设置为“百分比”格式，且保留小数点后2位。方法是选中要调整的单元格，选择“开始”选项卡下“数字”旁的下拉按钮，打开“设置单元格格式”对话框。在“数字”页签中选择“百分比”，在“小数位数”框中输入“2”。

（3）为了突出显示各种筹资方式下的资本成本，可以为其设置底色。

（4）根据表8-5，在“资本成本”工作表中输入公式，计算结果如图8-24所示。

表8-5　　资本成本模型计算公式

单元格	公式	备注
B6	=B3×(1-B4)/(1-B5)	计算长期借款资本成本
B12	=B9×(1-B10)/(1-B11)	计算债券资本成本
B18	=B14/(1-B16)+B17	计算普通股资本成本
B23	=B21×B20/B21+B22	计算保留盈余资本成本
B26	=B2	长期借款
B27	=B8	债券
B28	=B15	普通股
B29	=B21	保留盈余
C26	=B6	长期借款
C27	=B12	债券
C28	=B19	普通股
C29	=B23	保留盈余
B30	=SUMPRODUCT(B26:B29*C26:C29)/SUM(B26:B29)	计算综合资本成本

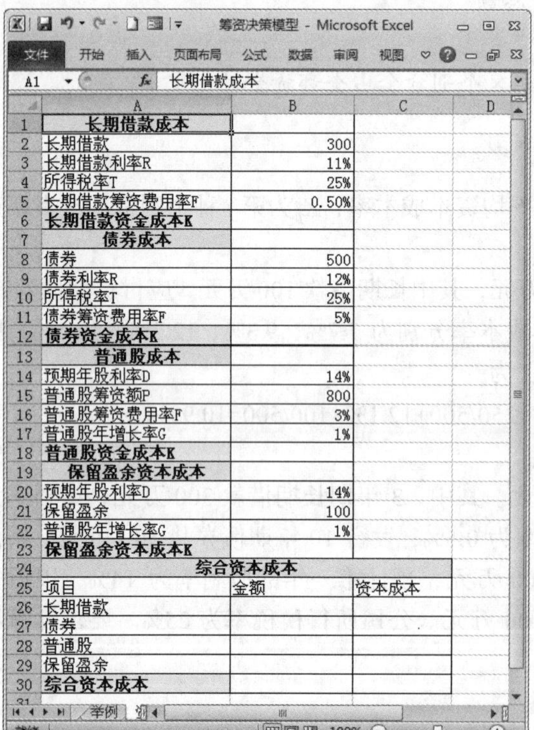

	A	B	C
1	长期借款成本		
2	长期借款	300	
3	长期借款利率R	11%	
4	所得税率T	25%	
5	长期借款筹资费用率F	0.50%	
6	长期借款资金成本K		
7	债券成本		
8	债券	500	
9	债券利率R	12%	
10	所得税率T	25%	
11	债券筹资费用率F	5%	
12	债券资金成本K		
13	普通股成本		
14	预期年股利率D	14%	
15	普通股筹资额P	800	
16	普通股筹资费用率F	3%	
17	普通股年增长率G	1%	
18	普通股资金成本K		
19	保留盈余资本成本		
20	预期年股利率D	14%	
21	保留盈余	100	
22	普通股年增长率G	1%	
23	保留盈余资本成本K		
24	综合资本成本		
25	项目	金额	资本成本
26	长期借款		
27	债券		
28	普通股		
29	保留盈余		
30	综合资本成本		

图8-23　各种筹资方式下的资本成本

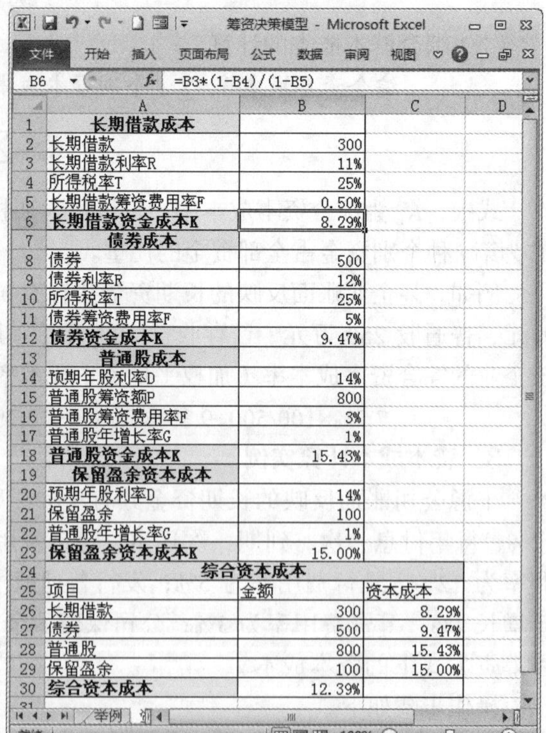

	A	B	C
1	长期借款成本		
2	长期借款	300	
3	长期借款利率R	11%	
4	所得税率T	25%	
5	长期借款筹资费用率F	0.50%	
6	长期借款资金成本K	8.29%	
7	债券成本		
8	债券	500	
9	债券利率R	12%	
10	所得税率T	25%	
11	债券筹资费用率F	5%	
12	债券资金成本K	9.47%	
13	普通股成本		
14	预期年股利率D	14%	
15	普通股筹资额P	800	
16	普通股筹资费用率F	3%	
17	普通股年增长率G	1%	
18	普通股资金成本K	15.43%	
19	保留盈余资本成本		
20	预期年股利率D	14%	
21	保留盈余	100	
22	普通股年增长率G	1%	
23	保留盈余资本成本K	15.00%	
24	综合资本成本		
25	项目	金额	资本成本
26	长期借款	300	8.29%
27	债券	500	9.47%
28	普通股	800	15.43%
29	保留盈余	100	15.00%
30	综合资本成本	12.39%	

图8-24　综合资本成本

利用各种筹资方式下资本成本所在单元格的公式设定，在已知其他变量数据的条件下，即可很容易地求出各种筹资方式下的资本成本。

SUMPRODUCT ()是计算乘积之和的函数。

（1）类型：数学与三角函数。

（2）格式：SUMPRODUCT（array1,array2, array3, …）。

其中，array1、array2、array3 等为数组，其相应元素需要进行相乘并求和。

（3）功能：在给定的几组数组中，将数组间对应的元素相乘，并返回乘积之和。

例如，一家企业销售商品。其中，A 产品的单价为 2 元，销售数量为 10 个单位；B 产品的单价为 3 元，销售数量为 20 个单位。求该企业的总销售金额。

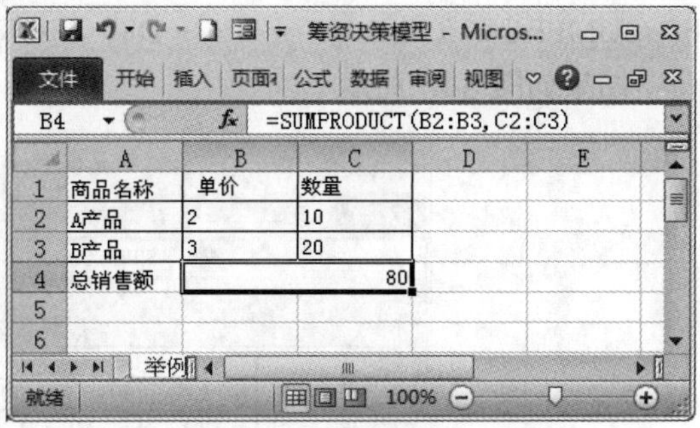

图 8-25　SUMPRODUCT（ ）函数举例

首先建立如图 8-25 所示的表格。

在 C4 单元格里输入公式“C4=SUMPRODUCT(B2:B3，C2:C3) ”，意思是“B2*C2+B3*C3”，即求出总销售额为 80 元。

二、最优资本结构

资本结构是指企业各种资本的组成结构和比例关系，实质是企业负债和所有者权益之间的比例关系。它是企业筹资的核心问题。

最优资本结构是指在一定的条件下，使企业的综合资本成本最低，同时使企业价值最大的资本结构。它是企业的目标资本结构。

确定最优资本结构的方法主要有比较资本成本法、每股收益无差别点分析法、比较公司价值法。

丰源公司欲筹资 1 000 万元，有 3 种方案可供选择。3 种方案的筹资组合及个别资本成本如表 8-3 所示，请选择最佳筹资方案。

操作步骤如下。

（1）打开“丰源公司”文件夹中的“筹资决策模型”工作簿，新建工作表并重命名为“最优资本结构”。输入各种筹资组合方案，如图 8-26 所示。

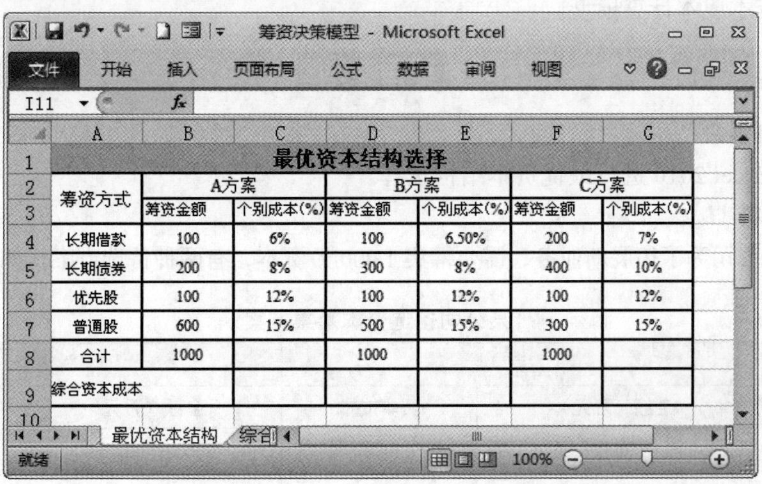

图 8-26　输入各种筹资组合方案

（2）计算并输入各方案综合资本成本。

A 方案综合资本成本=100×6%/1 000+200×8%/1 000+100×12%/1 000+600×15%/1 000。

B 方案综合资本成本=100×6.5%/1 000+300×8%/1 000+100×12%/1 000+500×15%/1 000。

C 方案综合资本成本=200×7%/1 000+400×10%/1 000+100×12%/1 000+300×15%/1 000。

在单元格 C9、E9、G9 中输入计算公式：C9=SUMPRODUCT(B4:B7,C4:C7)/B8，E9=SUMPRODUCT(D4:D7,E4:E7)/ D8，G9=SUMPRODUCT(F4:F7,G4:G7)/ F8。

结果如图 8-27 所示。

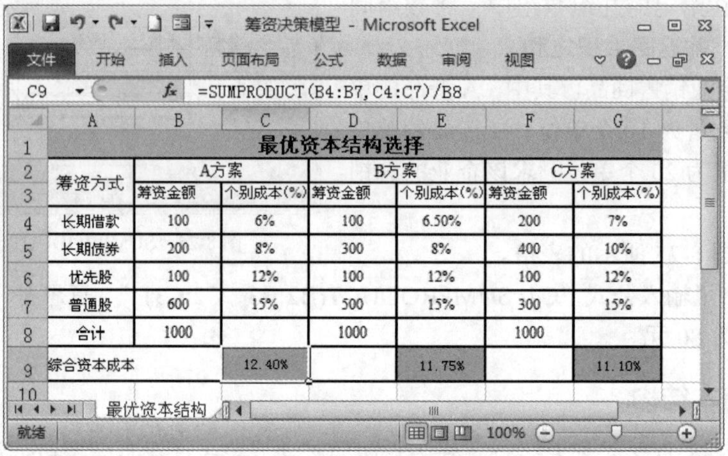

最优资本结构选择						
筹资方式	A方案		B方案		C方案	
	筹资金额	个别成本(%)	筹资金额	个别成本(%)	筹资金额	个别成本(%)
长期借款	100	6%	100	6.50%	200	7%
长期债券	200	8%	300	8%	400	10%
优先股	100	12%	100	12%	100	12%
普通股	600	15%	500	15%	300	15%
合计	1000		1000		1000	
综合资本成本		12.40%		11.75%		11.10%

图 8-27 计算结果

可以计算出各方案的综合资本成本：A 方案综合资本成本（C9）=12.4%，B 方案综合资本成本（E9）=11.75%，C 方案综合资本成本（G9）=11.1%。比较后可知 C 方案的综合资本成本最低，3 种方案中应选择 C 方案。

项目小结

本项目介绍了如何运用 Excel 进行资金筹集管理。首先介绍了筹资的概念，接着举例介绍了资金需要量的预测分析、长期借款筹资决策分析、资本成本和最优资本结构分析。要求学会使用 Excel 2010 设计资金需要量销售百分比法模型，设计资金需要量线性回归模型，设计长期借款筹资决策模型和资本成本计算模型。

项目实训

1．实训目的

学会运用 Excel 2010 进行最优资本结构选择。

2．实训资料

某股份有限公司为了拓展新业务，需要筹集 1 000 万资本，有两种备选方案，如表 8-6 所示。

表 8-6　　某公司备选资本筹集方案

筹资方式	方案 A		方案 B	
	金额（万元）	资本成本	金额（万元）	资本成本
长期借款	300	4%		
公司债券			400	7%

续表

筹资方式	方案 A		方案 B	
	金额（万元）	资本成本	金额（万元）	资本成本
优先股	400	10%		
普通股	300	13%	600	13%

3．实训要求

根据上述资料，计算两个方案的资本成本，选择最优筹资方案。

项目九
Excel 2010 在投资管理中的应用

知识目标

1. 掌握投资决策的评价方法。
2. 掌握各个投资决策指标的计算。

能力目标

1. 掌握 Excel 2010 软件中复利终值函数 FV、复利现值函数 PV、年金函数 PMT、年金中的利息函数 IPMT、年金中的本金函数 PPMT、计息期数函数 NPER、利率函数 RATE、净现值函数 NPV、内含报酬率函数 IRR、修正内含报酬率函数 MIRR 的运用。
2. 能够熟练地建立起简单的投资决策模型。

工作情境与分析

一、情境

李娜运用 Excel 2010 设计了资金需要量预测模型、长期借款筹资决策模型和最优资本结构选择模型，这些模型在资金筹集管理中发挥了重要作用。她认为 Excel 2010 拥有强大的财务函数，肯定也能利用其建立投资管理模型。她开始学习投资管理知识，整理财务数据，为进行投资管理做好准备。

二、分析

投资，指的是将某种有价值的资产，包括资金、人力、知识产权等，投入到某个企业、项目或经济活动中，以获取经济回报的商业行为或过程。投资可分为实物投资、资本投资和证券投资。资本投资是将货币投入企业，通过生产经营活动取得一定利润。证券投资是用货币购买企业发行的股票和公司债券，间接参与企业的利润分配。

投资决策是企业所有决策中最为关键、最为重要的决策，因此我们常说投资决策失误是企业最大的失误，一个严重的投资决策失误往往会使一个企业陷入困境甚至破产。因此，财务管理的一项极为重要的职能就是为企业当好参谋，把好投资决策关。

丰源公司欲进行一项投资，共有 3 种方案可供选择。3 种方案的期初投资分别为 100 000 元、90 000 元、120 000 元，假设贴现率为 7%，再投资收益率为 12%。每个方案 3 年的净现金流量如表 9-1 所示，试用投资决策指标对各个方案进行分析，找出最优方案。

表 9-1　　投资决策净现金流量资料　　单位：元

期间	A 方案	B 方案	C 方案
0	−100 000	−90 000	−120 000
1	80 000	10 000	40 000
2	28 000	50 000	50 000
3	12 000	53 000	50 000

根据企业管理者的需求，丰源公司运用 Excel 2010 进行投资管理，需要按照以下步骤来实现：认识货币时间价值→认识投资决策指标→设计投资决策简单模型。

任务一　货币时间价值

货币时间价值是指货币经历一定时间的投资和再投资后所增加的价值，即资金在周转使用过程中由于时间因素而形成的差额价值。由货币时间价值的定义可知，当前持有的一定量货币比未来获得的等量货币具有更高的价值。从经济学的角度看，当前的一单位货币与未来的一单位货币的购买力之所以不同，是因为如果要节省现在的一单位货币不消费而改在未来消费，那么在未来消费时必须有大于一单位的货币可供消费，以作为弥补延迟消费的贴水。

在货币时间价值计算中，涉及终值和现值两个概念。终值是指现在一定量的资金在未来某一时点上的价值，俗称本利和。现值是指未来某一时点上一定量的资金折合为现在的价值。终值与现值的关系为

终值=现值+利息（时间价值）

在计算中经常使用的符号及其含义如下：P 为本金，又称现值；I 为利息；i 为利率，指利息与本金之比；F 为本金和利息之和，又称本利和或终值；t 为时间，通常以年为单位。

一、货币时间价值的计算

（1）单利终值与现值的计算。单利是指一种不论时间长短，仅按本金计算利息，本金所生利息不加入本金重复计算利息的方法。

单利计息方式下，利息的计算公式为：$I=P \cdot i \cdot n$。

单利计息方式下，终值的计算公式为：$F=P \cdot (1+i \cdot n)$。

单利计息方式下，现值的计算公式为：$P=F/(1+i \cdot n)$。

单利现值与单利终值互为逆运算。

（2）复利终值与现值的计算。货币时间价值通常按复利方式计算。

复利是指在一定时间内，按一定利率将本金所生利息加入本金再计算利息的方法，也就是通常说的“利滚利”。

复利终值的计算公式为 $F=P \cdot (1+i)^n$。公式中的 $(1+i)^n$ 被称作“复利终值系数”，记为“$(F/P,i,n)$”，可通过查表取得。以上公式可记为 $F=P \cdot (F/P,i,n)$。

复利现值的计算公式为 $P=F \cdot 1/(1+i)^n$。公式中的 $1/(1+i)^n$ 被称作“复利现值系数”，记为“$(P/F,i,n)$”，可通过查表取得。以上公式可记为 $P=F \cdot (P/F,i,n)$。

如果每年复利 m 次，则每次的利率为 i/m，时间周期数为 mn，此时复利终值公式为 $F=P \cdot (1+i/m)^{m \cdot n}$。

复利终值系数与复利现值系数互为倒数。

（3）普通年金终值与现值的计算。年金是指一定时期内间隔相等、连续等额收付的系列款项。年金按其每次收付款项发生的时点不同，分为普通年金、即付年金、递延年金、永续年金等类型。

普通年金是指从第一期起，在一定时期内每期期末等额收付的系列款项，又称后付年金。

普通年金终值的计算公式为 $F=A\cdot[(1+i)^{n-1}]/i$。公式中，$[(1+i)^{n-1}]/i$ 称为“年金终值系数”，记为“$(F/A,i,n)$”，可通过查表取得。以上公式可记为 $F=A\cdot(F/A,i,n)$。

普通年金现值的计算公式为 $P=A\cdot[1-(1+i)^{-n}]/i$。公式中，$[1-(1+i)^{-n}]/i$ 称为“年金现值系数”，记为“$(P/A,i,n)$”，可通过查表取得。以上公式可记为 $P=A\cdot(P/A,i,n)$。

（4）即付年金终值与现值的计算。即付年金是指从第一期起，在一定时期内每期期初等额收付的系列款项，又称先付年金。

即付年金终值的计算公式为 $F=A\cdot[(F/A,i,n+1)-1]$。

公式中，“$(F/A,i,n+1)-1$”被称作“即付年金终值系数”，它相当于在同期普通年金终值系数的基础上期数加1、系数减1，可通过查表取得。

即付年金终值的另一个计算公式为 $F=A\cdot(F/A,i,n)\cdot(1+i)$。这个公式可以理解为即付年金终值等于同期普通年金终值乘以“$1+i$”。

即付年金现值的计算公式为 $P=A\cdot[(P/A,i,n-1)+1]$。

公式中，“$(P/A,i,n-1)+1$”被称作“即付年金现值系数”，它相当于在同期普通年金现值系数的基础上期数减1、系数加1，可通过查表取得。

即付年金现值的另一个计算公式为 $P=A\cdot(P/A,i,n)\cdot(1+i)$。这个公式可以理解为即付年金现值等于同期普通年金现值乘以“$1+i$”。

（5）永续年金现值的计算。如果年金定期等额收付一直持续到永远，则被称为永续年金。

永续年金现值的计算公式为

$$P=\frac{\text{每期等额收付金额}}{\text{利率}}=\frac{A}{i}$$

永续年金没有终值。

（6）年金的计算。根据年金现值公式或年金终值公式进行推导来计算年金。

（7）利率、期数的计算。根据年金现值公式、年金终值公式进行推导，求出现值系数、终值系数后，即可查表算出利率和期数。

二、货币时间价值函数

（1）复利终值函数。复利终值有普通复利终值、普通年金终值和即付年金终值等形式。

FV ()是计算复利终值的函数。

【类型】财务函数。

【格式】FV(rate,nper,pmt,pv,type)。

rate 为各期利率。

nper 为年金的付款总期数。

pmt 为各期应支付的金额，其数值在整个年金期间保持不变。通常，pmt 包括本金和利息，但不包括其他费用或税款。如果省略 pmt，则必须包括 pv 参数。

pv 为现值，或一系列未来付款的当前值的累积和。如果省略 pv，则假设其值为 0，并且必须包括 pmt 参数。

type 为数字 0 或 1，用以指定各期的付款时间是在期初还是期末。如果省略 type，则假设其值为 0。

【功能】基于固定利率，返回某项投资的未来值。

注意

在 pmt ≠ 0，pv=0，type=1 时，函数值为即付年金终值。在 Excel 2010 中，对函数涉及金额的参数是有特别规定的，支出的款项用负数表示，收入的款项用正数表示。

① 普通复利终值的计算。

例如，某人将 10 000 元投资于一项事业，年报酬率为 6%，3 年后的复利终值为 FV（6%,3,0,−10 000,0）=11 910.16（元）。操作如图 9-1 和图 9-2 所示。

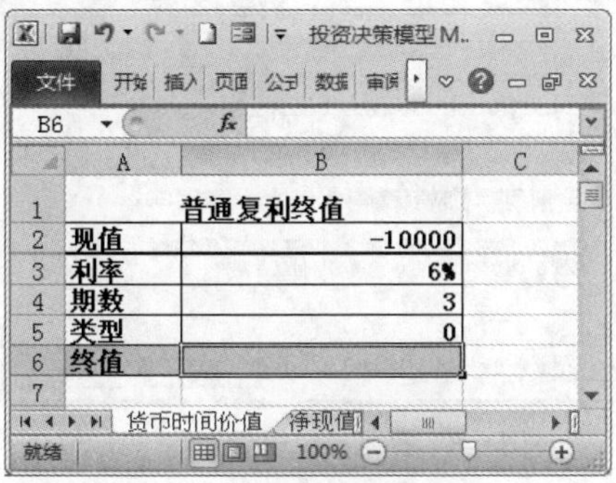

图 9-1　输入数据

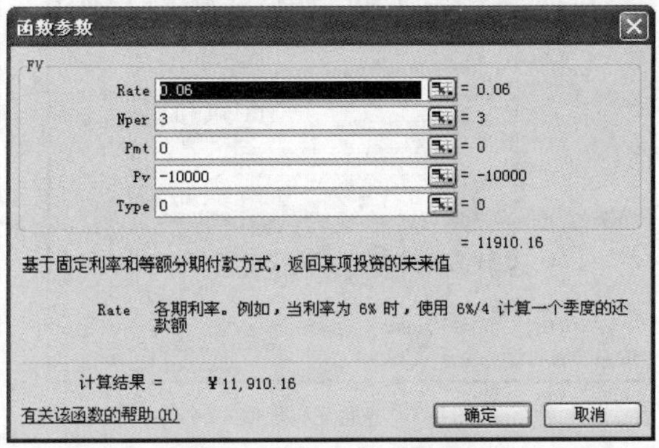

图 9-2　普通复利终值

② 普通年金终值的计算。

例如，某人每年年末存入银行 20 000 元，年利率为 10%，则第 3 年年末可以从银行中取得的本利和 FV（10%,3,−20 000,0,0）=66 200（元）。操作如图 9-3 所示。

③ 即付年金终值的计算。仍以上例为例，若款项每年年初存入银行，则即付年金终值 FV（10%,3,−20 000,0,1）=72 820（元）。操作如图 9-4 所示。

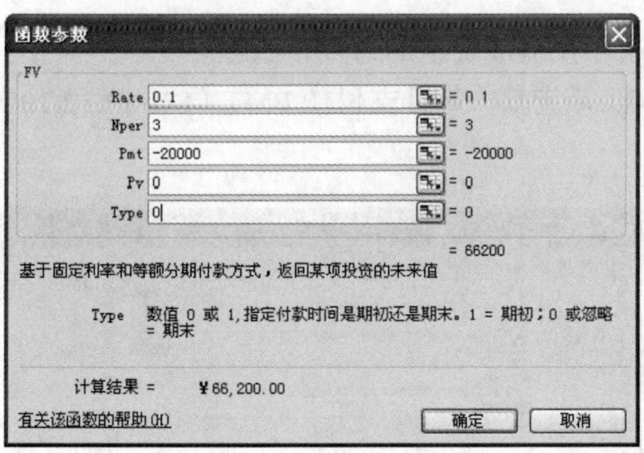

图 9-3　普通年金终值

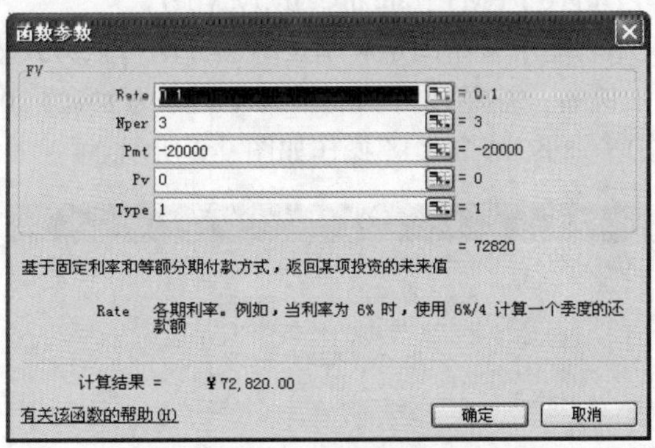

图 9-4　即付年金终值

（2）复利现值函数。复利现值包括普通复利现值、普通年金现值和即付年金现值。

PV ()是计算复利现值的函数。

【类型】财务函数。

【格式】PV(rate,nper,pmt,fv,type)。

【功能】基于固定利率，返回某项投资的现值。

① 普通复利现值的计算。

例如，某人拟在5年后获得本利和20 000元，已知投资报酬率为10%，那么他现在应投入的金额PV（10%,5,0,20 000,0）=−12 418.43（元）。操作如图9-5所示。

② 普通年金现值的计算。

例如，某人要购买一项养老保险，购买成本为60 000元，该保险可以在20年内于每月月末回报500元，投资报酬率为8%，计算这笔投资是否值得。该投资现值PV（0.08/12,12×20,500,0,0）=−59 777.15（元）。操作如图9-6所示。

由于养老保险的现值59 777.15元小于实际支付的现值60 000元，因此，这项投资不合算。

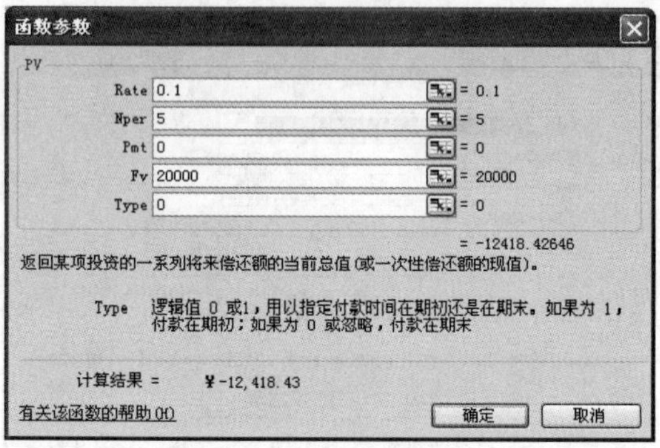

图9-5 普通复利现值

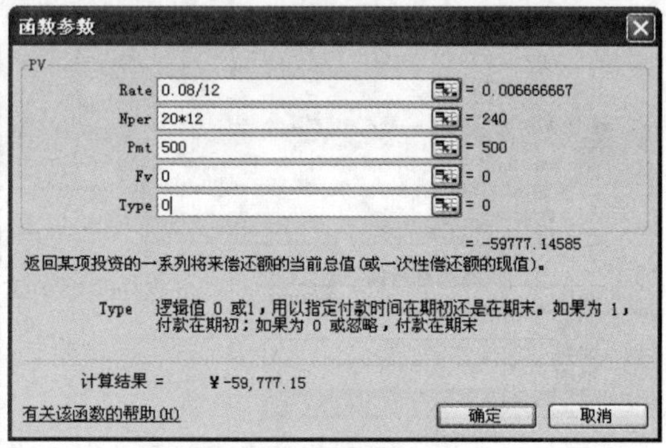

图9-6 普通年金现值

③ 即付年金现值的计算。

例如，用6年时间分期付款购物，每年年初预付300元。设银行利率为10%，则该项分期付款相当于一次现金交付的货款PV（10%,6,300,0,1）=−1 437.24（元）。操作如图9-7所示。

（3）年金函数。

PMT ()是计算年金的函数。

【类型】财务函数。

【格式】PMT (rate,nper,pv,fv,type)。

【功能】基于固定利率及等额分期付款方式，返回投资或贷款的每期付款额。

例如，需要12个月付清的年利率为8%的10 000元贷款，每月支付额PMT（8%/12,12,10000,0,0）=−869.88（元）。操作如图9-8所示。

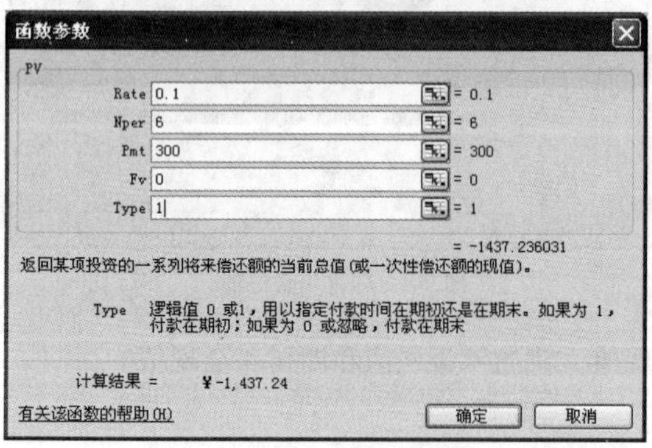

图9-7 即付年金现值

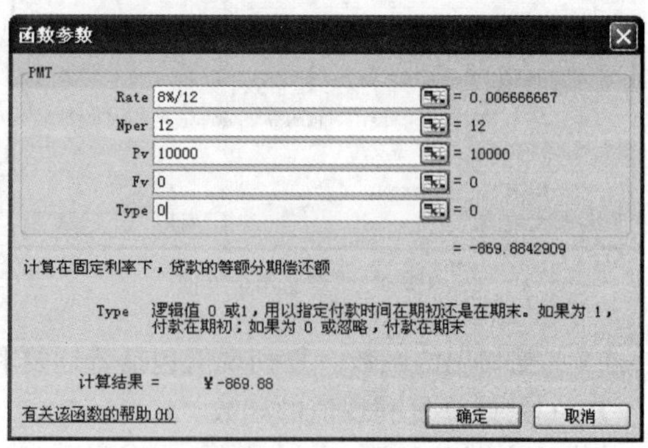

图9-8 年金函数

（4）年金中的利息函数。

IPMT ()是计算年金中利息的函数。

【类型】财务函数。

【格式】IPMT(rate,per,nper,pv,fv,type)。

【功能】基于固定利率及等额分期付款方式，返回投资或贷款每期付款额中的利息额。

例如，某企业取得 3 年期贷款，本金 8 000 元，年利率 10%。若按年支付贷款利息，则第一年需支付贷款利息 IPMT(0.1,1,3,8 000)=−800（元）。操作如图 9-9 所示。

（5）年金中的本金函数。

PPMT ()是计算年金中的本金函数。

【类型】财务函数。

【格式】PPMT(rate, per, nper, pv, fv, type)。

【功能】基于固定利率及等额分期付款方式，返回投资在某一给定期间内的本金偿还额。

例如，某企业租用一台设备，设备租金为 24 000 元，年利率为 8%，每年年末支付租金，租期 5 年。

① 每期支付租金 PMT(8%,5,−2 4000)=6 010.95（元）。操作如图 9-10 所示。

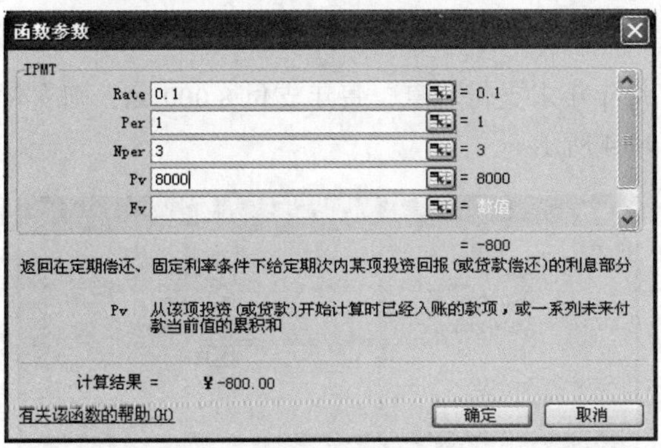

图 9-9　利息函数

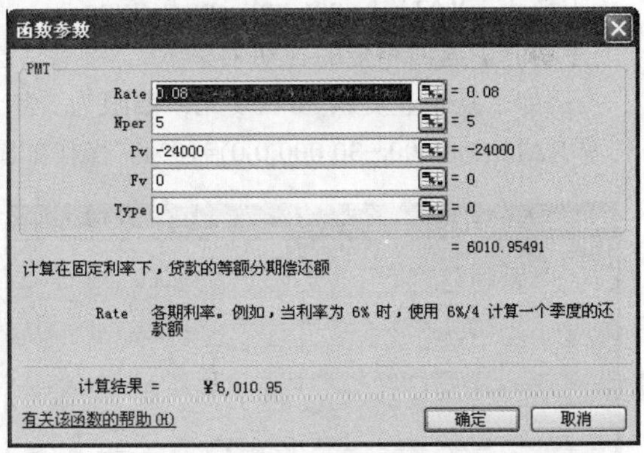

图 9-10　每期支付租金

② 第 2 年支付的本金 PPMT(8%,2,5,−24 000,0)=4 418.23（元）。操作如图 9-11 所示。

③ 第 2 年支付的利息 IPMT(8%,2,5,−24 000)=1 592.72（元）。操作如图 9-12 所示。

从上述数据中可知，PMT()=PPMT()+IPMT()。

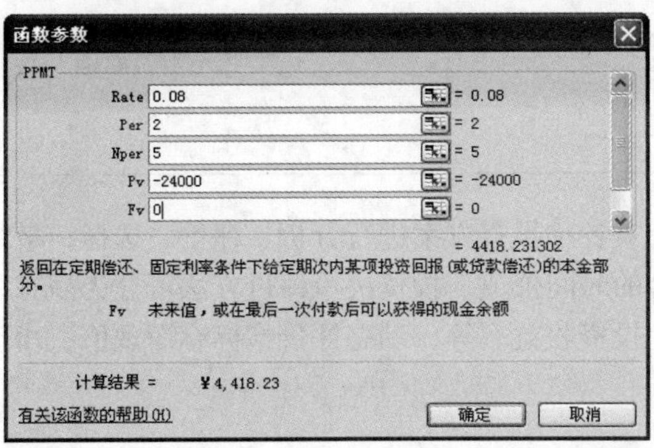

图 9-11　第二期支付本金

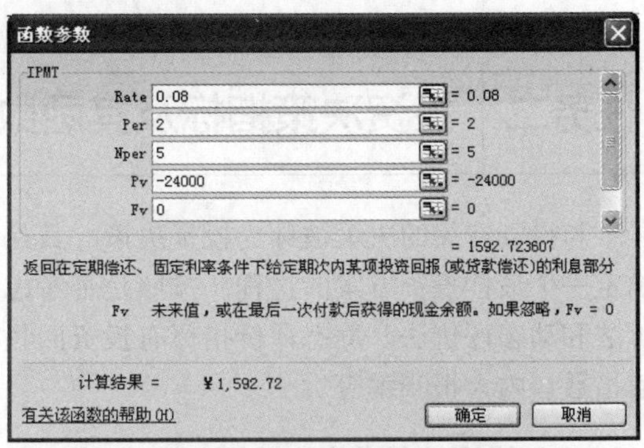

图 9-12　第二期支付利息

（6）计息期数函数。

NPER ()是计算计息期数的函数。

【类型】财务函数。

【格式】NPER(rate, pmt, pv, fv, type)。

【功能】基于固定利率及等额分期付款方式，返回某项投资（或贷款）的总期数。

例如，A公司准备从B公司购买一台设备，B公司有两种销货方式供A公司选择：一种方式是现在一次全额付款90万元；另一种方式是分若干年每年年初付款15万元。假设资金成本率为10%，如果A公司选择第二种付款方式，则B公司在签订合同时可接受的收款次数至少为多少次，其收入才不低于一次性全额收款？

由于A公司和B公司中一个为付款方，另一个为收款方，所以pmt和pv中必须有1个用负数表示，则可接受的收款次数NPER(10%,−150 000,900 000,0,1)=8.27（次）。

因为收款次数应为正整数，并且不能小于8.27，所以收款次数至少为9次。操作如图9-13所示。

（7）利率函数。

RATE ()是计算利率的函数。

【类型】财务函数。

【格式】RATE（nper, pmt, pv, fv, type）。

【功能】返回年金的各期利率。

例如，某企业贷款30 000元，期限为5年，每年年末支付利息，每年支付8 000元，则支付利率RATE(5,8 000,−30 000,0,0)=10%。操作如图9-14所示。

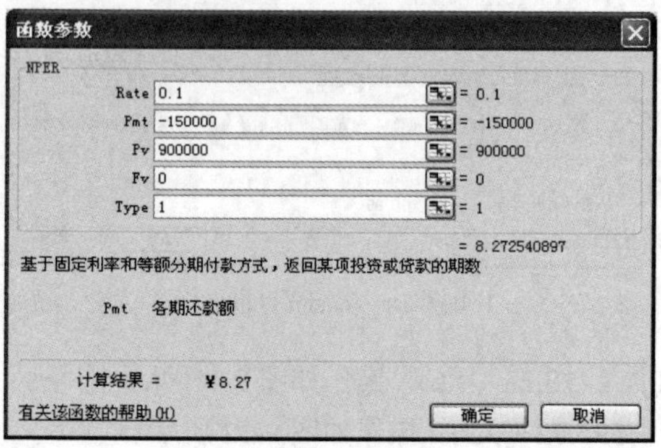

图9-13 计息期数函数

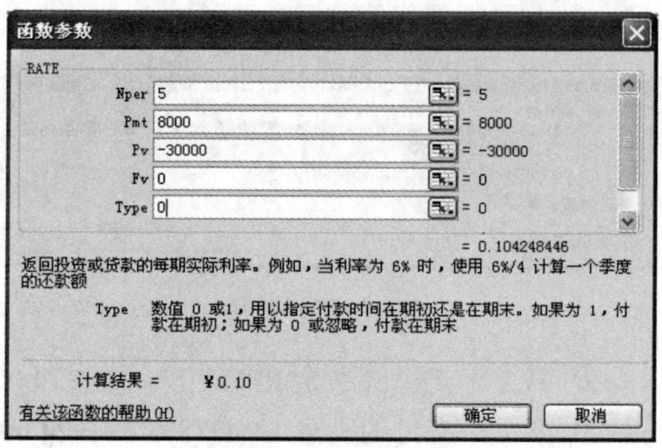

图9-14 利率函数

任务二 投资决策指标及其函数

与投资有关的决策被称为投资决策。其是一个对各种投资方案进行分析、评价、选择，最终确定一个最佳投资方案的过程。按照是否考虑资金的时间价值，投资决策评价方法可分为静态评价法和动态评价法。静态评价指标有投资回收期、投资收益率等，动态评价指标有净现值、净现值指数、内含报酬率等。

一、投资决策指标

（1）非贴现现金流量指标。非贴现现金流量指标是指不考虑资金时间价值，直接根据不同时期的现金流量分析项目经济效益的各种指标，所使用的经济指标主要有投资回收期、投资收益率等。

① 投资回收期。投资回收期是指以项目的净收益收回总投资所需要的时间。它是反映投资项目资金回收能力和资金周转速度的重要指标，一般情况下越短越好。

当原始投资是一次投入，每年现金净流量相等时，投资回收期为

$$投资回收期=\frac{原始投资额}{每年现金净流量}$$

当原始投资分年投入或每年的现金净流量不相等时，按累计现金净流量计算。投资回收期为累计现金净流量与原投资额达到相等时所需的时间，其计算公式为

$$投资回收期=已收回投资的若干整年年数+\frac{原投资额-已收回的若干整年年数的投资额之和}{已收回的若干整年年数下一年的投资回收额}$$

例如，某企业投资 10 万元购置一台设备，预计使用 5 年，预计残值 10 000 元，现金净流量如表 9-2 所示。

表 9-2　现金净流量资料　单位：元

年序	年现金净流量	累计现金净流量
1	60 000	60 000
2	50 000	110 000
3	40 000	150 000
4	30 000	180 000
5	20 000	200 000

从累计现金净流量中可知，该方案的投资回收期为 1～2 年，计算如下。

$$投资回收期=1+\frac{100\,000-60\,000}{50\,000}=1.8（年）$$

投资回收期的概念容易理解，计算也比较简便，容易被决策人正确理解，并能在一定程度上反映出投资决策效果的优劣。但这一指标没有考虑货币的时间价值，没有考虑投资回收期满后的现金流量状况，所以一般作为辅助方法使用。

② 投资收益率。投资收益率是指项目方案产生生产能力后，在正常生产年份内，年平均净收益与投资总额的比值，它反映项目投资支出的获利能力。其计算公式为

$$投资收益率\ r=\frac{年平均净收益}{投资总额}$$

投资收益率的判别准则是设定一个基准投资收益率 R。当 $r \geqslant R$ 时，该方案可以考虑；当 $r<R$ 时，该方案不可行。

利用投资收益率进行判别的优点是简明、易算、易懂；主要缺点是没有考虑资金的时间价值，第一年的现金流量与最后一年的现金流量被看作具有相同的价值，所以，有时会做出错误的决策，因此也只能作为辅助方法使用。

（2）贴现现金流量指标。贴现法是在评价投资活动的经济效果时，考虑资金时间价值的一种方法，也被称为动态评价法。它所使用的主要评价指标有净现值、净现值指数、内含报酬率等。

① 净现值。投资项目投入使用后的净现金流量，按资本成本或企业要求达到的报酬率折算为现值，减去初始投资现值以后的余额，叫作净现值。净现值（NPV）是指方案投入使用后的未来报酬，按资金成本或企业要求达到的报酬率折算成的总现值超过初始投资的金额。它考虑了方案

整个计算期内各年现金流量的时间价值，使各种不同类型现金支出和收入的方案具有可比性。

净现值的计算公式为

$$NPV = \sum_{t=1}^{n}\left[NCF_t \div (1+K)^t\right] - \text{投资额}$$

式中，n 为投资方案的分析计算期；NCF_t 为第 t 年的净现金流量；K 为目标收益率或贴现率。

净现值法的判别标准是：若 NPV=0，则方案实施后的投资贴现率正好等于事先确定的贴现率，方案可以接受；若 $NPV>0$，则方案实施后的经济效益超过了目标贴现率的要求，方案较好；若 $NPV<0$，则经济效益达不到既定要求，方案应予以拒绝。

净现值法考虑了货币的时间价值，能够反映各种投资方案的净收益，是一种较好的方法，但其并不能揭示各个投资方案本身可能达到的实际报酬率是多少。

② 净现值指数。净现值指数（PVI）是投资方案未来现金流量按资金成本或要求的投资报酬率贴现的总现值与初始投资额现值之比。其计算公式为

$$PVI = \frac{\text{未来现金流量总现值}}{\text{初始投资额现值}}$$

如果 $PVI \geqslant 1$，则方案可取。如果 $PVI<1$，则方案不可取。$PVI \geqslant 1$ 与 $NPV \geqslant 0$、$PVI<1$ 与 $NPV<0$ 的含义完全相同。通常情况下，用净现值指数作为净现值的辅助指标，两者根据具体情况结合使用。

净现值指数法考虑了资金的时间价值，能够真实地反映投资项目的盈亏程度，由于净现值指数是用相对数来表示的，所以有利于在初始投资额不同的投资方案之间进行对比。净现值指数法的缺点是利润指数这一概念不便于理解。

③ 内含报酬率。内含报酬率（IRR）是指一个投资方案在其寿命周期内，按现值计算的实际投资报酬率。根据这个报酬率，对方案寿命周期内的各年现金流量进行贴现，未来报酬的总现值正好等于该方案初始投资的现值。因此，内含报酬率是使投资方案的净现值为零的报酬率。其计算公式为

$$\sum_{t=1}^{n}\left[NCF_t \div (1+IRR)^t\right] = 0$$

在内含报酬率指标的运用中，任何一种投资方案的内含报酬率必须以不低于资金成本率为限度，否则方案不可行。

在求解内含报酬率时，计算公式是一个一元高次方程，不容易直接求解，通常采用“内插法”——线性插值法求 IRR 的值。也可以通过“逐步测试”完成。首先估计一个贴现率，用它计算方案的净现值。如果净现值为正数，说明方案本身的报酬率超过估计的贴现率，应该提高贴现率后进一步测试。如果净现值为负数，说明方案本身的报酬率低于估计的贴现率，应该降低贴现率后进一步测试。经过多次测试，寻找出使净现值接近于零的贴现率，即为方案本身的内含报酬率。

内含报酬率法考虑了资金的时间价值，反映了投资项目的真实报酬率，概念也易于理解，是一种应用广泛、科学合理的投资决策指标，但这种方法的计算过程比较复杂，特别是每年 NCF 不相等的投资项目，一般要经过多次测算才能算出，所以在手工方式下，它的计算过程往往令人望而却步。

二、投资决策指标函数

上述投资决策指标手工计算起来非常麻烦，Excel 2010 提供的函数功能则会让计算变得很简单。下面我们一一认识这些函数。

（1）净现值函数。

NPV ()是计算净现值的函数。

【类型】财务函数。

【格式】NPV(rate,value 1,value 2，…)。

rate 为贴现率（期利率）。

value 1, value 2 等为参数（1～29 个），代表支出及收入。

【功能】由贴现率以及一系列未来支出（负值）和收入（正值），得出一项投资的净现值。

注意

① value 1、value 2 等所属各期间的长度必须相等，而且支付及收入的时间都发生在期末。

② NPV( )按使用 value 1、value 2 等的次序来注释现金流的次序，所以一定要保证支出和收入的数额按正确的顺序输入。

③ 参数是数值、空白单元格、逻辑值或表示数值的文字表达式时，都会被计算在内；如果参数是错误值或不能转化为数值的文字，则会被忽略。

④ NPV( )假定投资开始于 value 1 现金流所在日期的前一期，即第一期的期末，并结束于最后一笔现金流的当期。

例如，某企业投资开设一家连锁店，期初投资 200 000 元，预计在未来五年中各年的收入分别为 20 000 元、40 000 元、60 000 元、80 000 元和 100 000 元，等到营业第六年时需要重新装修店面，估计要花费 40 000 元。假定每年的贴现率为 6%，求投资的净现值。

微课 9-1 净现值函数

操作步骤如下。

① 打开“丰源公司”文件夹，新建“投资决策模型”工作簿，把 Sheet 1 重命名为“净现值函数”。输入上例中的各数据，如图 9-15 所示。

② 应用函数公式。在 A12 单元格中输入“=NPV(A3,A5:A9)+A4”，在 A13 单元格中输入“=NPV(A3,A5:A9,A10)+A4”，可以很方便地求出投资的净现值。结果如图 9-16 所示。

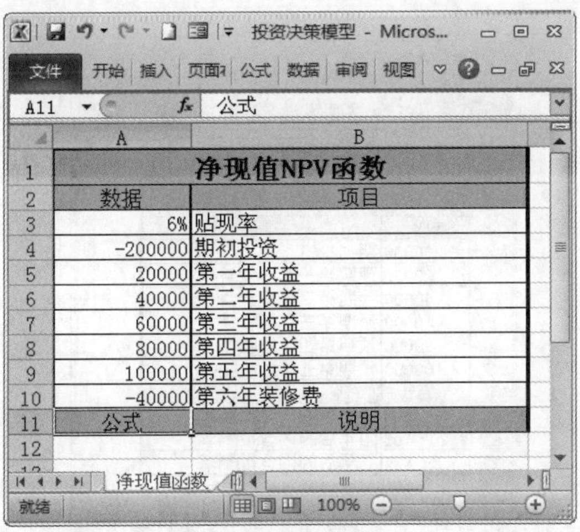

图 9-15 输入数据

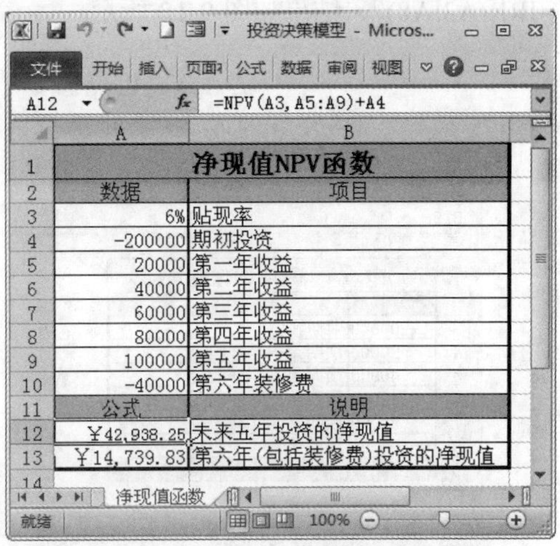

图 9-16 计算出净现值

（2）内含报酬率函数。

IRR ()是计算内含报酬率的函数。

【类型】财务函数。

【格式】IRR(values,guess)。

values 为数组或单元格的引用。

guess 为对 IRR( )计算结果的估计值。

【功能】返回连续期间现金流量的内含报酬率。

注意

① values 为数组或单元格的引用，包含用来计算内含报酬率的数字。values 必须包含至少一个正值和一个负值，以计算内含报酬率。IRR( )根据数值的顺序来解释现金流的顺序，故应确定按需要的顺序输入了支付和收入的数值。如果数组或引用中包含文本、逻辑值或空白单元格，则这些数值将被忽略。

② guess 为对 IRR( )计算结果的估计值。Excel 使用迭代法计算 IRR( )。从 guess 开始，IRR( )不断修正报酬率，直至结果的精度达到 0.000 01%。如果 IRR( )经过 20 次迭代仍未找到结果，则返回错误值 #NUM!。在大多数情况下，并不需要为 IRR( )的计算提供 guess 值。如果省略 guess，则系统假设它为 0.1（10%）。如果函数 IRR( )返回错误值#NUM!，或结果没有靠近期望值，则可以换一个 guess 值再试一下。

例如，某企业投资开设一家连锁店，期初投资 200 000 元，预计在未来五年中各年的净收益分别为 20 000 元、40 000 元、60 000 元、80 000 元和 100 000 元，分别求出投资两年、四年以及五年后的内含报酬率。

微课 9-2 内含报酬率函数

操作步骤如下。

① 打开“投资决策模型”工作簿，把 Sheet 2 重命名为“内含报酬率函数”。输入上例中的各种数据，如图 9-17 所示。

② 应用函数公式。注意在计算两年后的内含报酬率时必须在函数中包含 guess，即在 A10 单元格中输入“=IRR(A3:A5,–10%)”，在 A11 单元格中输入“=IRR(A3:A7)”，在 A12 单元格中输入“=IRR(A3:A8)”，结果如图 9-18 所示。

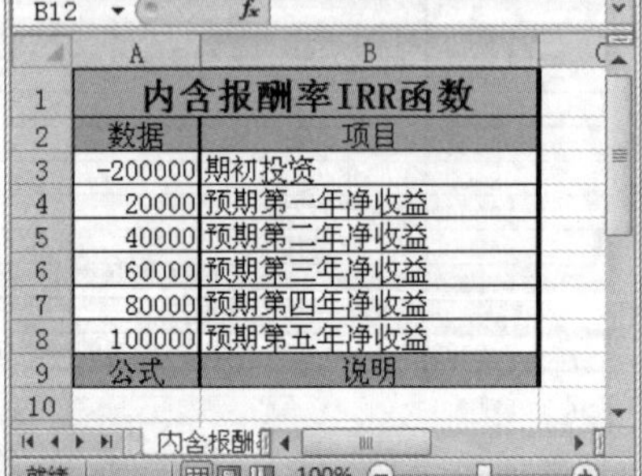

图 9-17 输入内含报酬率数据

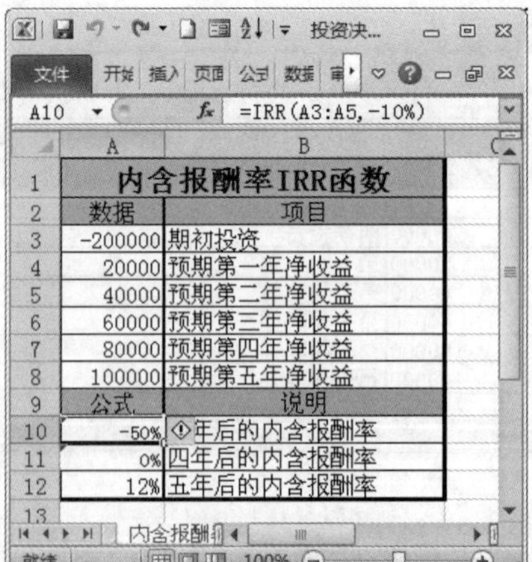

图 9-18 计算出内含报酬率

（3）修正内含报酬率函数。

MIRR ()是计算修正内含报酬率的函数。

【类型】财务函数。

【格式】MIRR(values,finance-rate,reinvest-rate)。

values 为数组或单元格的引用。

finance_rate 为投入资金的融资利率。

reinvest_rate 为各期收入净额再投资的收益率。

【功能】返回某连续期间现金流量修正后的内含报酬率。

注意

① values 为一个数组或对数字单元格区域的引用。这些数值代表着各期支出（负值）及收入（正值）。参数 values 中必须至少包含一个正值和一个负值，才能计算修正后的内含报酬率，否则 MIRR( )会返回错误值#DIV/0!。如果数组或引用中包括文字串、逻辑值或空白单元格，则这些值将被忽略，但包含数值零的单元格会被计算在内。

② finance_rate 为投入资金的融资利率。

③ reinvest_rate 为各期收入净额再投资的收益率。

④ MIRR( )会根据输入值的次序来注释现金流的次序，所以务必按照实际顺序输入支出和收入数额，并使用正确的正负号。

例如，已知某项目第 0～2 年各投资 30 万元、750 万元、150 万元，第三年的净现金流量为 225 万元，第 4～6 年的净现金流量均为 500 万元。假设投入资金的融资利率为 10%，再投资收益率为 15%，则该项目是否可行？

操作步骤如下。

① 打开“投资决策模型”工作簿，把 Sheet 3 重命名为“修正内含报酬率函数”。输入上例中的各种数据，如图 9-19 所示。

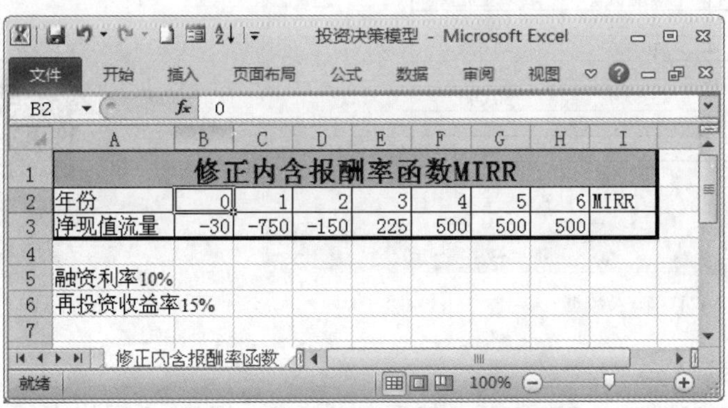

图 9-19　输入修正内含报酬率数据

微课 9-3　修正的内含报酬率函数

② 应用函数公式。在 I3 单元格中输入“=MIRR(B3:H3,10%,15%)”，得修正内含报酬率为 16%，大于再投资收益率 15%，故项目可行，如图 9-20 所示。

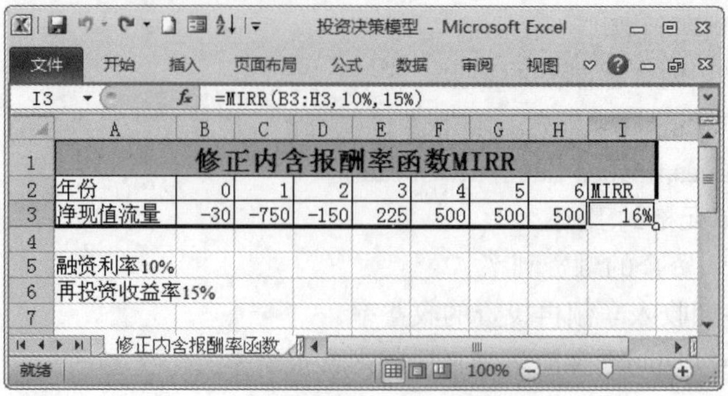

图 9-20　计算出修正内含报酬率

任务三　投资决策简单模型设计

投资决策分析是指对各种建设投资方案进行综合分析，从而选择一种最适合自己的方案进行投资。

丰源公司欲进行一项投资，共有 3 种方案可供选择。3 种方案的期初投资分别为 100 000 元、90 000 元、120 000 元，假设资金成本率为 7%，再投资收益率为 12%，每种方案 3 年的净现金流量如表 9-1 所示。试用投资决策指标对各个方案进行分析，找出最优方案。

操作步骤如下。

（1）打开“丰源公司”文件夹中的“投资决策模型”工作簿，新增一张工作表，重命名为“投资决策模型”，输入表 9-1 中的相关资料，如图 9-21 所示。

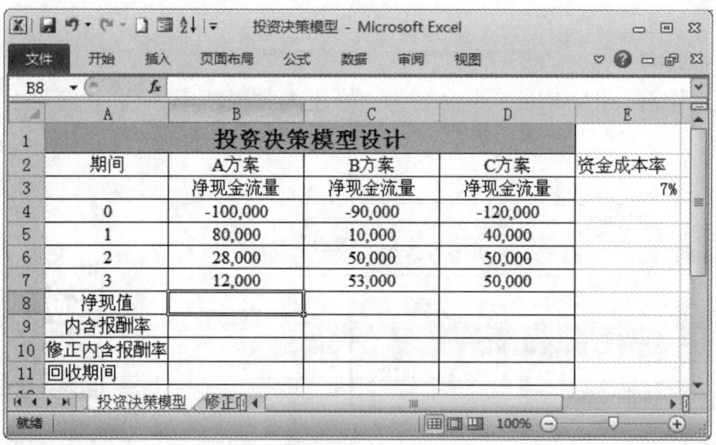

微课 9-4　投资决策简单模型

图 9-21　输入数据

（2）根据项目数据应用函数公式。

在 B8 单元格中输入“=NPV(7%,B5:B7)+B4”，然后向右填充，把 B8 单元格中的函数公式复制到 C8:D8，从而可很容易地求出 3 种方案的净现值（*NPV*）指标。

在 B9 单元格中输入“=IRR(B4:B7)”，然后向右填充，把 B9 单元格中的函数公式复制到 C9:D9，从而可以求出 3 种方案的内含报酬率（*IRR*）指标。

在 B10 单元格中输入“=MIRR(B4:B7,7%,12%)”，然后向右填充，把 B10 单元格中的函数公式复制到 C10:D10，从而求出 3 种方案的修正内含报酬率。

在 B11 单元格中输入"=IF(B4+B5>0,−B4/B5,IF(B4+B5+B6>0,1+(−B4−B5)/B6,2+(−B4−B5−B6)/B7))"，然后向右填充，把 B11 单元格中的函数公式拖曳复制到 C11:D11。

求出 3 个方案的回收期间。操作结果如图 9-22 所示。

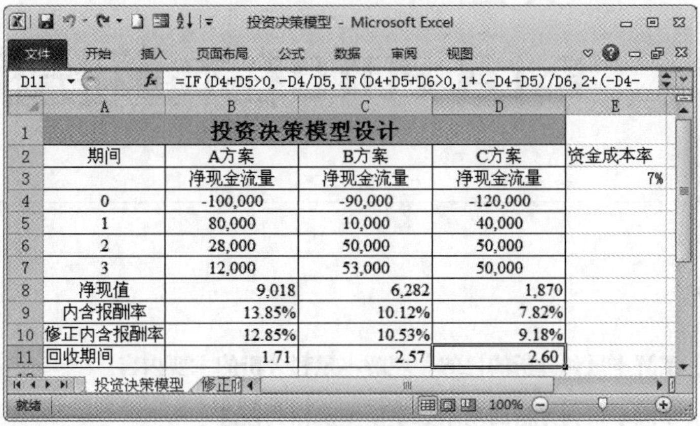

	A	B	C	D	E
1	投资决策模型设计				
2	期间	A方案	B方案	C方案	资金成本率
3		净现金流量	净现金流量	净现金流量	7%
4	0	-100,000	-90,000	-120,000	
5	1	80,000	10,000	40,000	
6	2	28,000	50,000	50,000	
7	3	12,000	53,000	50,000	
8	净现值	9,018	6,282	1,870	
9	内含报酬率	13.85%	10.12%	7.82%	
10	修正内含报酬率	12.85%	10.53%	9.18%	
11	回收期间	1.71	2.57	2.60	

图 9-22　投资决策模型

（3）从图 9-22 中可以看出，A 方案的净现值、内含报酬率明显高于 B、C 方案，而回收期间低于 B、C 方案，所以应该选择 A 方案。

项目小结

本项目介绍了如何运用 Excel 2010 进行投资决策分析。首先介绍了投资的概念，接着介绍了货币时间价值函数、投资决策指标函数，最后设计了一个投资决策模型。要求能够熟练地建立简单的投资决策模型。

项目实训

1．实训目的

学会运用 Excel 2010 进行最优投资方案选择。

2．实训资料

某股份有限公司的投资业务有 3 种互斥方案，有关数据如表 9-3 所示。

表 9-3　　某公司备选投资方案　　**单位：元**

投资决策模型设计			
期间	**A 方案**	**B 方案**	**C 方案**
	净现金流量	**净现金流量**	**净现金流量**
0	−100 000	−90 000	−120 000
1	30 000	10 000	30 000
2	35 000	40 000	40 000
3	39 000	53 000	45 000
4	44 000	20 000	55 000

3．实训要求

若基准收益率为 10%，再投资收益率为 15%，根据上述资料，计算 3 种方案的净现值、内含报酬率、修正内含报酬率、回收期间，选择出最优投资方案。

项目十
Excel 2010在本量利分析中的应用

知识目标

① 了解本量利分析的目的，理解本量利分析的主要内容。

② 掌握本量利分析的基本数学模型及相关概念。

能力目标

① 掌握本量利分析的计算公式。

② 能熟练应用 Excel 2010 建立本量利分析基本模型和动态本量利分析模型。

工作情境与分析

一、情境

李娜在把 Excel 2010 运用到财务会计和财务管理工作中后，取得了很好的效果。随着企业的发展，公司老板认识到管理会计对公司盈利的重要性，要求财务部不仅懂核算，而且会管理，要加强管理会计的学习并尽快应用到工作中。李娜接受了这个任务，开始学习本量利分析知识，整理 9 月数控车床销售数据，为进行本量利分析做好准备。

二、分析

本量利分析是对“成本—业务量—利润分析”三者关系的简称，是指在成本性态分析的基础上，通过对本、量、利三者关系的分析，建立定量化的分析模型，进而揭示变动成本、固定成本、产销量、销售单价和利润等变量之间的内在规律，为企业利润预测和规划、决策和控制提供信息的一种定量分析方法。本量利分析又称保本点分析或盈亏平衡分析，是根据对产品的业务量（产量或销量）、成本、利润之间相互制约关系的综合分析，来预测利润、控制成本、判断经营状况的一种数学分析方法。

本量利分析是管理会计的基本方法之一，在规划企业经济活动、正确进行经营决策和成本控制等方面具有广泛的应用，主要表现在以下几个方面：

① 进行保本分析。将本量利分析和预测技术结合起来，可以进行保本预测，确定保本销售量和保本销售额，进而预测利润，编制利润计划。

② 进行目标控制。将本量利分析用于目标控制，可以确定实现目标利润所需要控制的目标销售量、目标销售额以及目标成本水平，从而可有效地进行目标管理。

③ 进行风险分析。将本量利分析和风险分析结合起来，可以分析企业的经营安全性指标，确定企业的安全状况，还可以促使企业重视经营杠杆的作用，努力降低风险。

④ 进行生产决策。本量利分析可以帮助进行生产工艺选择的决策、产品品种和生产数量的决策、产品竞争决策以及定价决策等。本量利分析除了上述作用之外，还为标准成本制度和责任会计的应用等提供了理论准备。

根据企业管理者的需求，丰源公司运用 Excel 2010 进行本量利分析时需要分别完成以下任务：认识本量利分析→创建本量利分析基本模型→创建动态图表本量利分析模型。

任务一 认识本量利分析

本量利分析是管理会计的主要内容，是企业在预测、决策、规划和控制工作中常用的也是最有用和最有效的方法之一。要对丰源公司进行本量利分析，首先要了解本量利分析中涉及的基本概念及计算公式。

一、本量利分析的基本假设

本量利分析的基本假设如下。

（1）相关范围的假设

相关范围的假设包含两层含义。一是期间假设，无论是固定成本还是变动成本，其固定性和变动性均表现在特定的期间内，其金额的大小也是在特定的期间内计量得到的。随着时间的推移，固定成本总额及其内容会发生变化，变动成本数额及其内容也会发生变化。二是业务量假设，固定成本和变动成本是在一定业务量范围内分析计量的结果，业务量发生变化，特别是变化较大时，即使成本的性态不发生变化（也有可能发生变化），也需要重新计量。

（2）模型线性假设

模型线性假设包含了三个方面的含义。一是固定成本不变假设，即在企业经营能力一定的前提下，固定成本是固定不变的，表现在平面直角坐标系中，就是一条与横轴平行的直线。二是变动成本与业务量呈完全线性关系的假设，表现在平面直角坐标系中，就是一条过原点的直线，该直线的斜率就是单位变动成本。三是销售收入与销售数量呈完全线性关系的假设，表现在平面直角坐标系中，也是一条通过原点的直线，只不过该直线的斜率是销售单价。

（3）产销平衡假设

如果企业只生产一种产品，则假定生产出来的产品总是可以实现销售、达到产销平衡的。

（4）品种结构不变假设

品种结构不变就是指各种产品的销售额占全部销售额的比重不变。如果企业生产多种产品，由于其获利能力一般不尽相同，若企业产销的品种结构发生较大的变动，则势必会导致预计利润和实际利润之间发生差异，因此必须假定品种结构不变。

（5）利润假设

除有特别说明外，本量利分析中的“利润”一般假设为不考虑投资收益和营业外收支的“营业利润”，也就是假设投资收益和营业外收支为零时的利润总额。

二、本量利分析的基本数学模型

本量利分析的目标是利润，下面计算利润的基本公式也是本量利分析的基本数学模型。

一般来说，企业收入=成本+利润。如果利润为零，则有“企业收入=成本=固定成本+变动成本”，而“收入=销售量×单价”“变动成本=单位变动成本×销售量”，这样由“销售量×单价=固定成本+单位变动成本×销售量”，可以推导出如下盈亏平衡点的计算公式。

盈亏平衡点（销售量）=固定成本÷每计量单位的贡献差数

分析模型如下。

$$I=S-(VC\times Q+F)$$
$$=P\times Q-(VC\times Q+F)$$
$$=(P-VC)Q-F$$

式中，I为销售利润；P为产品销售单价；F为固定成本总额；VC为单位变动成本；Q为销售量；S为销售收入。

平衡分析如下。

总成本：

$$C=F+VC\times Q$$

总收入：

$$S=P\times Q$$

列出盈亏平衡方程：

$$C=S$$
$$P\times Q=F+VC\times Q$$

盈亏平衡点：

$$Q=\frac{F}{(P-VC)}$$

三、本量利分析的基本概念

1．贡献毛益

贡献毛益亦称边际贡献、贡献边际，是反映企业产品盈利能力的绝对指标。其表现形式有两种：单位贡献毛益和贡献毛益总额。单位贡献毛益（*cm*），是指产品的销售单价减去单位变动成本后的差额。贡献毛益总额（*Tcm*），是指产品销售收入总额减去相应变动成本总额后的差额。计算公式如下：

单位贡献毛益=销售单价−单位变动成本

贡献毛益总额=销售收入总额−变动成本总额

将贡献毛益总额放入本量利分析的基本数学模型中，则有

利润=贡献毛益总额−固定成本总额

可见，贡献毛益的大小直接影响企业的利润水平，产品销售能否保本以及产品销售利润的高低取决于贡献毛益总额能否“吸收”固定成本总额，是否有余额及余额的大小。在固定成本不变的情况下，贡献毛益的增减意味着利润的增减。只有当产品的贡献毛益总额大于固定成本时才能给企业创造利润；反之，企业将会亏损。

2．贡献毛益率

贡献毛益率（*cmR*），是指产品贡献毛益占产品销售收入的百分比。这是反映企业产品盈利能力的相对指标，它表明每增加一元销售能为企业带来的贡献。该比率越大，说明产品为企业获得利润所做的贡献越大。计算公式如下。

$$\text{贡献毛益率}=\frac{\text{贡献毛益}}{\text{销售收入}}=\frac{\text{贡献毛益总额}}{\text{销售收入总额}}=\frac{\text{单位贡献毛益}}{\text{销售单价}}$$

3．变动成本率

变动成本率（bR），是指产品变动成本占产品销售收入的百分比。它表明每增加一元销售所增加的变动成本。计算公式如下。

$$变动成本率=\frac{变动成本}{销售收入}=\frac{变动成本总额}{销售收入总额}=\frac{单位变动成本}{销售单价}$$

4．贡献毛益率和变动成本率的关系

贡献毛益率和变动成本率具有互补关系。变动成本率低的企业贡献毛益率高，创利能力强，反之亦然。

$$贡献毛益率+变动成本率=1$$

比如，某产品的销售单价为 10 元，单位变动成本为 6 元，全年产销量为 1 000 件，则有

单位贡献毛益=10−6=4（元）

贡献毛益总额=10× 1 000−6× 1 000=4 000（元）

$$贡献毛益率=\frac{4\ 000}{10\times 1\ 000}\times 100\%=40\%$$

$$变动成本率=\frac{6\times 1\ 000}{10\times 1\ 000}\times 100\%=60\%$$

贡献毛益率+变动成本率=40%+60%=1

任务二　创建本量利分析模型

丰源公司在 2018 年 9 月生产和销售了单一产品数控车床一批，销售单价是 1 000 元，单位变动成本为 600 元，全月固定总成本为 800 000 元，企业正常的产品销售量为 3 000 件。根据以上资料，在 Excel 2010 中创建木量利分析模型。

一、创建本量利分析基本模型

（1）打开“丰源公司”文件夹，新建一个工作簿，重命名为“1809 木量利分析”，将“Sheet 1”重命名为“本量利分析基本模型”，如图 10-1 所示。

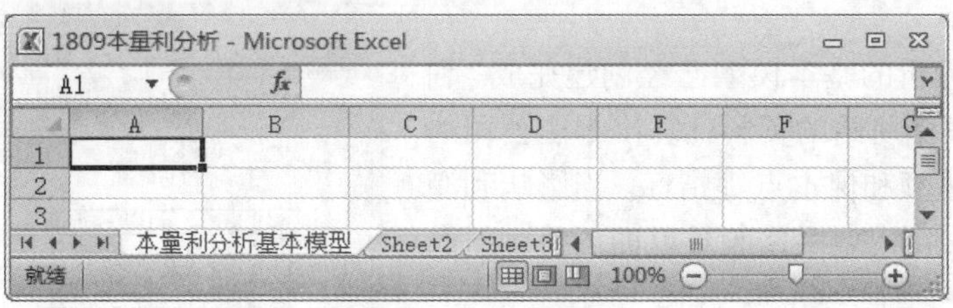

图 10-1　新建工作簿

微课 10-1　创建本量利分析基本模型

（2）将数控车床的相关资料输入“本量利分析基本模型”工作表中，如图 10-2 所示。

（3）计算销售总额、成本总额、利润总额和保本点。用鼠标单击要输入公式的单元格 C8，然后输入公式“=C4*C7”，回车确认后得到计算结果 3 000 000 元，如图 10-3 所示。

同样，选中单元格 C9，输入公式“=C5+C4*C6”，计算出成本总额；选中单元格 C10，输入公式“=C8-C9”，计算出利润总额；选中单元格 C12，输入公式“= INT(C5/(C7-C6))”，计算出保

本点，如图10-4所示。

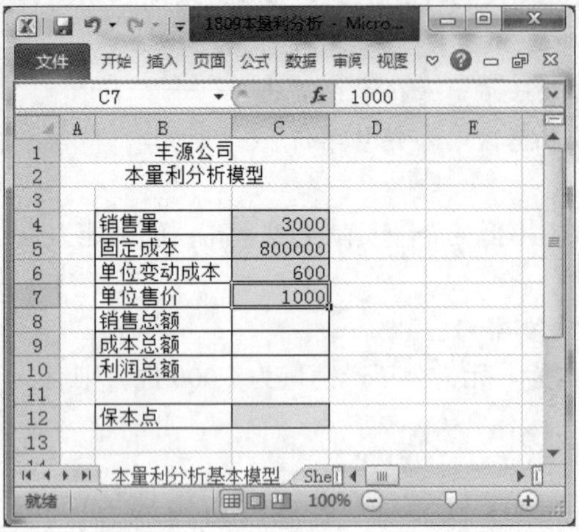

图10-2 “本量利分析基本模型”工作表

图10-3 计算销售总额

在B14单元格中输入IF函数“=IF(C10>0,"利润总额"&ROUND(C10,0),"亏损额"&-ROUND(C10,0))”，如图10-5所示。

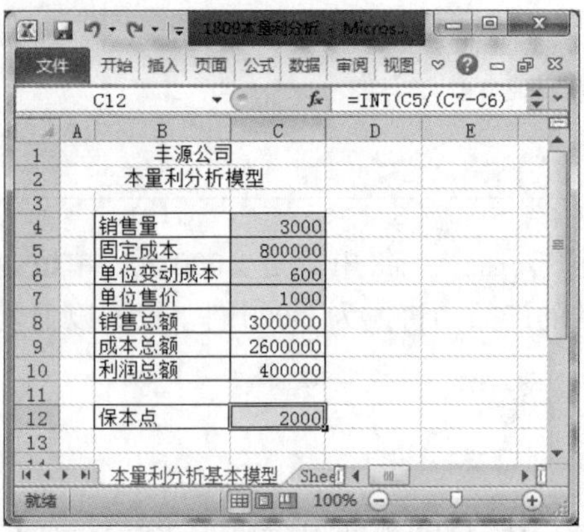

图10-4 计算成本总额、利润总额和保本点

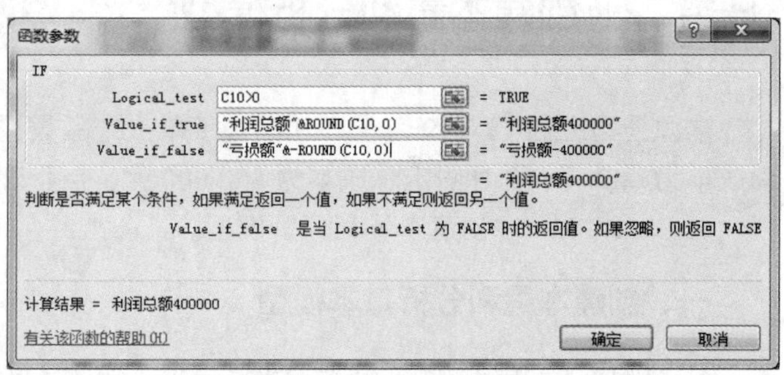

图10-5 IF函数的编辑

执行结果如图10-6所示。

至此，用来进行本量利分析的基本模型已经创建完成。利用这个模型，我们可以根据案例所给的资料计算出丰源公司的销售总额、成本总额、利润总额和保本点等指标。当影响利润总额的某个因素发生变动时，在模型中修改数据即可得到新的结果。

图10-6 本量利分析基本模型

二、创建动态图表本量利分析模型

企业在进行实际分析时往往还要考虑各因素的变动，如在销售单价、单位变动成本、固定成本、销售量单独发生变动，甚至几个因素同时发生变动时，进行保本点的具体情况分析。这种分析又可以称为本量利分析的敏感分析。我们继续进行各种因素变动的假设分析，即当影响利润额的各个因素（销售量、固定成本、单位变动成本和单位

售价）单独发生变化或同时发生变化时，观察其对结果（利润额）的影响程度。

如果上述案例中数控车床的销售量在 1 900～3 500 台之间变动（变化率为 100 台），那么在不同销售量情况下，丰源公司的利润总额各是多少？如果数控车床的销售单价在 950～1 100 元之间变动（变化率为 10 元），那么在不同单位售价条件下，其利润总额各是多少？

Excel 2010 工作表具有强大的图表演示功能，我们可以将其图表演示功能应用到本量利分析模型中，从而创建出直观、形象、便于操作和理解的动态图表本量利分析模型。其步骤如下。

1．准备绘制动态图表本量利分析模型的资料

为了绘图方便，需要将绘制收入线、成本线、利润线以及保本点指示线、利润指示线的数据资料事先在 Excel 工作表中计算出来。

（1）打开“1809 本量利分析”工作簿，复制“本量利分析基本模型”工作表，并把副本重命名为“动态图表本量利分析模型”。在 E3:H14 单元格区域设计一个表格，合并 A1:H1 单元格区域，合并 A2:H2 单元格区域，如图 10-7 所示。

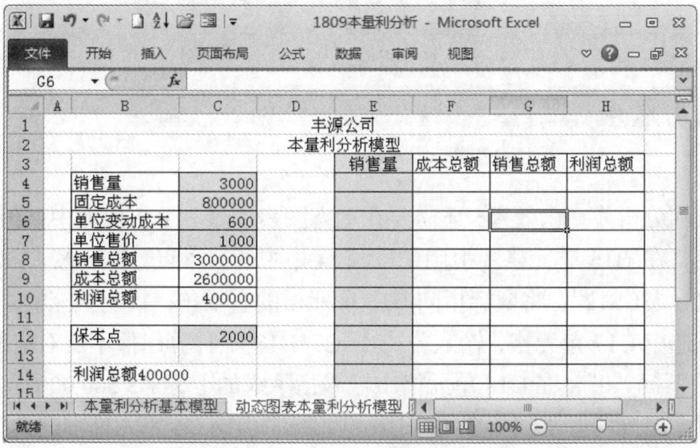

图 10-7 动态图表本量利分析模型数据源

微课 10-2 准备绘制动态图表本量利分析模型的资料

（2）选中 F4 单元格，输入“=”，单击 C9 单元格，完成 C9 单元格中成本总额的引用。同理，在 G4 和 H4 单元格中分别引用 C8 和 C10 单元格中的销售总额、利润总额，然后在 E5 单元格中输入“0”，在 E6 单元格中输入“1900”，在 E7 单元格中输入“2100”，选中 E6:E7 单元格区域，用填充柄向下填充至 E14 单元格，如图 10-8 所示。

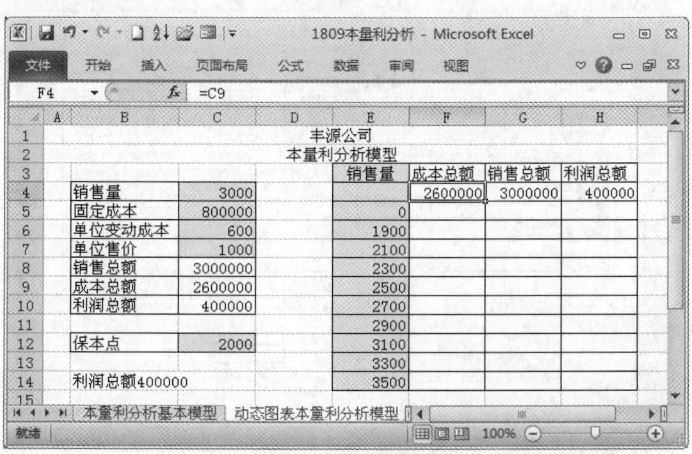

图 10-8 输入数据

（3）利用 Excel 工作表中模拟运算表的数据处理功能一次计算出不同销售量条件下的成本总额、销售总额、利润总额三项指标。其方法是：选中 E4:H14 单元格区域，单击菜单栏中的“数据”，选择“模拟运算表”，弹出“模拟运算表”对话框，单击“输入引用列的单元格”，然后单击 C4 单元格，单击“模拟运算表”对话框上的“确定”按钮，不同销售量条件下的成本总额、销售总额、利润总额就一次全部计算出来了，如图 10-9 所示。

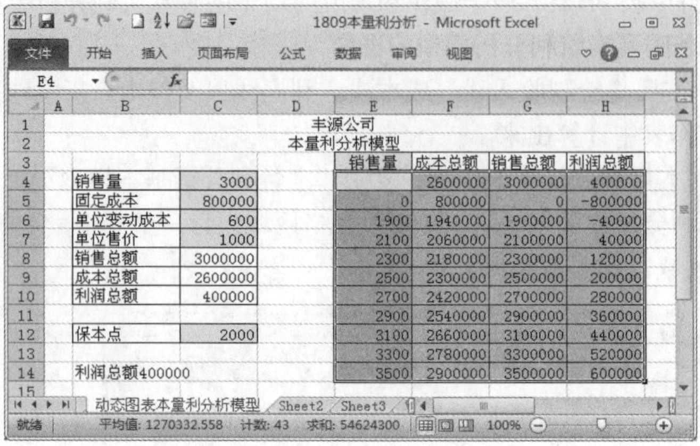

	A	B	C	D	E	F	G	H
3					销售量	成本总额	销售总额	利润总额
4		销售量	3000			2600000	3000000	400000
5		固定成本	800000		0	800000	0	-800000
6		单位变动成本	600		1900	1940000	1900000	-40000
7		单位售价	1000		2100	2060000	2100000	40000
8		销售总额	3000000		2300	2180000	2300000	120000
9		成本总额	2600000		2500	2300000	2500000	200000
10		利润总额	400000		2700	2420000	2700000	280000
11					2900	2540000	2900000	360000
12		保本点	2000		3100	2660000	3100000	440000
13					3300	2780000	3300000	520000
14		利润总额400000			3500	2900000	3500000	600000

图 10-9　模拟运算表

（4）为了使动态图表本量利分析模型出效果，还需要在动态图表本量利分析模型中做出保本点指示线和利润指示线两条辅助线。在 B16 单元格中引用 C12 单元格中的保本点数据，按“F4”键将相对地址“C12”转换为绝对地址“$C$12”，将鼠标指向 B16 单元格的右下角，找到填充柄，按鼠标左键，向下拖曳到 B18 单元格。选中 C17 单元格，输入公式“=C7*B18”，计算出保本点对应的销售额。在 C16 单元格中输入指示线的下标“0”，在 C18 单元格中输入指示线的上标“3 500 000”。这样，绘制保本点指示线的数据资料就已经准备好了。同理，在 E16 单元格中引用 C4 单元格中的销售量数据，按“F4”键将相对地址“C4”转换为绝对地址“$C$4”，将鼠标指向 E16 单元格的右下角，找到填充柄，按下鼠标左键向下拖曳到 E19 单元格。选中 F16 单元格，引用 C16 单元格的地址；选中 F17 单元格，引用 C8 单元格的地址；选中 F18 单元格，引用 C9 单元格的地址；选中 F19 单元格，引用 C18 单元格的地址。这样，绘制利润指示线的数据资料就准备好了，如图 10-10 所示。

	A	B	C	D	E	F	G	H
3					销售量	成本总额	销售总额	利润总额
4		销售量	3000			2600000	3000000	400000
5		固定成本	800000		0	800000	0	-800000
6		单位变动成本	600		1900	1940000	1900000	-40000
7		单位售价	1000		2100	2060000	2100000	40000
8		销售总额	3000000		2300	2180000	2300000	120000
9		成本总额	2600000		2500	2300000	2500000	200000
10		利润总额	400000		2700	2420000	2700000	280000
11					2900	2540000	2900000	360000
12		保本点	2000		3100	2660000	3100000	440000
13					3300	2780000	3300000	520000
14		利润总额400000			3500	2900000	3500000	600000
15								
16		2000	0		3000	0		
17		2000	2000000		3000	3000000		
18		2000	3500000		3000	2600000		
19					3000	3500000		

图 10-10　编辑保本点指示线和利润指示线数据

用于创建动态图表本量利分析模型的数据资料准备好以后，我们就可以来创建动态图表本量利分析模型了。

2. 绘制动态图表本量利分析模型

单击菜单栏中的“插入”选项，选择“图表”选项卡上“散点图”中的子图“带平滑线的散点图”。单击“数据”选项卡上的“选择数据”按钮，打开“选择数据源”对话框，用鼠标选中E3:F14单元格区域，如图10-11所示。

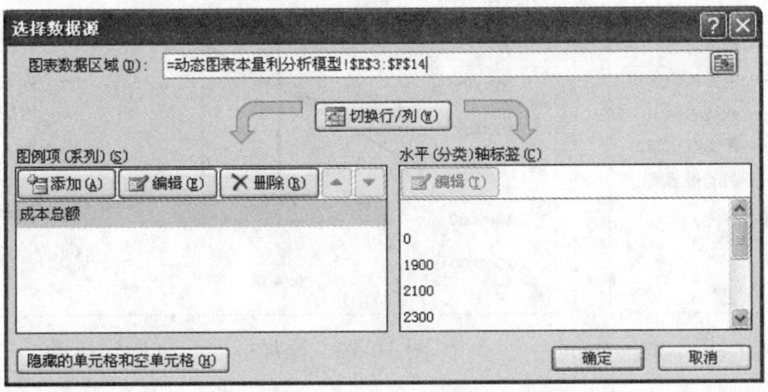

图 10-11 选择数据源

微课 10-3 绘制动态图表本量利分析模型

单击“确定”按钮，成本总额线就绘制出来了，如图10-12所示。

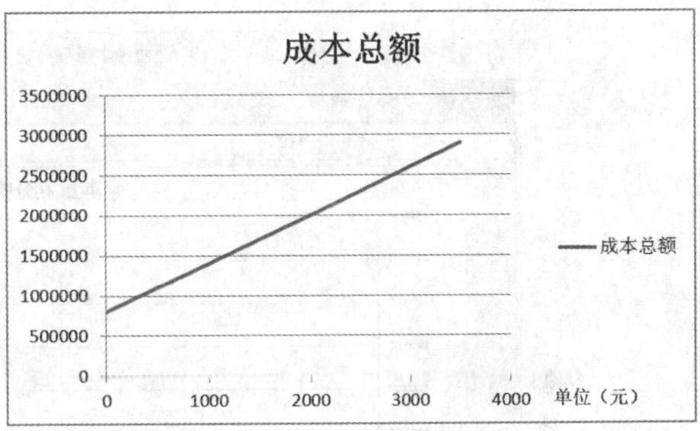

图 10-12 成本总额线

我们继续绘制销售总额线。单击“数据”选项卡上的“选择数据”按钮，重新打开“选择数据源”对话框。单击“添加”按钮，打开“编辑数据系列”对话框。单击“系列名称”框，选择G3单元格；单击“X轴系列值”框，选择E5:E14单元格区域；单击“Y轴系列值”框，选择G5:G14单元格区域，如图10-13所示。

单击“确定”按钮，销售总额线就绘制出来了，如图10-14所示。

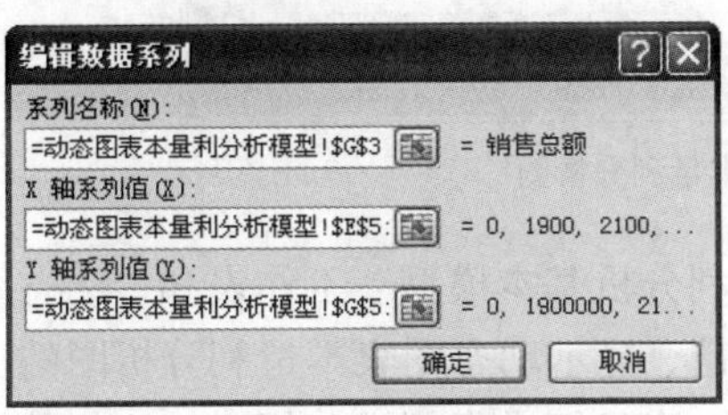

图 10-13 选择数据源

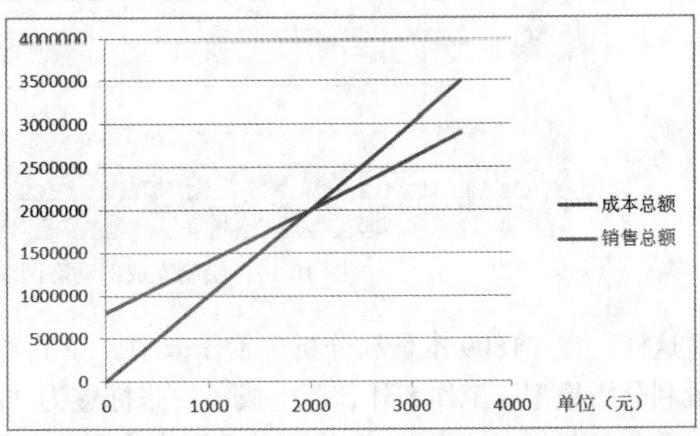

图 10-14 销售总额线

采用同样的方法，我们可以绘制出利润总额线、保本点指示线和利润指示线，如图10-15所示。

选中图表，选择“布局”菜单下“标签”选项卡上的“图表标题”按钮，单击弹出的“图表上方”按钮，图表上方即增加了“图表标题”四个字。鼠标单击“图表标题”，修改标题名称为“本量利分析图”。继续选择“布局”菜单下“标签”选项卡上的“坐标轴标题”按钮，设置“主要横坐标轴标题”为“业务量”，设置“主要纵坐标轴标题”为“成本利润”，如图 10-16 所示。

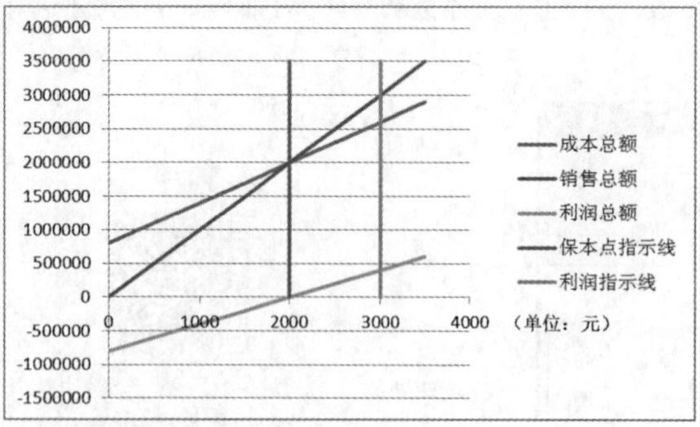

图 10-15　绘制利润总额线保本点指示线和利润指示线

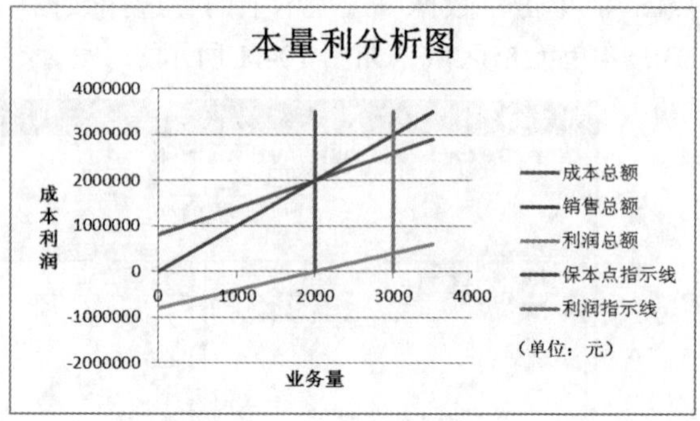

图 10-16　添加标题、坐标轴标题

选择“设计”菜单下“位置”选项卡上的“移动位置”按钮，选择“新工作表”，然后单击“完成”按钮，就可得到绘制完成的动态图表——本量利分析图，如图 10-17 所示。

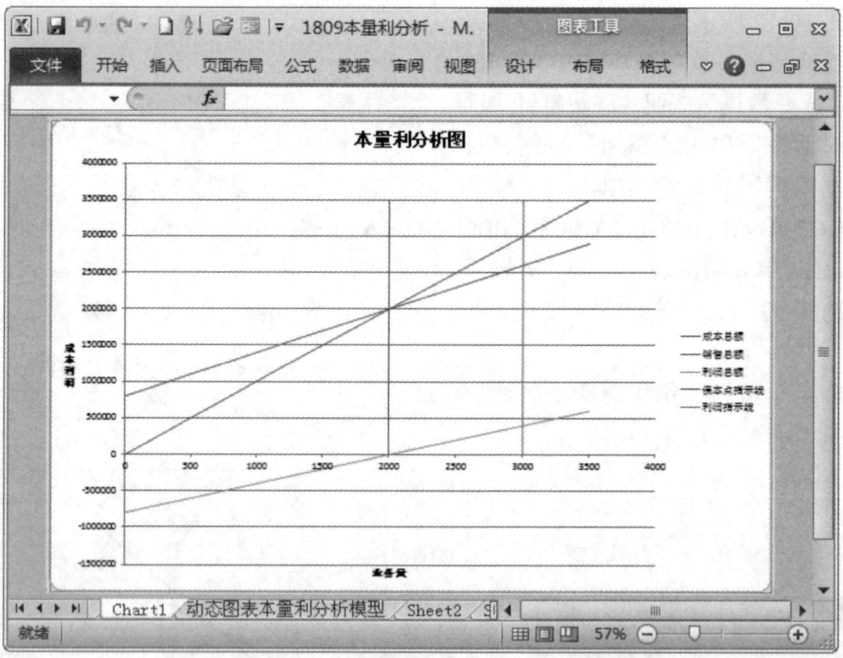

图 10-17　绘制完成的动态图表——本量利分析图

这样，在“1809 本量利分析”工作簿中，除了“本量利分析基本模型”工作表和“动态图表本量利分析模型”工作表外，还生成了一张标签为“Chart1”、显示动态图表本量利分析图的工作表。重命名工作表“Chart1”为“动态图表本量利分析图”。当我们进行假设分析时，比如数控车床的销售单价由 1 000 元提高到 1 020 元，只要将“动态图表本量利分析模型”工作表中的销售单价“1 000”改变为“1 020”，那么“动态图表本量利分析图”中的盈利区和亏损区就会随之发生变动，并显示出单价变动之后的固定成本、变动成本、销售量、销售单价、利润等变量之间的数量关系，如图 10-18 所示。

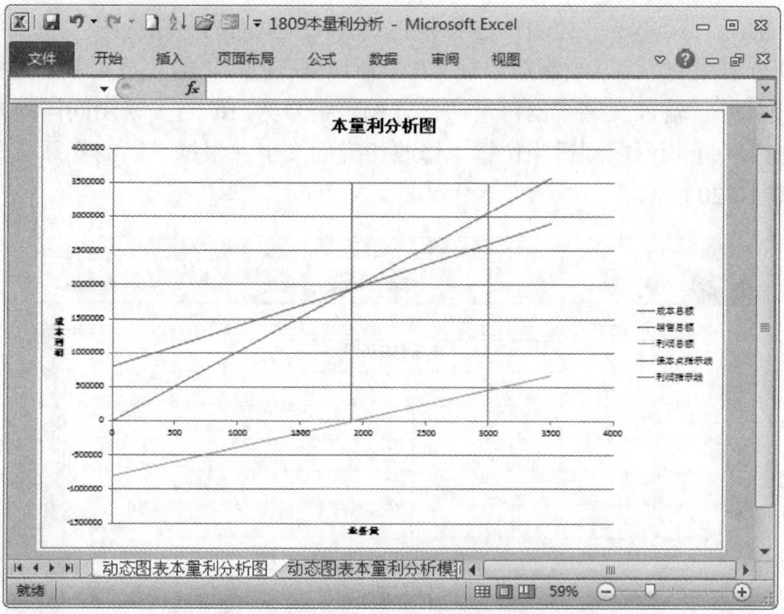

图 10-18　调整单价后的本量利分析图

3．添加窗体控件，完善动态图表本量利分析模型

现在我们就可以应用动态图表本量利分析模型了，但是它还不是很理想。因为利用该模型进行本量利分析时，需要在“动态图表本量利分析模型”工作表和“动态图表本量利分析图”工作表之间进行切换，以观察相关因素变动对结果的影响程度，同时动态图表动态变化的过程看不到。为了弥补以上缺陷，我们可以通过向动态图表本量利分析模型中添加“窗体控件”按钮的方法来完善动态图表本量利分析模型。

从理论上讲，我们可以为每一个可能发生变化的因素都设置一个“窗体控件”按钮。为了简化起见，这里我们假定在假设分析中只考虑单价和销售量两个因素，观察其对利润的影响程度。其中，单价在 950～1 100 元的范围内变动，销售量在 1 900～3 500 台的范围内变动。步骤如下。

（1）选中图表区域，向上移动，留出下面的空白位置，用于放置矩形框，如图 10-19 所示。

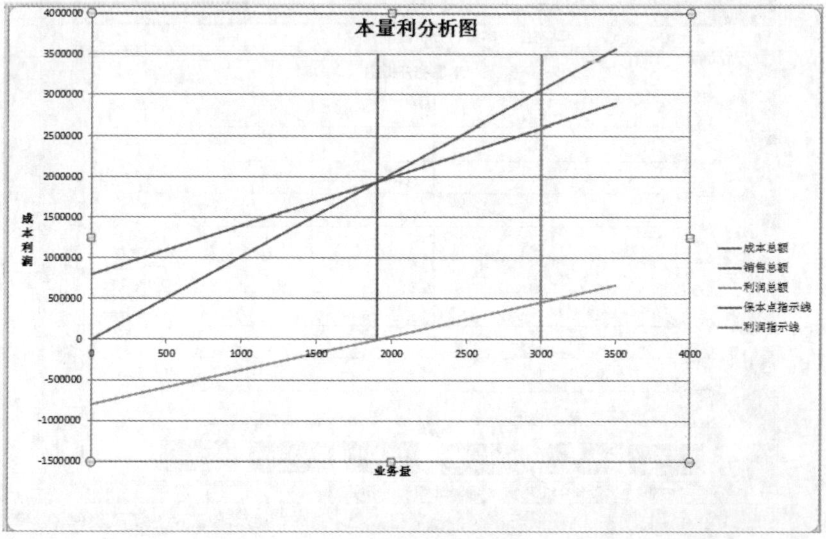

图 10-19　移动图表

（2）单击“插入”菜单下“插图”选项卡上“形状”里面的“矩形图”，鼠标指针变成“+”号。移动鼠标到分析图的下方，绘制矩形框。右击矩形框，在弹出的快捷菜单里选择“编辑文字”，光标在矩形框里闪烁，输入文字“销售量=”，并调整字号为 16 号。采用同样的方法绘制其他矩形框，或者复制第一个矩形框到适当位置，修改相应的文字并根据自己的喜好填充颜色，以强化视觉效果，如图 10-20 所示。

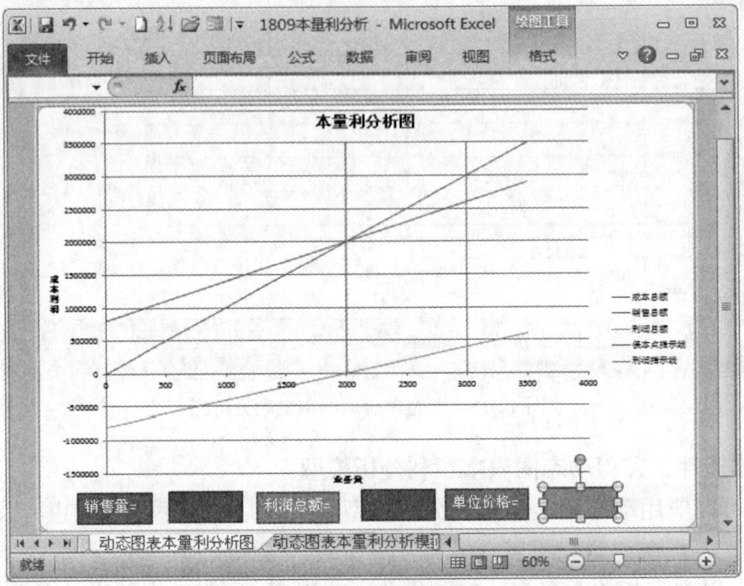

图 10-20　绘制矩形框

（3）从“动态图表本量利分析模型”工作表中引用因素（销售量和单价）和结果（利润）的数据。选中与销售量对应的矩形框，然后在公式编辑栏中输入“=”，用鼠标选择“动态图表本量利分析模型”工作表标签，再单击 C4 单元格，即可将“动态图表本量利分析模型”中的“销售量”引用到销售量矩形框中，如图 10-21 所示。

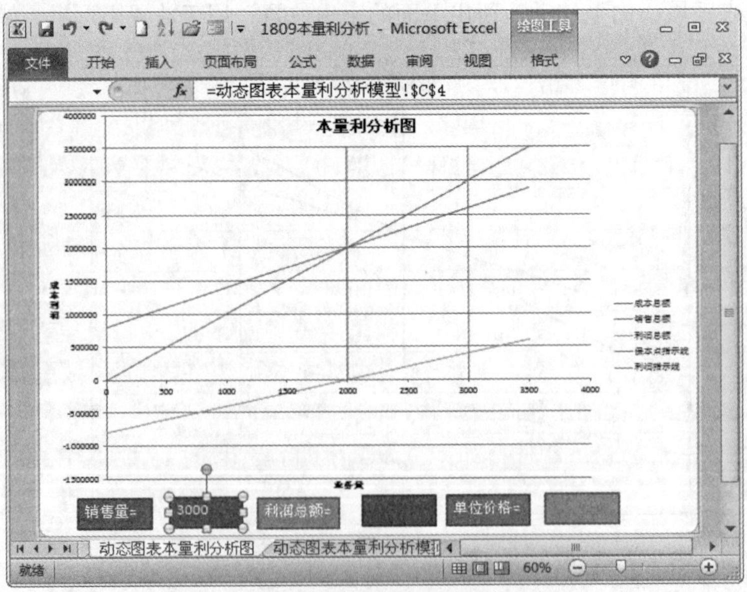

图 10-21 引用“销售量”

同理，我们可以将"动态图表本量利分析模型"中的"单位价格"引用到单位价格的矩形框中，将"利润总额"引用到利润总额的矩形框中，如图 10-22 所示。

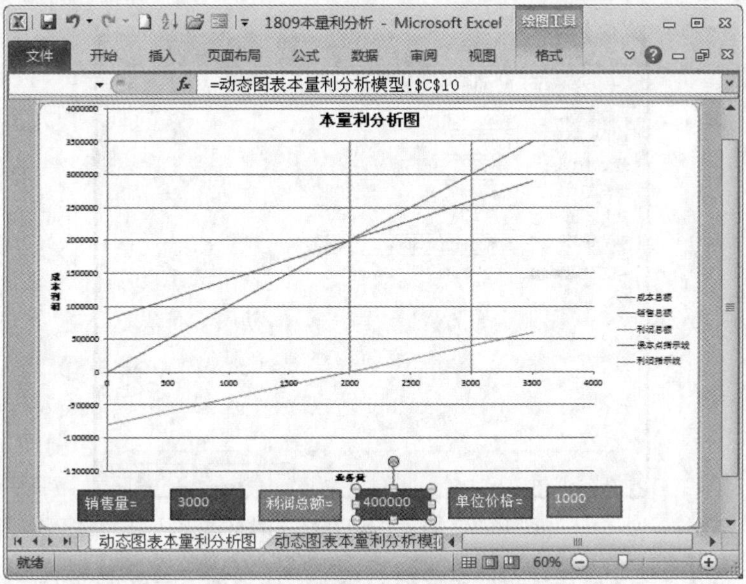

图 10-22 引用"利润总额"和"单位价格"

（4）添加窗体控件按钮，完善动态图表本量利分析模型。

① 单击"文件"菜单，在下拉菜单中选择"选项"命令，打开"选项"对话框。

② 在"选项"对话框中单击"自定义功能区"，在"主选项卡"中找到"开发工具"，单击"开发工具"对应的复选框，在□中打"√"，如图 10-23 所示。单击"确定"按钮，返回 Excel 主界面，这时会发现在菜单列表中已经有了"开发工具"菜单。

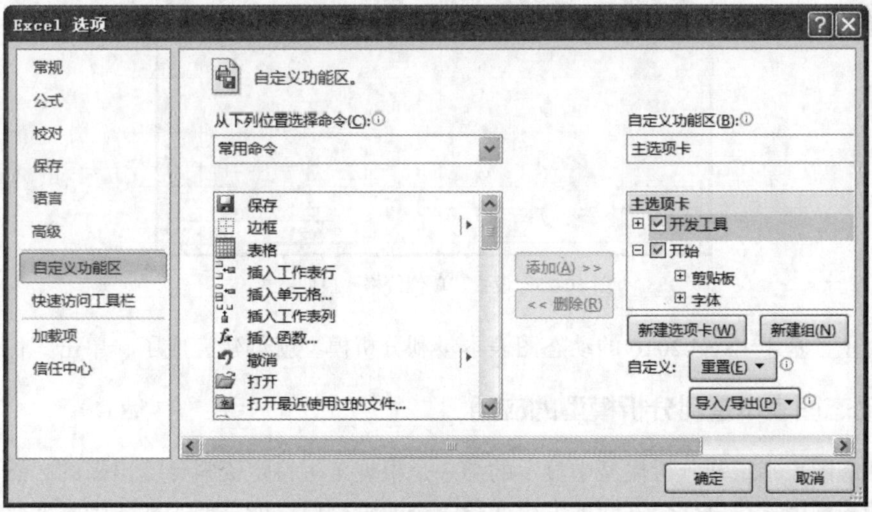

图 10-23 选中"开发工具"

③ 单击"开发工具"菜单，再单击"控件"选项卡上的"插入"图标，打开"表单控件"。单击"数值调节钮（窗体控件）"图标后，光标变成"+"形状，在销售量矩形框右侧拖动鼠标，松开后即在该单元格中出现窗体控件图标，调整其大小，使其恰好和矩形框高度一致。

④ 右键单击窗体控件图标，选择“设置控件格式”，进入“设置对象格式”对话框。输入相关信息，在“单元格链接”框中选择“动态图表本量利分析模型”工作表的 C4 单元格，如图 10-24 所示。单击确定按钮。

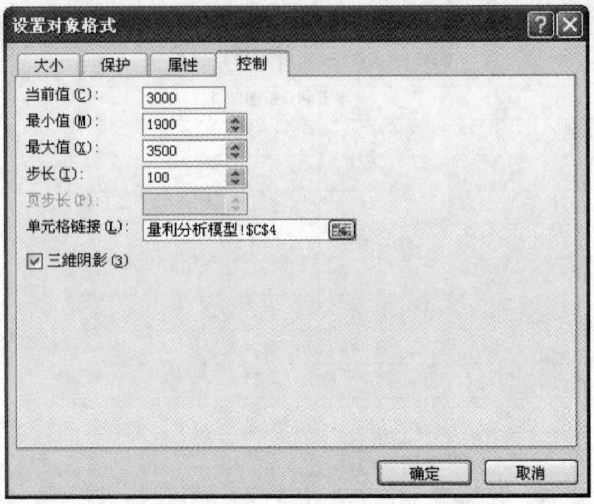

图 10-24 设置“销售量”控件格式

⑤ 采用同样操作，在“单位价格”矩形框中建立窗体控件，链接到“动态图表本量利分析模型”工作表的 C7 单元格，如图 10-25 所示。

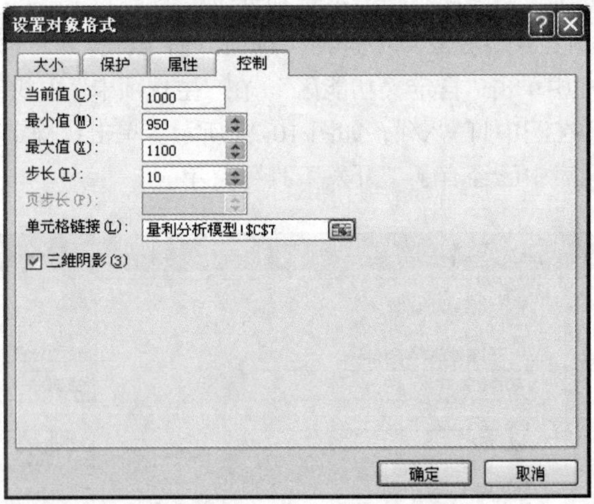

图 10-25 设置“单位价格”控件格式

到此为止，基于 Excel 2010 的动态图表本量利分析模型就创建完成了，单击“保存”按钮。

三、动态图表本量利分析模型的应用

上述动态图表本量利分析模型中显示的结果是根据某一特定资料计算出来的，然而影响利润这个结果的各项因素很可能会不断地发生变化，企业管理层可能需要了解各因素变化对企业利润产生的影响。比如，需要知道销售量或销售单价发生变化时对利润额产生的影响。在 Excel 动态图表本量利分析模型中进行假设分析，问题就会变得非常简单。现在我们只要用鼠标单击销售量的“窗体控件”按钮，销售量就会按我们在“窗体控件格式”中的设置，按每增加或减少“100”的变化率发生变动，动态图表本量利分析模型会随之发生动态变化，可形象地展示出销售量变化对利润的影响。同理，用鼠标单击单位价格的“窗体控件”按钮，单位价格就会按我们在“窗体控件格式”中的设置，按每增加或减少“10”的变化率发生变动，动态图表本量利分析模型也会随之发生动态变化，可形象地展示出单位价格变化对利润的影响，如图 10-26 所示。

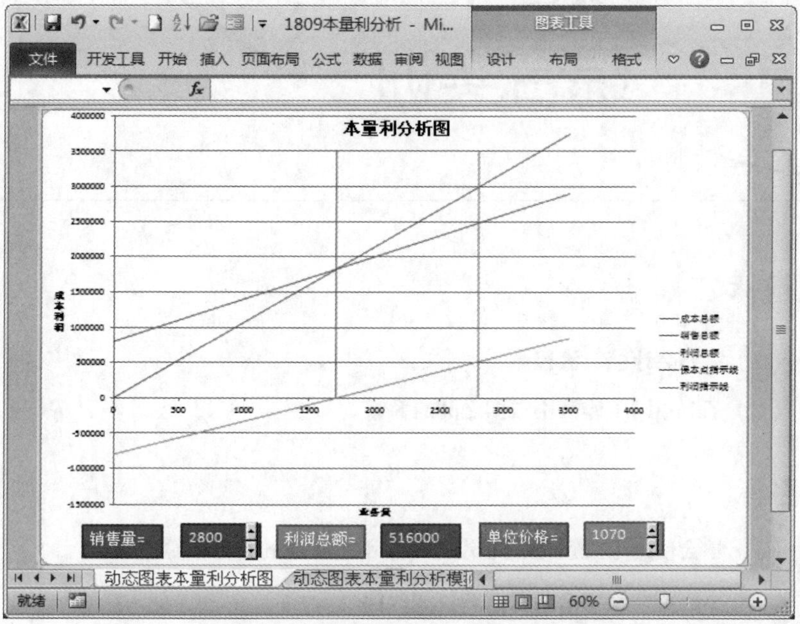

图 10-26　变化后的动态图表本量利分析图

项目小结

本项目介绍了如何运用 Excel 2010 进行本量利分析。首先介绍了本量利分析的基础知识，接下来介绍了如何利用 Excel 2010 的功能创建本量利分析基本模型，最后介绍了如何创建动态图表本量利分析模型。要求学会应用 Excel 2010 创建本量利分析基本模型和动态图表本量利分析模型。

项目实训

1．实训目的

学会使用 Excel 2010 创建本量利分析基本模型和动态图表本量利分析模型。

2．实训资料

SC 有限公司生产一种甲产品，产品单位售价为 99 元，单位变动成本为 60 元，全年固定成本为 80 000 元，企业正常的产品销售量为 2 000 件。

3．实训要求

（1）根据以上资料，在工作表中创建本量利分析基本模型。

（2）假定甲产品的销售数量会在 1 000～2 600 件变动，变化率为 100 件，那么在不同销售量水平下，该企业的利润总额各是多少？

（3）假定甲产品的销售单价会在 99～110 元变动，变化率为 2 元，那么在不同单位售价条件下，其利润总额各是多少？

项目十一 综合实训

知识目标

1. 掌握会计核算流程。
2. 了解不同工作簿中数据之间的关系。

能力目标

1. 学会使用 Excel 2010 设计一个小型企业的会计核算流程。
2. 掌握不同模块之间数据的传递操作。

工作情境与分析

一、情境

李娜从 2018 年 9 月走上实习岗位，到 2018 年 12 月，已经为丰源公司分阶段分项目实施了 Excel 2010 在总账模块、报表模块、工资模块、固定资产模块、进销存管理模块方面的会计电算化，年底还运用 Excel 2010 进行了筹资管理和投资管理。她发现电算化使会计工作变得相对轻松，只要建立起模板，每月的工作就是输入基础数据，而且能使企业生产经营的各种信息及时、准确地得到传递、确认和报告，为企业会计信息的需求者提供及时、准确的信息。

李娜的同学杨雪在一家小型食品加工企业实习。企业财务处理的工作量不大，没有购买专用财务软件，4 个月的手工记账让杨雪苦不堪言，每个月都在做着重复的工作，每天对着一堆凭证、账簿按着计算器计算，枯燥无味。在和李娜交流并征得领导同意后，杨雪决定用 Excel 2010 代替手工记账。

田园有限责任公司（下简称田园公司）是一家小型食品加工企业，主要从事面条生产。产品有普通挂面、西红柿鸡蛋挂面和绿豆挂面，原材料有面粉、鸡蛋、西红柿、绿豆粉，辅助材料有碱、盐。公司注册资本为 50 万元，资产总额 115 万余元，其中固定资产 90 万元。公司设总经理 1 名，全面负责公司的生产经营；另设有企划科、供应科、销售科、财务科、加工车间、烘干车间、装配车间等部门。公司共有职工 20 人。

公司有关资料如表 11-1、表 11-2 和表 11-3 所示。

表 11-1 库存材料

明细账户		单位	数量	单价（元）	金额（元）
主要材料	面粉	千克	5 000	3	15 000
	鸡蛋	千克	400	8	3 200
	绿豆粉	千克	400	11.8	4 720
	西红柿	千克	200	3.2	640
辅助材料	碱	千克	100	5	500
	盐	千克	100	3	300
合计					24 360

表 11-2 库存商品

明细账户	单位	数量	借贷	单价（元）	金额（元）
普通挂面	箱	100	借	100	10 000
西红柿鸡蛋挂面	箱	60	借	140	8 400
绿豆挂面	箱	50	借	130	6 500
合计					24 900

表 11-3 田园公司 2019 年 1 月账户期初余额 单位：元

科目编码	科目名称	期初借方余额	期初贷方余额
1001	库存现金	5 000.00	
1002	银行存款	95 000.00	
100201	工行	65 000.00	
100202	建行	30 000.00	
1101	交易性金融资产	15 000.00	
1121	应收票据	6 000.00	
1122	应收账款	60 000.00	
112201	泰隆商场	51 000.00	
112202	日盛批发市场	9 000.00	
1231	坏账准备		1 200.00
1123	预付账款	20 000.00	
112301	华龙面粉厂	20 000.00	
112302	鲁东粮油公司		
1221	其他应收款	3 000.00	
122101	李强	3 000.00	
122102	张明		
1402	在途物资	5 000.00	
1403	原材料	24 360.00	
140301	主要材料	23 560.00	
140302	辅助材料	800.00	
1405	库存商品	24 900.00	
140501	普通挂面	10 000.00	
140502	西红柿鸡蛋挂面	8 400.00	
140503	绿豆挂面	6 500.00	

续表

科目编码	科目名称	期初借方余额	期初贷方余额
1601	固定资产	900 000.00	
1602	累计折旧		364 460.00
2001	短期借款		50 000.00
2201	应付票据		30 000.00
2202	应付账款		22 000.00
220201	华龙面粉厂		
220202	鲁东粮油公司		22 000.00
2211	应付职工薪酬		
221101	工资		
221102	福利费		
2221	应交税费		30 000.00
222101	应交增值税		
22210101	销项税额		
22210102	进项税额		
22210103	已交税金		
222102	未交增值税		
222103	应交所得税		30 000.00
222110	应交教育费附加		
2231	应付利息		
2241	其他应付款		600.00
2501	长期借款		100 000.00
250101	本金		100 000.00
250102	应付利息		
4001	实收资本		500 000.00
4002	资本公积		10 000.00
4101	盈余公积		
410101	法定盈余公积		
4103	本年利润		
4104	利润分配		50 000.00
410401	未分配利润		50 000.00
5001	生产成本		
500101	基本生产成本		
500102	辅助生产成本		
5101	制造费用		
6001	主营业务收入		
6111	投资收益		
6401	主营业务成本		
6402	其他业务成本		
6403	税金及附加		
6601	销售费用		

续表

科目编码	科目名称	期初借方余额	期初贷方余额
6602	管理费用		
6603	财务费用		
6711	营业外支出		
6801	所得税费用		
合计		1 158 260.00	1 158 260.00

二、分析

田园公司实施会计电算化的流程为：建立财务数据工作表→输入记账凭证→生成总账、明细账→生成财务报表→进行财务分析→进行筹资决策→进行投资决策。

任务一 建立财务数据工作表

田园公司要实现用 Excel 2010 代替手工记账，首先应在 2019 年 1 月 1 日进行初始化工作，即将手工核算的初始数据录入到 Excel 2010 工作簿中。杨雪在李娜的指导下，开始着手整理企业账务处理、工资核算、固定资产核算等初始数据，并分别建立 Excel 2010 工作簿。

1．建立总账工作簿及账簿封面

总账封面如图 11-1 所示。

2．建立会计科目及余额表、记账凭证模板

会计科目及余额表、记账凭证模板见图 11-2～图 11-5。

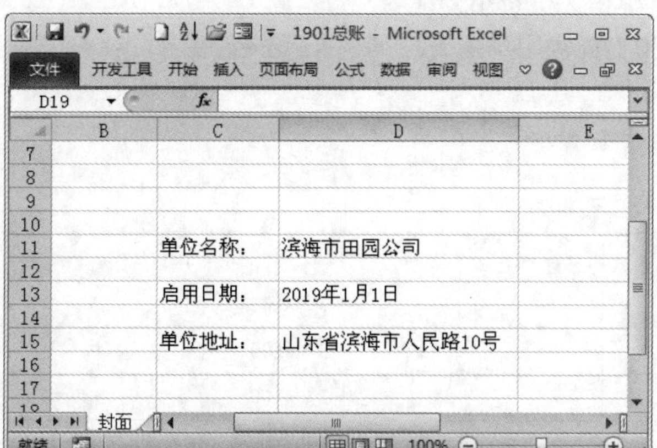

图 11-1 建立总账封面

科目编码	科目名称	期初借方余额	期初贷方余额
1122	应收账款	60,000.00	
112201	泰隆商场	51,000.00	
112202	日盛批发市场	9,000.00	
1231	坏账准备		1,200.00
1123	预付账款	20,000.00	
112301	华龙面粉厂	20,000.00	
112302	鲁东粮油公司		
1221	其他应收款	3,000.00	
122101	李强	3,000.00	
122102	张明		
1402	在途物资	5,000.00	
1403	原材料	24,360.00	
140301	主要材料	23,560.00	
140302	辅助材料	800.00	
1405	库存商品	24,900.00	
140501	普通挂面	10,000.00	
140502	西红柿鸡蛋挂面	8,400.00	
140503	绿豆挂面	6,500.00	
1601	固定资产	900,000.00	
1602	累计折旧		364,460.00

图 11-2 建立会计科目及余额表（1）

图 11-3 建立会计科目及余额表（2）

图 11-4 建立会计科目及余额表（3）

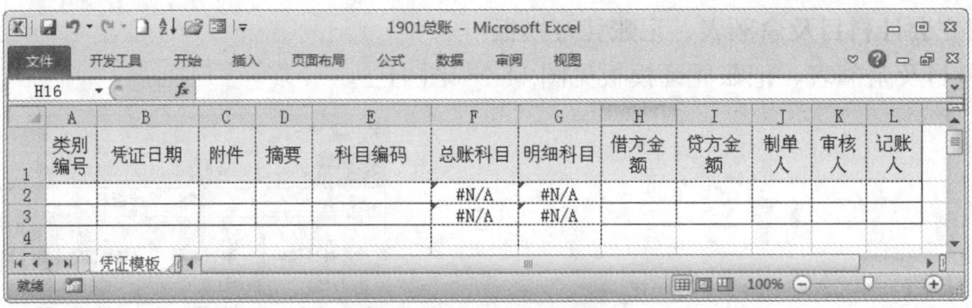

图 11-5 建立记账凭证模板

3. 建立工资核算工作簿，设计工资结算单和工资费用分配表

根据下列工资数据资料设计工资结算单和工资费用分配表。

（1）基本工资信息表（见图 11-6）。

（2）岗位工资标准（见表 11-4）。

表 11-4 岗位工资标准

职工类别	岗位工资（元）
公司经理	3 500.00
部门经理	3 300.00
管理人员	2 900.00
基本生产人员	2 700.00
销售人员	2 700.00

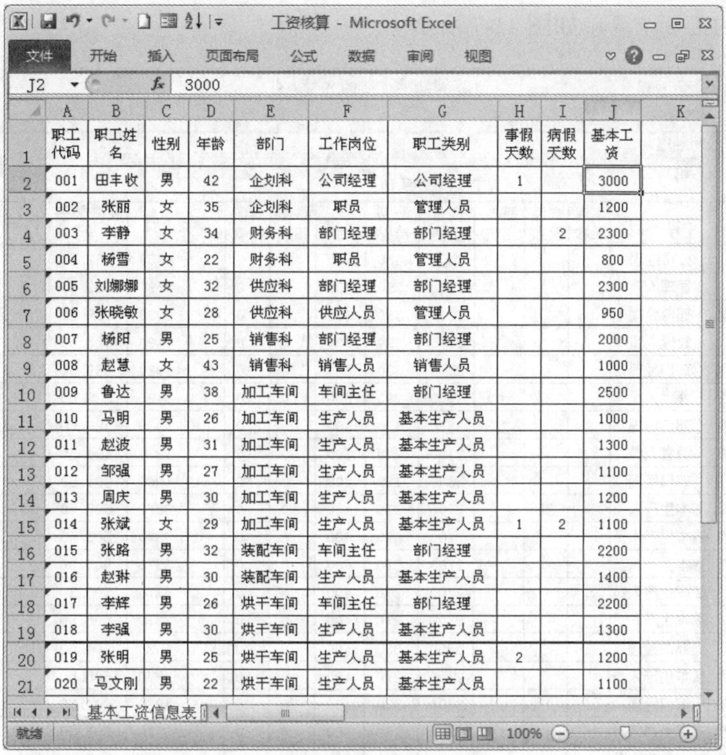

职工代码	职工姓名	性别	年龄	部门	工作岗位	职工类别	事假天数	病假天数	基本工资
001	田丰收	男	42	企划科	公司经理	公司经理	1		3000
002	张丽	女	35	企划科	职员	管理人员			1200
003	李静	女	34	财务科	部门经理	部门经理		2	2300
004	杨雪	女	22	财务科	职员	管理人员			800
005	刘娜娜	女	32	供应科	部门经理	部门经理			2300
006	张晓敏	女	28	供应科	供应人员	管理人员			950
007	杨阳	男	25	销售科	部门经理	部门经理			2000
008	赵慧	女	43	销售科	销售人员	销售人员			1000
009	鲁达	男	38	加工车间	车间主任	部门经理			2500
010	马明	男	26	加工车间	生产人员	基本生产人员			1000
011	赵波	男	31	加工车间	生产人员	基本生产人员			1300
012	邹强	男	27	加工车间	生产人员	基本生产人员			1100
013	周庆	男	30	加工车间	生产人员	基本生产人员			1200
014	张斌	女	29	加工车间	生产人员	基本生产人员	1	2	1100
015	张路	男	32	装配车间	车间主任	部门经理			2200
016	赵琳	男	30	装配车间	生产人员	基本生产人员			1400
017	李辉	男	26	烘干车间	车间主任	部门经理			2200
018	李强	男	30	烘干车间	生产人员	基本生产人员			1300
019	张明	男	25	烘干车间	生产人员	基本生产人员	2		1200
020	马文刚	男	22	烘干车间	生产人员	基本生产人员			1100

图 11-6　基本工资信息表

（3）职务津贴：根据公司的规定，职务津贴是基本工资与岗位工资之和的 10%。

（4）奖金标准：奖金标准如表 11-5 所示。

表 11-5　　奖金标准

部门	奖金（元）	部门	奖金（元）
企划科	500.00	加工车间	400.00
财务科	300.00	装配车间	400.00
供应科	300.00	烘干车间	400.00
销售科	300.00		

（5）事假扣款：根据公司的规定，请几天事假则扣几天的日基本工资。

（6）病假扣款：根据公司的规定，每请一天病假扣款 50 元。

（7）住房公积金：根据公司的规定，住房公积金为应发工资的 15%。

（8）个人所得税：个人所得税情况如表 11-6 所示。

表 11-6　　个人所得税情况　　单位：元

应发工资	个人所得税
应发工资−3 500≤0	0
0<应发工资−3 500≤1 500	应发工资−3 500×0.03
1 500<应发工资−3 500≤4 500	应发工资−3 500×0.1−105
4 500<应发工资−3 500≤9 000	应发工资−3 500×0.2−555
9 000<应发工资−3 500≤35 000	应发工资−3 500×0.25−1 005

（9）完成后的工资结算单如图 11-7 所示。

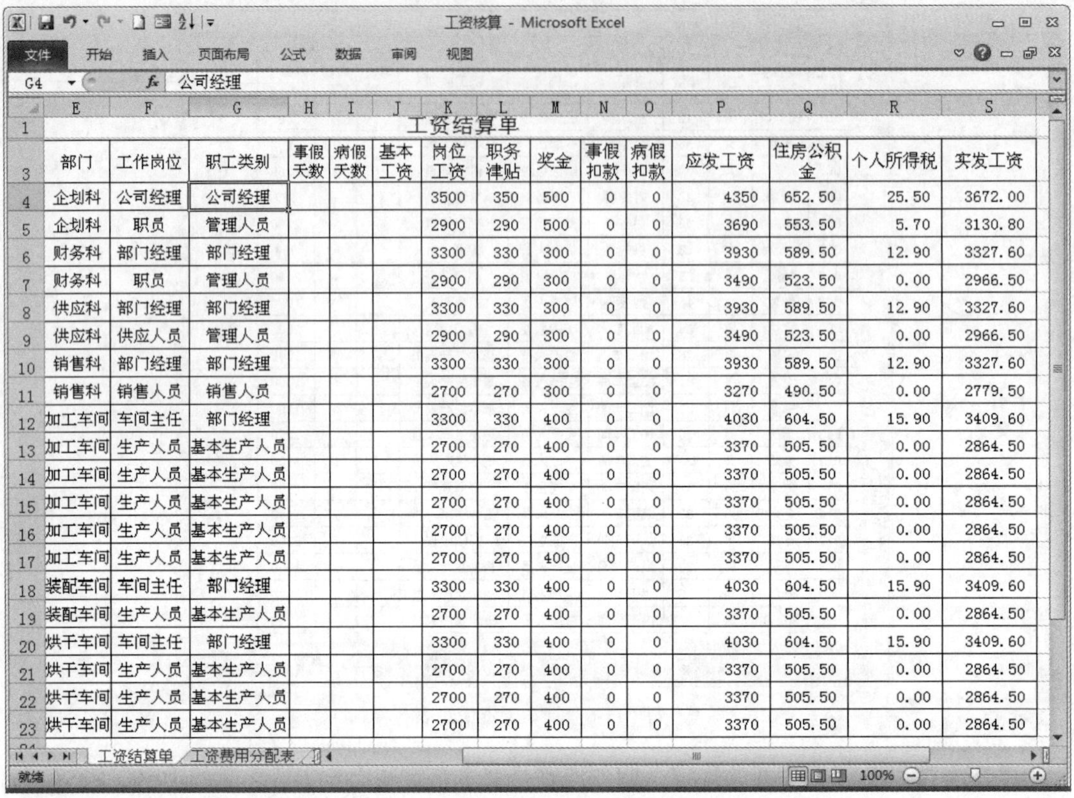

工资结算单

部门	工作岗位	职工类别	事假天数	病假天数	基本工资	岗位工资	职务津贴	奖金	事假扣款	病假扣款	应发工资	住房公积金	个人所得税	实发工资
企划科	公司经理	公司经理				3500	350	500	0	0	4350	652.50	25.50	3672.00
企划科	职员	管理人员				2900	290	500	0	0	3690	553.50	5.70	3130.80
财务科	部门经理	部门经理				3300	330	300	0	0	3930	589.50	12.90	3327.60
财务科	职员	管理人员				2900	290	300	0	0	3490	523.50	0.00	2966.50
供应科	部门经理	部门经理				3300	330	300	0	0	3930	589.50	12.90	3327.60
供应科	供应人员	管理人员				2900	290	300	0	0	3490	523.50	0.00	2966.50
销售科	部门经理	部门经理				3300	330	300	0	0	3930	589.50	12.90	3327.60
销售科	销售人员	销售人员				2700	270	300	0	0	3270	490.50	0.00	2779.50
加工车间	车间主任	部门经理				3300	330	400	0	0	4030	604.50	15.90	3409.60
加工车间	生产人员	基本生产人员				2700	270	400	0	0	3370	505.50	0.00	2864.50
加工车间	生产人员	基本生产人员				2700	270	400	0	0	3370	505.50	0.00	2864.50
加工车间	生产人员	基本生产人员				2700	270	400	0	0	3370	505.50	0.00	2864.50
加工车间	生产人员	基本生产人员				2700	270	400	0	0	3370	505.50	0.00	2864.50
加工车间	生产人员	基本生产人员				2700	270	400	0	0	3370	505.50	0.00	2864.50
装配车间	车间主任	部门经理				3300	330	400	0	0	4030	604.50	15.90	3409.60
装配车间	生产人员	基本生产人员				2700	270	400	0	0	3370	505.50	0.00	2864.50
烘干车间	车间主任	部门经理				3300	330	400	0	0	4030	604.50	15.90	3409.60
烘干车间	生产人员	基本生产人员				2700	270	400	0	0	3370	505.50	0.00	2864.50
烘干车间	生产人员	基本生产人员				2700	270	400	0	0	3370	505.50	0.00	2864.50
烘干车间	生产人员	基本生产人员				2700	270	400	0	0	3370	505.50	0.00	2864.50

图 11-7　工资结算单

（10）设计工资费用分配表，如图 11-8 所示。

4．建立固定资产工作簿及固定资产清单，设计固定资产卡片样式

田园公司整理的固定资产资料如表 11-7 所示。

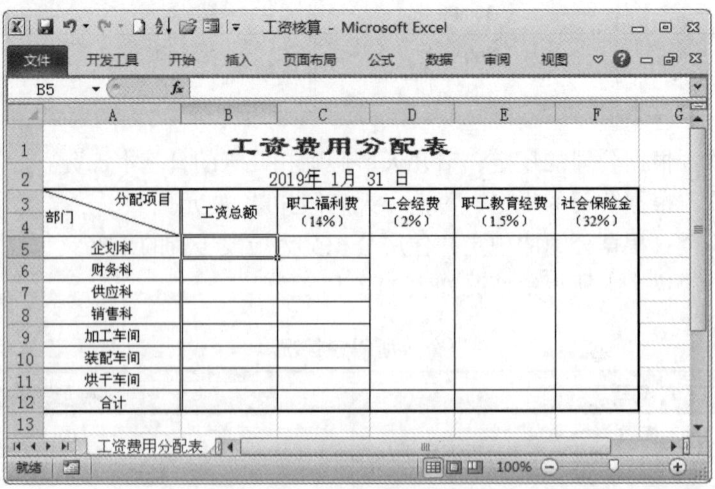

工资费用分配表

2019年 1月 31 日

分配项目 / 部门	工资总额	职工福利费（14%）	工会经费（2%）	职工教育经费（1.5%）	社会保险金（32%）
企划科					
财务科					
供应科					
销售科					
加工车间					
装配车间					
烘干车间					
合计					

图 11-8　工资费用分配表

（1）建立“固定资产卡片”工作簿，设计固定资产卡片样式，如图 11-9 所示。

（2）输入编号为 1001 的固定资产卡片信息，如图 11-10 所示。

表 11-7　　　　固定资产资料

资产编号	使用部门	固定资产名称	增加方式	使用状况	可使用年限	开始使用日期	折旧方法	固定资产原值（元）
1001	企划科	房屋	在建工程转入	在用	20	2011-7-1	直线法	100 000
1002	车间	厂房	在建工程转入	在用	20	2011-7-1	直线法	300 000
1003	烘干车间	烘干机	直接购入	在用	20	2011-7-1	直线法	150 000
1004	加工车间	全自动面条机	直接购入	在用	15	2011-9-1	直线法	180 000
1005	装配车间	装配线	直接购入	在用	15	2011-9-1	直线法	150 000
1006	企划科	复印机	直接购入	在用	3	2017-1-1	直线法	4 000
1007	财务科	微机	直接购入	在用	3	2017-1-1	直线法	5 000
1008	财务科	打印机	直接购入	在用	3	2017-1-1	直线法	1 000
1009	供应科	微机	直接购入	在用	3	2017-10-1	直线法	5 000
1010	销售科	微机	直接购入	在用	3	2015-10-1	直线法	5 000
			合计					900 000

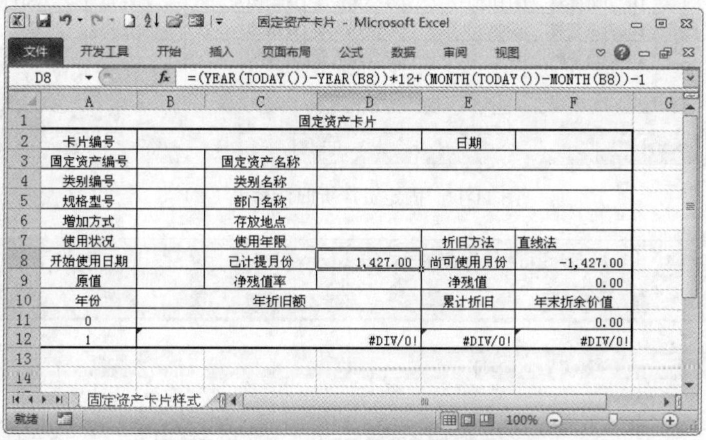

图 11-9　固定资产卡片

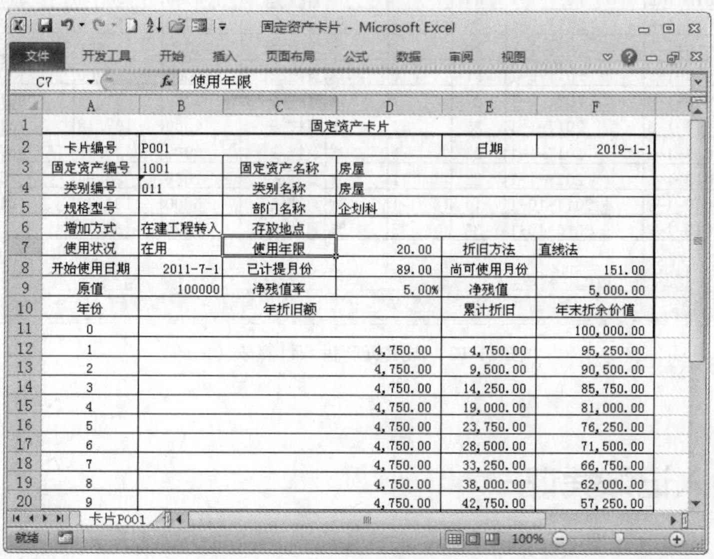

图 11-10　固定资产卡片 P001

（3）重复步骤（2），输入编号1002～1010的固定资产卡片信息。

（4）新建工作簿“固定资产核算”，将Sheet 1重命名为“固定资产折旧计算表”。采用链接的方式，生成固定资产折旧计算表，如图11-11、图11-12所示。

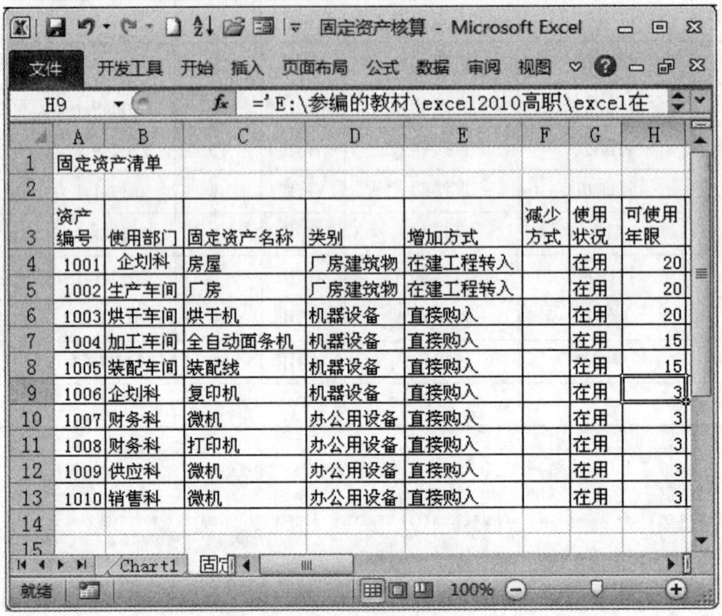

固定资产清单

资产编号	使用部门	固定资产名称	类别	增加方式	减少方式	使用状况	可使用年限
1001	企划科	房屋	厂房建筑物	在建工程转入		在用	20
1002	生产车间	厂房	厂房建筑物	在建工程转入		在用	20
1003	烘干车间	烘干机	机器设备	直接购入		在用	20
1004	加工车间	全自动面条机	机器设备	直接购入		在用	15
1005	装配车间	装配线	机器设备	直接购入		在用	15
1006	企划科	复印机	机器设备	直接购入		在用	3
1007	财务科	微机	办公用设备	直接购入		在用	3
1008	财务科	打印机	办公用设备	直接购入		在用	3
1009	供应科	微机	办公用设备	直接购入		在用	3
1010	销售科	微机	办公用设备	直接购入		在用	3

图11-11 固定资产折旧计算表（1）

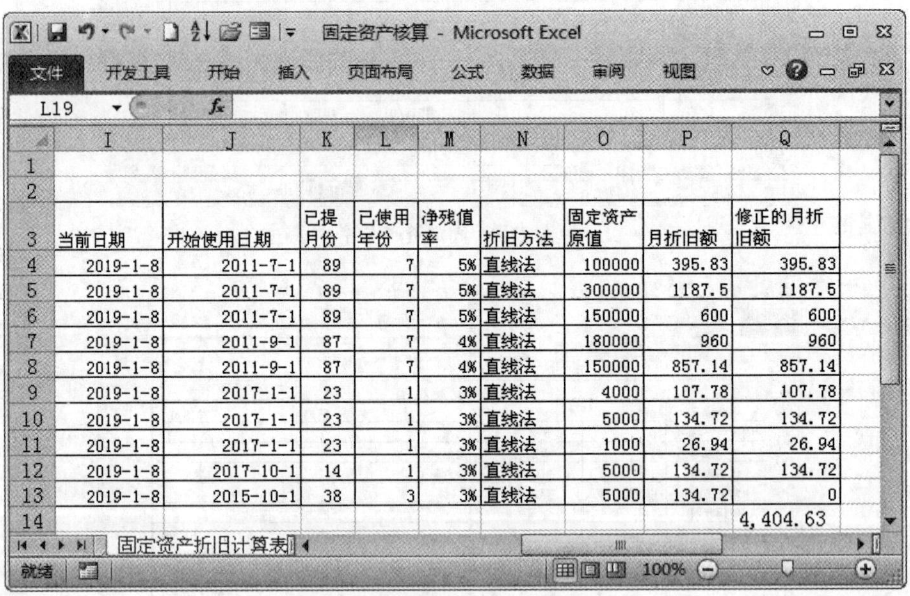

当前日期	开始使用日期	已提月份	已使用年份	净残值率	折旧方法	固定资产原值	月折旧额	修正的月折旧额
2019-1-8	2011-7-1	89	7	5%	直线法	100000	395.83	395.83
2019-1-8	2011-7-1	89	7	5%	直线法	300000	1187.5	1187.5
2019-1-8	2011-7-1	89	7	5%	直线法	150000	600	600
2019-1-8	2011-9-1	87	7	4%	直线法	180000	960	960
2019-1-8	2011-9-1	87	7	4%	直线法	150000	857.14	857.14
2019-1-8	2017-1-1	23	1	3%	直线法	4000	107.78	107.78
2019-1-8	2017-1-1	23	1	3%	直线法	5000	134.72	134.72
2019-1-8	2017-1-1	23	1	3%	直线法	1000	26.94	26.94
2019-1-8	2017-10-1	14	1	3%	直线法	5000	134.72	134.72
2019-1-8	2015-10-1	38	3	3%	直线法	5000	134.72	0
								4,404.63

图11-12 固定资产折旧计算表（2）

任务二 输入记账凭证

杨雪完成月初工作之后，日常工作即根据取得的原始凭证输入记账凭证。

田园公司 2019 年 1 月的经济业务如下。

（1）1 日，从华龙面粉厂购入面粉 2 000 千克，单价 3 元。款项用上月预付账款结算，采购发票号为 101211。

（2）3 日，销售给泰隆商场普通挂面 50 箱，单价 180 元；销售给泰隆商场西红柿鸡蛋挂面 20 箱，单价 210 元，款项尚未收回。

（3）5 日，车间领用面粉 2 000 千克，单价 3 元。

（4）8 日，车间领用辅助材料：碱 30 千克，单价 5 元；盐 50 千克，单价 3 元。

（5）9 日，销售西红柿鸡蛋挂面 50 箱给日盛批发市场，单价 220 元。

（6）11 日，车间领用材料：面粉 3 000 千克，单价 3 元；绿豆粉 200 千克，单价 11.8 元；西红柿 200 千克，单价 3.2 元；鸡蛋 200 千克，单价 8 元。

（7）15 日，销售给日盛批发市场普通挂面 200 箱，单价 180 元；销售给日盛批发市场西红柿鸡蛋挂面 100 箱，单价 210 元，收到转账支票并已送存工行。

（8）26 日，从鲁东粮油公司采购绿豆粉 300 千克，单价 12 元；采购鸡蛋 300 千克，单价 8 元，采购西红柿 200 千克，单价 3 元。货款以工行转账支票付讫，采购发票号为 201901。

（9）27 日，报销办公费 195 元，以现金支付。

（10）31 日，分配本月工资。

（11）31 日，计提职工福利费。

（12）31 日，计提折旧。

（13）31 日，本月完工普通挂面 300 箱，共 30 000 元；完工西红柿鸡蛋挂面 200 箱，共 28 000 元；绿豆挂面尚未完工。结转完工产品成本。

（14）31 日，结转已销产品的成本。

（15）31 日，结转收入。

（16）31 日，结转成本。

1．输入 1~9 经济笔业务会计凭证

（1）1 月 1 日，杨雪在拿到采购发票后打开“1901 总账”工作簿，插入一张新工作表，重命名为“1901 凭证”。复制“凭证模板”工作表中的 A1:L3 单元格区域到“1901 凭证”工作表的 A1:L3 单元格区域，输入 1 日发生的采购业务。输入完成后的结果如图 11-13 所示。

类别编号	凭证日期	附件	摘要	科目编码	总账科目	明细科目	借方金额	贷方金额	制单人
记001	2019-1-1	1	购入材料	140301	原材料	主要材料	6,000.00		杨雪
记001	2019-1-1	1	购入材料	22210102	应交税费	进项税额	960.00		杨雪
记001	2019-1-1	1	购入材料	112301	预付账款	华龙面粉厂		6,960.00	杨雪

图 11-13　输入记 001 号凭证

（2）1 月 2 日—1 月 27 日，重复步骤（1），输入记 002 号～记 009 号凭证。输入完成后的结果如图 11-14 所示。

2．分配本月工资

（1）打开“工资核算”工作簿，选择“工资结算单”，按表 11-8 输入计算出来的本月工资数和统计的事假、病假天数。

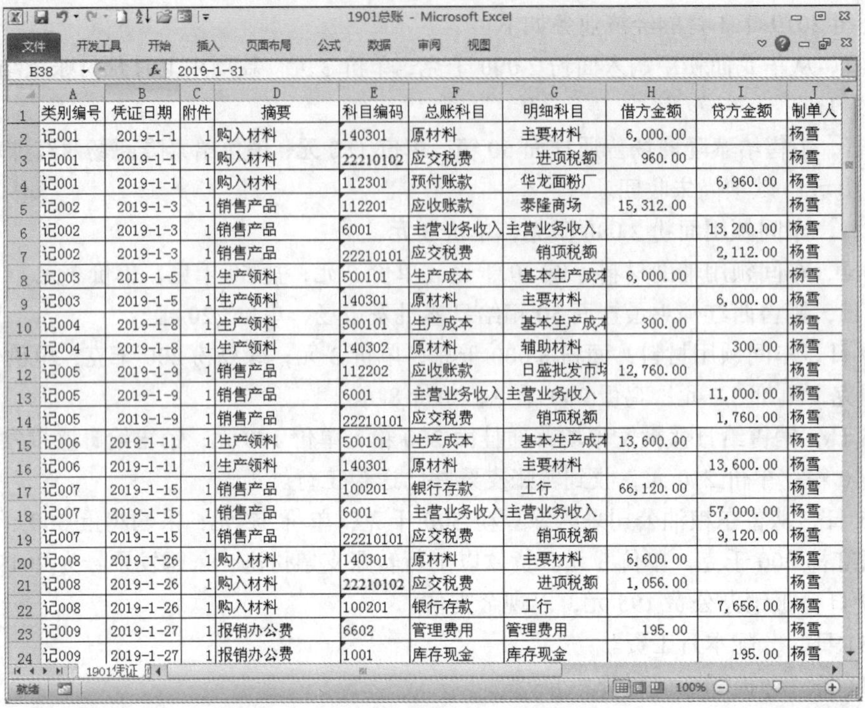

	A	B	C	D	E	F	G	H	I	J
1	类别编号	凭证日期	附件	摘要	科目编码	总账科目	明细科目	借方金额	贷方金额	制单人
2	记001	2019-1-1	1	购入材料	140301	原材料	主要材料	6,000.00		杨雪
3	记001	2019-1-1	1	购入材料	22210102	应交税费	进项税额	960.00		杨雪
4	记001	2019-1-1	1	购入材料	112301	预付账款	华龙面粉厂		6,960.00	杨雪
5	记002	2019-1-3	1	销售产品	112201	应收账款	泰隆商场	15,312.00		杨雪
6	记002	2019-1-3	1	销售产品	6001	主营业务收入	主营业务收入		13,200.00	杨雪
7	记002	2019-1-3	1	销售产品	22210101	应交税费	销项税额		2,112.00	杨雪
8	记003	2019-1-5	1	生产领料	500101	生产成本	基本生产成本	6,000.00		杨雪
9	记003	2019-1-5	1	生产领料	140301	原材料	主要材料		6,000.00	杨雪
10	记004	2019-1-8	1	生产领料	500101	生产成本	基本生产成本	300.00		杨雪
11	记004	2019-1-8	1	生产领料	140302	原材料	辅助材料		300.00	杨雪
12	记005	2019-1-9	1	销售产品	112202	应收账款	日盛批发市场	12,760.00		杨雪
13	记005	2019-1-9	1	销售产品	6001	主营业务收入	主营业务收入		11,000.00	杨雪
14	记005	2019-1-9	1	销售产品	22210101	应交税费	销项税额		1,760.00	杨雪
15	记006	2019-1-11	1	生产领料	500101	生产成本	基本生产成本	13,600.00		杨雪
16	记006	2019-1-11	1	生产领料	140301	原材料	主要材料		13,600.00	杨雪
17	记007	2019-1-15	1	销售产品	100201	银行存款	工行	66,120.00		杨雪
18	记007	2019-1-15	1	销售产品	6001	主营业务收入	主营业务收入		57,000.00	杨雪
19	记007	2019-1-15	1	销售产品	22210101	应交税费	销项税额		9,120.00	杨雪
20	记008	2019-1-26	1	购入材料	140301	原材料	主要材料	6,600.00		杨雪
21	记008	2019-1-26	1	购入材料	22210102	应交税费	进项税额	1,056.00		杨雪
22	记008	2019-1-26	1	购入材料	100201	银行存款	工行		7,656.00	杨雪
23	记009	2019-1-27	1	报销办公费	6602	管理费用	管理费用	195.00		杨雪
24	记009	2019-1-27	1	报销办公费	1001	库存现金	库存现金		195.00	杨雪

图 11-14 输入记 002 号～记 009 号凭证

表 11-8 1 月工资数

职工代码	职工姓名	性别	年龄	部门	工作岗位	职工类别	事假天数	病假天数	基本工资（元）
001	田丰收	男	42	企划科	公司经理	公司经理	1		3 000
002	张丽	女	35	企划科	职员	管理人员			1 200
003	李静	女	34	财务科	部门经理	部门经理		2	2 300
004	杨雪	女	22	财务科	职员	管理人员			800
005	刘娜娜	女	32	供应科	部门经理	部门经理			2 300
006	张晓敏	女	28	供应科	供应人员	管理人员			950
007	杨阳	男	25	销售科	部门经理	部门经理			2 000
008	赵慧	女	43	销售科	销售人员	销售人员			1 000
009	鲁达	男	38	加工车间	车间主任	部门经理			2 500
010	马明	男	26	加工车间	生产人员	基本生产人员			1 000
011	赵波	男	31	加工车间	生产人员	基本生产人员			1 300
012	邹强	男	27	加工车间	生产人员	基本生产人员			1 100
013	周庆	男	30	加工车间	生产人员	基本生产人员			1 200
014	张斌	女	29	加工车间	生产人员	基本生产人员	1	2	1 100
015	张路	男	32	装配车间	车间主任	部门经理			2 200
016	赵琳	男	30	装配车间	生产人员	基本生产人员			1 400
017	李辉	男	26	烘干车间	车间主任	部门经理			2 200
018	李强	男	30	烘干车间	生产人员	基本生产人员			1 300
019	张明	男	25	烘干车间	生产人员	基本生产人员	2		1 200
020	马文刚	男	22	烘干车间	生产人员	基本生产人员			1 100

（2）输入完成后的“工资结算单”如图 11-15 所示。

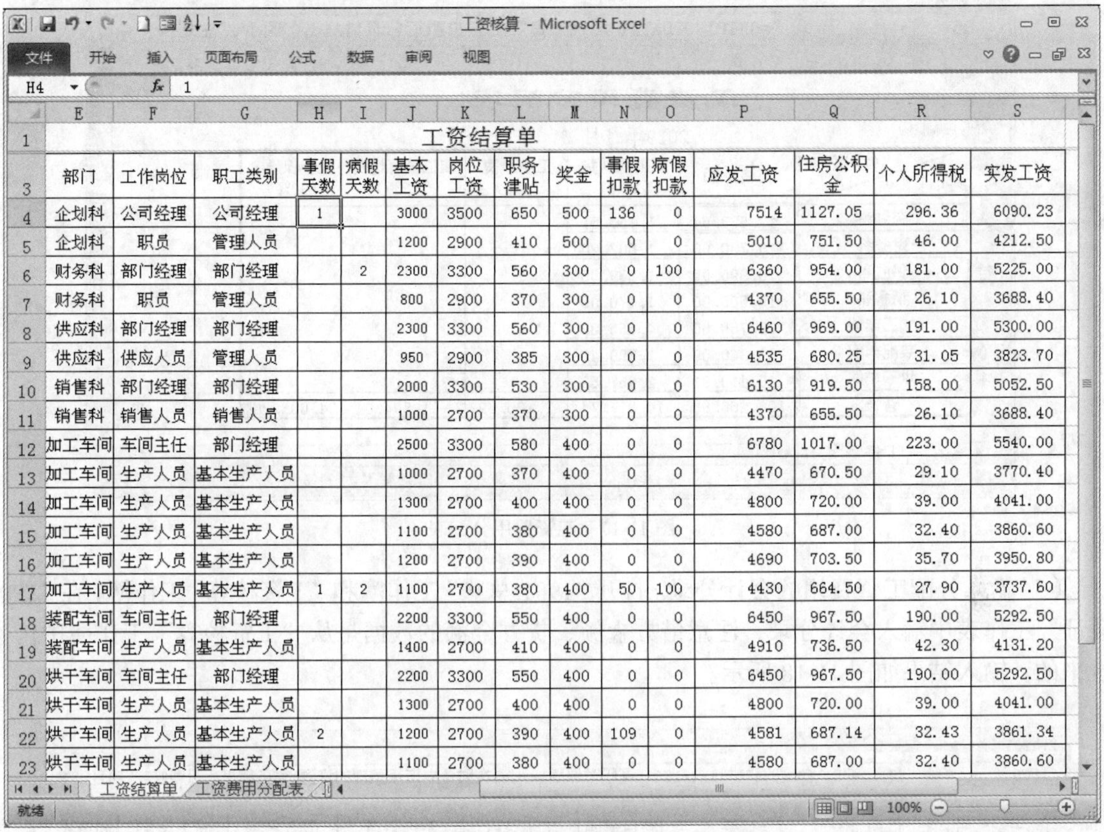

工资结算单

部门	工作岗位	职工类别	事假天数	病假天数	基本工资	岗位工资	职务津贴	奖金	事假扣款	病假扣款	应发工资	住房公积金	个人所得税	实发工资
企划科	公司经理	公司经理	1		3000	3500	650	500	136	0	7514	1127.05	296.36	6090.23
企划科	职员	管理人员			1200	2900	410	500	0	0	5010	751.50	46.00	4212.50
财务科	部门经理	部门经理		2	2300	3300	560	300	0	100	6360	954.00	181.00	5225.00
财务科	职员	管理人员			800	2900	370	300	0	0	4370	655.50	26.10	3688.40
供应科	部门经理	部门经理			2300	3300	560	300	0	0	6460	969.00	191.00	5300.00
供应科	供应人员	管理人员			950	2900	385	300	0	0	4535	680.25	31.05	3823.70
销售科	部门经理	部门经理			2000	3300	530	300	0	0	6130	919.50	158.00	5052.50
销售科	销售人员	销售人员			1000	2700	370	300	0	0	4370	655.50	26.10	3688.40
加工车间	车间主任	部门经理			2500	3300	580	400	0	0	6780	1017.00	223.00	5540.00
加工车间	生产人员	基本生产人员			1000	2700	370	400	0	0	4470	670.50	29.10	3770.40
加工车间	生产人员	基本生产人员			1300	2700	400	400	0	0	4800	720.00	39.00	4041.00
加工车间	生产人员	基本生产人员			1100	2700	380	400	0	0	4580	687.00	32.40	3860.60
加工车间	生产人员	基本生产人员			1200	2700	390	400	0	0	4690	703.50	35.70	3950.80
加工车间	生产人员	基本生产人员	1	2	1100	2700	380	400	50	100	4430	664.50	27.90	3737.60
装配车间	车间主任	部门经理			2200	3300	550	400	0	0	6450	967.50	190.00	5292.50
装配车间	生产人员	基本生产人员			1400	2700	410	400	0	0	4910	736.50	42.30	4131.20
烘干车间	车间主任	部门经理			2200	3300	550	400	0	0	6450	967.50	190.00	5292.50
烘干车间	生产人员	基本生产人员			1300	2700	400	400	0	0	4800	720.00	39.00	4041.00
烘干车间	生产人员	基本生产人员	2		1200	2700	390	400	109	0	4581	687.14	32.43	3861.34
烘干车间	生产人员	基本生产人员			1100	2700	380	400	0	0	4580	687.00	32.40	3860.60

图 11-15　工资结算单

（3）编制财务数据透视表，汇总出不同部门的应发工资合计，结果如图 11-16 所示。

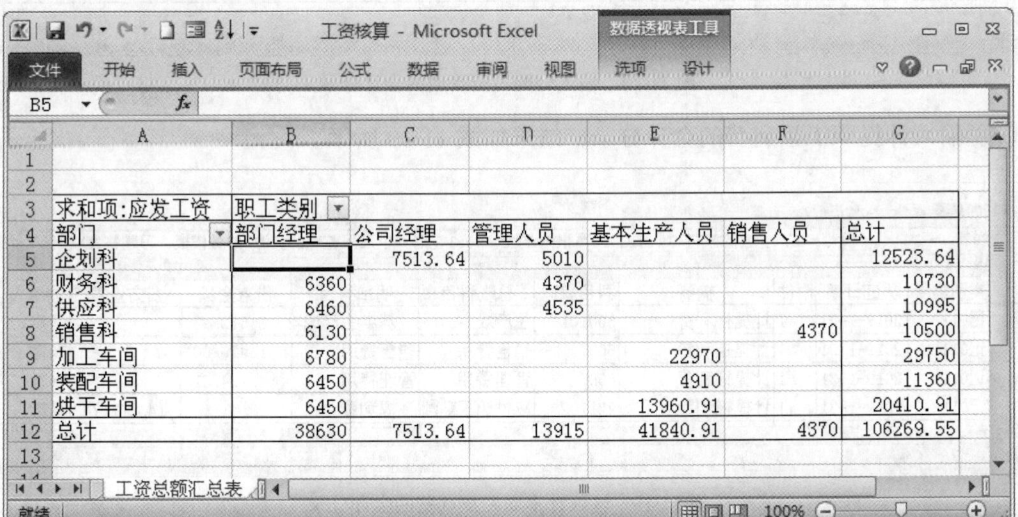

求和项:应发工资	职工类别					
部门	部门经理	公司经理	管理人员	基本生产人员	销售人员	总计
企划科		7513.64	5010			12523.64
财务科	6360		4370			10730
供应科	6460		4535			10995
销售科	6130				4370	10500
加工车间	6780			22970		29750
装配车间	6450			4910		11360
烘干车间	6450			13960.91		20410.91
总计	38630	7513.64	13915	41840.91	4370	106269.55

图 11-16　财务数据透视表

（4）编制“工资费用分配表”，结果如图 11-17 所示。

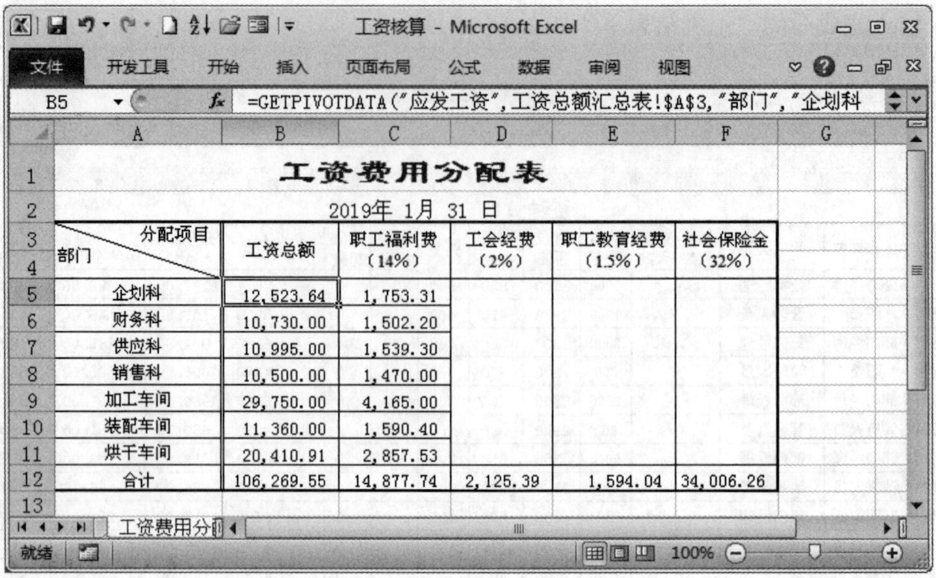

工资核算 - Microsoft Excel

B5 =GETPIVOTDATA("应发工资",工资总额汇总表!$A$3,"部门","企划科

工资费用分配表

2019年 1月 31 日

部门 \ 分配项目	工资总额	职工福利费（14%）	工会经费（2%）	职工教育经费（1.5%）	社会保险金（32%）
企划科	12,523.64	1,753.31			
财务科	10,730.00	1,502.20			
供应科	10,995.00	1,539.30			
销售科	10,500.00	1,470.00			
加工车间	29,750.00	4,165.00			
装配车间	11,360.00	1,590.40			
烘干车间	20,410.91	2,857.53			
合计	106,269.55	14,877.74	2,125.39	1,594.04	34,006.26

图 11-17 工资费用分配表

（5）输入分配工资费用的会计分录。打开“1901 总账”工作簿和“工资核算”工作簿，在“1901 凭证”工作表中输入会计分录，注意借方金额、贷方金额的数据是从“工资核算”工作簿中传递过来的。输入结果如图 11-18 所示。

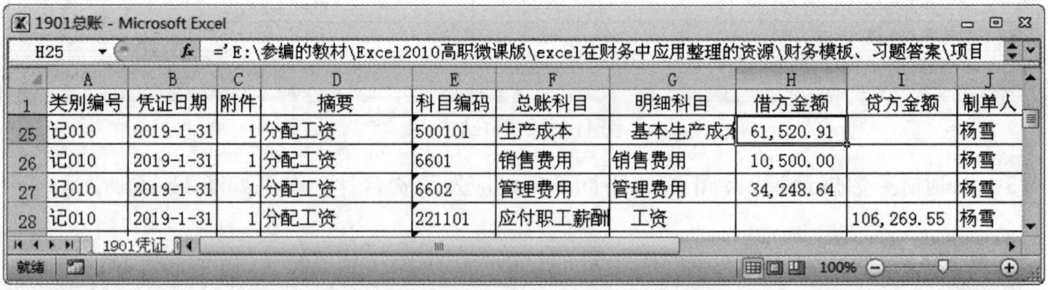

1901总账 - Microsoft Excel

H25 ='E:\参编的教材\Excel2010高职微课版\excel在财务中应用整理的资源\财务模板、习题答案\项目

	类别编号	凭证日期	附件	摘要	科目编码	总账科目	明细科目	借方金额	贷方金额	制单人
25	记010	2019-1-31	1	分配工资	500101	生产成本	基本生产成本	61,520.91		杨雪
26	记010	2019-1-31	1	分配工资	6601	销售费用	销售费用	10,500.00		杨雪
27	记010	2019-1-31	1	分配工资	6602	管理费用	管理费用	34,248.64		杨雪
28	记010	2019-1-31	1	分配工资	221101	应付职工薪酬	工资		106,269.55	杨雪

图 11-18 输入分配工资费用的会计分录

（6）输入计提职工福利费的会计分录，结果如图 11-19 所示。

1901总账 - Microsoft Excel

H29 ='E:\参编的教材\Excel2010高职微课版\excel在财务中应用整理的资源\财务模板、习题答案\项目

	类别编号	凭证日期	附件	摘要	科目编码	总账科目	明细科目	借方金额	贷方金额	制单人
29	记011	2019-1-31	1	计提福利费	500101	生产成本	基本生产成本	8,612.93		杨雪
30	记011	2019-1-31	1	计提福利费	6601	销售费用	销售费用	1,470.00		杨雪
31	记011	2019-1-31	1	计提福利费	6602	管理费用	管理费用	4,794.81		杨雪
32	记011	2019-1-31	1	计提福利费	221102	应付职工薪酬	福利费		14,877.74	杨雪

图 11-19 输入计提职工福利费的会计分录

3．输入计提固定资产折旧的会计分录

打开“1901 总账”工作簿和“固定资产核算”工作簿，在“1901 凭证”工作表中输入会计分录，注意借方金额、贷方金额的数据是从“固定资产核算”工作簿中传递过来的。输入结果

如图 11-20 所示。

1901总账 - Microsoft Excel

H33　=GETPIVOTDATA("求和项:修正的月折旧额",[固定资产核算.xlsx]固定资产折旧费用分配表!$B$3,"

	A	B	C	D	E	F	G	H	I	J
1	类别编号	凭证日期	附件	摘要	科目编码	总账科目	明细科目	借方金额	贷方金额	制单人
33	记012	2019-1-31	1	计提折旧	500101	生产成本	基本生产成本	3,604.64		杨雪
34	记012	2019-1-31	1	计提折旧	6602	管理费用	管理费用	799.99		杨雪
35	记012	2019-1-31	1	计提折旧	6601	销售费用	销售费用	0.00		杨雪
36	记012	2019-1-31	1	计提折旧	1602	累计折旧	累计折旧		4,404.63	杨雪

图 11-20　输入计提固定资产折旧的会计分录

4．输入结转成本的会计分录

（1）结转完工产品成本。

1 月 31 日，结转完工产品成本——普通挂面 30 000 元，西红柿鸡蛋挂面 28 000 元，如图 11-21 所示。

1901总账 - Microsoft Excel

H33　=GETPIVOTDATA("求和项:修正的月折旧额",[固定资产核算.xlsx]固定资产折旧费用分配表!$B$3,"

	A	B	C	D	E	F	G	H	I	J
1	类别编号	凭证日期	附件	摘要	科目编码	总账科目	明细科目	借方金额	贷方金额	制单人
37	记013	2019-1-31	1	结转完工产品成本	140501	库存商品	普通挂面	30,000.00		杨雪
38	记013	2019-1-31	1	结转完工产品成本	140502	库存商品	西红柿鸡蛋挂	28,000.00		杨雪
39	记013	2019-1-31	1	结转完工产品成本	500101	生产成本	基本生产成本		58,000.00	杨雪

图 11-21　结转完工产品成本

（2）结转已销产品成本。

1 月 31 日，结转已销产品成本，如图 11-22 所示。

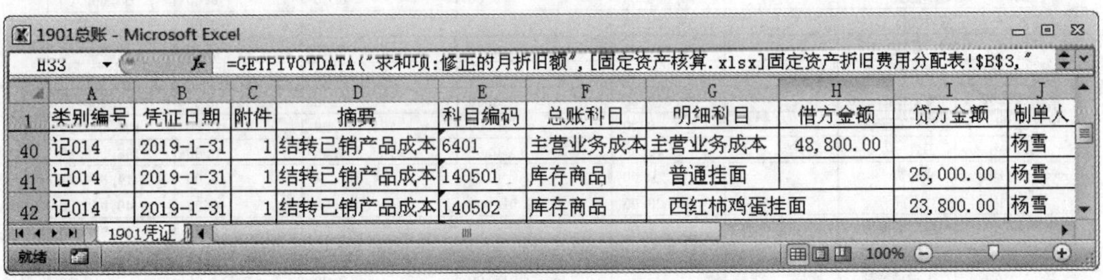

1901总账 - Microsoft Excel

H33　=GETPIVOTDATA("求和项:修正的月折旧额",[固定资产核算.xlsx]固定资产折旧费用分配表!$B$3,"

	A	B	C	D	E	F	G	H	I	J
1	类别编号	凭证日期	附件	摘要	科目编码	总账科目	明细科目	借方金额	贷方金额	制单人
40	记014	2019-1-31	1	结转已销产品成本	6401	主营业务成本	主营业务成本	48,800.00		杨雪
41	记014	2019-1-31	1	结转已销产品成本	140501	库存商品	普通挂面		25,000.00	杨雪
42	记014	2019-1-31	1	结转已销产品成本	140502	库存商品	西红柿鸡蛋挂面		23,800.00	杨雪

图 11-22　结转已销产品成本

5．生成会计科目及余额表

根据“1901 会计科目及余额表”和“1901 凭证”工作表，生成“1901 会计科目及余额表”，结果如图 11-23～图 11-25 所示。

6．编制结转损益的会计分录

（1）1 月 31 日，编制结转收入的会计分录，如图 11-26 所示。

（2）1 月 31 日，编制结转成本、费用的会计分录，如图 11-27 所示。

	A	B	C	D	E	F	G	H
1	科目编码	科目名称	期初借方余额	期初贷方余额	本期借方发生额合计	本期贷方发生额合计	期末借方余额	期末贷方余额
2	1001	库存现金	5,000.00		0.00	195.00	4,805.00	0.00
3	1002	银行存款	95,000.00		66,120.00	7,656.00	153,464.00	0.00
4	100201	工行	65,000.00		66,120.00	7,656.00	123,464.00	0.00
5	100202	建行	30,000.00		0.00	0.00	30,000.00	0.00
6	1101	交易性金融资产	15,000.00		0.00	0.00	15,000.00	0.00
7	1121	应收票据	6,000.00		0.00	0.00	6,000.00	0.00
8	1122	应收账款	60,000.00		28,072.00	0.00	88,072.00	0.00
9	112201	泰隆商场	51,000.00		15,312.00	0.00	66,312.00	0.00
10	112202	日盛批发市场	9,000.00		12,760.00	0.00	21,760.00	0.00
11	1231	坏账准备		1,200.00	0.00	0.00	0.00	1,200.00
12	1123	预付账款	20,000.00		0.00	6,960.00	13,040.00	0.00
13	112301	华龙面粉厂	20,000.00		0.00	6,960.00	13,040.00	0.00
14	112302	鲁东粮油公司			0.00	0.00	0.00	0.00
15	1221	其他应收款	3,000.00		0.00	0.00	3,000.00	0.00
16	122101	李强	3,000.00		0.00	0.00	3,000.00	0.00
17	122102	张明			0.00	0.00	0.00	0.00
18	1402	在途物资	5,000.00		0.00	0.00	5,000.00	0.00
19	1403	原材料	24,360.00		12,600.00	19,900.00	17,060.00	0.00
20	140301	主要材料	23,560.00		12,600.00	19,600.00	16,560.00	0.00
21	140302	辅助材料	800.00		0.00	300.00	500.00	0.00
22	1405	库存商品	24,900.00		58,000.00	48,800.00	34,100.00	0.00
23	140501	普通挂面	10,000.00		30,000.00	25,000.00	15,000.00	0.00
24	140502	西红柿鸡蛋挂面	8,400.00		28,000.00	23,800.00	12,600.00	0.00
25	140503	绿豆挂面	6,500.00		0.00	0.00	6,500.00	0.00

图 11-23 1901 会计科目及余额表（1）

	A	B	C	D	E	F	G	H
1	科目编码	科目名称	期初借方余额	期初贷方余额	本期借方发生额合计	本期贷方发生额合计	期末借方余额	期末贷方余额
26	1601	固定资产	900,000.00		0.00	0.00	900,000.00	0.00
27	1602	累计折旧		364,460.00	0.00	4,404.63	0.00	368,864.63
28	2001	短期借款		50,000.00	0.00	0.00	0.00	50,000.00
29	2201	应付票据		30,000.00	0.00	0.00	0.00	30,000.00
30	2202	应付账款		22,000.00	0.00	0.00	0.00	22,000.00
31	220201	华龙面粉厂			0.00	0.00	0.00	0.00
32	220202	鲁东粮油公司		22,000.00	0.00	0.00	0.00	22,000.00
33	2211	应付职工薪酬		0.00	0.00	121,147.29	0.00	121,147.29
34	221101	工资		0.00	0.00	106,269.55	0.00	106,269.55
35	221102	福利费		0.00	0.00	14,877.74	0.00	14,877.74
36	2221	应交税费		30,000.00	2,016.00	12,992.00	0.00	40,976.00
37	222101	应交增值税		0.00	2,016.00	12,992.00	0.00	10,976.00
38	22210101	销项税额			0.00	12,992.00	0.00	12,992.00
39	22210102	进项税额			2,016.00	0.00	2,016.00	0.00
40	22210103	已交税金			0.00	0.00	0.00	0.00
41	222102	未交增值税			0.00	0.00	0.00	0.00
42	222103	应交所得税		30,000.00	0.00	0.00	0.00	30,000.00
43	222110	应交教育费附加			0.00	0.00	0.00	0.00
44	2231	应付利息			0.00	0.00	0.00	0.00
45	2241	其他应付款		600.00	0.00	0.00	0.00	600.00
46	2501	长期借款		100,000.00	0.00	0.00	0.00	100,000.00
47	250101	本金		100,000.00	0.00	0.00	0.00	100,000.00
48	250102	应付利息			0.00	0.00	0.00	0.00
49	4001	实收资本		500,000.00	0.00	0.00	0.00	500,000.00

图 11-24 1901 会计科目及余额表（2）

科目编码	科目名称	期初借方余额	期初贷方余额	本期借方发生额合计	本期贷方发生额合计	期末借方余额	期末贷方余额
4001	实收资本		500,000.00	0.00	0.00	0.00	500,000.00
4002	资本公积		10,000.00	0.00	0.00	0.00	10,000.00
4101	盈余公积		0.00	0.00	0.00	0.00	0.00
410101	法定盈余公积		0.00	0.00	0.00	0.00	0.00
4103	本年利润			100,808.44	81,200.00	19,608.44	0.00
4104	利润分配		50,000.00	0.00	0.00	0.00	50,000.00
410401	未分配利润		50,000.00	0.00	0.00	0.00	50,000.00
5001	生产成本			93,638.48	58,000.00	35,638.48	0.00
500101	基本生产成本			93,638.48	58,000.00	35,638.48	0.00
500102	辅助生产成本			0.00	0.00	0.00	0.00
5101	制造费用			0.00	0.00	0.00	0.00
6001	主营业务收入			81,200.00	81,200.00	0.00	0.00
6111	投资收益			0.00	0.00	0.00	0.00
6401	主营业务成本			48,800.00	48,800.00	0.00	0.00
6402	其他业务成本			0.00	0.00	0.00	0.00
6403	营业税金及附加			0.00	0.00	0.00	0.00
6601	销售费用			11,970.00	11,970.00	0.00	0.00
6602	管理费用			40,038.44	40,038.44	0.00	0.00
6603	财务费用			0.00	0.00	0.00	0.00
6711	营业外支出			0.00	0.00	0.00	0.00
6801	所得税费用			0.00	0.00	0.00	0.00
合计		1,158,260.00	1,158,260.00	543,263.36	543,263.36	1,294,787.92	1,294,787.92

图 11-25　1901 会计科目及余额表（3）

类别编号	凭证日期	附件	摘要	科目编码	总账科目	明细科目	借方金额	贷方金额	制单人
记015	2019-1-31	1	结转收入	6001	主营业务收入	主营业务收入	81,200.00		杨雪
记015	2019-1-31	1	结转收入	4103	本年利润	本年利润		81,200.00	杨雪

图 11-26　结转收入

类别编号	凭证日期	附件	摘要	科目编码	总账科目	明细科目	借方金额	贷方金额	制单人
记016	2019-1-31	1	结转成本、费用	4103	本年利润	本年利润	100,808.44		杨雪
记016	2019-1-31	1	结转成本、费用	6401	主营业务成本	主营业务成本		48,800.00	杨雪
记016	2019-1-31	1	结转成本、费用	6601	销售费用	销售费用		11,970.00	杨雪
记016	2019-1-31	1	结转成本、费用	6602	管理费用	管理费用		40,038.44	杨雪

图 11-27　结转成本、费用

任务三　生成总账、明细账

完成输入记账凭证工作之后，需要做登记总账和明细账的工作。在 Excel 2010 工作簿中，登记总账和明细账的工作非常简单快捷，设置好公式之后，按 F9 键就可完成记账工作。

1．生成总账

复制“1901 会计科目及余额表”A～D 列中的数值到一个新工作表中，注意只复制数值，将新工作表更名为“1901总账及试算平衡表”，然后删除明细科目所在的行即可，再设置E、F、G、H列的计算公式，生成“1901总账及试算平衡表”，结果如图11-28和图11-29所示。

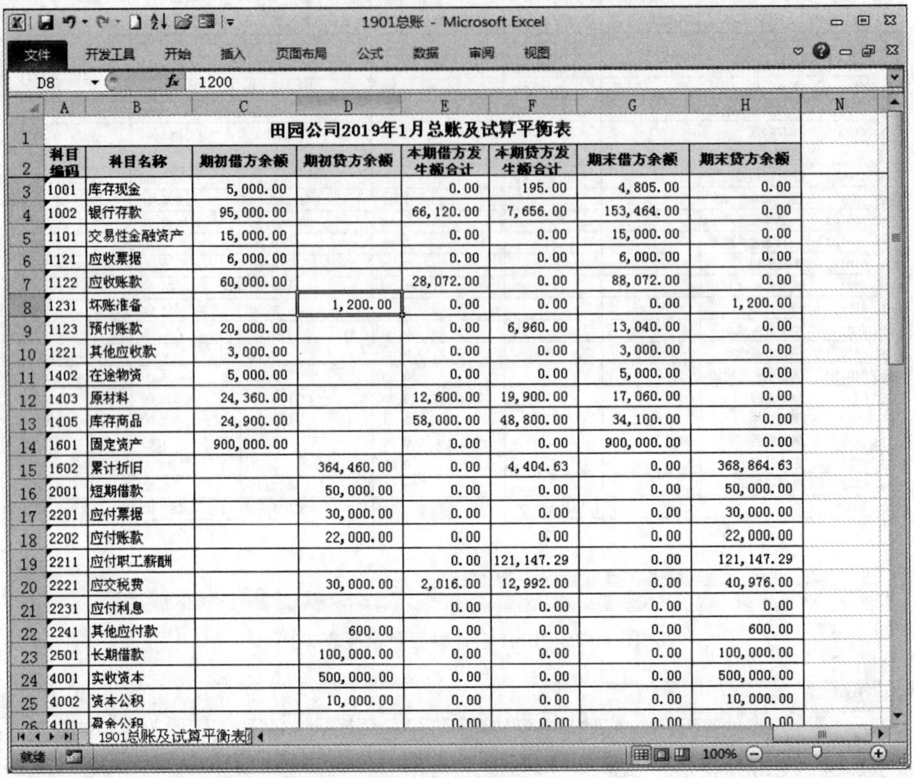

	A	B	C	D	E	F	G	H
1	田园公司2019年1月总账及试算平衡表							
2	科目编码	科目名称	期初借方余额	期初贷方余额	本期借方发生额合计	本期贷方发生额合计	期末借方余额	期末贷方余额
3	1001	库存现金	5,000.00		0.00	195.00	4,805.00	0.00
4	1002	银行存款	95,000.00		66,120.00	7,656.00	153,464.00	0.00
5	1101	交易性金融资产	15,000.00		0.00	0.00	15,000.00	0.00
6	1121	应收票据	6,000.00		0.00	0.00	6,000.00	0.00
7	1122	应收账款	60,000.00		28,072.00	0.00	88,072.00	0.00
8	1231	坏账准备		1,200.00	0.00	0.00	0.00	1,200.00
9	1123	预付账款	20,000.00		0.00	6,960.00	13,040.00	0.00
10	1221	其他应收款	3,000.00		0.00	0.00	3,000.00	0.00
11	1402	在途物资	5,000.00		0.00	0.00	5,000.00	0.00
12	1403	原材料	24,360.00		12,600.00	19,900.00	17,060.00	0.00
13	1405	库存商品	24,900.00		58,000.00	48,800.00	34,100.00	0.00
14	1601	固定资产	900,000.00		0.00	0.00	900,000.00	0.00
15	1602	累计折旧		364,460.00	0.00	4,404.63	0.00	368,864.63
16	2001	短期借款		50,000.00	0.00	0.00	0.00	50,000.00
17	2201	应付票据		30,000.00	0.00	0.00	0.00	30,000.00
18	2202	应付账款		22,000.00	0.00	0.00	0.00	22,000.00
19	2211	应付职工薪酬			0.00	121,147.29	0.00	121,147.29
20	2221	应交税费		30,000.00	2,016.00	12,992.00	0.00	40,976.00
21	2231	应付利息			0.00	0.00	0.00	0.00
22	2241	其他应付款		600.00	0.00	0.00	0.00	600.00
23	2501	长期借款		100,000.00	0.00	0.00	0.00	100,000.00
24	4001	实收资本		500,000.00	0.00	0.00	0.00	500,000.00
25	4002	资本公积		10,000.00	0.00	0.00	0.00	10,000.00
26	4101	盈余公积			0.00	0.00	0.00	0.00

图11-28 1901总账及试算平衡表（1）

	A	B	C	D	E	F	G	H
1	田园公司2019年1月总账及试算平衡表							
2	科目编码	科目名称	期初借方余额	期初贷方余额	本期借方发生额合计	本期贷方发生额合计	期末借方余额	期末贷方余额
24	4001	实收资本		500,000.00	0.00	0.00	0.00	500,000.00
25	4002	资本公积		10,000.00	0.00	0.00	0.00	10,000.00
26	4101	盈余公积			0.00	0.00	0.00	0.00
27	4103	本年利润			100,808.44	81,200.00	19,608.44	0.00
28	4104	利润分配		50,000.00	0.00	0.00	0.00	50,000.00
29	5001	生产成本			93,638.48	58,000.00	35,638.48	0.00
30	5101	制造费用			0.00	0.00	0.00	0.00
31	6001	主营业务收入			81,200.00	81,200.00	0.00	0.00
32	6111	投资收益			0.00	0.00	0.00	0.00
33	6401	主营业务成本			48,800.00	48,800.00	0.00	0.00
34	6402	其他业务成本			0.00	0.00	0.00	0.00
35	6403	营业税金及附加			0.00	0.00	0.00	0.00
36	6601	销售费用			11,970.00	11,970.00	0.00	0.00
37	6602	管理费用			40,038.44	40,038.44	0.00	0.00
38	6603	财务费用			0.00	0.00	0.00	0.00
39	6711	营业外支出			0.00	0.00	0.00	0.00
40	6801	所得税费用			0.00	0.00	0.00	0.00
41		合计	1,158,260.00	1,158,260.00	543,263.36	543,263.36	1,294,787.92	1,294,787.92

图11-29 1901总账及试算平衡表（2）

2．生成明细账

对“1901 凭证”应用“数据透视表”功能生成“1901 明细账”，如图 11-30 和图 11-31 所示。

	A	B	C	D	E	F
1	明细科目	(全部)				
2						
3	求和项:借方					
4	凭证日期	类别编号	摘要	科目编码	总账科目	汇总
5	2019-1-1	记001	购入材料	112301	预付账款	
6				140301	原材料	6000
7				22210102	应交税费	960
8	2019-1-3	记002	销售产品	112201	应收账款	15312
9				22210101	应交税费	
10				6001	主营业务收入	
11	2019-1-5	记003	生产领料	140301	原材料	
12				500101	生产成本	6000
13	2019-1-8	记004	生产领料	140302	原材料	
14				500101	生产成本	300
15	2019-1-9	记005	销售产品	112202	应收账款	12760
16				22210101	应交税费	
17				6001	主营业务收入	
18	2019-1-11	记006	生产领料	140301	原材料	
19				500101	生产成本	13600
20	2019-1-15	记007	销售产品	100201	银行存款	66120
21				22210101	应交税费	
22				6001	主营业务收入	
23	2019-1-26	记008	购入材料	100201	银行存款	
24				140301	原材料	6600
25				22210102	应交税费	1056
26	2019-1-27	记009	报销办公费	1001	库存现金	
27				6602	管理费用	195

图 11-30　1901 明细账（1）

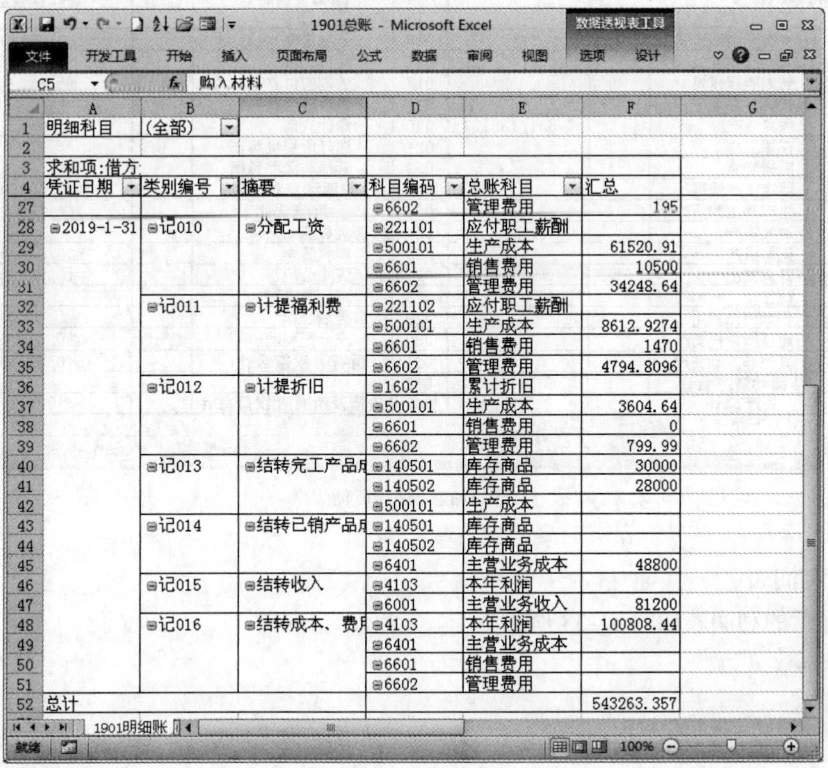

	A	B	C	D	E	F
1	明细科目	(全部)				
2						
3	求和项:借方					
4	凭证日期	类别编号	摘要	科目编码	总账科目	汇总
27				6602	管理费用	195
28	2019-1-31	记010	分配工资	221101	应付职工薪酬	
29				500101	生产成本	61520.91
30				6601	销售费用	10500
31				6602	管理费用	34248.64
32		记011	计提福利费	221102	应付职工薪酬	
33				500101	生产成本	8612.9274
34				6601	销售费用	1470
35				6602	管理费用	4794.8096
36		记012	计提折旧	1602	累计折旧	
37				500101	生产成本	3604.64
38				6601	销售费用	0
39				6602	管理费用	799.99
40		记013	结转完工产品用	140501	库存商品	30000
41				140502	库存商品	28000
42				500101	生产成本	
43		记014	结转已销产品用	140501	库存商品	
44				140502	库存商品	
45				6401	主营业务成本	48800
46		记015	结转收入	4103	本年利润	
47				6001	主营业务收入	81200
48		记016	结转成本、费用	4103	本年利润	100808.44
49				6401	主营业务成本	
50				6601	销售费用	
51				6602	管理费用	
52	总计					543263.357

图 11-31　1901 明细账（2）

任务四　生成财务报表

完成账簿生成工作之后，月底要编制资产负债表和利润表。在 Excel 2010 工作簿中，编制报表是通过设置公式来完成的。

1．编制资产负债表

编制资产负债表，完成设置后的资产负债表如图 11-32 所示。

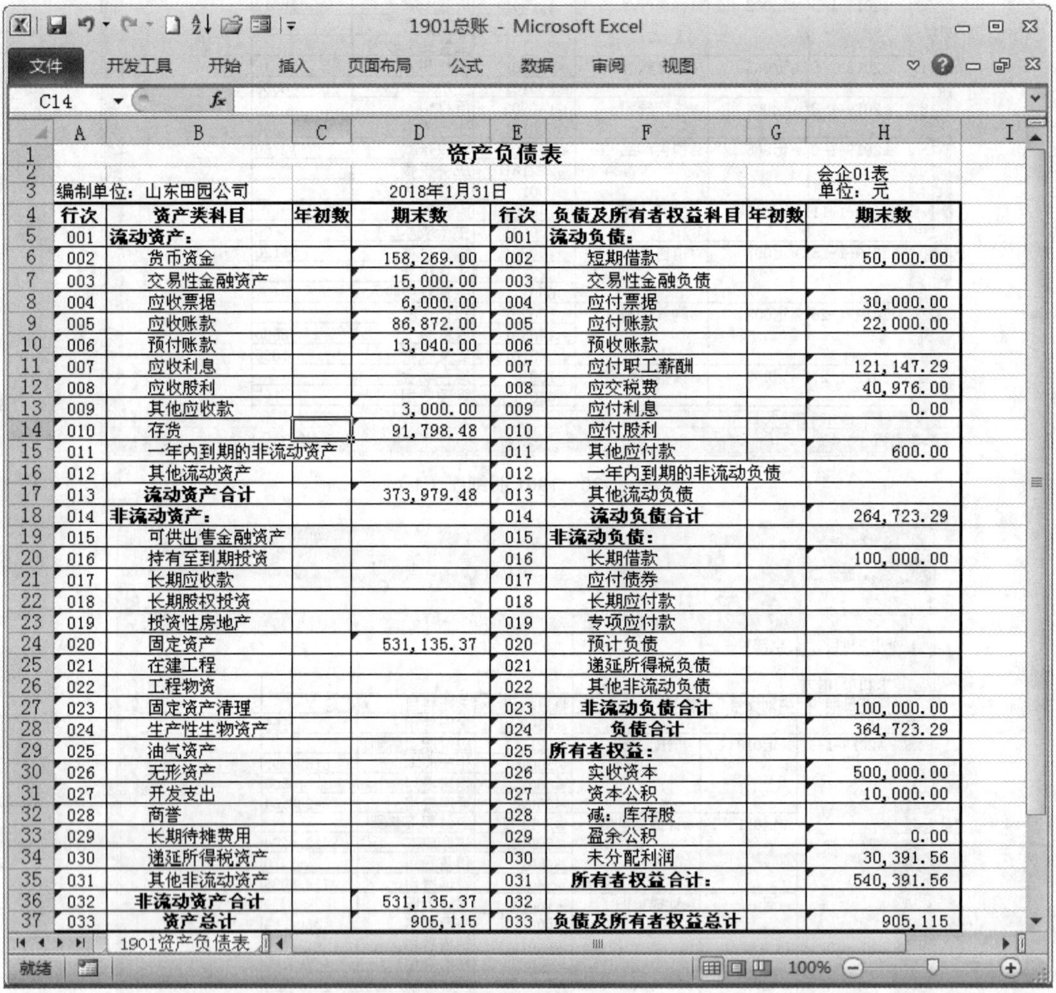

资产负债表

会企01表

编制单位：山东田园公司　　2018年1月31日　　单位：元

行次	资产类科目	年初数	期末数	行次	负债及所有者权益科目	年初数	期末数
001	流动资产：			001	流动负债：		
002	货币资金		158,269.00	002	短期借款		50,000.00
003	交易性金融资产		15,000.00	003	交易性金融负债		
004	应收票据		6,000.00	004	应付票据		30,000.00
005	应收账款		86,872.00	005	应付账款		22,000.00
006	预付账款		13,040.00	006	预收账款		
007	应收利息			007	应付职工薪酬		121,147.29
008	应收股利			008	应交税费		40,976.00
009	其他应收款		3,000.00	009	应付利息		0.00
010	存货		91,798.48	010	应付股利		
011	一年内到期的非流动资产			011	其他应付款		600.00
012	其他流动资产			012	一年内到期的非流动负债		
013	流动资产合计		373,979.48	013	其他流动负债		
014	非流动资产：			014	流动负债合计		264,723.29
015	可供出售金融资产			015	非流动负债：		
016	持有至到期投资			016	长期借款		100,000.00
017	长期应收款			017	应付债券		
018	长期股权投资			018	长期应付款		
019	投资性房地产			019	专项应付款		
020	固定资产		531,135.37	020	预计负债		
021	在建工程			021	递延所得税负债		
022	工程物资			022	其他非流动负债		
023	固定资产清理			023	非流动负债合计		100,000.00
024	生产性生物资产			024	负债合计		364,723.29
025	油气资产			025	所有者权益：		
026	无形资产			026	实收资本		500,000.00
027	开发支出			027	资本公积		10,000.00
028	商誉			028	减：库存股		
029	长期待摊费用			029	盈余公积		0.00
030	递延所得税资产			030	未分配利润		30,391.56
031	其他非流动资产			031	所有者权益合计：		540,391.56
032	非流动资产合计		531,135.37	032			
033	资产总计		905,115	033	负债及所有者权益总计		905,115

图 11-32　资产负债表

2．编制利润表

完成设置后的利润表如图 11-33 所示。

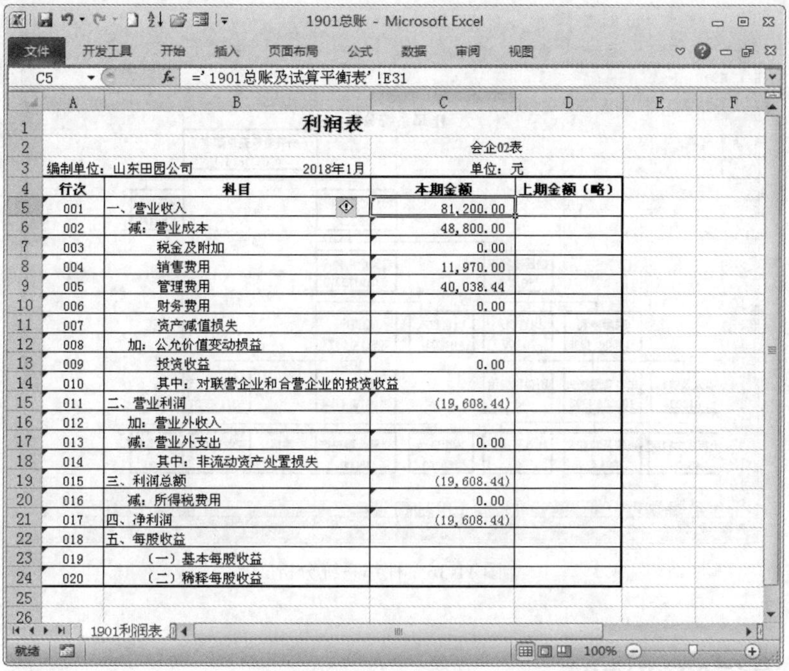

行次	科目	本期金额	上期金额（略）
001	一、营业收入	81,200.00	
002	减：营业成本	48,800.00	
003	税金及附加	0.00	
004	销售费用	11,970.00	
005	管理费用	40,038.44	
006	财务费用	0.00	
007	资产减值损失		
008	加：公允价值变动损益		
009	投资收益	0.00	
010	其中：对联营企业和合营企业的投资收益		
011	二、营业利润	(19,608.44)	
012	加：营业外收入		
013	减：营业外支出	0.00	
014	其中：非流动资产处置损失		
015	三、利润总额	(19,608.44)	
016	减：所得税费用	0.00	
017	四、净利润	(19,608.44)	
018	五、每股收益		
019	（一）基本每股收益		
020	（二）稀释每股收益		

图 11-33　利润表

任务五　进行财务分析

编制资产负债表和利润表后，利用 Excel 2010 对报表进行财务分析。

（1）进行财务比率分析，如图 11-34 所示。

（2）进行财务比较分析，如图 11-35 所示。

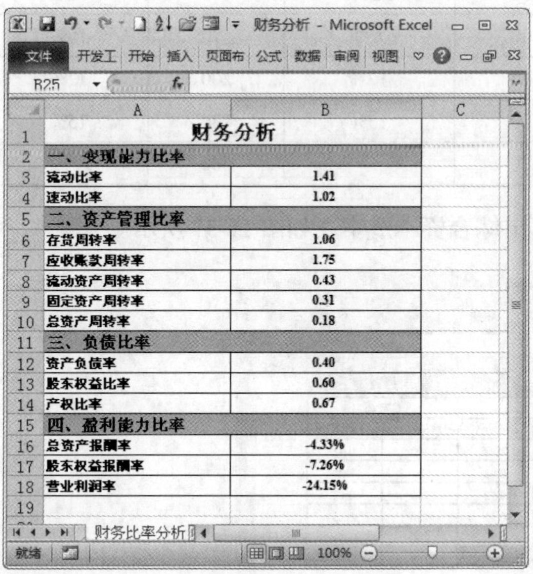

财务分析	
一、变现能力比率	
流动比率	1.41
速动比率	1.02
二、资产管理比率	
存货周转率	1.06
应收账款周转率	1.75
流动资产周转率	0.43
固定资产周转率	0.31
总资产周转率	0.18
三、负债比率	
资产负债率	0.40
股东权益比率	0.60
产权比率	0.67
四、盈利能力比率	
总资产报酬率	-4.33%
股东权益报酬率	-7.26%
营业利润率	-24.15%

图 11-34　财务比率分析

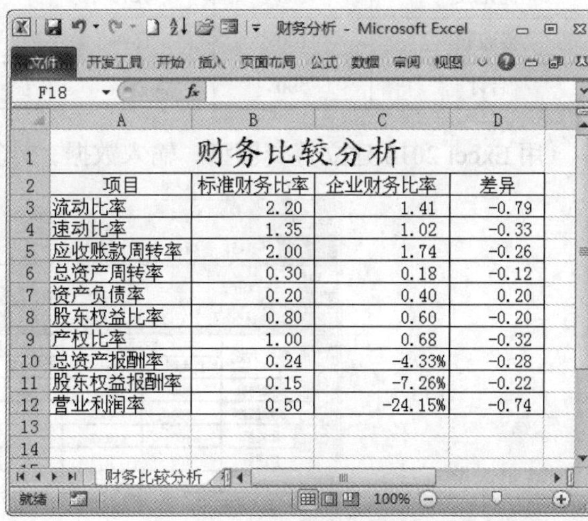

项目	标准财务比率	企业财务比率	差异
流动比率	2.20	1.41	-0.79
速动比率	1.35	1.02	-0.33
应收账款周转率	2.00	1.74	-0.26
总资产周转率	0.30	0.18	-0.12
资产负债率	0.20	0.40	0.20
股东权益比率	0.80	0.60	-0.20
产权比率	1.00	0.68	-0.32
总资产报酬率	0.24	-4.33%	-0.28
股东权益报酬率	0.15	-7.26%	-0.22
营业利润率	0.50	-24.15%	-0.74

图 11-35　财务比较分析

（3）进行杜邦系统分析，如图 11-36 所示。

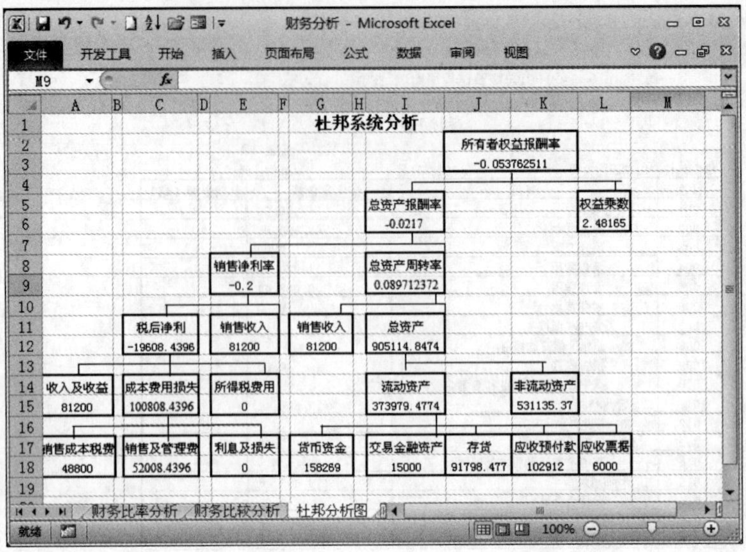

图 11-36　杜邦系统分析

任务六　进行筹资决策

田园公司欲筹资 500 万元，有 3 种方案可供选择。3 种方案的筹资组合及个别资本成本如表 11-9 所示，请选择最佳筹资方案。

表 11–9　　筹资组合及个别资本成本　　单位：万元

筹资方式	A 方案		B 方案		C 方案	
	筹资金额	个别成本	筹资金额	个别成本	筹资金额	个别成本
长期借款	200	6%	100	6.50%	100	7%
长期债券	100	8%	200	8%	70	10%
优先股	100	12%	100	12%	200	12%
普通股	100	15%	100	15%	130	15%
合计	500		500		500	

用 Excel 2010 建立筹资模型，输入数据，计算出综合资本成本，如图 11-37 所示。

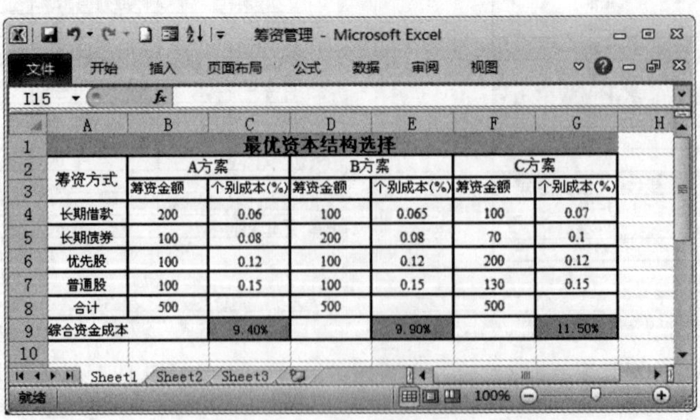

图 11-37　计算综合资本成本

任务七　进行投资决策

田园公司欲进行一项投资，共有 3 种方案可供选择。3 种方案的期初投资分别为 150 000 元、120 000 元、180 000 元，假设贴现率为 10%，再投资收益率为 15%，各方案 3 年的净现金流量如表 11-10 所示，试用投资决策指标对各方案进行分析，找出最优方案。

表 11-10　投资决策净现金流量资料　单位：元

期间	A 方案	B 方案	C 方案
0	−150 000	−120 000	−180 000
1	100 000	20 000	60 000
2	48 000	60 000	80 000
3	32 000	73 000	85 000

用 Excel 2010 建立投资模型，输入数据，计算出各方案的净现值、内含报酬率、修正内含报酬率和投资回收期，如图 11-38 所示。通过比较，可以做出判断：A 方案为最优方案。

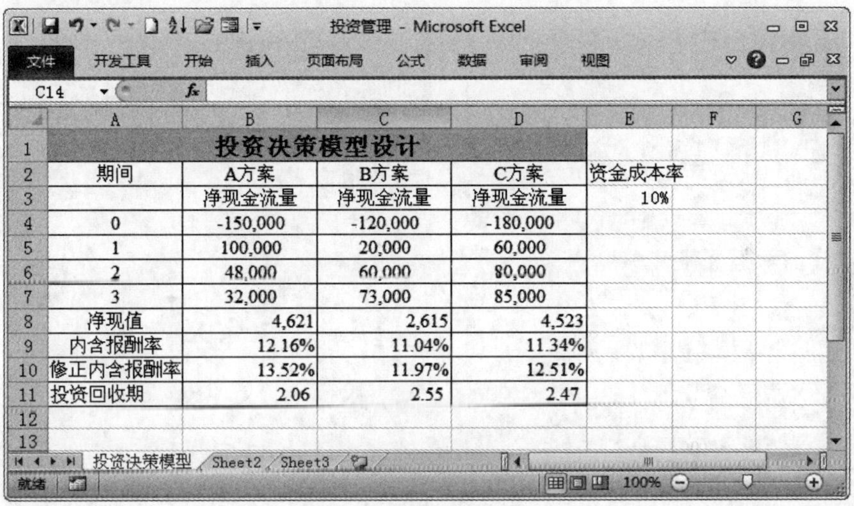

投资决策模型设计				
期间	A方案	B方案	C方案	资金成本率
	净现金流量	净现金流量	净现金流量	10%
0	-150,000	-120,000	-180,000	
1	100,000	20,000	60,000	
2	48,000	60,000	80,000	
3	32,000	73,000	85,000	
净现值	4,621	2,615	4,523	
内含报酬率	12.16%	11.04%	11.34%	
修正内含报酬率	13.52%	11.97%	12.51%	
投资回收期	2.06	2.55	2.47	

图 11-38　投资决策模型

项目小结

本项目设计了一个完整的案例，可引导学生运用 Excel 2010 建立财务数据工作表、输入记账凭证、生成总账与明细账、生成财务报表、进行财务分析、进行筹资决策、进行投资决策，完成一个小型企业的会计核算流程。要求学生掌握不同模块之间数据的传递操作，学会使用 Excel 2010 设计一个小型企业的会计核算流程。

参考文献

[1] 黄新荣. Excel 在会计与财务管理中的应用［M］. 3 版. 北京：人民邮电出版社，2015.

[2] 神龙工作室. Excel 在会计与财务管理日常工作中的应用［M］. 北京：人民邮电出版社，2015.

[3] 朱晟. Excel 财务应用教程［M］. 北京：人民邮电出版社，2013.

[4] 崔婕. Excel 在会计和财务管理中的应用［M］. 北京：人民邮电出版社，2014.

[5] 王晓民 陈晓暾. Excel 会计实务［M］. 北京：人民邮电出版社，2015.

[6] 黄新荣. 财务会计模拟实训［M］. 北京：北京理工大学出版社，2007.

[7] 李爱红，于运会. 新编 Excel 在财务中的应用［M］. 北京：电子工业出版社，2010.

[8] 姬昂. Excel 在会计中的应用［M］. 北京：人民邮电出版社，2013.

[9] 马元驹. Excel 动态图表本量利分析模型的创建和应用 [J]. 中国管理信息化，2005,（10）: 14-18.